教育部高等学校高职高专广播影视类专业教学指导委员会
主持与播音专业"十二五"规划教材

丛书主编 毕一鸣

电视节目配音教程

卜晨光 邹加倪 编著

DIANSHIJIEMU
PEIYINJIAOCHENG

中国广播电视出版社
CHINA RADIO & TELEVISION PUBLISHING HOUSE

图书在版编目（CIP）数据

电视节目配音教程／卜晨光，邹加倪编著.—北京：中国广播电视出版社，2011.1 （2014.3重印）
教育部高等学校高职高专广播影视类专业教学指导委员会主持与播音专业"十二五"规划教材／毕一鸣主编
ISBN 978-7-5043-6341-1

Ⅰ.①电… Ⅱ.①卜… ②邹 Ⅲ.①电视节目—配音—高等学校：技术学校—教材 Ⅳ.①G222.②J912

中国版本图书馆 CIP 数据核字（2010）第 251537 号

电视节目配音教程
卜晨光 邹加倪 编著

责任编辑	王天盈
装帧设计	亚里斯
责任校对	谭 霞

出版发行	中国广播电视出版社
电　　话	010-86093580　010-86093583
社　　址	北京市西城区真武庙二条9号
邮　　编	100045
网　　址	www.crtp.com.cn
电子信箱	crtp8@sina.com

经　　销	全国各地新华书店
印　　刷	廊坊报业印务有限公司

开　　本	787毫米×1092毫米　1/16
字　　数	370(千)字
印　　张	19.25
版　　次	2011年1月第1版　2014年3月第2次印刷
印　　数	4001-6000册

书　　号	ISBN 978-7-5043-6341-1
定　　价	40.00元

（版权所有　翻印必究·印装有误　负责调换）

教育部高等学校高职高专广播影视类专业教学指导委员会
主持与播音专业"十二五"规划教材

顾 问

  王铁城　中央人民广播电台　播音指导

  吴　郁　中国传媒大学播音主持艺术学院　教授

编审委员会名单

  王建国　主任委员　广播电影电视管理干部学院副院长　教授

  陈信凌　副主任委员　南昌大学新闻与传播学院院长　教授

  陈　龙　副主任委员　苏州大学新闻与传播学院院长　教授

  毕一鸣　委员　南京师范大学新闻与传播学院副院长　教授

  布和温都苏　委员　呼和浩特民族学院副院长　教授

  董广安　委员　郑州大学新闻与传播学院院长　教授

  高晓虹　委员　中国传媒大学电视与新闻学院院长　教授

  蒋贻杰　委员　广西职业技术学院教务处处长　教授

  梁小庆　委员　中央广播电视大学音像出版社社长　教授

  刘民朝　委员　中央电视台办公室主任　高级编辑

  王诗文　委员　安徽广播影视职业技术学院院长　教授

  谢晓晶　委员　北京电影学院副院长　教授

  张瑞麟　委员　中央广播电视大学图书馆馆长　教授

  郭卫东　秘书长　广播电影电视管理干部学院教务处处长　教授

  覃晓燕　秘书　广播电影电视管理干部学院教务处副处长　副教授

序

21世纪，人类社会进入了信息时代与知识经济时代。在这个飞速发展的时代里，经济全球化与文化多元化已经成为不可阻挡的历史潮流。随之而来的是跨文化传播在全球的迅速兴起，而影视艺术作为当今世界影响力最大的艺术创造和文化传播方式之一，在跨文化传播中具有最广泛的观众群和覆盖面。

随着广播影视事业在全国的迅速发展和产业属性的显现，对广播影视人才的需求也越来越大，近年来，我国广播影视类专业高等教育取得了长足的发展，为广播影视系统输送了大量的人才。随着广播影视行业的迅猛发展，社会对广播影视类人才提出了更高的要求。进一步深化人才培养模式、课程体系和教学内容的改革，提高办学质量，培养更多的适应新世纪需要的具有创新能力的广播影视高素质人才，是广播影视教育的当务之急。

作为广播影视教育的重要环节，教材建设肩负着重要的使命，新的形势要求教材建设适应新的教学要求。高职高专教材应针对高职高专学生自身特点，按照国家高职高专教育的特点和人才培养目标，以应用性职业岗位需求为中心，以素质教育、创新教育为基础，以学生能力培养、技能实训为本位，使职业资格认证培训内容和教材内容有机衔接，全面构建适应21世纪人才培养需求的高职高专广播影视类专业教材体系。广播影视类专业教学指导委员会组织编写的规划教材，主要包括影视动画、影视广告、新闻采编与制作、主持与播音、电视节目制作、摄影摄像技术等专业系列教材，本系列教材的出版，必将对高职高专广播影视类专业的人才培养和教育教学改革工作起到积极的推动作用。

本系列教材的出版，得到了教育部高等教育司领导、国家广播电影电视总局人事司领导及行业专家的大力支持，得到了国内众多同类院校的大力协助，在此对他们表示衷心的感谢！同时，我们也希望广大师生和读者给我们提出宝贵意见，使教材更加完善。

教育部高等学校高职高专广播影视类专业教学指导委员会主任委员

王建国 教授

CONTENTS

目　录

第一章　电视节目配音概说 ... 1

第一节　电视节目配音工作的地位和作用 ... 2
一、电视节目配音工作的发展综述 ... 2
二、电视节目配音的地位和作用 ... 3

第二节　电视节目配音工作的职业素质要求 ... 4
一、电视节目配音员的人文素养 ... 4
二、电视节目配音员的语言素养 ... 7
三、电视节目配音员的"话筒前状态" ... 9

第三节　电视节目配音的"组合关系" ... 10
一、配音与栏目的关系：烘托主题、合理提升 ... 10
二、配音与解说词的关系：充分理解、准确感受 ... 11
三、配音与画面的关系：互为补充、相得益彰 ... 11
四、配音与音乐的关系：有效激发、和谐统一 ... 12

第二章　电视新闻配音 ... 13

第一节　电视新闻配音的创作要求 ... 14
一、电视新闻配音的特点 ... 14
二、电视新闻配音的技能要求 ... 17
三、电视新闻配音的发展趋势 ... 20
四、电视新闻配音容易出现的问题 ... 22

第二节　电视新闻配音典型案例分析 ... 24
一、案例分析：央视《新闻联播》 ... 24
二、案例分析：央视《新闻直播间》 ... 29
三、案例分析：央视《今日亚洲》 ... 32

第三节　能力拓展训练材料 ································· 37
　　一、《新闻直播间》2010年9月播出的一组内容提要 ················· 37
　　二、《新闻联播》2010年9月播出的一组消息 ····················· 39
　　三、《今日亚洲》2010年9月播出的一组消息 ····················· 43
　　四、《中国新闻》2010年9月播出的一组消息 ····················· 47

第三章　电视财经与法制专题配音 ································· 55

第一节　电视财经专题配音 ····································· 56
　　一、电视财经专题配音的创作要求 ··························· 56
　　二、案例分析：央视《经济半小时》 ························· 62
　　三、能力拓展训练材料 ································· 69
第二节　电视法制专题片配音 ··································· 76
　　一、电视法制专题片配音的创作要求 ························· 77
　　二、案例分析：央视《今日说法》 ··························· 80
　　三、能力拓展训练材料 ································· 83

第四章　电视科教与生活专题配音 ································· 91

第一节　电视科教专题配音 ····································· 92
　　一、电视科教专题的创作要求 ····························· 92
　　二、案例分析：央视《走进科学》 ··························· 98
　　三、能力拓展训练材料 ································ 114
第二节　电视生活专题片配音 ·································· 129
　　一、电视生活专题片配音的创作要求 ························ 130
　　二、案例分析：京视《快乐生活一点通》 ······················ 136
　　三、能力拓展训练材料 ································ 138

第五章　电视体育节目配音 ··································· 145

第一节　电视体育节目配音的总体要求 ···························· 146
　　一、准确把握体育节目的解说词特点 ························ 146
　　二、充分积累体育专业知识和素养 ························· 147
　　三、投入激情、积极向上的创作状态 ························ 147
第二节　电视体育新闻配音 ···································· 148
　　一、整体创作要求 ···································· 148

二、案例分析：央视《体育新闻》 150
三、能力拓展训练材料 154
第三节 电视体育专题片配音 158
一、整体创作要求 158
二、案例分析：央视《中国冰雪记忆》 159
三、能力拓展训练材料 163

第六章 电视文艺与娱乐专题配音 173
第一节 电视文艺专题配音 174
一、电视文艺专题配音的创作要求 174
二、案例分析：央视《音乐故事》 179
三、能力拓展训练材料 183
第二节 电视娱乐资讯配音 199
一、电视娱乐资讯配音的创作要求 199
二、案例分析：京视《娱乐现场》 203
三、能力拓展训练材料 208

第七章 电视纪录片配音 213
第一节 电视纪录片配音概述 214
一、何谓电视纪录片 214
二、电视纪录片配音的作用 216
三、电视纪录片配音的创作原则 218
四、电视纪录片配音容易出现的问题 220
第二节 电视纪录片配音经典案例分析 222
一、《诗人毛泽东》节选片段分析 222
二、《故宫》节选片段分析 226
三、《再说长江》节选片段分析 233
第三节 电视纪录片配音能力拓展训练材料 238
一、《再说长江》第二十三集 生生不息 238
二、《故宫》第一集 肇建紫禁城 242
三、《敦煌》第四集 无名的大师 248
四、《大国崛起》第六集 帝国春秋（德国） 254

第八章 电视广告配音 263
第一节 电视广告概说 264

一、电视广告覆盖面广、收视率高 …………………………… 264
　　二、电视广告具有强烈的艺术感染力 ………………………… 264
　　三、电视广告具有丰富多元的新鲜创意 ……………………… 265
　　四、电视广告具有一定频度的重复传播 ……………………… 265
第二节　电视广告配音的创作要求 ……………………………………… 266
　　一、清晰准确的对象感 ………………………………………… 266
　　二、提升品质的语言表达 ……………………………………… 266
　　三、赋予变化的语言创作 ……………………………………… 267
　　四、保持恒久的创作热情 ……………………………………… 268
第三节　容易出现的问题和配音的误区 ………………………………… 268
　　一、惯于模仿、忽视原创 ……………………………………… 268
　　二、忽略备稿、感受不深 ……………………………………… 269
　　三、只重形式、不重内容 ……………………………………… 269
　　四、本色出演、缺乏突破 ……………………………………… 270
第四节　电视广告配音的典型案例分析 ………………………………… 270
　　一、《999 皮炎平》 …………………………………………… 270
　　二、《零点啤酒》 ……………………………………………… 271
　　三、《中国死海》 ……………………………………………… 272
　　四、《比亚迪汽车》 …………………………………………… 273
　　五、《民扬航空》 ……………………………………………… 274
　　六、《雀巢咖啡》 ……………………………………………… 275
　　七、《三元牛奶》 ……………………………………………… 275
　　八、《大宝雪肤活力霜、活力蜜》 …………………………… 276
　　九、《松山湖》 ………………………………………………… 276
　　十、《华润啤酒》 ……………………………………………… 277
第五节　电视广告配音训练材料 ………………………………………… 278

附录　近距离感受赵忠祥的配音艺术 …………………………………… 287
参考文献 …………………………………………………………………… 295
后记 ………………………………………………………………………… 296

第一章 电视节目配音概说

在全球信息传播迅猛发展的媒介新时代，电视作为我们广大受众再熟悉不过的传统媒体一直拥有着旺盛的生命力。我们欣喜地看到，电视媒体在竞争激烈的传播生态环境中不断开阔视野、推陈出新，丰富的节目类型、新颖的节目形态、开放的节目主题以及新锐的节目主持等方面都给广大电视观众带来了愉悦的视听享受。

值得一提的是，作为电视节目必要组成部分的电视节目配音环节也在长期的实践过程中不断发展变革、彰显新意，已然成为电视媒介蓬勃发展的缩影。作为教材的开篇章节，本章内容将从电视配音工作的地位和作用、电视配音工作的职业素质要求、电视配音的"组合关系"三个方面入手，对电视配音工作的基本性质、核心素养、创作原则等问题进行较为详细的阐述，以求使学习电视节目配音的学生对电视节目配音工作有一个较为全面的把握和较为清晰的认识。

在学习本章过程中，初学者应对文中提及的概念化表述加深理解和体会，这将为电视节目配音实践专业素养的全方位把握奠定良好的理论基础，也为电视节目配音的高水平实践树立了带有标志性的正确理念。

第一节 电视节目配音工作的地位和作用

一、电视节目配音工作的发展综述

1. 电视节目配音的主要类型

我国电视节目配音的类型是随着电视栏目的发展而不断丰富的，现在的电视节目配音已经基本涉及了电视栏目的每一种类型。目前，按照传播内容与传播特征两大基本标准划分，可将电视节目配音的主要类型分为电视新闻配音、电视专题配音、电视纪录片配音、电视品牌形象广告配音等四大板块。其中，电视新闻配音又可细分为时政新闻配音、综合资讯配音、国际新闻配音等；电视专题配音又可细分为财经专题配音、法制专题配音、科教专题配音、体育专题配音、综艺专题配音、生活专题配音等；电视纪录片配音又可细分为政论类纪录片配音、人物传记类纪录片配音、历史文化类专题片配音等；电视品牌形象包装配音又可细分为电视广告配音、电视频道包装配音等。应该说，电视节目配音在类型上是丰富的，这一点毋庸置疑。而需要引起注意的是，在处理不同类型电视节目配音的时候，应该注意差异化特征和针对性原则。所谓差异化特征，是指由于电视节目在传播定位、传播对象、传播形态等方面存在差异，与之对应的配音在整体表现上也应该具有鲜明的差异。例如，《新闻联播》中的配音风格与《走进科学》中的配音风格就是迥异的。所谓针对性原则，是指从事配音的人员应该根据每一条配音内容的具体特点进行有针对性地处理。例如，《人与自然》中的配音整体风格基本是一致的——赵忠祥老师惟妙惟肖、娓娓道来的语言特征给我们留下了深刻的印象。但是如果我们仔细品味就会发现，他在处理不同主题的时候也会有所变化，"狮子王主题"不同于"小动物主题"，"繁衍生息主题"则不同于"弱肉强食主题"，所有这些不同主题都用凸显针对性的意识和技巧去处理，因而配音的形象感更强、更妙。

2. 电视节目配音的从业人员

众所周知，我国早期的配音工作主要集中于新闻节目和专题节目中，由于当时的时代背景与节目制作需要，从事电视节目配音工作的人员主要是电视台的播音员和主持人，从事电视配音工作的人员构成较为单一。而随着电视栏目的不断丰富、电视观众接受习惯的向前发展以及电视栏目制播分离体制的逐渐实行，越来越多的人走进了电视节目配音工作者的行列，这其中既包括播音员、主持人，也出现了专职从事配音工作的配音员，有的影视剧演员也成为了电视节目配音的从业人员。这些电视配音工作从业人员在业务实践中各有偏重、配音风格各具特色，比如各家电视台的新闻播音员由于具有过硬的新闻播音能力，所以主要承担所在新闻节目的配音工作；而专职从事配音工作的配音员和一些影视剧演员则运用自身的专业背景和艺术实践，主要从事电视广告、电视专题片、电视纪录片等创作空间更为广阔的配音工作。应该说，电视节目配音工作的门槛较之早期有所"降低"，这种"降低"绝不是配音水准的低层次，而是给更多具备扎实有声语言表达基础并能契合某一类或几类电视节目配音特征和要求的个体提供了从事这一工作的可能性。同时，这也为电视节目配音工作的"百花齐放"提供了肥沃的土壤，并且为促进电视节目配音工作的健康发展起到了积极作用。

二、电视节目配音的地位和作用

1. 传递信息的有效途径

电视节目配音在电视节目传播行为中有着传递信息的基础性作用，这一点毋庸置疑。电视新闻节目中，除了播音员或主持人的口播、记者连线环节、嘉宾访谈环节外，新闻配音承担了主要的信息传递任务；电视专题节目中，除了主持人的串场主持外，其他的有效信息基本由配音承担；电视纪录片以及部分电视专题片除了少量同期声的使用外，其他的丰富信息基本由配音来传播；电视广告及频道包装更是大范围使用配音来达到宣传品牌、提升价值的作用。如果说是电视节目形态本身赋予了电视节目配音传递信息的客观作用，那么能否最大限度地挖掘这种作用的价值就是配音员应该思考的问题。关于电视配音的信息传播有三个层级，一是基本信息层级，是指配音员运用符合基本标准的有声语言表达将电视节目需要传播的内容向受众进行传播，所谓"言之有物"；二是情感信息层级，是指配音员运用较高水平的有声语言表达，使受众在获知信息的同时，进一步产生了情感触动，所谓"言之动情"；三是思维参与层级，是指配音员运用上乘的有声语言表达，使受众在获知信息、产生情感共鸣的同时，还引发了受众对获知信息的思考或者联想，所谓"思维参与"。这就要求配音员在大量配音实践中，能够加强对自身传递信息价值的认知和定位，追求上乘的信息传递效果。

2. 打造品牌的必要因素

如果说传递信息是电视节目配音的基础性作用，那么打造品牌就是电视节目配音的关键性作用。《新闻联播》中的配音字正腔圆、稳健有力、声声入耳；《人与自然》中的配音字音轻弹、语流顺畅、惟妙惟肖；《再说长江》中的配音朴质厚重、怡然自如、娓娓道来；《莫高窟》中的配音华丽多姿、用情真挚、刚柔相济；《艺术人生》中的配音朴实无华、温暖细腻、贴近人心；《体育新闻》中的配音节奏明快、字音清晰、言简意赅……应该说，风格独到的配音的确为这些知名电视节目增色不少，有的甚至成了树立节目品牌不可或缺的核心要素。在越来越多的品牌电视节目中，我们听到的配音质量也堪称高品质。换言之，高水平的电视节目配音为优化电视节目传播、打造高端品牌形象提供了广阔的平台。所以很多知名品牌在制作品牌广告的时候，均投入相对较高的成本来选择高质量的声音，例如奔驰汽车、摩托罗拉、联想集团、中国石油、三一重工、中国农业银行等，在铺天盖地的电视广告中，这些知名品牌广告中的配音很难让人忘记，从而也就达到了树立企业品牌形象的效果。当然，想要塑造或者拥有特色鲜明、价值突出的配音水准不是一蹴而就的，这需要配音员具有卓越过人的先天条件，更需要其后天大量实践的日积月累。

第二节 电视节目配音工作的职业素质要求

一、电视节目配音员的人文素养

1. 与创作相关的审美素养

电视节目配音的过程已经不仅仅是一次书面文字转化为有声语言表达的二度创作的简单工作程序，而是在这一过程中还饱含着艺术创作的意义和价值。既然是艺术创作，就应该体现美的特质。这也就要求配音员在配音过程中，能够将自己对美的理解转化为整体的"声音美"。这大致包括三个阶段：首先是要求配音员要加强自身的美学修养——艺术创作中的"美的本质"是共通的，配音员在平常的工作、生活、学习中应该加强对美的事物的理解、欣赏和把握，这对于配音员实现自身在业务上的"美的追求"是大有益处的；其次是要求配音员培养和积累对"声音美"的认知水准——配音员应该在长期的业务实践中积累丰富的"声音美"的标准和范例，并能合理辨别"声音美"的内在特质；再次是与电视节目传播目标所要求具备的创作"声音美"的能力——配音员应该在大量的业务实践中找准自己声音的核心优势并加以完善，从而具备实现节目传播效果、创作的"上乘作品"的能力。关于审美素养，很多初学者觉得它与我们的电视节目配音实践似乎关系不是很密切，而且还有"玄乎其玄"的感觉，这主要是我们对配音创作实践中"美"的认识还不够深入。如果大家有机会与目前国内比较知名的配音大师进行面对面的沟通和交流的话，大家就会发现，这些配音大师对美的独到理解和准确把握的良好素养的确映现在他们的配音作品之中。因此，对于这一问题，大家在初学阶段就需要建立起足够的重视。

2. 与语感相关的文学素养

如果大家对电视节目配音有一定基本接触的话，就会发现对电视节目配音文字稿件准确、到位的把握是必不可少的基础性工作。可就是这样一个看似简单的工作完成起来却并不容易，因为配音的过程绝不是"见字出声"的机械劳动，把每一个字音读准了只是最低层次的要求，而符合节目内容要求的"配音语感"才是重点需要解决的问题。在录音棚观摩的时候，你会发现有经验的配音员"配什么像什么"。诸如电视节目专题、电视广告、电视纪录片等，虽然体裁和题材不尽相同，但是有着良好语感的配音员操作起来总能做到得心应手、驾轻就熟，而有的配音员则由于语感的欠缺，总是找不到配音稿件本身应有的效果，尤其是在创作一些文化内涵较为丰富的电视专题配音时就显得捉襟见肘、没有文化的韵味。这是为什么呢？在与一些配音业务精湛的配音员的交谈过程中，他们经常会谈到阅读能力和文学功底的问题。他们普遍认为，要解决配音过程中的语感问题，就需要在文学修养上下工夫。因此，具备良好的文学素养则是广大从事电视节目配音工作的人员不能忽略和回避的问题。其实在中国播音学的传统理论中，我们也经常提及一个概念——"广义备稿"，落实到电视节目配音实践中，就是要求配音员不是仅仅局限于对于某一篇特定文字稿件的"精心准备"，这只是临时抱佛脚的一时之功，而更重要的是平时对于大量风格各异、体裁不同的文字稿件的广泛涉猎，只有这样，才能渐渐培养起适应业务实践需要的良好语感。

3. 与栏目相关的专业素养

电视节目配音是以电视栏目为中心而展开的配音创作实践，如果想要实现配音效果，配音员就必须具备与栏目风格相统一的表现形式。通俗点说，就是要求电视体育节目配音要有体育节目的风格——节奏明快、动感十足；电视新闻节目配音要有新闻节目的特色——客观表达、有公信力；电视综艺节目配音要有综艺节目的风格——时尚前沿、轻松愉快；电视财经节目配音要有财经节目的风格——理性分析、重在细节；电视法制节目配音要有法制节目的风格——客观理性、重在剖析；电视科教节目配音要有科教节目的风格——科学探究、精于启发等。风格说起来容易表达，但如果想把与某种特定类型和题材的栏目配出专业品质，"让观众听起来是这么回事儿"，就需要配音员建立与栏目相适应的专业素养。以电视体育节目配音为例，同样一篇关于足球赛事的节目配音，具有足球兴趣和专业知识的配音员与不具备的配音员在处理文字稿件的感觉上一定会有差异。对足球没有兴趣和专业知识储备的配音员只能比较机械地将文字稿件清晰准确地表达出来，而在一些需要着力强调的重音和语气方面会有所缺失，但对足球运动具有浓厚兴趣和长期关注的配音员在配音处理上会潜移默化地体现出他本人对足球运动的理解，不仅仅是保证信息本身的准确，更能在重音和语气的处理上体现专业水准，让"球迷观众们听起来带劲儿、过瘾"，正所谓原汁原味。当然，从一般意义上讲，具有良好声音基础条件的配音员在从事专业性较强的配音稿件时应该不会失去基本水准，但如若想让自己的配音更具专业品质，还得在与电视节目相关的专业知识上勤于积累。

4. 与体验相关的生活阅历

电视节目配音是一个融合了感受与体验的综合表达过程。感受有时是直接感受、有时是间接感受，而直接感受往往比间接感受更为准确、深刻，那么如何将更多的间接感受转化为直接感受、从而使得配音作品更加贴近节目和原文的初衷呢？这就需要配音员去尽可能多地丰富与体验相关的生活阅历。也就是说体验的情境、亲历的事情越多样，那么自己的直接感受也就越丰富。以电视广告配音为例，在电视广告中有一部分是需要用较为生活化的语言体现出来的，比如说以人物对白来描述产品功用和品质的广告。在这一类广告中，人物对白的感觉需要从配音员自身的生活体验上去找寻，要回忆自己在某一生活情境中的语言状态和表达习惯，越贴近生活越真实，也越能贴近电视观众的接受习惯，否则就显得扭捏造作，没能让产品在一种生活化的语境中体现其与众不同。在此需要强调和说明的是，这里的生活阅历所起到的作用是丰富配音员的配音感受，所谓生活化的感觉绝不是还原生活的原生态，而是在配音中既能找到生活的印迹又应有适度的艺术加工，因为完全生活状态的配音会在美感方面有所欠缺，这就要求配音员较为娴熟地处理好配音时体验与艺术创作之间的关系，也就是要处理好二者之间的权重和尺度的问题，这一点不能忽视。当然，配音员的生活阅历虽然可以丰富其配音感受，但是不能刻意地去追求丰富的生活阅历，这与配音员的年龄、经历等因素密不可分，配音员的生活阅历因人而异、各有体会，这一点不要强求。

5. 与受众相关的人文情怀

电视节目配音以电视观众为传播对象，同时在配音内容中也大多是关乎于"人"，所以将人文情怀作为配音员人文素质中的必备要素是有一定现实意义的。首先，在配音员的配音创作过程中，要将受众的接受习惯与接受心理作为自己的创作依据之一，当然这与一味地迎合受众有本质区别，前者是要求配音员的配音创作将以人为本的原则融会其中，而后者则是放弃了配音员创作的主观能动性和艺术表现力，配音员需要从根本上加以区别。其次，在配音员的配音创作过程中，要将配音文本中与人相关的情节表述得有人情味，要用心去体会文本中人物的情绪、境遇、经历等，只有这样才能让电视观众感觉到配音作品的"温暖与感动"，中央电视台改版之前的《共同关注》栏目的配音就是这样一类配音作品。《共同关注》是一档以关注弱势群体、帮助弱势群体为主题的大型公益性新闻专题栏目。每期节目一个主人公，主人公的人生经历坎坷、曲折但却充满了生命的活力，配音员在讲述主人公故事的时候，没有大起大落的过分渲染，更多的是采用平实的娓娓道来的表现方式，这里的平实不是平淡无味，而是更多地让人体会到配音员深切理解和关注之后的关切心态，配音员语势稳健、底气十足，在体现男声力度的同时，更能感受到配音员刚中显柔的处理效果。这种效果已不仅仅是一种声音技巧层面的单一处理所能够实现的，更多的则是配音员关注人、贴近人、温暖人、感染人的人文情怀在起着巨大的推动作用。与受众相关的人文情怀是对新时期配音员业务实践的更高要求，配音员应运用自身丰富的情感去感受不同群体的多彩人生，并将此体现到所创作的配音作品中。

二、电视节目配音员的语言素养

1. 夯实有声语言的表达基础

电视节目配音工作对配音员有声语言的表达基础有着较高水准的要求，无论是电视新闻配音还是其他类型的电视专题配音，抑或是大部头的电视纪录片配音，若想保质保量地完成，配音员必须具备扎实的有声语言基本功。诸如普通话语音、播音发声、播音创作基础中内外部技巧等方面的基本技能，这些技能在电视节目配音过程中所起到的作用是很多配音员深有体会的。虽然随着电视节目配音工作的发展和变革，配音风格追求一定程度的生活化，但是这种生活化的风格并不意味着放松对有声语言表达层面的严格要求，而恰恰相反的是，只有配音员在语言基本功上狠下工夫，才能让自己在配音工作过程中驾轻就熟，也只有经过系统规范处理后的生活化语言才是真正有质量的语言，这是一个基本理念和认识的问题。再有一点需要强调的是，目前电视节目配音工作的发展速度和工作强度是所有配音员不能回避的。有时因为工作的需要，配音员需要变换多种风格进行配音；有时因为电视节目播出的要求，配音员需要连续在录音棚进行长时间工作，设想配音员如果没有过硬的有声语言表达基本功，根本无法胜任这项工作。所以，从事电视节目配音的工作者尤其是初学配音的学生们一定要有这样一个清醒的认识，过硬的有声语言表达是从事电视节目配音工作的先决条件，只有把专业基本功练得扎实、掌握得细致，才能适应电视节目配音工作的发展需要，才能适应电视节目配音的工作强度。

2. 追求业务实践的循序渐进

如果说夯实有声语言表达基础是配音员语言素养发展的第一阶段，那么追求业务实践的循序渐进则是后续的第二阶段。众所周知，有声语言表达是慢功夫，电视节目配音自然也是这样一个道理，这也是事物发展的必然规律，学习配音的学生应该严格遵循这样一条训练路径。电视专题配音中的声画贴合、电视广告配音中的人物语言的精准、电视纪录片配音中的一气呵成，都是建立在配音员从发声训练到一字一词一句、成节成段成篇的训练基础之上的。由小到大、由简到繁、由粗到细、由慢到快、由浅到深、由弱到强、由短到长，这都是学习配音的学生需要稳扎稳打、踏踏实实进行训练才能实现的。在对一些知名配音员的调研访谈过程中，他们总是回忆起第一次或者从事配音的初始阶段会暴露出的诸多问题，例如发声位置的问题、共鸣调整的问题、表达技巧的问题等，可是他们也表示这是每一位配音员在从事这项工作的过程中都必须经历的过程，是不能规避或者说是逾越不了的。同时他们也强调指出，经过一段时间的业务实践与精心探索，配音的水准和质量就会有一个阶段性的提升。当然，由于个人水平的参差，提升所需要的时间长短自然不会一致。总而言之，从他们的言语中，再一次印证了"配音业务实践需要循序渐进"的观点。所以，广大学习电视节目配音的学生应该端正学习心态，在学习配音的学习实践过程中不求一蹴而就，但求持之以恒地阶梯式前行。

3. 塑造赋有魅力的个性声音

在夯实根基、循序渐进的基础上，配音员在业务实践过程中应确立更高的目标，那就是塑造富有魅力的个性化配音风格。应该说，配音员因为性格、阅历、年龄、音质、音色以及处理技巧等方面存在个体化差异，因此表现出来的配音作品具有本质不同的"个性化"，而此"个性化"并不是真正意义上的个性化声音的全部内涵。真正意义上的个性化配音风格内涵是丰富的。一方面，这种个性化配音风格一定是在配音员长期的业务实践中，取长补短、充分借鉴、不断挖掘的优化表达；另一方面，这种个性化配音风格具有符合大众审美趣味和接受心理习惯的富于魅力的声音形式，换句话说就是能够给广大观众留下深刻印象和带来审美享受的声音，符合以上标准的电视节目配音才能够称其为赋予魅力的个性声音。在塑造个性化表达的过程中，应处理好借鉴学习和结合自身条件之间的关系，特别是对于配音的初学者而言，这一点应该予以重视。对于一些经典的配音作品，配音初学者应该反复倾听、琢磨，并尝试着借鉴其配音的独到之处。但是在学习借鉴的过程中不能一味去模仿，而是要结合自己的音质音色等客观条件，绝不能为了达到某种声音效果而违背特定的自然规律。正确的做法是在充分挖掘自身声音潜质、合理借鉴经典配音作品的基础上，使自身的配音水准有一定程度的提升，并在此基础上敢于适时地塑造具有"自主知识产权"的配音作品，也只有这样才能最终实现具有独特价值的个性声音。

三、电视节目配音员的"话筒前状态"

1. 录音状态调控自如

很多有经验的配音员都讲求或者说具有一种自如的录音状态，这一点值得我们学习配音的主持与播音专业的学生们借鉴。所谓自如的录音状态，就是在录音棚这样一个看似封闭的工作环境中能够及时找到自己最佳的配音状态，具有较高的录音棚工作效率。要想达到这样一种控制自若的配音状态需要做到以下三点。一是进入录音棚不要有任何心理负担，要轻装上阵，一些刚刚开始配音工作的配音员往往容易受到周围的人、事、物的影响，配音的注意力不够集中，配音的关注点过于分散，导致棚外准备得很好而一到棚里就不会说话了，音调找不准、重音找不准、停连找不准的现象频频出现。因此，在录音过程中应做到排除干扰、精力集中。二是要对重要的录音工具——话筒有一个明确的定位，要将其作为观众或者是朋友的耳朵，这一点也很重要。如果配音员能够对此有一个重新认识，就会起到意想不到的效果——既可以消除紧张感，又可以将自己在配音时的情感、音高、音强、节奏、语气等要素调试到一个更加适当的位置，把配音的过程真正转换成一次讲述的过程，显得亲切而自然。三是要能够在录音过程中快速激发配音文字稿件中所需要的情绪，运用瞬间联想的方式找寻自己的切身体验和感受，为顺利实现配音稿件的传播初衷助一臂之力。当然，在录音条件允许的情况下，也可以用音乐等特殊手段进行状态调整。总而言之，录音棚的工作状态需要时间和实践进行多次磨合和适应，配音员应用心理解和体会。

2. 录音过程注重协调

如果说评价一位配音员的实践经验是否丰富有若干标准的话，那么在录音过程中注重与录音师、编导、客户等的沟通与协调则是重要标准之一。对于主持与播音专业的学生而言，在从事配音工作的时候容易有两种不当的倾向。一种倾向是过于自信，认为只要是电视节目或者电视广告等选择了其担任配音员，就说明其声音条件没有问题，对于录音师、编导、客户等提出的意见和建议不够重视甚至置之不理，这种心理势必阻碍其在配音工作圈子的业务发展。另一种倾向是不够自信，尤其是刚涉足配音工作的年轻配音员对于录音师、编导、客户等提出的问题过于在意，并对自己的专业水平产生了怀疑，在录音过程中背上了思想包袱，不能全身心投入，最终导致其不能发挥出应有水平。而有经验的配音员在面对同样问题的时候，能够用合理和积极的心态去面对和处理，他们会与录音师、编导、客户进行及时的沟通，配音员可以对于他们提出的问题提出自己的想法，双方进行流畅的意见交换，目的只有一个，就是最终完成质量符合要求的配音成品。其实，配音工作与其他工作有一个共同之处，那就是配音员的专业水准和业务能力只是一个方面，而其是否善于与他人沟通和配合则是更为重要的另外一个重要方面。现在的很多电视节目配音工作实行公司化运作，配音员与从事录音工作的制作公司没有固定的业务联系，那么只有专业精、善于沟通协调的配音员才能更多地被客户关注和接纳。

第三节 电视节目配音的"组合关系"

一、配音与栏目的关系：烘托主题、合理提升

配音与栏目的关系应该是电视节目配音"组合关系"中一对较为宏观的关系。一档电视栏目选择具备何种声音的配音员来担当栏目的配音工作是需要经过多方面考虑的，而最为关键的一点就是被选择配音员的声音品质能否和栏目的类型、内容、定位等因素相匹配。电视法制栏目需要客观理性的声音、电视娱乐节目需要时尚青春的声音、电视新闻栏目需要稳健扎实的声音、电视体育栏目需要律动激情的声音、电视生活栏目需要温情亲和的声音……当配音员一旦被选择作为某档栏目的配音员，就说明其音质、音色等声音基本条件已经具备与栏目本身相一致的根本特性，这为配音员从事此栏目的配音工作打下了基础、树立了信心。但是这并不意味着被选择的配音员就一定能够保质保量地完成配音工作。这就需要配音员进一步认识栏目的本质特征，并结合自身声音特质进行深入挖掘、仔细揣摩、用心体验，力求让自己的声音不只是简单意义上符合栏目播出的基本需要，更应追求的是能够烘托栏目主旨定位、合理提升栏目品质的声音塑造。大型纪录片《话说长江》是电视节目配音中的经典力作，而这部纪录片之所以成功，与当时的历史背景、纪录片的主旨立意、独创性的表现手法

等要素自然密不可分，但不能否认的是，片中陈铎、虹云两位老师高超的配音水准亦是该片成功的重要原因。他们的声音稳健中带有变化、果敢中带有细腻、平实中带有感动，正是他们在片中那富于感染力的声音形象给亿万电视观众留下了永恒的印象，也为《话说长江》的播出效果起到了画龙点睛的作用。

二、配音与解说词的关系：充分理解、准确感受

配音与解说词的关系应该是电视节目配音"组合关系"中一对较为核心的关系。解说词是配音工作的蓝本，是进行有声语言二度创作的重要依据，配音员在配音之前要按照认识、理解、感受、表现的四个步骤对解说词进行充分地准备。配音员要将解说词的主题大意、情感定位、段落层次、重点词句等在备稿过程中全面把握。对于能够体现解说词整体风格的关键点和一时难以定夺的疑问点要进行反复推敲，有条件时还应该与解说词创作者或配音专业人士进行沟通，以期得到正向的启发和引导。在此需要强调的是，配音实践经验不够丰富的初学者容易将解说词稿件用各种标记进行标注，以提示自己在配音时予以关注，但实践证明效果并不理想，原因是配音员在配音时将注意力过度集中于之前的标注，而忽略了对解说词的整体感受，导致配音效果注重形式而缺乏内质。正确的做法是，在反复体会后，真正抓住解说词的"本"，只将个别需要突出或强调的地方加以标记，这样就可以保证整个配音过程既有本可依又流畅通达，最终保证配音的顺利完成。当然在很多情形下，为了保证电视节目的时效性和最大限度地节约配音成本，要求配音员尽快地完成备稿工作。对于这一点，电视节目配音的初学者要有一个清醒的认识，只有在正确方法指导下进行大量的配音练习之后才能做到既保证速度又保证质量，这是充分经验的积累，也是必要实践的收效。

三、配音与画面的关系：互为补充、相得益彰

配音与画面的关系应该是电视节目配音"组合关系"中一对较为关键的关系。按照影视学中的分类标准，声音与画面共有三种关系，分别是：声画统一、声画对位、声画对立。声画统一，是指声音形象与视觉形象是完全一致的。比如说，电视广告配音中的人物对口形就是一个典型，对于实践经验不够丰富的配音员而言，往往要不厌其烦地配上好多遍才能找到"时间节点"，恰到好处地对上口形，达到声画统一的播出效果。声画对位是一种最常见的声音形象与视觉形象的对应关系类型，在电视新闻配音、电视专题配音、电视纪录片配音等多种电视配音类型中均有体现，它是指声音形象与视觉形象保持基本一致。这时的声音处理并不要求紧跟画面内容，只要声音内容与电视画面保持整体风格统一即可，切忌出现"声音压

画面"或者"声画两张皮"。声画对立的情况并不多见,但也被越来越频繁地运用到电视节目配音作品中,尤其是在一些电视广告作品中时常出现,"声音和画面既无存在上的相干,也无内容上的从属,只是有逻辑上的关联"而已。[①] 以上谈到的三种配音与画面的关系可以直接指导配音员将其运用到配音实践中,目的是更好地感受声音与画面二者互为补充、相得益彰的和谐关系,正所谓"声音贴画面"的理想效果。

四、配音与音乐的关系:有效激发、和谐统一

配音与音乐的关系应该是电视节目配音"组合关系"中一对较为常规的关系。音乐是一种独特的艺术形式,在电视画面中配以风格一致、节奏吻合的音乐对于烘托主题、激发共鸣有着十分重要的作用。而作为另外一个核心元素——配音员的声音形象则不仅要满足画面的需要,还要与音乐形象相统一。一般情况下,声音的虚实、快慢、强弱、高低均应和着音乐的整体旋律和色彩,能够实现趋于一致的处理就是理想的和谐效果。那么,对于配音与音乐的和谐关系除了趋于一致的表现手法外,是否还有其他表现形式呢?曾经在电视媒体热播的云南红塔集团广告大家应该并不陌生。广告的前奏是力度感极强的音响效果,按照常理,配音的效果应该是成逐渐增强的"音阶状",从低到高,最终以高音处理。而配音员并没有采用传统的配音方式,取而代之的是采用弱控制的处理方式,以稳健的语调和均匀的语速将"山高人为峰,红塔集团"娓娓道来,给人的感觉仍旧是余音绕梁、回味无穷。从传播的效果来看,在高强度的音响环境下,一个宽厚的男中音出现在广告中,给人的感觉是更加自信、从容、淡定,进一步烘托出了红塔集团的卓越品牌形象,其可信度丝毫未减。从这则广告我们可以得出这样的结论,配音与音乐(音响)关系的处理方式是多元的、可变的,而目的只有一个——有效激发、和谐统一。

---

① 参见曾志华:《广告配音教程》,北京大学出版社,2007年版,第142页。

第二章 电视新闻配音

本章围绕电视新闻配音，从电视新闻语言特点及图像解说词作用的分析入手，首先总结了电视新闻配音的语言特点，并由此展开对电视新闻配音技能要求的论述及练习，同时也讲到了电视新闻配音的新兴趋势和配音中需要注意避免的问题和误区。

第一节

电视新闻配音的创作要求

电视新闻节目是电视节目的重要组成部分，它内容丰富、形象生动、视听兼备、传播迅速，让观众坐在电视机前即可了解和掌握全球的时事动态，是大众获取资讯信息的重要渠道。电视新闻节目与广播新闻节目及其他纸质媒体相比具备画面信息的优势，而大量的新闻画面需要配音来承担解释说明的功能，配音语言还能补充画面无法量化和不能传达的信息，使电视新闻的报道更加具体翔实。

一、电视新闻配音的特点

要了解电视新闻配音的特点，我们应该首先了解新闻语言本身所具有的特点、电视新闻解说词所承担的作用，再从这些因素出发综合思考和分析电视新闻配音，这样才能准确地把握配音的方式方法，使配音有的放矢。

1. 了解和把握新闻语言的特点

（1）新闻语言的特点：准确、通俗、简洁

如果想准确到位地为电视新闻配音，首先我们要了解和把握新闻语言自身的特点。"所谓新闻语言，即指适合新闻报道要求、体现新闻特性的语言。""其主要基本特征可概括为准确、通俗、简洁。"①

可见新闻语言是要符合新闻节目特点和新闻报道需求的，而它的基本特征中：准确，体现了新闻的特质；真实、客观，是电视新闻必须遵循的原则；通俗，作为向广大观众传播信息的载体，也是电视新闻面对的必然要求；简洁，新闻节目的栏目特点和服务宗旨需要的必然形式。

（2）电视新闻的语言特点

①半书面语特征

---

① 刘新贵：《中国新闻采访写作教程》，复旦大学出版社，2009年6月第一版，第231页。

电视新闻中的消息保留了较多的书面语特征，所以其中有很多长句及复杂句，也不乏带有逻辑关系的句群。这就需要在电视新闻的播报及配音中，认真备稿、积极思考，理清字句之间的关系，在建立清晰思路的基础上，结合技能要求来完成播报和配音，具体的技能要求我们下面还会分析和阐释。

②来源多元，内容广泛

电视新闻节目素材来自方方面面，政治、民生、财经、科技、艺术等等无所不包，所以电视新闻的语言也由于新闻事件内容的广泛而非常多元，同时为了配合不同内容新闻事件的发生背景、地域特点、学科门类等，语言的组织方式和表达方式也各具特色。比如政治新闻的消息内容都比较郑重，用词比较严谨，句式比较规整；而民生新闻的整体基调则会明朗一些，遣词造句也会体现轻松一些的氛围。所以电视新闻这样的特点要求我们在整体稳健平实的新闻语言基础上，还要根据不同内容处理和加工。

③国际新闻的语言特点

国际新闻向受众报道来自其他国家的新闻事件，其中包含着各国各具特色的时事信息、风格多样的习俗文化，以及根据各种不同语言的特点直译或意译而来的名词及句法，所以国际新闻的播报和配音要求主播及配音人员具有较好的认读能力、反应能力及分析思考的能力，准确表达句意、掌握停连等，并要对新闻事件的具体情况及相关背景有一定的了解，才能达到比较好的播出效果。

2. 图像新闻解说词承担的作用

（1）承接导语，细说始末

新闻的导语虽然类型不同，不管是叙述事件、描写情境还是议论分析，都更多承担的是提纲挈领或设置悬念的作用，用来吸引和激发观众的兴趣，但导语没有更大的空间来完成对新闻事件主体的报道，所以电视新闻的图像解说词需要承接导语，细致地讲解新闻事件的背景、经过及其他相关信息，为观众展现新闻事件的全景。

（2）匹配画面，视听结合

图像新闻的解说词与新闻画面的配合非常重要，正如本书第一章中所阐释的，达到"互为补充、相得益彰"的效果，才能使观众享受视听结合的全方位的电视新闻节目。

（3）同期配音，解说语言

电视新闻节目报道新闻事件时经常有现场采访等同期声的出现，如果是外国朋友就会出现语言不通的问题，而且由于我国幅员辽阔、民族众多，很多地区和少数民族同胞都有自己的语言，这也影响观众的理解，这些部分都需要配音来解说人物语言。

3. 电视新闻配音的语言特点

总体来说，电视新闻配音要遵循充分体现新闻语言特点的原则，要将新闻事件客观准确地进行描述，平实明晰地进行表达。内容提要部分和图像消息部分的配音方式又各有特点，我们分别进行分析。

（1）内容提要配音的语言特点

电视新闻节目的内容提要一般出现在节目开始，时长在一分钟左右，将该时段主要的新闻事件做以简单介绍，每则新闻一般只有一到两句话，内容比较凝练。内容提要有两种方式，一种在新闻节目开始由主播直接播报，比如《新闻联播》的内容提要，还有一种是前期以图像加配音的形式制作完成，在新闻节目开始时播出，比如《新闻直播间》的内容提要。我们在这里对配音形式的内容提要加以分析。

内容提要部分时间短、信息密度大，句子结构简洁但涵盖信息量比较大。新闻图像只有简短的画面，转换频率也比较快，而且一般还配有背景音乐，音乐风格以节奏感强且旋律明快的居多。所以内容提要部分的播出语速一般也比较快，语言要明快流畅，铿锵有力，特别是每一条消息都要注意播出新鲜感，并在语气色彩上根据不同的新闻事件进行区别，同时要配合背景音乐的节奏，播报状态积极干练，给人以醒目的"黑体字"的感觉。

下面我们来看一条《新闻直播间》2010年9月播出的内容提要，要尝试清晰准确并紧凑流畅地进行播报：

内容提要配音：

夏季达沃斯论坛今天闭幕，下一届论坛将会是什么时候在哪里举行，《新闻直播间》连线本台记者带来最新报道。

"'后中国特色'时代"成为本届达沃斯论坛流行语。

农产品价格继续上扬，商务部表示将会加强市场调控，稳定农产品价格。

"十一"黄金周临近，机票价格全线上涨，部分商务航线、旅游航线涨至全价。

给书签赋予新的含义——七旬老人独家制造：对爱心让座人士表达别样谢意。

帮人托运螃蟹，不料竟是十几只巨蜥。深圳边防检查站查获十二只国家级保护动物巨蜥。

高速公路又现惊险一幕，短短十分钟内发生两起汽车爆胎事故。交警提示做好轮胎的保养工作，入秋也要提高警惕。

（2）图像消息配音的语言特点

图像消息的配音部分是新闻事件的主体，对新闻事件进行详细报道，这部分语言的总体特点我们从以下几个方面进行分析：

①紧密承接主播导语

配音的部分要紧密承接主播的导语部分，这就要在备稿时也要了解导语部分的内容，将整条消息综合理解和分析，在导语的基础上展开细节部分，使配音部分从语言基调及表达色彩上都能与导语整体统一。一般来说，配音部分的语速比导语部分略快一些，用声也会略低一些，这些都要参照导语部分的语言状态来运用。

②突出新鲜感和讲述感

图像消息的配音部分讲述具体的事件信息，新鲜感和讲述感是尤其要注意突出表现的两点。要突出新鲜感，首先要从新闻素材中寻找新鲜的元素，通过节奏的明快与生动的表达体现新鲜感。同时，还要通过亲和的语气及细致的讲解来体现讲述感。

③特别注重声画对位

电视新闻配音是为图像新闻的画面配音，所以配音要与画面对位协调。遇到重要的政治人物、新闻人物或是重大新闻事件的报道，人物姓名及讲述事件要与人物画面严格对位，比如每年"两会"的新闻报道中介绍到场的各位国家领导人、或是外国政要来华访问时介绍来访人员，这些情况下都要求做到声画的严格对位。其他报道中的配音和画面在不影响观众理解、不会产生错位和歧义的情况下，声画对位可以相对宽泛一些，但也要做到声画内容的相对符合。

④体现不同领域特色

电视新闻节目报道涉及不同的社会领域，所以也相应地体现出不同领域特色和语言特点。比如财经新闻涉及较多经济事实及专业名词；民生新闻贴近百姓生活，语言也相对浅显易懂；国际新闻则包含国际上的热点事件、政治背景及其他国家的风俗文化等，内容比较多样，语言构成也更复杂。对于这些来源丰富又各具行业特色的内容，在配音时的侧重也有所不同，具体的技能要求我们在本章的第二节还会加以分析。

二、电视新闻配音的技能要求

电视新闻配音对语言的功力要求较高，尤其是时政等比较重要的新闻节目更是要求有较好的认知和播读能力。

1. 电视新闻配音的语言要求

（1）气息稳健

具备稳健的气息是进行电视新闻配音的基础，充沛的气息为语言表达提供了动力。对呼吸的良好控制才能形成平稳顺畅的气息，同时对气息的自如灵活运用才能符合新闻配音的需求。尤其是针对新闻语言半书面语体、长句较多的特点，正确地运用胸腹联合式呼吸法，掌握长句的换句气口，是恰当处理停连、保证播报流畅完整必须具备的基本功。

（2）字正腔圆

吐字清晰、字正腔圆，是保证语意清楚准确的基础，也是体现新闻真实性的要求，同时有助于新闻发布的权威感，因此就要求我们练好语言基本功，加强口腔控制，唇舌灵活有力，吐字准确清晰，注意字头叼住弹出、字腹发音饱满、字尾归音到位，尤其是一些没有辅音声母的零声母音节更要注意出字有力。这样才能使字音圆润响亮、准确清晰，不论是"轻轻带过"还是"突出强调"，都能达到良好的信息传递的效果。

（3）播读精准

信息准确是信息传播的前提和基础，所以配音的精度和准度尤为重要。不但要保证播报的准确、各种术语和名词的准确、停连和重音的准确，还要深入认识和了解新闻事件的上情和下情，准确表达内在语等深度信息。

（4）节奏明快

新闻节目传递给人们的信息都是有关新近发生的事件，播报时尤其要注意的是新鲜感和时效性的体现。尤其电视新闻的配音部分都是配合新近发生事件的画面，是受众没有见过的新鲜画面，明快的节奏有利于表现新闻事件动态变化的特点，也符合现代生活中生活节奏日益加快的受众的心理节奏和收视需求。

（5）语流晓畅

新闻配音的语流顺达晓畅能够给予受众明晰流畅的视听感受，是信息通畅传递的保证。同时，把握好语流也能够创造完整舒适的语言表达效果。在语流中，各种语言表达的技巧需要综合运用，也对语言的整体能力提出了要求。

2. 电视新闻配音与出镜口播的语言差别

电视新闻节目中，由主播完成的出镜口播部分，大部分是新闻的导语——向观众介绍新闻事件的核心和概要，也有一部分非常重要的新闻或者公文是由主播出镜口播的，这部分是以主播的语言及相应的体态语作为传递信息的主要途径，并以语言为主。而电视新闻配音部分，是配合新闻事件的相关画面或是提示重要内容的字幕画面来播报的，向观众介绍的是新闻事件的详情和细节。所以出镜口播部分的用声强度相对要强于电视新闻配音，而配音部分为了与画面配合、不抢画面，则要从声画和谐的角度考虑用声的强度。同时，相对于口播部分，配音部分讲述的是大量的细节，信息密集，语速也相对快一些。而与新闻事件相关的丰富多元的内容，也要求配音时注重条理性和讲述感，遵循逻辑、理清思路，恰当运用语气及语势，清晰流畅地进行叙述。

3. 电视新闻配音的声画关系

电视新闻配音中声画关系的把握非常重要，配音与画面巧妙配合才能使观众的视觉和听觉互相呼应，更顺畅地接收信息。总体来说，电视新闻配音是辅助新闻画面进行工作的，主要的功能就是对画面进行说明和解释，所以配音时要注意紧密贴合画面内容，与画面所讲内容同步，在声画对位的问题上如本节前文所讲，恰当运用宽泛对位与严格对位的方法。同时还要注意不抢画面，不能用声太强、音调太高，影响声画的和谐。

根据电视新闻配音技能的整体要求，将央视《新闻联播》2010年8月26日播出的这则"深圳：从小渔村到国际化城市"作为练习材料，进行综合体会，思考并实践如何达到新闻配音的技能要求。

主播：

在深圳经济特区成立30周年之际，深圳总投资约3000亿的六十个项目昨天同时开工，这全面拉开了深圳经济特区新一轮改革开放的大幕。

配音：

当年蛇口开山第一炮，吹响了中国改革开放的号角，30年后，这里正在实现华丽的转身。招商局集团将投资数百亿元，建设现代化综合国际社区；小平同志当年亲手题字的"海上世界"也将建成一个具有山海风情的深圳西部滨海公共活动中心。

以大项目带动城市大发展、大创新，推进产业大升级。开工的六十个项目涵盖了产业发展、基础设施、社会民生等多个领域，其中大量是在特区新增区域也就是关外的项目，这将对整个深圳经济发展方式转变、完善城市功能等方面发挥重要作用。

经国务院批准，7月1日起，深圳特区范围从原来的罗湖、福田、南山、盐田四区扩大到全市，特区面积扩大了约5倍。在近日国务院批复的深圳市2010—2020年城市总体规划中，又明确将深圳定位为我国的经济特区、全国性经济中心城市和国际化城市。在新的规划中，更多强调了环保、节约能源、和谐发展。"深圳速度"创造了过去30年的成就，而今天的深圳正着眼于更高的起点，力争走出一条科学发展的新路。

深圳经济特区成立三十周年本身已经是一件代表着巨大成绩和光荣历程的好事，同时报道内容中又包含一系列深圳现阶段的蓬勃发展动态，所以整篇消息的基调是鼓舞昂扬的。气息要比较充沛，吐字也应较有力度。配音部分第二段中的长句注意分句之间的停顿要恰当把握，以免影响语意连贯。"深圳特区范围从原来的罗湖、福田、南山、盐田四区扩大到全市"句中的多处顿号应处理成短暂的扬停，避免节奏拖沓。

三、电视新闻配音的发展趋势

1. 语言表达生活化、风趣化

电视新闻配音的语言风格也在不断发展变化当中，随着电视新闻内容的日益多元和丰富，配音语言的表达风格也更加多样，尤其是一些以民生新闻为代表的新闻配音，更多显现出生活化、风趣化的趋势，观众接受和理解起来更轻松愉快，同时也与很多新闻主播在导语和串联过程中比较明快、贴近口语的语言风格相协调。

下面是央视《新闻直播间》中播出的一则消息的片段，主播和配音部分的语言都非常口语化，而且播报状态亲民随和，感觉非常亲切而又贴近生活。

主播：

中秋佳节就快要到了，各地市场上月饼的销售也是日渐地火爆。有的打"特色牌"、有的打"健康牌"，品种繁多的月饼已成为了各地消费市场的主角。

配音：

这就是广西明宁县一家蛋糕店推出的"月饼王"。它直径1.2米，体重达2010斤，是由三位糕点师傅花费足足一个星期才完成的。

看得人虽然多，可是这么大的月饼有人买吗？月饼师傅说，打造这个月饼王除了想展现他们的精湛技艺之外，也想在中秋佳节之际给大家增添点喜庆的氛围，如果月饼王最后没有被买走就分给当地居民免费品尝。

2. 主播承担口播插播的一体化

随着生活节奏的加快，消息采编周期也越来越短，一些电视新闻节目中也采取演播室的新闻主播导语播报完成后直接为切入的新闻画面配音的方式。这种方式形式灵活、衔接自然，又减少了工作环节，信息传递更加快捷。比如央视国际频道《中国新闻》中《媒体速览》的板块，就是运用这种方式来配音。

我们来看 2010 年 9 月播出的一期"媒体速览",是以演播室主播的出镜口播与切入画面的现场配音相互穿插进行的,这样就要求主持人有比较好的播读能力、串联能力和较快的反应力,这些能力要综合运用,并且在这个过程中主持人的注意力要高度集中,才能流畅完整地完成节目。

演播室:

好,《媒体速览》让我们快速浏览一下全球各大媒体的消息。

进入今天的媒体速览部分,首先来看第一个,日本《朝日新闻》介绍了一个单人太空旅行舱,一起来看图片。

切入画面:

这个旅行舱乍一看有一点像火箭,这个旅行舱 2 号的时候会在丹麦发射升空,虽然这次升空是一个试验,只会飞到 3 万米的高空,但是意义非同一般。这次试验一旦成功,就意味着技术上将支持把一个人送上太空旅行。

演播室:

360 度的观景窗非常的诱人。

再来看英国广播公司的一个报道,南非发现了最古老的石箭头。

切入画面:

南非最近出土了一批目前为止发现的最古老的石制的箭头,大约有四万六千年的历史。

演播室:

这个发现把人类开始使用弓箭的时间提前了两万年。

再来看新加坡《联合早报》介绍了一个科技的新发现。

切入画面:

雌性的蚊子是传染骨痛热病的罪魁祸首,今年在马来西亚这种病症已经夺走了至少一百人的生命。马来西亚考虑展开一场试验型的计划,把两三千只经过基因改造的蚊子释放到大自然里,作为对抗骨痛热症的一个新举措。

演播室:

大千世界非常奇妙,一起来看看奇妙的世界。第一个,先来看一个飞机旅馆,全世界第一架巨型的飞机旅馆在瑞士用一架波音 747 客机改造完成了。

切入画面:

飞机旅馆总共有 25 个房间和一个咖啡厅,总共可以容纳 72 个人。再来看一个集装箱的房屋,大约 30 号法国第一批集装箱房屋落成了,这批独特的房屋将被当成学生宿舍，看起来也非常的漂亮。再来看一个烤肉盛宴，日本阳刚市举行了一场市民烤肉大会，烤肉宴席足足摆了500米长，吸引了5000名市民的参与。再来看一个鲶鱼抢食的画面，最近印度的一名男子用面包喂湖里的鲶鱼的场面被捕捉下来，非常的壮观。最后再来看一只发怒的松鼠，英国的摄影师抓拍到了灰松鼠愤怒的瞬间，这只灰松鼠因为要保卫领地伸长了爪子向摄像机发起了攻击。

好，以上是今天的《媒体速览》部分。

不难看出，这个栏目的语言口语化程度较高，多用与观众交流的口吻，讲解性强，同时有着轻松、风趣的特点，配音时都要体现出来。

四、电视新闻配音容易出现的问题

1. 念稿腔

电视新闻配音是"念稿腔"容易出现的重灾区，因为电视新闻配音时间要求紧，编辑常常希望"一遍过"，于是有些人配音时完全不顾及对消息内容的理解感受，只求"不打结巴"，于是机械地看字出声，只是按语句结构念顺而已。因此，拖腔拉调，停顿多而碎。这种配音根本谈不到"再创作"，配音的效果自然也很差。

2. 咬字太过生硬

为了体现电视新闻节目的客观性和公信力，电视新闻节目的配音对吐字归音和口腔控制的要求较高，使得一些人过度追求唇舌力度，进入了咬字太过生硬的误区，有的甚至影响语流的通畅，形成每字一顿的错误效果，反而显得刻板僵硬，影响了语言的表达。

3. 缺乏表现力

有些人不能正确理解电视新闻客观真实报道新闻事件的要求，以及稳重平实的播报风格，以为不能带有任何语言色彩，加之缺少深度理解、表达技巧又有所欠缺，这样就大大影响了语言的表现力，不但影响信息的传递质量，也会给观众以沉闷刻板的感觉。

下面我们来看央视《新闻联播》2010年8月播出的一条消息"温家宝主持召开国务院常务会议"，对于国务院总理主持国务院常务会议这样郑重的新闻事件，会议的内容又都是关于国计民生的大事，配音中既要体现新闻配音的技能要求，又要注意避免走入以上提到的几点误区，其中的分寸如何把握，希望大家通过这条消息来具体体会。

主播：

本台消息：国务院总理温家宝今天主持召开国务院常务会议，研究部署推进煤矿企业兼并重组和长江等内河水运发展工作。

会议指出，煤炭是我国的主要能源，煤炭工业健康发展关系国家能源安全和经济安全。改革开放以来，我国煤炭工业发展取得显著成就，但产业集中度低、资源浪费和环境污染严重、勘查开发秩序混乱、生产安全事故多发等问题仍然突出。

配音：

必须按照安全、节约、清洁和可持续发展的原则，坚持政府引导与市场机制相结合，充分调动各方面积极性，推进煤矿企业兼并重组，淘汰落后产能，优化产业结构，提高煤炭生产集约化程度、安全生产和科技水平，有序开发利用煤炭资源，推动现代煤炭产业发展。

会议强调，要积极探索煤矿企业兼并重组的有效方式，支持符合条件的国有和民营煤矿企业成为兼并重组主体，鼓励各种所有制煤矿企业和电力、冶金、化工等行业企业以产权为纽带、以股份制为主要形式参与兼并重组。兼并重组主体企业要担负起被兼并企业的安全生产责任，确保煤矿生产安全、平稳进行。要加强政策引导，出台财税、金融等方面的配套措施，支持被兼并企业的煤矿安全改造和技术改造。要坚持依法办事，切实维护煤矿企业职工和投资者合法权益，保证煤矿企业兼并重组工作有序开展。

会议指出，我国内河水运资源丰富，加快长江等内河水运发展，对于构建现代综合运输体系，调整优化沿江沿河地区产业布局，促进节能减排和区域经济协调发展，具有重要意义。要以市场为导向，深化改革，统筹规划，加大投入和建设力度，强化科学管理，切实提升内河水运的质量效益，力争用10年左右时间，建成畅通、高效、平安、绿色的现代化内河水运体系。为此，一要建设畅通的高等级航道。加快长江干线航道系统治理，实施西江航运干线扩能工程，推进京杭运河、长江三角洲和珠江三角洲高等级航道网建设，加强其他重要江河航道建设。二要加快内河主要港口和部分地区重要港口港区建设，加快船舶运力结构调整，优化船舶运输组织，提高水运科技与管理水平，构建航道、港口、船舶和支持保障系统协调发展、运转高效的内河水运体系。三要加快建设长江干线现代化水上安全监管和应急救助体系，强化重点水域和危险品运输、滚装运输、水上客运、渡运的安全监管和治安防控能力建设，保障内河水运平安运行。四要处理好水运发展与水生态环境保护的关系，合理布局沿江沿河产业，实现内河水运绿色发展。降低港口生产环节的能源消耗和污染排放。加强对船舶流动源污染控制，建立内河水运污染事故应急响应机制。严格执行和逐步提高船舶排放标准，加快淘汰老旧船舶。五要完善水运、公路、铁路、航空、管道等多种运输方式优势互补的一体化运输体系，带动流域经济社会发展。

会议审议并原则通过《古生物化石保护条例（草案）》。

第二节 电视新闻配音典型案例分析

由于新闻节目的时效性特点，新闻素材都比较新鲜，新闻节目的制作周期也比较短，这就要求平时要广泛积累多方面的知识，做好广义备稿的工作，同时也要具备较好的认读能力，能够在短时间内掌握稿件要点，在配音中达到表达流畅、语意清晰的效果。不同类型电视新闻节目配音的侧重也有所不同。这一节中，我们选取《新闻联播》、《新闻直播间》、《今日亚洲》作为典型案例，从时政新闻、综合资讯及国际新闻三个方面对电视新闻配音作分析。

一、案例分析：央视《新闻联播》

1. 时政新闻配音的创作要求

时政新闻肩负着报道国内外及地方新近时事政治重要事件、宣传国家对内对外政策的重担，也是广大百姓了解时政信息的重要途径，时政新闻对于配音的语言基本功的要求尤其严格，《新闻联播》这样的时政新闻典型节目也的确代表着较高的配音水准。我们从下面几个方面来看时政新闻配音的创作要求。

（1）字正腔圆，语势稳健，符合时政新闻的定位和分量

因为时政新闻承担着重要的政治功能、宣传作用，内容又包含大量国内外重大事件，所以配音必须保证吐字清晰、字正腔圆、语言流畅、语势稳健，符合时政新闻的定位和分量，也让观众能够清楚顺畅地接受信息。

（2）节奏明快，符合时政新闻的时效性特点

时效性是新闻的重要特点，明快的节奏更利于体现这种特点。同时随着人们生活节

奏的日益加快，对信息的接受方式也更希望简明快捷。

（3）语流晓畅，符合栏目整体效果要求

用精准的播读、明晰的语意组成晓畅的语流，更能体现时政新闻的格调和内涵。

2. 示例分析：以《新闻联播》为例进行分析

下面我们结合《新闻联播》2010年9月播出的一组消息对时政新闻的配音作具体的分析。

（1）胡锦涛会见美国客人。这条消息是国家主席会见外国客人，配音的画面是在庄重的人民大会堂，国家领导人与外国客人是在真诚和谐的氛围下进行交流，这些都要在配音语言的基调中体现出来。同时更要注意播读的精准，以及内在语的准确运用。如配音部分第一段中"中美双方应从全球视野和战略高度来看待和推进两国关系发展"一句，要体现出应有的内涵和分量。配音部分的第二段，每个分句的语势都稳步推高，表现我国对中美关系的殷切期望及诚挚态度，最后一个分句"为推动中美关系健康稳定发展而共同努力"作为胡锦涛主席讲话的结尾则要收束有力。

主播：

国家主席胡锦涛今天上午在人民大会堂会见了美国总统国家安全事务副助理多尼隆、白宫国家经济委员会主任萨默斯。

配音：

胡锦涛表示，在当前世界经济复苏和增长还存在诸多不稳定、不确定因素，各种全球性挑战日益突出的背景下，进一步发展两国积极合作全面的关系比以往任何时候都更为重要。中美双方应从全球视野和战略高度来看待和推进两国关系发展。

胡锦涛说，中美双方要坚持共同建设21世纪积极合作全面的中美关系的大方向，坚持不懈推进各领域的对话、交流与合作，不断拓展双方的共同利益，妥善处理两国关系发展中出现的新情况、新问题，为推动中美关系健康稳定发展而共同努力。

多尼隆、萨默斯表示，奥巴马总统高度重视美中关系，坚定致力于发展21世纪积极合作全面的美中关系。过去20多个月中，主席先生和奥巴马总统举行了6次成功会晤，为推动两国关系发展发挥了十分重要的作用。美中两国都是世界上具有重要影响的国家。美中合作符合两国利益，对世界的稳定与繁荣至关重要。美方愿与中方共同努力，加强高层对话与交往，深化和扩大各领域合作，以务实的态度处理分歧，促进美中关系不断取得新的进展。

（2）下面这条消息报道了福建省致力于生态建设取得了良好效果。整体的基调是鼓励赞扬的,同时对每一句话及每一个数字的内在语都要充分理解。比如"占大头的65%平均分给公益林所在村的每一位村民,20%发给护林员个人。"一句不只是在播报数据,而要体现补偿金用到了实处、让村民得到了真正的补偿的深层含义。而"到2012年,厦门市森林覆盖率将达到42.8%以上,城市建成区绿化覆盖率达到40%"中的数字,则要在语气中体现出覆盖率的多,把数据的作用表现到位。

主播:

我国第一批生态省建设试点省份福建,因地制宜巩固生态优势,使生态建设和经济社会协调发展,"生态福建"成为福建省展示给世界的最美丽的绿色名片。

配音:

在福建永安市洪田镇,这片马尾松混交林是闽江水系的水源涵养和水土保持林。虽然守的是一片"不能砍的树",但林农们每周都要到上山巡查。

在永安,各级财政拨付的生态公益林补偿金,占大头的65%平均分给公益林所在村的每一位村民,20%发给护林员个人。村民张炳忠一年能领到2500多元的生态补偿金。

2002年福建省提出了全面推进生态省建设、争创协调发展新优势的目标。现在福建已经对280多万公顷生态公益林的管护机制进行改革。而在厦门,生态建设的重点则放在与社区环境相结合的主题公园上,把森林引进岛内。刚建成的海沧湾公园就是其中之一。

到2012年,厦门市森林覆盖率将达到42.8%以上,城市建成区绿化覆盖率达到40%,达到国家森林城市的建设标准。

开展生态省建设近10年,福建省水、大气、生态环境质量进一步改善,三大指标均为优;森林覆盖率达63.1%,连续多年居全国首位。

(3)下面这条消息报道了各地纪念抗战胜利65周年的情况,整体基调要围绕"以史为鉴、开创未来"展开。回顾血泪历史、为死难者献花等内容要带有以史为鉴的深层含义,而最终的落点是要"开创未来"。不能只表现沉痛,而更要对未来充满信心和希望。同时由于纪念场面来自全国各地,所以配音所讲内容要与新闻画面中的相应场景相互对位。

主播:

以史为鉴,开创未来。今天各地群众开展各种形式的活动,纪念中国人民抗日战争胜利和世界反法西斯战争胜利65周年。

配音:

在河南郑州烈士陵园,江苏南京航空烈士纪念碑广场,贵州黔南深河桥抗战遗址,各界群众献上鲜花，向抗战中牺牲的烈士表达最崇高的敬意。

河北冉庄地道战纪念馆，山东平度抗日战争纪念馆，安徽新四军纪念馆今天都举办了主题展览，向年轻一代讲解那段历史。在北京，很多市民一早就来卢沟桥抗日战争纪念馆，回顾抗战岁月。

展馆长廊里，写满了为了抗击日本侵略而牺牲的死难者的名字，一位抗战老兵为自己的战友献上了鲜花。

在云南、浙江等地，抗战老兵纷纷来到烈士陵园，看望战友。广东东江纵队的老战士们今天来到中英街，寻访抗战遗址。

昨天，哈尔滨师范大学师生观看了纪念中国人民抗日战争胜利65周年国产影片《大劫难》，影片再现了"九一八"事变后东北地区西台屯人的生活变化，歌颂了他们坚韧不屈的精神。

全军各部队今天开展了形式多样的纪念活动，教育官兵牢记历史，热爱和平。在"九一八"纪念碑前、抗日战争纪念场馆，官兵们缅怀先烈，展望未来。

（4）这条消息是报道上海世博会的盛况，内容是城市最佳实践区受到的青睐与好评，语言基调要充满褒扬和欣喜。区长和其他管理者前来学习的陈述是为了突出城市最佳实践区的价值和优点。

记者（同期声）：

上海世博会的城市最佳实践区集中展示了世界上城市为提高生活质量所做的各种创新实践。开园几个月来，这里是园区接待政府官员和专业观众最多的区域，成为各地借鉴城市发展经验的取经地。

配音：

上海黄浦区的区长周伟每个月都要来实践区逛几趟，巴塞罗那馆他已经来了十几次，这里展示的老城区改造经验给他带来很多启发。

目前，借鉴巴塞罗那馆经验建设的"外滩源"项目一期工程马上要完工了。新工程把包括原英国领事馆在内的18幢老建筑修复保留，内部改造成美术馆、精品酒店和商务大厦，其他将近两万平米的老建筑全部拆除建成公共绿地。

上海世博会城市最佳实践区是从全球申报的一百多个案例中，评选出的在宜居家园、可持续的城市化、历史遗产保护与利用、建成环境的科技创新四个方面具有展示和推广价值的实践案例。

这里无处不在的环保低碳理念也让浦东新区副区长彭松拓宽了思路。

自开园以来实践区已累计接待来自国家各部委、各省市管理部门的管理者1600批、近 3 万人。

（5）这条消息是关于北京近年发展起来的著名的 798 艺术园区，配音的开场就要衔接上主播导语中讲到的"登长城、看故宫、逛 798"，为观众营造出收视期待。整体基调轻松明快并富于文化气息，体现 798 艺术园区的蓬勃发展和其具有的深厚艺术氛围。尤其"不经意间"、"国际顶级当代艺术大师"等词语更要互相呼应，凸显 798 的特点。而"45 个重要艺术机构"、"25 个国家和地区"、"2000 场国际艺术交流活动"等信息更是要充分突出，来说明 798 的艺术含金量。

主播：

"登长城、看故宫、逛 798"，如今是中外游客到北京旅游增添的一个新选择。位于北京市朝阳区的 798 艺术区经过十多年的发展，已经由一个旧厂区变成具有国际影响力的艺术园区。

配音：

在 798 艺术区内，不经意间你就会和国际顶级当代艺术大师的作品迎面相逢。夸张的造型、抽象的意境、形态各异的艺术作品吸引了络绎不绝的中外游客。

上个世纪 90 年代，798 一些闲置的厂房以及浓郁的包豪斯建筑风格吸引了很多的艺术家入驻，艺术区逐步形成。而早期的艺术区由于是自发形成的，在艺术创作上引起了一定的争议。

798 艺术区分阶段调整园区结构，引进了比利时尤伦斯当代艺术中心、美国佩斯画廊等 45 个来自 25 个国家和地区的重要艺术机构。并通过减免或降低租金等方式留住符合园区发展定位的优秀艺术家和机构。

如今的 798 已经成为北京都市文化的新地标，每年在这里举办近 2000 场国际艺术交流活动。

（6）下面是《新闻联播》中的一条国际新闻：巴以领导人表示致力于谈判实现永久和平。对于外国专有名词、人名等要注意播读准确，同时对国际事务的态度也要把握好分寸。对于国际新闻我们还会在本节的第三部分进行详细分析。

配音：

在各方努力下，以色列总理内塔尼亚胡与巴勒斯坦民族权力机构主席阿巴斯定于 2 日在华盛顿重启中断 20 个月的巴以直接谈判，谈判旨在解决双方间所有最终地位问题。美国总统奥巴马 1 日在白宫主持重启仪式，并分别会晤了以色列、巴勒斯坦、约旦和埃及领导人。

内塔尼亚胡强调，以方寻求彻底解决巴以冲突，实现持久和平，已经准备好做出"历史性的妥协"。他还将阿巴斯称为"我的和平伙伴"。

阿巴斯表示，存在一年之内同以色列达成和平协议的可能。同时他再次呼吁以色列停止所有定居点建设。

美方希望巴以在一年内达成和平协议。约旦国王阿卜杜拉和埃及总统穆巴拉克也敦促巴以双方推进谈判并取得成果。

巴以上一轮直接和谈因2008年年底以色列对加沙地带发动大规模军事行动而中断。

就在这次和谈开始前夕，约旦河西岸接连发生两起以色列平民遇袭伤亡事件，哈马斯下属武装派别宣布对袭击事件负责。作为报复，以色列约旦河西岸地区犹太人定居点委员会随即于1日恢复修建约旦河西岸定居点。上述事件为即将开始的和谈蒙上了一层阴影。内塔尼亚胡呼吁犹太人定居点的定居者保持克制，不要违反政府停建令。

二、案例分析：央视《新闻直播间》

1. 综合资讯配音的创作要求

综合资讯节目相比时政新闻，资讯的来源更加多元，上至时政、下至民生都有涵盖，风格要稍显轻松。像《新闻直播间》这样的多时段滚动播出的综合资讯节目，成为观众及时且即时了解新闻动态的重要方式，消息新、更新快，对快速备稿的能力要求更多。

（1）播说结合，符合综合资讯节目多元的资讯

由于新闻内容的来源非常广泛，既包括国内外发生的重大事件，又包含百姓生活的信息趣闻，如果单纯采取播报式，相对于丰富多彩的内容则显得过于严肃和刻板。所以综合资讯节目以播说结合的方式更符合节目的需求。

（2）轻松亲切，符合综合资讯贴近生活的栏目特点

由于整体定位更贴近生活，节目内容的编排也更灵活，所以综合资讯节目对轻松亲切的播报方式的要求也相对更多。而且很多综合资讯节目的电视信号已经大量在公共交通工具、公共场所等播出，所以更要跟上观众的需求，既要注重播得清楚，又要注意说得亲切。

（3）语流灵动，符合受众即时接受信息的需求

综合资讯节目的配音，要用更灵动畅快的语流，以配合设计和剪辑都更具轻松感和时代感的新闻视窗和新闻画面。同时，现在一些滚动播出的综合资讯节目，很多时候在

观众身边都以伴随状态出现，所以既要让观众在信息发生的第一时间即时接收信息，又要给予观众更多的舒适感。

2. 示例分析：以《新闻直播间》为例进行分析

下面我们结合《新闻直播间》2010年9月播出的一组消息对综合资讯类新闻节目的配音进行分析。

（1）下面这条消息报道的是中秋佳节将近，"各色"月饼粉墨登场。中秋是中国人民非常重视的节日，月饼又是中秋必吃的传统食品。所以这条消息，既要播出佳节将至的喜庆氛围，又要讲出不同月饼的特色，同时，对消费者的提醒更要在语气上细致耐心。

主播：

中秋佳节就快要到了，各地市场上月饼的销售也是日渐地火爆。有的打"特色牌"、有的打"健康牌"，品种繁多的月饼已成为了各地消费市场的主角。

配音：

这就是广西明宁县一家蛋糕店推出的"月饼王"。它直径1.2米，体重达2010斤，是由三位糕点师傅花费足足一个星期才完成的。

看得人虽然多，可是这么大的月饼有人买吗？月饼师傅说，打造这个月饼王除了想展现他们的精湛技艺之外，也想在中秋佳节之际给大家增添点喜庆的氛围，如果月饼王最后没有被买走就分给当地居民免费品尝。

在重庆各大超市，"健康月饼"成为今年市场的主打牌。一些健康馅料的月饼配料中还写着"螺旋藻"、"维生素"等有机成分，价格相对比较高，平均每盒售价都在200元左右；而散装月饼中也有很多"无蔗糖"、"碳烤"、"素馅"的健康月饼，售价每斤只要30元。

月饼除了在超市和市场热卖，在网上也销售得十分红火，但是最近就有不少人反映这种方式买月饼质量没有保证。那么网购月饼需要注意些什么呢？网购月饼首先要查看产品有无生产许可证号，一定要选有"QS"标志的月饼，不能只看网上产品的形象照片和华丽包装。另外，由于月饼的保质期一般较短，对储存环境和配送条件也有要求，所以最好弄清所买月饼是否有严密包装，同时也要考虑运输时间和天气情况，收货时应索要相关凭证，小心查看月饼盒上的包装日期有无破损、是否在保质期内等。

（2）下面这条消息是关于观众的精神文化方面的报道，预告张艺谋即将上线的新片情节单纯感人，风格"返璞归真"。电影情节的叙述部分要注意配合电影纯情唯美的画面风格。电影的制作背景可以用比较轻松的语气来介绍。

主播：

张艺谋导演的《山楂树之恋》9月16号将全面公映。昨天下午，上海影城开辟了一场专业媒体场，请大家先睹为快。

配音：

故事发生在"文革"时期。高中女生静秋在贫下中农家里体验生活的过程中认识了地质勘探队的老三，老三是高干子弟却极重情义，他等着静秋毕业——工作——转正，等到静秋所有心愿都成了真，老三却得白血病去世了。

看完这个情节单纯又有点淡淡哀伤的故事，观众纷纷表示和张艺谋的前一部作品《三枪》完全是两种风格，张艺谋这回玩儿起了"返璞归真"。剧中配戏的有不少资深演员，而两位主演却全是新人。拍戏过程中张艺谋更是做足保密工作，让大家对男女主角特别是女主角周冬雨充满了好奇。上海联合院线方面则表示，在票房上大为看好张艺谋这棵纯情的"山楂树"。

（3）下面这条消息报道了北京等10城市将开展的"绿色零售"活动，主题是挖掘低碳经济新空间，播报状态应该比较积极，并发出倡导低碳经济及低碳生活方式的内在语。

主播：

昨天商务部首次发布《2010中国零售业节能环保工作绿皮书》，全面地总结现阶段我国零售业节能环保工作的现状。

配音：

2007年6月商务部首次确定了北京、天津、上海、重庆、太原、沈阳、青岛、武汉、广州、西安10个城市作为开展"零售业节能行动"的试点，重点抓好营业面积在10000平方米以上的大型超市、百货店、专业店的节能降耗工作。

绿皮书调查还显示，未来零售业节能减排市场潜力十分巨大，创建低碳超市、零碳超市、建立能更有效地降低采购成本和流通费用水平的绿色物流中心等措施将成为节能减排的未来发展趋势。

（4）下面这条消息是告诉大家如何提高防范意识，积极应对台风侵袭，其中细致介绍了多种安全防范措施。这种服务功能比较强的消息要注意语速不能太快，要让大家听清听懂，同时要温和亲切，体现人文关怀。

配音：

俗话说得好："有备才能无患"。在台风到来之前，了解一些安全防范措施能让我们在台风到来时多一份安全。

在台风到来前，应固定好家中的门窗并及时清理阳台窗口的花盆杂物等，以免大风刮起时坠落伤人。注意检查家中的电路、煤气等设施是否安全以防火灾。在台风来临前，应准备好手电筒、收音机、饮用水及常用药品等以防停水停电。对于"有车一族"，要为爱车选好安全的停放地点，防止被台风卷翻。

当台风来临时，应尽量呆在防风、安全的地方避免外出，不得不外出时应注意不要在玻璃门窗、临时工棚附近及广告牌、霓虹灯等高空建筑物下逗留，更应避免在靠近河、湖、海的路堤和桥上行走。当风暴中心经过时，风力会减少或者停止一段时间。居民这时应当继续留在安全处避风，以防强风再次突然吹袭。

在台风过后常常会伴随大面积的强降雨，当地居民此时要密切注意天气的变化，关注气象预报和当地的防汛信息，注意防范强降水可能引发的泥石流、山体滑坡等次生灾害。

（5）这条消息是报道联合国儿童基金会救助贫困儿童的"千年发展目标"的实施情况。要通过数据的播报及语气的转换表现我们的努力取得了很大成果，但情况依然严峻。

主播：

联合国儿童基金会7号发布报告说，如果优先资助最贫困的儿童和社区，国际社会可以挽救数百万条生命。

配音：

9月20号，联合国千年发展目标峰会将在纽约召开。为了应对各项目标面临的挑战，7号联合国儿童基金会发布的《缩小差距以实现目标的报告》显示，在低收入高死亡率的国家重点投资以降低5岁以下儿童的死亡率将比现行方法避免60%的死亡，以最弱势的儿童为重点可以解决在实现"千年发展目标"过程中贫富差距不断扩大的问题。

"千年发展目标"规定在1990—2015年间把5岁以下儿童的死亡率降低三分之二，到2008年全球5岁以下儿童死亡人数虽然从1250万下降到了880万，但是与目标相比还有很大的差距。

三、案例分析：央视《今日亚洲》

1. 国际新闻配音的创作要求

国际新闻是电视观众了解世界的窗口，从中可以知道全球各国发生的重大事件，各个国家之间的关系和动态以及各国的风俗民情、奇闻趣事等。因为涉及的国家比较多，信息的种类丰富，而且外国文化有一些人们也许不熟悉的特点，因此在播报和配音上就提出了更多要求。

（1）对国际时事和历史及动态的充分了解

每个国家都有自己的国情，很多国家之间也有说不尽的渊源，要想快速准确地为国际新闻配音，就要更多了解这些知识，这样才能快速掌握新闻内容，并且准确地表现和播报事件蕴含的深层含义。

（2）对外国专有名词及习惯用语的准确播读

每个国家都有自己独特的历史和文化，国际新闻中有很多人名或者专有名词，或者音译、或者意译，有些可能比较长、比较复杂。比如《新闻联播》2010年9月播出一条国际新闻："地处伏尔加河与克托罗斯尔河相汇处的雅罗斯拉夫尔市有着'俄罗斯的佛罗伦萨'的美誉。"这些城市和河流的名字都是音译，不像汉语的词语结构那么规整，意义上也没有规律可循，所以只能熟读以保证准确。

（3）对国际问题态度的适度把握

国际社会的关系错综复杂，不但涉及历史、文化等方面，甚至种族、宗教都在深刻影响着国际问题，而且它还是一个时刻动态变化着过程。所以对国际新闻中涉及政治等复杂敏感因素的事件，在配音时要把握好态度和情绪。

2. 示例分析：以《今日亚洲》为例进行分析

《今日亚洲》是央视中文国际频道一档关注亚洲国家热点事件的国际新闻类的栏目，下面我们选取其中的一些新闻来加以分析。

（1）下面是一条来自印度尼西亚的消息，关于印尼的"春运"——开斋节的千万人大返乡。因为开斋节对于印尼人来说就像春节之于中国人，所以这是印尼人生活中的大事。这条配音中既要首先从画面中体会印尼人迎接开斋节的喜悦氛围，又要从语气节奏等方面把它体现出来。对于骑摩托这种特色返乡方式的解说可以更轻松活泼一些。

主播：

9月10号是印度尼西亚的传统节日——开斋节。在节日的前一周，"回家"成为印尼人心中的头等大事，不亚于中国人对春节的重视。在雅加达等大城市务工的印尼人开始了大规模的返乡潮。同往年一样，从5号开始，雅加达的各大火车站和客运站异常繁忙，挤满了回乡的乘客。

配音：

据印度尼西亚政府统计，今年开斋节期间将有1550多万人返乡，与去年同期相比增加了6.35%,其中有310万人将乘坐火车。在雅加达火车站,候车室里到处都是席地而坐、等候列车的乘客。在月台上,扛着大包小包的乘客摩肩接踵,仔细寻找着一块可以休息的地方。由于以往许多人坐在火车顶上导致事故频发,今年印尼政府禁止任何人在列车顶部乘坐,以避免悲剧重演。

在这期间,还有很多人会选择一种极具印尼特色的返乡方式——骑摩托。由于这期间的火车票大幅涨价,致使很多人选择低成本的摩托返乡。拖家带口的摩托车常常严重超载,交通安全很成问题。今年印尼政府规定,超载摩托车将处以罚款。但据保守估计,今年返乡摩托车仍将增加20%。预计开斋节前后将有360万辆摩托车和130万辆私家车奔驰在印尼的高速公路上。印尼政府称已做好充足准备,同时增设大量临时客车、火车以保障运力充足。

(2) 下面是一条来自韩国的消息,韩国欲逮捕"山寨国玺"的制作工匠。导语部分告诉大家国玺制造者被逮捕,给观众留下了悬念。顺应观众希望了解对一个国家来说如此重要的国玺是如何"被山寨"的收视期待,配音部分从闵弘圭骗取制作权开始,揭示了其瞒天过海的过程。讲述中应注意语势随情况发展层层推进,并注意外国人名播读的准确。

主播:

近日,有着国家象征之称的韩国国玺被媒体爆出是"山寨版",引起很大震动,而第四代韩国国玺的制造者——闵弘圭也被推到了风口浪尖。5号韩国警方以涉嫌诈骗正式向法院申请了逮捕令。法院将于7号作出决定,是否逮捕闵弘圭并提起公诉。我们一起来看KBS的报道。

配音:

闵弘圭谎称自己掌握有600年历史的传统制作工艺,于2007年接受韩国政府委派,担任国玺制造团团长,制造韩国第四代国玺。而在制作国玺的过程中,闵弘圭还涉嫌偷工减料,侵吞制作国玺的原料黄金1.2千克。警方对其制作作坊进行搜查时,起获了被侵吞的黄金和一些未制作完成的黄金印章。警方怀疑,闵洪圭企图利用这些印章来贿赂政府高官。同时闵弘圭还涉嫌于去年年初在首尔一家百货公司展示假的"钻石凤凰国玺",虚假宣传称其价值为40亿韩元并出售。此外,闵弘圭撰写《玉玺》一书的过程中也曾伪造部分照片和图片。

韩国政府成立以来,第一代国玺失窃,第三代国玺因出现裂纹停止使用,第四代国玺制作工艺造假的事实确认后,韩国政府表示有可能还将重新制作国玺。

(3) 下面这条消息来自日本,日本新兴的产业——医疗旅游,现在正式向中东国家开放。这条消息讲到的医疗旅游对大家来说是新鲜事物,同时还介绍了日本医学界的新技术,配音中要注意讲解的语气及语速。还有如"NHK"这样的国际知名媒体的缩写要基本了解并播读准确。

主播：

接收国外的重病患者，并向他们提供先进的医疗服务，这就是所谓的医疗旅游。作为新兴产业，医疗旅游受到了日本各界的广泛关注。而财大气粗的中东客，成为首选目标。日前，大阪大学医学部附属医院已经与利雅得的一家医院签订协作协议，将从今年10月起，每年接收大约30名来自沙特的心脏病重症患者。

配音：

从今年10月开始，日本大阪大学医学部附属医院将正式向部分中东国家开放医疗旅游，其第一位患者来自沙特阿拉伯，是一名重症心脏病患者。近年来，沙特约有30%的国民死于因肥胖而引发的心血管疾病。但由于当地缺乏高水平的医生，很多患者只能选择远赴美国、德国接受治疗。日本大阪大学医学部附属医院因发明了世界上首个"组织再生医疗技术"而吸引了不少患者的目光。该项技术主要是将从患者大腿上提取的肌肉细胞培育成细胞薄膜，并将细胞薄膜粘贴在患者心脏周围，以帮助心脏恢复正常机能。NHK电视台介绍说，这项技术有望在今后取代心脏移植。

据估算，如果每年接收43万名外国患者，将至少给日本带来500亿日元（约合6亿美元）的经济收入。但"日本医师会"担心，随着以营利为目的的医疗旅游产业不断发展壮大，可能会导致各大医院为了追求利益的最大化而忽略了本国民众的需要。

（4）下面这条消息报道的是印度储备粮中的二成因雨水浸泡而腐坏。民以食为天，粮食问题向来是世界关注的民生焦点，而印度又是仅次于我国的第二大发展中国家，可见这条消息的影响。配音中解释了这二成储备粮腐坏的各方面成因，言语之间不乏惋惜之情，应从语言基调及语气上加以表现。尤其在最后一句，还发出了将这白白浪费的粮食发给饱受疾苦的民众的呼吁，配音中要体现更多的人文关怀。

主播：

由于缺乏可供储存粮食的库房，印度很多省份不得不将大量的粮食囤积在室外，随着雨季的到来，这些用简易材料覆盖的粮食正在不断地变质腐坏，来看亚洲新闻台的报道。

配音：

印度是世界上小麦出口量第二的国家，2009年印度小麦产量高达8千万吨。然而由于缺乏可供储存粮食的库房，印度很多省份不得不将大量的粮食囤积在室外。随着雨季的到来，这些用简易材料覆盖的粮食正在不断地变质腐坏。在印度北部，已有价值1亿7千万美元粮食变质腐烂。据统计，印度每年粮食产量的近20%都会因此损失。

为了抑制通货膨胀，增加国内粮食储备，2007年印度政府宣布禁止小麦出口。但随着粮食生产的增加，印度各地被迫将越来越多的粮食存储在室外。目前，约有1700万吨小麦仅用油布和防水塑料包裹、存储在室外，即将面临雨水的侵袭。印度政府应当行动起来，将这些粮食分发给那些饱受饥苦的民众。

（5）下面这条消息来自新加坡：新加坡动物园为熊猫宝宝征名。熊猫是中国的国宝，为了国际交流及科学研究，一些大熊猫被出借到国外。这些国宝虽然身在国外，但是也受到各国政府和民众的关爱，同时也被祖国人民热切关注，所以为出借新加坡动物园的大熊猫征名，也是国内观众很感兴趣的新闻。配音中既要营造新加坡民众为熊猫宝宝取名的热烈气氛，又要表现中新两国在此事件上的通力合作及两国之间的和谐关系。

主播：

今年是中国和新加坡建交20年，作为纪念活动的一部分，中新签署了一项大熊猫培育合作研究协议，中国向新加坡借出一对大熊猫，为期10年。现在新加坡动物园正在为给熊猫取名字的问题大伤脑筋。

配音：

新加坡民众为两只熊猫宝宝取的名字，可以说是非常多元化的。有代表新中两国友好关系的"相亲、相爱"，有赞扬新加坡乒乓球队杰出表现的"乒乒和乓乓"，当然也少不了凸显本土文化的名字。

到底哪个名字比较合适呢？大家都各有所爱。

不过孩子们却有自己的想法。

包括中国驻新加坡大使在内的征集小组，将负责遴选出熊猫的名字，并在近几个月内公布结果。目前，迎接大熊猫的准备工作正在进行中，预计公众可以在2012年的上半年，到新加坡游河探索乐园观赏这对大熊猫。

（6）下面是《今日亚洲》的一个短讯板块《亚洲速览》。既然定义为"速览"，所以信息密度比较大，语速相对快一些，整体基调比较紧凑，但还应根据内容具体分析、有所区别。对于第一、二条有伤亡的爆炸事件的消息应把握好播报的尺度，并要体现出应有的人道主义态度。第三条在客观报道的同时，可用较为严肃的态度提示观众注意事态的发展，第四条细节的叙述意在引起关注和警觉，而第五条则可以相对轻松一些。

主播：

更多资讯，来看今天的《亚洲速览》。

配音：

据巴基斯坦当地媒体3号报道，巴基斯坦西南部城市奎达市发生自杀式爆炸，目前已造成至少28人死亡，80多人受伤。报道称，当时约有2500名巴基斯坦人正在举行支持巴勒斯坦人的集会，爆炸引起现场恐慌，并造成至少四名现场记者受伤。目前还没有任何组织宣布对这起事件负责。

塔吉克斯坦北部苦盏市一处警察局3日遭到汽车炸弹袭击，25名警察受伤。袭击者当场身亡。伤亡数字可能进一步上升。苦盏市位于首都杜尚别以北340公里处，靠近塔吉克斯坦与乌兹别克斯坦边界。据报道，袭击者"可能来自'乌兹别克斯坦伊斯兰运动'"，他们与"基地"组织有牵连。

近日，韩国外长柳明桓的女儿被特招为"高级公务员"的消息，引起了社会的广泛争议。在受到外交部特别录用的事实公之于众后，柳明桓表示，自己的女儿将取消投考公开招录，并称对由此引发"特殊待遇"批评及其所带来的不良影响表示愧疚。外交部对此解释称，柳明桓的女儿从2006年起，就在外交部工作，已经具备一定的经验，并且有资格被录用，但忽视了可能会引发的争议。

3号清晨，位于印度尼西亚北苏门答腊省的锡纳朋火山第三次喷发，喷出的火山灰高达3000米，距火山几公里远的村民听到雷鸣般的声响。目前尚无人员伤亡和财产损失的报道。火山专家说，此次喷发能量比前两次更大。锡纳朋火山8月29号凌晨发生第一次喷发，30号清晨第二次喷发，喷出的火山灰高达2000米。当地政府在火山附近较安全地带设立了20多处临时收容所，接收了2万多名民众。

3号，澳大利亚救援直升机的机组成员在澳大利亚的努萨角东海岸拍摄到了上百条虎鲨集体捕食的场面。机组成员称，在靠近海岸的地方，还看到有身长4米多的虎鲨把鱼群团团围住，集体猎食，场面颇为壮观。虽然，鲨鱼历来被视为孤独的猎食者，但是最新研究表明，一些鲨鱼可能会集体猎食。

第三节 能力拓展训练材料

一、《新闻直播间》2010年9月播出的一组内容提要

播报内容提要，要注意把握好表达技巧和语言节奏，力求明晰紧凑，同时每条提要之间

的停顿要短而有力，既要表示语意的分隔，同时还要适当运用扬停，避免影响整体节奏及语言流畅。

1. 2010年9月16日内容提要

第五届亚太经合组织人力开发资源部长及会议在北京开幕，胡锦涛出席开幕式并发表致辞。

国家发改委表示：我国新能源车补贴针对研发环节，未涉及贸易层面。

全国港口货物吞吐量大幅攀升。数据看经济，为您分析全国港口运行数据。

我国小煤矿整顿工作成效显著，淘汰落后产能1.1亿吨。

两岸首次全方位陆海空联合搜救演练今天举行。

新版药典十一起实行。科技水平提升，新增品种1386个，为历年之最。

墨西哥独立200周年阅兵庆典，北京时间今晚举行，各项工作已准备就绪。

2. 2010年9月14日内容提要

日本执政党民主党党首选举结束，菅直人成功连任，誓言坚守清廉政治。

未来一周冷空气将频繁造访北方，带来降温和降水天气。

世界"太阳城"大会后天开幕，德州太阳谷备战"全球低碳第一会"。

亚运会射击国内选拔全部结束，奥运冠军朱启南成功入选，贾占波遗憾出局。

一个是体操王子，一个是亚洲体操皇后，"传奇夫妻"缔造亚运传奇。

派发现行区域图、引导违规外地车分流，广州演练亚运专用车道封闭测试。

阿拉伯骑士策马奔腾，点燃多哈亚运317米高烛火炬塔。《新闻直播间》和您一同回味亚运难忘一刻。

3. 2010年9月18日内容提要

"九一八事变"79周年，各地举行活动，追忆烈士，缅怀先烈。

各地报告：红眼病患者增加，卫生部提醒注意预防，有必要可暂时关闭游泳池、浴池等场所。

新学期伊始，长沙重点学校附近房租暴涨，供不应求。本台记者带来调查报道。

发挥愚公移山精神，湖北建始县村庄老少齐上阵，开山修路，改变山村环境。

飓风"卡尔"登陆墨西哥，暴风雨造成交通中断，核电站被迫关闭。

年事已高依然照常工作，美国百岁邮递员温盖特每天至少工作5个小时。

二、《新闻联播》2010年9月播出的一组消息

1. 温家宝主持召开国务院常务会议

这条消息的配音部分宣读了温家宝总理主持召开的国务院常务会议的讨论的主题及确定的相关措施，播读应沉稳、流畅、有力。每部分的小标题应着重突出，同时要保证播读准确。

主播：

国务院总理温家宝今天主持召开国务院常务会议，研究部署发展家庭服务业的政策措施。

配音：

会议指出，发展以家庭为服务对象、向家庭提供劳务、满足家庭生活需求的家庭服务业，对于增加就业、改善民生、扩大内需、调整产业结构具有重要作用。必须坚持市场运作与政府引导相结合，政策扶持与规范管理相结合，促进就业与维护权益相结合，大力推进家庭服务业市场化、产业化、社会化，逐步建立比较健全的惠及城乡居民多种形式的家庭服务体系。

会议确定了以下政策措施：（一）加强统筹规划。从我国实际情况出发，重点发展家政服务、社区服务、养老服务和病患陪护，满足家庭的基本需求；因地制宜地发展家庭用品配送、家庭教育等，满足家庭的特色需求。鼓励各种资本投资创办家庭服务企业，培育家庭服务市场。推进公益性信息服务平台建设。实施社区服务体系建设工程，统筹社区内家庭服务业发展。（二）规范市场秩序。完善行业自律机制，规范服务行为。加强市场监管，依法规范家庭服务机构从业行为，严肃查处违法经营，维护家庭消费者合法权益。（三）加强就业服务和职业技能培训。完善公共就业服务体系，为家庭服务从业人员免费提供职业指导和职业介绍服务。把家庭服务从业人员作为职业技能培训工作的重点，落实培训计划和培训补贴政策。（四）切实维护家庭服务从业人员合法权益。规范家政服务机构、家庭和家政服务员之间的权利义务关系，维护家政服务员劳动报酬和休息权益。（五）加大财税等政策扶持力度。将家庭服务业作为促进服务业发展专项资金的支持重点，并纳入中央和地方社会事业、民生工程资金扶持范围；对符合条件的家庭服务企业实行税收优惠的支持政策。积极发展中小型家庭服务企业，鼓励多种方式的便民服务。

会议认为，为规范海关事务担保，提高通关效率，保障海关监督管理，有必要根据《中华人民共和国海关法》制定《中华人民共和国海关事务担保条例》。会议审议并原则通过《中华人民共和国海关事务担保条例（草案）》，决定该草案经进一步修改后，由国务院公布施行。

会议还研究了其他事项。

2. 全国中小学生今天迎来新学期

关于中小学生的报道应该充满阳光的气息，尤其是新学期开学的消息更要洋溢着积极向上的热情。同时消息中还报道了祖国各地各具特色的开学典礼，同样都要表现出迎新的热情。

配音：

今天是2010年新学年开学的第一天，全国2亿多中小学生开始了新的学期生活。

今天全国中小学生共上了新学期第一堂爱国主义教育课——《我的梦，中国梦》，杂交水稻之父袁隆平、试飞英雄李中华、国际影星李连杰等关于实现人生梦想的演讲，让同学们备受鼓舞。

在北京二中的开学典礼上，全新的太阳能光伏发电系统，让同学们亲身体验了低碳生活带来的方便；在江苏扬中，800多名学生聆听了鲍元瑞老人所作的国防教育报告。

由解放军总政治部援建的新疆库车县八一爱民学校今天正式挂牌，在崭新的校园中全校师生迎来了新学期。

这个学期安徽合肥、云南文山、山东青岛等地进一步降低入学门槛，外来务工子女可以就近划片到定点学校就读。

由海内外华人华侨捐款重建的北川中学今天开学。江西、吉林、云南、河南等遭受洪涝灾害地区的中小学校今天也如期开学。青海玉树灾区、甘肃舟曲灾区的学校已分别于6月和8月开学。

3. 国内简讯

这是一组国内简讯，简讯的语言比较精炼，信息内容比多，节奏紧凑，语言要轻快干练。为一组消息配音时还要注意根据画面把握语速，解说词要与相关事件的画面对应起来。在这组消息中还要注意，大型基础建设的配音要积极明快，体现祖国日新月异的发展面貌；各种展会召开的消息要体现经济活动的蓬勃开展；如广州亚运会等文体盛会的准备工作则要表现出积极准备的氛围；百姓生活的各种活动和话题可以更轻松舒缓一些。

主播：

下面请看简讯。

配音：

（国内首个大型煤炭储配基地在唐山开工建设）

国内首个国家级数字化煤炭储配基地今天在唐山开滦曹妃甸开工建设，基地占地面积1481亩，总投资27亿多元，建成后每年煤炭流通量可达5000万吨动态库存。

（杭州内河、钱江水系试行"一站式"管理模式）

从今天开始，杭州内河、钱江水系将打破原有辖区管理界限，参照高速公路"一站式"管理的模式，船舶在首港签证、报港、领卡，出港付费，减少船舶停靠次数，降低船舶燃油消耗。

（第十九届乌洽会今天开幕）

今天上午，我国西部最大的国际经贸盛会——第十九届乌鲁木齐对外经济贸易洽谈会开幕。此次参展国外厂商首次过百，比去年增加60%，明年乌洽会将升格为中国—亚欧博览会。

（第九届中国国际装备制造业博览会暨国家能源技术装备展今天开幕）

第九届中国国际装备制造业博览会暨国家能源技术装备展今天在沈阳开幕。由于能源展的加入，本届制博会成为规模最大的一次展会，展位较上届增长60.7%。

（黑龙江绥芬河综合保税正式通过国家验收）

占地1.8平方公里的黑龙江绥芬河综合保税区日前正式通过国家验收，这是我国东北地区唯一的延边陆路综合保税区，具有国际贸易、国际物流、出口加工三大功能。

（广州亚运城整体移交亚组委）

昨天下午，广州亚运城完成竣工验收，整体移交广州亚组委。根据节俭办亚运的方针，亚运城投资从原先的134.2亿元减少为129.2亿元，预计10月底可向公众和媒体预开放。

（一批新法规今天开始实施）

从今天开始，《自然灾害救助条例》、《非金融机构支付服务管理办法》、《高等学校信息公开办法》等一批广泛影响百姓生活的条例正式实行。

（今起个人邮递进境物品进口税50元起征）

根据海关总署规定，从9月1日起对个人邮递进境物品进口税免税额进行调整，从现在的港澳台地区400元、其他国家和地区500元统一降至50元。同时规定，对邮寄进出境物品的限值维持不变。

（全国"质量月"活动今天起全面启动）

由国家质检总局等七部门共同主办的2010年全国"质量月"活动，今天全面启动，北京、天津、广东、广西等地同时举行了丰富多彩的宣传活动。

（2010年"诚信兴商宣传月"活动今天启动）

由商务部、中宣部等15个部门组织的2010年"诚信兴商宣传月"活动今天启动，今年活动日的主题"诚信兴商，和谐发展"。活动将开展系列诚信主题宣传活动，宣传诚信典型，揭露欺诈案例。

（渤海伏季休渔今天结束）

为期三个月的渤海伏季休渔今天中午12点结束，河北、山东等地沿海数千艘渔船出海进行捕捞作业，迎来虾蟹满舱。

（电视剧《永不消逝的电波》一套热播）

由经典电影《永不消逝的电波》改编的同名电视剧正在我台第一套节目热播。该剧围绕我地下党员李侠在上海展开电台情报工作，讲述了他"潜伏"与敌人斗智斗勇的故事。该剧情节跌宕起伏，充满悬疑色彩。

4. 国际简讯

在注意简讯配音的共同点之外，国际简讯还需要更多注意在国际问题上播报态度的把握、对各国人民风俗习惯的尊重以及对我国与各国友好关系的体现。

主播：

下面请看国际简讯。

配音：

（联合国和非盟强烈谴责索马里自杀式袭击事件）

联合国和非盟24号分别发表声明，强烈谴责当天早些时候发生在索马里首都摩加迪沙穆那酒店内的自杀式爆炸袭击，认为索马里反政府武装这种针对无辜平民的野蛮行径与索马里和平进程相悖。这起袭击事件已造成至少33人丧生。而政府军与反政府武装连续两天在摩加迪沙的交火，已造成超过80人丧生、163人受伤，其中主要为索马里平民。

（德国第二季度经济创20年最大季度增幅）

德国联邦统计局24号公布的经济数据显示，在出口和投资的刺激下，第二季度经季节调整后德国国内生产总值环比增长2.2%，为20年来最大季度增幅。数据显示，德国经济复苏比较全面，其中消费者支出出现2009年第二季度以来首次增长。

（热带风暴"蒲公英"登陆越南）

强热带风暴"蒲公英"当地时间24号下午，在越南北部沿海地区登陆，给当地带来强风暴雨。义安省数千公顷农田被大水淹没。在风暴登陆前，当地政府已经采取措施，安全转移了沿海高危地区的约7万4千名居民，目前风暴在当地造成数人受伤。

（巴西山林火区惊现罕见"火龙卷"）

由于连日干旱，巴西近日多地燃起山火。24号，巴西圣保罗州阿拉萨图巴地区的火点附近又刮起了龙卷风。高达数米的龙卷风夹卷起火焰，形成十分罕见的"火龙卷"。据当地媒体报道,阿拉萨图巴上一次降雨还是在三个月之前,这一地区目前的干燥程度几乎相当于撒哈拉沙漠。

(月圆之夜送夏迎秋　希腊民众卫城赏月)

24号是月圆日。当晚,数以万计的希腊民众和游客夜游雅典卫城,度过夏日里的最后一个月圆之夜。很多希腊人表示,这是送夏迎秋的最好方式。自1997年起,希腊文化和旅游部决定每年的8月月圆之夜,免费开放包括雅典卫城在内的90多处著名景区和考古遗址,让民众有机会在这些地方欣赏月色,感受光影及时空交错的美丽。

(中国大熊猫奥地利再产仔)

正在奥地利维也纳美泉宫动物园生活的中国大熊猫"阳阳"23号产下一只大熊猫幼仔。这是"阳阳"第二次在维也纳生产。巧的是,"阳阳"的第一个儿子"福龙"2007年也是在8月23号出生的,比这只幼仔整整大3岁。

三、《今日亚洲》2010年9月播出的一组消息

1. 尼泊尔:限制黄金出口额

这是关于我们的近邻尼泊尔限制黄金出口的一条消息,可以结合国际新闻和财经新闻的特点来播报。财经新闻的特点我们还将在第三章进行详细论述。

主播:

由于黄金交易市场进出口差额过大,尼泊尔政府近日决定,将对黄金出口额度进行限制性调控,从而更好地保护尼泊尔整体经济的发展。来看NTV电视台的报道。

配音:

由于黄金交易市场进出口差额过大,尼泊尔政府近日决定,将对黄金出口额度进行限制性调控,从而更好地保护尼泊尔整体经济的发展。据尼泊尔电视台报道,此次黄金出口限制性调控主要针对欧洲市场展开,原本每10克约4.7美元的出口关税将上调至6.5美元。尼泊尔政府表示,尽快解决本土市场被大量抢占,尽量消除黄金进出口差额过大所带来的一系列不良影响,才能保证黄金交易市场的公平性,从而更好地保护尼泊尔整体经济的发展。

尼泊尔媒体报道说,低廉的黄金出口价格给尼泊尔整体经济的发展带来了不好的影响。受黄金成品价格不断走高的影响,尼国内黄金交易市场近日呈现低迷态势,每日成交量仅在3-30千克之间。尼泊尔政府表示,除了采取限制对外交易政策,今后还将出台一系列措施,提高本土市场的应对能力。

2. 泰国："广开言路"重塑国际形象

这条来自泰国的消息围绕"广开言路"，介绍了泰国政府如何调动民众共同思考危机过后重塑泰国国际形象的问题。

主播：

由于前段时间，泰国国内局势出现动荡，不但投资、旅游等行业受到沉重打击，泰国的国际形象也受到很大影响。近日，泰国政府发起一项名为"泰国在您心中"的调查活动。让泰国民众畅所欲言，说出心目中泰国的形象，还可以给政府提出意见，如何宣传和恢复泰国的国际形象。

配音：

3号泰国总理阿披实出席了国际形象调查"泰国在您心中"活动启动仪式，这项活动是由泰国外交部发起并组织的。启动仪式由阿披实主持，泰国外交部长甲西介绍了活动宗旨。他说，过去一段时间，泰国国内出现种种危机，给泰国的国际形象造成了重大影响，经济、贸易尤其是投资和旅游业等受到很大打击。目前泰国国内形势稳定，需要重塑良好的国际形象。

从9月3号到9月24号，泰国政府将让民众畅所欲言，给政府提意见，说一说心中需要一个什么样的泰国，而政府又需要采取哪些措施来宣传泰国的国际形象。民众可以通过寄明信片，打电话或网络发表自己的看法。政府收到建议后会进行整理和评估，随后制定政府的泰国国际形象宣传战略。

3. 阿富汗：喀布尔银行遭遇挤兑危机

挤兑对于银行来说是非常可怕的，尤其是喀布尔银行的挤兑已经持续到了第七天。消息中介绍了挤兑发生的前因后果，配音时要注意相关事件发生的逻辑顺序及时间顺序。同时还要注意比较复杂的外国人名的读法。

主播：

阿富汗最大的私营银行——喀布尔银行目前正在经历一场挤兑危机。8号，挤兑潮进入第七天，却愈演愈烈，阿富汗安全部队不得不挥动警棍，将人们挡在银行之外。

配音：

阿富汗中央银行6日下令冻结喀布尔银行前董事长谢尔汗·法尔努德和前首席执行官哈利卢拉·弗鲁兹等大股东与借款方的资产，以便阻止他们售卖资产，"直至局势变得明朗"。

法尔努德和弗鲁兹上月30日去职。美国媒体随后报道，喀布尔银行负债超过3亿或4亿美元，远超资产额。过去几年间，喀布尔银行数亿美元资金被秘密转移至海外。

按照《华尔街日报》的说法，法尔努德曾为自己和一些政界关系人士提供大量账外贷款。阿富汗央行命令法尔努德上交他使用喀布尔银行资金在阿联酋迪拜为权势人物购置的豪华别墅和公寓，包括阿富汗总统哈米德·卡尔扎伊的哥哥马哈茂德·卡尔扎伊的豪宅。

这些消息曝光后，不少人担心喀布尔银行可能破产，引发民众挤兑。

据路透社报道，马哈茂德·卡尔扎伊也是喀布尔银行的大股东，但因为他未在自己名下注册资产，所以不在这次资产冻结名单之列。这引起了不少储户的愤怒。

4. 印度：叠罗汉活动造成数百人受伤

这条消息报道的是，在印度纪念英雄人物的传统活动中发生了意外，数百人受伤。对于宗教中的人物名称和比较复杂的印度人名也要注意读法。

主播：

2号，印度迎来了印度教主神毗湿奴第八个化身——黑天的诞辰纪念日，黑天在印度史诗中是一位英雄人物。为了纪念他，印度教教徒每年都会组织叠罗汉的活动，重演神话中，幼年黑天偷取挂在高处的酸奶的故事。不过，今年的叠罗汉活动发生了意外，造成四百名多名信徒受伤。来看ZeeTV的报道。

配音：

2号的叠罗汉活动中，参加者们必须拿到悬挂在9.5米处、相当于3层楼高的酸奶罐。苏雷什当时处在人塔的最底层，突然人塔倒塌，他的双手都骨折了。维嘉勒姆的脖子在意外中不幸骨折，现在他不得不卧床一个月。

受伤者认为事故发生的原因在于酸奶罐悬挂的高度过高。

在过去的几年中，活动组织者们不断提高奖金额度，达到数十万卢比，酸奶罐也因此悬挂得也越来越高，有时候甚至挂在15米的高空中，活动难度加大、对参加者的人身安全构成了威胁。

鉴于日益增多的事故，人们正考虑为悬挂酸奶的高度设置上限。

今年争夺酸奶罐的活动中有421人受伤，其中有371人在接受治疗后回家休养，还有50人在继续接受治疗，其中有两人伤势严重。

5. 亚洲速览

这是《今日亚洲》节目中的一期《亚洲速览》。这部分短讯速览在配音中既要注意国际新闻的创作要求，又要注意清晰明快，语流顺畅。同时，对于"炭疽热"等专有名词要注意读法。

主播：
来看今天的《亚洲速览》。

配音：

（孟加拉国发布炭疽热疫情的红色警报）

孟加拉国政府5号发布针对炭疽热疫情的红色警报。自8月中旬孟加拉国出现疫情以来，已有327人感染炭疽热。孟加拉国渔业和畜牧业部长表示，政府已向出现疫情的地区分发大约50万剂疫苗，同时要求医药企业生产更多疫苗。人感染炭疽热后会出现皮肤脓疱、咳嗽、呼吸困难，严重时可致死亡。

（日本经济界呼吁应对日元升值）

6号为应对日元急速升值，日本经济产业大臣与关西经济联合会会长在东京举行会谈。关西经济联合会会长表示受日元急速升值的影响，日本企业业绩大幅下滑，将最终导致生产据点向国外转移，给日本经济以强烈冲击。他呼吁政府应采取积极有效的货币经济对策。

（菲律宾过半家庭认为自己贫穷）

菲律宾社会民意预测处6号公布一项最新民意调查结果显示，大约一半菲律宾家庭、即至少940万户家庭认为自己贫穷。与此同时，菲律宾官方统计数字表明，2010年上半年经济增长速度实现创纪录的7.9%。这是其20多年来的最佳半年增长速度记录。

（尼泊尔将进行新一轮总统选举）

由于尼泊尔5号举行的第六轮总理选举投票仍旧未能选出新总理，尼泊尔制宪会议决定，将于9月7号进行第七轮总理选举。根据尼临时宪法规定，获选票超过半数的候选人当选总理，然而在5号的投票中普拉昌达和保德尔均未获得过半数选票，导致选举陷入僵局。

（阿富汗成立"高级和平委员会"）

为争取与塔利班展开和平对话，阿富汗总统卡尔扎伊4号宣布成立"高级和平委员会"。然而就在6号阿富汗塔利班组织便发出警告，威胁将会阻挠原定于本月18号开始的阿富汗立法委员会选举，并鼓动阿富汗民众反对选举。此前驻阿北约部队军事行动指挥官对卡尔扎伊"倡导与塔利班举行和谈"表示不满，要求其在北约部队与塔利班之间作出选择。

四、《中国新闻》2010 年 9 月播出的一组消息

1. 胡锦涛到中国人民大学及附属中学考察，代表党中央国务院向全国广大教师致以节日问候

这条消息报道了胡锦涛主席在教师节到人大及附中的丰富行程，注意随着行程的深入把握语言的层次，同时每个层次之中又要注意与画面的同步及情绪的呼应。配音中应一直将充分的内在语贯穿于国家领导人对师生的关爱及对教育事业的重视的主线当中，整体的基调也是欢快而不失厚重，轻松而又和谐的。

主播：

在第 26 个教师节即将到来之际，中共中央总书记、国家主席、中央军委主席胡锦涛 9 日下午前往中国人民大学及附属中学，亲切看望师生员工，实地考察学校教育改革发展情况，代表党中央国务院向全国广大教师和教育工作者致以节日的问候。

配音：

中国人民大学附属中学在素质教育方面一直走在前列，近年来取得了累累硕果。胡锦涛特意来到这所中学，重点考察了解学校开展素质教育的情况。

在人大附中实验楼，胡锦涛走进一间间教室、实验室，同老师和学生们热情交谈。设计技术教室里，两名学生向总书记介绍他们在老师指导下设计的直升机降落高度差补偿装备和波浪能发电装置。胡锦涛对他们的设计表示赞许。他说，只要同学们勤动脑、勤动手，掌握更多真才实学，将来一定能成为建设国家的高素质创新型人才。

近年来，人大附中利用远程技术手段积极推进优质教育资源共建共享。胡锦涛在学校的远程教室观看人大附中与宁夏六盘山高级中学、贵州毕节地区民族中学进行远程互动教学，并通过视频与远在六盘山和毕节的师生通话。得知这些地区的孩子从中获得很大帮助，总书记十分高兴。

在人大附中艺术馆，胡锦涛兴致勃勃地欣赏了学生们演奏的交响乐和表演的健美操、舞蹈。

胡锦涛热情地向老师们祝贺节日。他代表党和政府，代表孩子们的家长向老师们表示感谢。

设在人大附中中心花园的选修课超市热闹非凡，学生们正在从学校设置的 150 多门选修课中精心挑选自己感兴趣的课程。胡锦涛走到学生们中间，询问他们选课的情况。他对人大

附中通过开设大量选修课来推进素质教育的做法感到满意,希望学校坚持"尊重个性、挖掘潜力"的办学理念,更好地帮助学生提高综合素质。

离开人大附中,胡锦涛又前往著名高校中国人民大学考察。他参观了中国人民大学命名组建60周年成就展。

随后,他来到新闻学院考察。仿真演播室里,一堂电视新闻直播节目采访课正在进行。学生们扮作嘉宾、主持人,在老师指导下模拟采访,学习现场采访、演播室访谈、演播室连线的方法和技巧。胡锦涛对在场的老师和学生们说,现在,各种新型传播手段的出现给新闻工作带来许多新变化、新挑战。同学们一方面要认真研究信息化时代的新闻传播规律,努力掌握新闻工作的新知识、新本领;另一方面还要在实践中巩固学到的知识,不断完善自己。

在财政金融学院和经济学院学术报告厅里,胡锦涛认真倾听教授们对当前宏观经济形势的意见建议。他希望教授们拿出更多的科研成果,为中央科学决策提供参考。

考察结束后,胡锦涛在中国人民大学世纪馆亲切接见了教育部表彰的全国教书育人楷模和教育系统抗震救灾先进集体、先进个人代表。总书记同大家一一握手,关切地询问他们的工作和生活情况。

胡锦涛希望全国广大教师以先进楷模为榜样,忠诚党的教育事业,自觉培养高尚师德,不断增强专业素质,全面提高教书育人水平,为推动教育事业科学发展、为建设人力资源强国作出更大贡献。

2. 中国开展胸椎微创手术新技术

这是一条关于在我国开展世界领先的医疗手术新方法的消息,从中要给观众传达的是我国科技进步、医疗能力快速提高的内在语,同时对于其中涉及的专业医学术语要播读准确。

主播:

记者从9月10号在北京举行的最新胸椎间盘手术方法临床报告暨新闻发布会上获悉,一种全球最新胸椎间盘手术方法"非融合无输血胸椎微创术"在中国开展。

配音:

非融合无输血胸椎微创技术是利用显微镜、内窥镜联合激光进行手术,他是目前治疗胸椎间盘疾病的最新技术,与传统手术相比它极大地减少了开胸手术的后遗症和风险。

据介绍,目前在上海采用这一技术开展的三例手术全部获得成功,并有望在全国有技术条件的医院展开。据了解,严重的胸椎间盘疾病由于涉及胸腔、腹腔、肺、肝、肾等重要组织和器官,因此它的手术难度要比腰椎间盘等脊柱疾病的手术难度要大,风险也高。

3. 大巴马路违章，小汽车敢怒不敢言

下面是一条来自台湾媒体的新闻，配音方式和语言表达都带有台湾地区的普通话风格。由于讲述的事件就是生活中的，而且描写也比较生动有趣，可以用比较轻松幽默的方式去配音。

主播：

巴士有巴士专用的车道，就是为了给巴士提供方便。但是现在在台北的一条大马路上，有部公交车一直违规，让很多小汽车无法避让，十分危险，我们一起看看台湾媒体的报道。

配音：

小汽车记录下开车上路前方的情形，本来一路都很顺畅直到一台公车出现。

看到没？马路上一台橘色的公交车在最外侧突然一直往内切切切，往内切了两个车道还不够，继续想往最内侧再切。看到没，一台公车就在两个车道间摇摆不定，让后方的车不知道怎么办，超级危险，最后只看到公车的车尾大幅度一甩，整台车就像是要翻过去一样切往最内侧线道。但是还没完，明明才切进内车道马上又往外线道挤，银色小轿车突然发现公交车意图，吓了一跳，方向盘赶快往右边打让它挤进两台车的间隙超级小的空间中。但夸张的是，整条路明明就是四线道，正常公交车要行驶在线外，顺着路走向公车专用道，但这一台"大友巴士"的307号公车驾驶，不知道真的是在赶时间还是开车习惯不太好，就这样四线道任他开，最后还是乖乖回到公车专用道上。如此恶霸的行为也让开在附近的小轿车敢怒不敢言。

4. 中国大熊猫西班牙产2仔，新生2只小熊猫各重150克

这条消息是关于非常可爱的国宝大熊猫，讲述了旅居西班牙的两只大熊猫的生活故事。因为是与两只新生熊猫宝宝有关，所以整体消息的基调非常明快活泼。

主播：

旅居西班牙的中国雌性大熊猫"花嘴巴"7号在马德里动物园经过135天的妊娠生下2只熊猫宝宝。

配音：

"花嘴巴"是今年4月25号通过人工授精受孕的，来自马德里动物园和中国成都大熊猫繁育研究基地的技术人员，西班牙科研理事会的专家以及马德里大学兽医学院的专家均为此作出了贡献。

熊猫宝宝的父亲是与"花嘴巴"于2007年一起抵达马德里动物园的雄性大熊猫"冰

星"。新生的2只小熊猫各重150克，目前性别不明。

马德里动物园方面说，"花嘴巴"目前举止非常正常。由于熊猫幼仔诞生初期的成长非常关键。为确保熊猫妈妈和幼仔不受打扰，它们现在生活在隔离状态下，并置于闭路电视监控之下，公众暂时无法直接看到它们。不过，游客可通过设于大熊猫馆和动物园其他地方的电视屏幕看到熊猫幼仔。

根据中西两国有关协议，2007年9月来到马德里的大熊猫"花嘴巴"和"冰星"在西班牙的旅居生活期为10年。

5. 下面我们来练习一组《中国新闻》中由主持人运用口播插播共同完成的《媒体速览》板块的素材

（1）这组《媒体速览》中主持人在有些信息之间还稍作评述，起到了总结概括的点睛作用，同时也使内容自然衔接。注意这样的部分用口语化的表达方式更让观众接受起来感觉舒适自然。

演播室：

好，以下再进入到今天的《媒体速览》，再来看各大媒体还报道了哪些消息。今天的《媒体速览》呢，首先来看中新社，日本的女权主义者高龄人工受孕。日本前邮政大臣、自民党众议员野田圣子，选择以人工方式当了高龄未婚妈妈。

切入画面：

她去年五月赴美，进行体外授精，怀了试管宝宝，目前已怀孕十五周，预计明年的二月生下第一胎，届时她将五十岁。不愿从夫姓而拒绝结婚、高龄怀试管宝宝，野田女性自主的作风颠覆了日本社会的传统。

演播室：

有这种观念，而且还能这么去做的人，真的是很少，尤其是在日本社会。英国《每日邮报》，自古英雄出少年。英国13岁少年史密斯凭借一张非凡的照片获得英国摄影大赛的第一名。

切入画面：

史密斯拍摄的这张照片名为"嗡嗡的蜜蜂"，展示的是他家后花园内一棵鼠尾草边飞翔的蜜蜂。评委认为，这张照片，技术精湛，对于一名13岁的男孩来说，成就非凡。

演播室：

希望这张照片不是偶得，也希望这张照片所带给他的荣誉对他以后的成长是正面和积极的。香港《文汇报》，英国政府花钱保护动物遭到质疑。

切入画面：

近年，睡鼠因环境遭破坏而数量骤减，英国政府为避免其濒临绝种，在栖息数量较多之处，斥资19万英镑为它们搭建天桥，避免遭车祸死亡。天桥主要以金属网制成，可让睡鼠们安全地从中穿越。但此举引来许多纳税人不满，认为这是在"挥霍公费"。

演播室：

政府做事，要让所有人满意是不太可能的，所以也会有各种不同的声音不绝于耳。但是各种声音往往也会很快地烟消云散。再来看日本的《每日新闻》，疯狂的猴子。

切入画面：

日本静冈县的三岛市最近4天出现了猴子，居民或被咬或被抓，至少有43人受到伤害，令当地居民苦恼不已。市政府透露，2个月前就有人目击到猴子来到市内觅食。有关部门正准备布下圈套抓捕猴子。

演播室：

好，我们再来看一下一个罕见的红色瀑布。近日，加拿大亚伯达的喀麦伦瀑布在大雨过后突然变成了红色。

切入画面：

原来瀑布所在的沃特顿湖有很多古老的红色沉积岩，暴雨把那些沉积岩上的红色物质冲刷下来才使瀑布变成了红色。

演播室：

好，以上就是今天的《媒体速览》。

（2）这组消息的衔接非常紧凑，这就要求播报时思路要非常清晰，而且注意力要高度集中，随时进行内容的衔接和转换。

演播室：

《媒体速览》，让我们再来快速浏览一组消息。首先我们来看一下美国《纽约时报》的报道。纽约市地标保护委员会在八号，全票通过了在世贸遗址附近建伊斯兰文化中心和清真寺的决定。

切入画面：

这就引起了从政客到宗教领袖，从普通的民众到专家学者等社会各界的广泛讨论。最新的民调结果是这样：67%的纽约市民反对在世贸遗址附近修建清真寺和伊斯兰文化中心。

演播室：

再来看一下美国《侨报》的报道。午后不犯困，除了是保证睡眠充足之外，午饭吃什么也是很重要的。

切入画面：

当午饭摄入的碳水化合物过多的时候，体内的血糖会迅速上升，之后再逐步地下降，人就会感到没有力气昏昏欲睡。而蛋白质和蔬菜组成的午餐，则有利于大脑保持敏锐和清醒。

演播室：

再来看一下马来西亚《星报》的头版。越来越贵的医疗费用给马来西亚人带来不小的压力。

切入画面：

由于大多数人没有退休的劳保，越来越多的人开始在为自己购买保险。马来西亚主要的保险公司统计，马来西亚人平均购买保险到八十岁，有的人甚至买到了一百岁的保险。

演播室：

好，下面再看一下日本的《产经新闻》的报道。

切入画面：

为了怀念以及鼓励人们用笔来书写书信，一家青年会所就专门开始了一家："写信吧"，这个"写信吧"里的桌子上没有电脑也没有网络，只有各种信纸，笔，信封以及各种明信片等等都是免费使用的。同时，"写信吧"里还提供收费的茶饮服务。

演播室：

再来看看我们的大千世界。长期干旱导致地表温度过高，一些灌木丛就会发生自燃，盘旋生成柱状的"火龙卷"。

切入画面：

近日，一条"火龙卷"在夏威夷的毛纳基亚火山南麓盘旋而起，熊熊燃烧的火柱越过了一千四百英亩的土地。秋天到了，一种既环保又不失清凉感觉的凉靴正在东京原宿街头流行，靴子的腿部和普通的靴子是没有什么区别的，它的特殊地方就在于脚趾处和凉鞋一样可以全部把脚趾露出来。再到日本看一看，日本北海道65名学生一起制作了世界上最长的烤串，在一根长近二十五米的竹签上穿上了24.83米重40公斤的鸡肉，这是日本的第十三个烤串记录。还是在日本，日本有一位家庭主妇在自家院子里发现了两只粉红色的螳螂，身体长1.5到2厘米，昆虫专家说螳螂一般都是绿色或褐色的，粉红色相当地罕见。

演播室：

好了，以上就是今天《媒体速览》的部分。

（3）《媒体速览》这类板块的特点就是消息的来源非常多元，来自不同国家地域，不同生活领域，比如这期就是从远古人类的遗址讲到了现代孩子的孤独症，要体会每个消息的内容特点，作出相应表达，同时也要注意衔接时语势要有所铺垫，不要太突兀。

演播室：

《媒体速览》，再来看各大媒体还报道了哪些方面的消息。今天的《媒体速览》呢，我们首先来看英国的《每日邮报》。早在一万两千年前，人们就开始举行大型的聚会了。

切入画面：

近日考古学家在以色列一处古代埋葬地点发现了至少七十一只乌龟和三头野牛的残骸，这些龟壳和牛骨的残骸显示曾经遭到了烹煮和肢解，这就意味着这些动物是被宰杀供人食用的，据估算这批龟肉可供三十五人食用，证明了早在一万两千年前人类就举办过大型的烧烤活动。研究认为，早期人类可能经常举行集体宴会，这项研究凸显了宴会对于早期人类社会凝聚力的重要性。

演播室：

再来看香港的《文汇报》，关注的是孤独症。孤独症是影响人一生的发育性残疾，主要症状表现在社交困难、缺乏交流技巧、思维还有行为方式不同于常人。

切入画面：

每一百个英国孩子当中就有一个是患有孤独症的。而兄弟姐妹中患有孤独症的人比常人患孤独症的几率要高出25倍。研究显示，人在婴儿时期就可能患上孤独症，六个月大的婴儿更是患孤独症的高危人群。当婴儿更喜欢只盯着某一个玩具而不是将目光集中在看护他的人的身上的时候，这就是他可能患上孤独症的迹象。

演播室：

所以，年轻的父母一定要对孩子的一举一动仔细地观察，一定要将所有的不良迹象消灭在萌芽状态。我们再来看美国的《国家地理》。一项最新的研究结果显示，每天晚上睡眠时间少于六个小时的男性，比睡眠时间在六个小时以上的正常男性，早死的几率更高。

切入画面：

研究人员选取了741名年龄在20到100岁之间的男性失眠症志愿者，从1990年到1995年对他们进行观察研究，到了2007年51.1%的被调查男性死亡。研究人员希望，这项研究能够提起大家对失眠的重视。

演播室：

可是，问题是其实并不是我不重视失眠问题，而是我根本睡不着或者根本没有条件保证每天睡6个小时以上。在这样一个非常普遍的情况下，我们的研究人员其实更应该提供一些建议当无法满足睡够这么长时间的情况下如何来应对，如何来治疗。再来看一下日本的《产经新闻》。近日温哥华市区惊现了"终极"环保车。

切入画面：

在这辆车的引擎盖上直立着一棵树，开发者称，这辆车不需要汽油做燃料，他们将引擎直接拿走换上这棵树就能让车子照跑。相信一定会让不少的温哥华市民驻足称奇。

演播室：

那么，在这个报道中根本没有提及车把引擎拿走后栽上一棵树，这辆车的动力在哪里，总不会是这棵树的光和作用吧。接下来再通过一组图片看一看这无奇不有的大千世界。

切入画面：

美国南卡罗来纳州的一座公园里三岁大的猩猩——汉拿马代替了母亲的角色照顾这两只只有两个月大的小狮子。据饲养员说，汉拿马非常喜欢这两只小狮子，它经常让它们躺在自己的肚子上玩耍，并用充满母爱的眼光注视着小狮子。更可贵的是，更让人意想不到的是，猩猩汉拿马还是一只公猩猩。同样异类相依为命的还有接下来的这对儿，印尼巴厘岛森林动物园里，一只短尾猴把一只流浪小猫当成了自己的孩子，短尾猴悉心地照顾小猫，它们成了相依为命的亲人。同样事情还发生在日本京都福知山市动物园，一只野猪正和它的好朋友猕猴宝宝一起散步。

演播室：

好了，以上就是今天的《媒体速览》部分。

第三章 电视财经与法制专题配音

随着经济发展与社会进步，电视财经专题与法制专题受到越来越多的关注，财经与法制的专业性与严谨性都为这两类专题的配音提出了更多更具体的标准。本章共有两节内容，分别归纳和梳理了财经专题与法制专题的节目特点，及由此产生的对配音的要求，并结合了典型的电视财经与法制栏目的具体内容，阐释及分析了这两类电视专题配音的创作要求。

第一节

电视财经专题配音

随着我国经济的高速发展、全球经济一体化的逐渐深入，尤其是经济与人们每天的生活产生着越来越多密不可分的联系，电视财经节目也越来越受喜爱，成为人们关注世界及我国经济发展趋势、提升自身经济生活质量的一种方式和途径。电视财经栏目承担着多种功能：宣传政府经济政策，解读市场经济环境，分析热点经济问题，服务人民经济生活等。可以说，上至宏观经济现实和发展的评析与阐释，下至百姓居家理财的规划与实施，都能在电视财经栏目中得到丰富而实用的讯息。

电视财经节目的形式和内容也是多种多样：有集中报道经济事件的，比如央视的《经济信息联播》；有座谈焦点经济人物的，比如央视的《对话》；有放眼全球经济动态的，比如央视的《环球财经连线》；也有侧重地方经济民生话题的，如京视的《首都经济报道》，还有在报道、解释、评析的基础上进行深度挖掘和前瞻思考的央视《经济半小时》以及与其他领域的知识形成复合型节目的央视的《经济与法》等。这些栏目不管它们的节目形态有怎样的异同，往往都有经济方面的专题片穿插其间，当然就都必须有配音环节的配合才能完成。

一、电视财经专题配音的创作要求

电视财经节目的制作是与这个时代的经济发展和动态紧密联系的，所以要具有这个时代的鲜明特征，配音的语言风格要与经济动态的活跃及经济形势的瞬息万变相符合。同时要注重对财经方面专业性的解读，方便观众的理解与接受。

1. 明快干练，符合财经领域特点

经济世界是一个时刻变动着的世界，在全球经济一体化的浪潮之下，整个世界的经济可以说牵一发而动全身。每一天之中，经济世界的运动就如地球的自转一样从未停止，哪怕我们的国家正值夜晚，但在地球的另一端却是白天，时刻发生着各种经济事件，各种经济数据都在随时变化，财富的消涨也随之而来。电视财经节目的配音不但要跟上这种节奏，并要用有声语言明快干练的外部形式表现出这种节奏，这样才能体现经济领域的特点。

我们来看央视《经济信息联播》在 2010 年 8 月 13 日播出的一条消息：

主持人：

好，看完了国内粮食生产的情况，我们再来看一下国际粮食生产的最新的情况。由于俄罗斯、乌克兰和加拿大等地遭受严重的旱灾，国际小麦的价格涨势极为惊人。整个七月份的涨幅高达 50%，创造了五十年以来最大的单月涨幅。进入八月份之后，这个价格还是在不断地飙涨。

配音：

自今年六月份以来，随着俄罗斯等全球小麦出口国接连遭遇极端恶劣天气，加上国际投机力量大肆炒作，国际大宗商品市场小麦期货价格七月份创下 37 年以来最大单月涨幅。8 月 5 号，俄罗斯宣布，暂时禁止所有粮食及粮食产品的出口，这犹如火上浇油，推动连续两月涨势不减的芝加哥小麦期价当日暴涨 60 美分，被牢牢封在涨停板上，并在不到两个月的时间里创下超过 80% 的涨幅。然而暴涨行情仅维持一天，小麦期货价格 6 号在巨大的抛盘压力下，迅速跌停，尽负前一个交易日涨幅。小麦价格前一段时间的暴涨，带动了其他农产品跟风上涨。玉米期货价格同期涨幅接近 20%，大豆期货价格自七月初开始飙升，累计涨幅也达到了 10%。尽管国际小麦期货价格，近段时间屡创新高，但中国粮食市场却表现平静，业内专家指出，作为世界上人口最多、粮食需求量最大的国家，中国较为完善的粮食储备制度，和今年粮食小麦连续七年增产的局面，使得目前国内粮源充足，短期内受到国际粮价波动左右和影响的可能性有限。

这条消息从国际小麦价格创出惊人涨幅及带动其他农作物跟风上涨讲起，最终落点在对中国粮食市场走向的分析，配音部分应使用相对明朗的音色及较有力度的吐字，前半段可通过逻辑重音及语气语势的处理突出国际粮食市场近期的暴涨行情，而后半段则应在语势上收回企稳，体现中国粮食市场的平稳态势。

2. 语气稳健，体现经济动态和事实

经济世界是一个各种信息错综交织的世界，每一条经济信息都有可能创造效益或是造成损失。这些经济信息关乎每一个生活在这个经济环境中的人们的经济利益，尤其对于每一个投资人或者说关注经济动态以提升自身经济条件的人来说更是非常重要的，电视财经节目需要客观体现经济的动态和事实，配音中注重体现新闻感和时效性的同时，更要注意语言平实、语气稳健，力求真实报道、避免过度渲染。

电视财经节目中经常关注一些与百姓生活息息相关的热点经济事件，比如楼市就是其中一项。下面是京视《首都经济报道》的一条报道：

主持人：

来，关注一下现在开发商低价开盘，有的新房已经低过周边的二手房价。

配音：

新楼盘开盘均价两万五，周边二手房报价却达到三万，这是记者在方庄区域调查了解到的情况，这种二手房比新房贵的现象，被业界称为"房价倒挂"。记者调查发现，楼市调控后，低价开盘似乎已经成为不少开发商采取的促销策略。这也使得包括房山长阳，大兴黄村和望京等不少区域都出现了一二手房价格"倒挂"的现象。而北京市统计局最新发布的数据也显示，一至七月全市房价的涨幅比上一月下降了1.1%，连续三个月出现回落。专家表示部分区域虽然目前处在房价倒挂阶段，但随着开发商理性定价的策略受到市场认可后，周边的业主也必然将调低二手房的报价。这是因为一方面楼市调控后，二手房市场的反应往往非常灵敏；另一方面，现在二手房市场的成交量也确实处在低位，对于想达成交易的业主，只有降价才可能吸引到客户看房。在管庄地区做了四年二手房买卖的胡经理就告诉记者，他们这里现在的成交均价和五月份相比已经下降了15%，降价后从八月初开始，看房的人逐渐多了起来，不过目前签约量还是不高，现在平均每个月一家门店也就能卖出两三套房。购房人只看不买的心态十分突出。

这条消息中真实及时地反映了北京地区楼市的动态。配音中要用比较平实稳重的语言对情况进行描述，让百姓在数据中看到楼市的价格走势，同时增添百姓的信任感，对于"倒挂"这样专业术语的解释要语速稍慢，以便于观众理解。

3. 语言准确，遵循客观经济规律

经济世界是一个客观严谨的世界，容不得半点纰漏，任何一个小小的失误都有可能失之毫厘、谬以千里。电视财经节目的配音，要严格遵循客观经济规律，准确播读各种经济术语，保证播出的经济信息是准确无误的。能够收看最新最准最翔实的财经资讯，这也是收看电视财经节目的普通大众最希望的。这就要求我们平时要练好基本功，保证播报的清晰性和准确性；同时做好广义备稿的工作，学习基本的经济金融知识，使自己对基本概念和行业运行等有所了解，避免出现常识性的错误。

我们来看《经济信息联播》节目中出现的一组涉及各种经济数据和专有名词配音内容：

（1）以豆油主力合约为例，6月30日的收盘价是每吨7422元，截止到8月13日已经涨到8342元，每吨上涨920元，涨幅为12.4%。此外，白糖、小麦、玉米的主力合约价格也从每吨4825元、2307元和1858元分别涨到周五收盘时的5384元、2455元和1972元，涨幅分别为11.6%、6.4%和6%。

（2）本次拍卖最低成交价为 38400 元，也比上月下降了 800 元，回落到今年 2 月份的价格水平。2010 年 1 月，上海私车额度拍卖的最低成交价为 37800 元，平均中标价为 38311 元，私车牌照发放额度 8000 张。2 月私车额度拍卖最低成交价 38300 元，平均成交价 38620 元，分别比 1 月上涨 500 元和 309 元。上海 3 月私车额度拍卖最低中标价 39600 元，平均中标价为 39882 元，环比上涨了 1300 元之多。4 月，上海私车额度拍卖突破了 4 万元的关口，最低中标价为 41000 元，平均中标价为 41637 元，环比上涨了 1400 元之多，也是自今年起中标价最高的一个月。此后的 5 月和 6 月，上海私车车牌均价全部超过 4 万元。

（3）今天，钢铁板块整体继续上涨。其中，以生产汽车钢板弹簧和弹簧扁钢为主的方大特钢，今天连续第二天封住涨停板，三钢闽光涨幅则达到了 4.65%，其他个股涨幅大多在 1% 左右。尽管钢铁板块涨幅不大，但 90% 以上个股都出现不同程度上涨，显示钢铁板块上涨趋势明显。数据显示：自 7 月 2 号大盘企稳回升以来，申万钢铁指数的升幅接近 16%，明显大于同期上证指数 10.5% 的升幅。其中，方大特钢今天收盘价达到 8.54 元，和 7 月 2 号创下的低点 5.88 元相比，累计上涨 45% 之多；涨幅紧随其后的是三钢闽光，今天报收 11.47 元，近期累计升幅已经超过 42%；此外，莱钢股份、酒钢宏兴、新钢股份近一个多月来的涨幅也接近 30%。证券分析人士认为，钢铁行业作为典型的传统行业，股价走势往往滞后于大盘，能有这样的表现是比较罕见的。不过，这次钢铁板块中个股活跃程度与业绩关系不大，涨幅较大的小盘股，方大特钢流通盘为 5.71 亿股，三钢闽光则为 1.4 亿股。而钢铁板块的这波行情是对钢铁期现货价格上涨的反应，同时正赶上大盘回暖，因此反弹幅度较大。但是业内人士也表示，目前尚难表明钢铁已经好转，所以钢铁期现货价格以及钢铁股的上涨，都缺乏基本面的支持，后市价格存在较大的回落风险。

这三条消息中都包含大量的经济数据及行业术语，配音必须有很强的服务观众的自觉意识，首先要严格保证播报的准确，进而要通过关联词及内在语体现出数据所说明的经济事实。例（3）反映了当天股市中钢铁板块动态，既有数据的通报，又有行情的分析，对于一些数据和行情组合起来的复杂句，体现出各分句之间逻辑关系尤其重要。同时速度宜适当放慢，以便观众对枯燥的数字产生相应的认识。

4. 快速反应，紧跟经济变化节奏

经济世界是一个快速运动且变化着的世界，每时每刻都有很多经济事件发生发展，而为了让观众看到最新最快的财经信息，资讯的整理播出周期也相应比较短，这就给配音提出了要求，除了要在平时练好语言表达的基本功，还要注重财经知识的积累，熟悉相关的专业术

语，了解经济形势的变化，从而在有限的准备时间内提高备稿的速度和质量，并保证播出的效果。

下面这段《经济信息联播》2010年7月播出的有关钢铁价格的报道就及时迅速地反映了当天的市场行情：

记者在钢铁市场调查时发现，今天，二级螺纹钢上海市场报价3750元，较上周五上涨160元，上涨4.46%；北京报价4070元，较上周五上涨200元，上涨幅度为5.17%；广州报价4140元，较上周五上涨200元，上涨幅度为5.08%；热轧板卷上海市场报价4020元，较上周五上涨190元，上涨幅度为4.96%；北京报收4120元，较上周五上涨250元，上涨幅度为6.46%；广州报4170元，较上周五上涨190元，上涨幅度为4.77%。期货方面，今天，上海期货交易所螺纹钢主力合约1101，早盘以4183元微幅高开，之后迅速跳水、低位震荡后价格再度回升。尾盘以0.14%的幅度收跌至4173元每吨，比上21日结算价每吨下跌了6元。

同时，经济类节目的配音也是在各类节目中语速比较快的，每分钟基本达到300到350字，这也要求配音中既保证吐字清晰，内容有条不紊，同时又跟上节奏。下面这段甘肃舟曲遭受泥石流灾害后《经济信息联播》播出的各地捐款捐物情况的报道，600字的内容只用了1分33秒播报完毕，语速几乎达到了近400字每分钟。

主持人：

一方有难八方支援，随着舟曲灾区救援工作的继续开展，社会各界和爱心人士也是在纷纷地捐款捐物，希望通过自己的援助之手能够帮助灾区人民早日地渡过难关，在这也要向他们说一声感谢。同时，我们也再次呼吁更多的企业家能够为灾区捐献自己的爱心，向灾区传递更多的援助之力。

配音：

继云南、重庆、广州等地向舟曲灾区捐款之后，山西省委省政府、山东省委省政府、贵州省委省政府、河南省委省政府、河北省委省政府以及内蒙古自治区党委政府，也已陆续分别捐款500万元。舟曲灾情发生后，深圳市首批援助资金200万元也于当天汇往灾区。与此同时，澳门特区政府也在昨天宣布拨款5000万元人民币援助甘肃舟曲的救灾工作。香港特区政府接受香港赈灾咨询委员会的建议，从赈灾基金中拨款310万港元用于赈济灾区受难同胞。此外，昨晚在甘肃广播电影电视总台演播大厅举行的"风雨同舟 情系舟曲"大型赈灾义演上，共募集了来自114家企业、机关、团体以及个人的1.3亿多元捐款。而在甘肃的浙商，也在甘肃省浙江企业联合会的号召下，通过各种渠道为灾区捐款，目前累计捐款已经超过1000万元。

根据甘肃省政府新闻办通报，截至昨天下午三点，甘肃省民政厅已接收社会捐赠款物

8936.72万元。其中捐款8070.7万元,省内接受5122.91万元,省外接受2947.79万元,累计接收捐赠物资折价866.02万元,主要包括帐篷、方便面、矿泉水、面粉、棉被、睡袋等救灾物资。

5. 容易出现的问题和配音的误区

(1) 追求较快语速,忽略语言表达

电视财经节目的配音语速相对较快,这是为了跟上经济变化的速度并体现财经栏目特点,但不能为了追求外部的较快语速而忽略了内容的表达,使得配音变成了"机关枪"——语言速度快但是停连重音等对于语言表达至关重要的外部技巧都缺失了,这样看起来似乎单位时间内资讯的量比较密集,但因为语意的主次、层次表达不清楚,实际上信息量衰减了,传播的效果并不好,不利于观众接收理解。

比如本节第4点中有这样一段例子:

根据甘肃省政府新闻办通报,截至昨天下午三点,①甘肃省民政厅已接收社会捐赠款物8936.72万元;②其中捐款8070.7万元;③省内接受5122.91万元;④省外接受2947.79万元;⑤累计接收捐赠物资折价866.02万元,主要包括帐篷、方便面、矿泉水、面粉、棉被、睡袋等救灾物资。

这段中的一组数字,并非简单的平行或递进关系,①是接收捐赠款物的总额,②是接收捐款的总额,⑤是接收物资的总额,①包含②和⑤,②包含③和④。首先要看明白信息之间的内在联系和逻辑关系,并通过语势及重音等的运用向观众传达清楚。

(2) 单纯播报事实,缺乏深度体现

电视财经节目在配音中经常播报客观的经济事件和资讯,但并不意味着机械地照本宣科地播报就是尊重客观事实,在配音中争取思路清晰、理解到位、表述清楚,不但准确传播信息,同时也体现出语句的深层次含义。

我们来看京视《首都经济报道》2010年8月的节目中播出了这样一条关于油价的消息:

主持人:

接下来关注今天的头条,发改委回应油价涨跌质疑。

配音:

近日网上盛传一份数据图表,详细列举了2008年6月至2010年6月国际和国内油价的变化,并根据每次上调和下调的数据相减得出结论。两年来,国际油价每桶跌了五十多美元,国内油价每吨反而上涨了1710元。

近日，国家发改委在其官方网站上发文称"将2008年6月与目前的国际国内油价作对比，要充分考虑国家宏观调控和税费改革两方面因素。2008年国际市场原油价格一度涨至每桶147美元的历史高点，而国内成品油价格仅相当于国际市场原油价格每桶83.5美元，国内油价从未达到每桶147美元的高点。另一方面，由于2008年国内成品油价格和税费改革，汽柴油单位税额有所提高，如果扣除这个因素，目前国内90号汽油出产价格比2008年6月提高后每吨6480元的价格低400元。同时，自2008年年底，国家出台新的成品油价格机制以来，国际市场原油价格从每桶45美元左右攀升至目前的76美元左右，累计涨幅近70%。而国内油价经过六升四降，十次调价之后，累计涨幅不超过30%。所以不存在国内油价涨快跌慢、涨多跌少的情况。

据了解虽然多家市场机构统计称，国内成品油价格下调窗口在7月初和7月下旬两度打开，但价格并未下调，这令很多消费者大失所望。实际上，除了目前已存在调价窗口中时间周期过长的问题，一些专家还质疑定价机制有可能将国内石油公司推向国际原油投机和炒作者，让他们没有动力选择较低的节点采购原油，甚至有意借采购推高国际原油价格，因为国际油价的上涨意味着他们在国内油田出产的原油能获得更大利润。

其实年初国务院就发布了关于民营资本的新36条，鼓励和引导民间资本进入交通、电信、能源、基础设施等行业。但市场垄断的格局何时被打破，目前还很难说。

给这样的内容配音，对经济事实客观陈述的同时，也要准确表达其中的深层含义。如"2008年国际市场原油价格一度涨至每桶147美元的历史高点，而国内成品油价格仅相当于国际市场原油价格每桶83.5美元"一句中，"147美元"和"83.5美元"不能只是单纯播读数字，而应处理成一组对比重音，体现出价格相差的悬殊，而且前者的内在语是价格高、后者的内在语是价格低；在"国内成品油价格下调窗口在7月初和7月下旬两度打开，但价格并未下调"一句中，语气应欲抑先扬，在"两度打开"时语势扬起，在接下去的半句中形成转折。

二、案例分析：央视《经济半小时》

央视财经频道的经济深度报道栏目《经济半小时》，秉承"观经济大势、知民生冷暖"的节目宗旨，为观众深度解析了上至国计、下至民生的众多热点经济问题，是电视财经节目中的名牌典范，我们选取它的一期节目作为实例，从中分析一下配音过程中从整体到细节需要注意的因素。

《经济半小时》2010年8月3日播出了一期"蒜价暴涨到何时？"关注了暴涨的蒜价背后

诸多层面的故事，并通过深度的报道，为观众层层揭开了这个经济事件的复杂成因。通过对这期节目的分析，既学习对比较复杂的经济事件的报道如何从整体把握，又锻炼如何抽丝剥茧地说明细节经济事实。

主持人：

经过短暂回调之后，大蒜价格从六月中旬以来，又展开了新一轮上攻行情，据新华社全国农副产品和农资价格行情系统监测，最近两个月蒜价累计涨幅达37.4%，平均售价每斤7.46元，突破了五月份的前期高点。蒜价暴涨给市场带来了什么影响？

配音：

山东省济宁市金乡县西关大街与缗城路交叉口，是金乡县城最容易堵车的地段。因为每天清晨，来自各地的蒜贩都会开着满载大蒜的农用车向这里聚集。但是最近一段时间，来拉蒜的货车明显减少了。

隋云玉，金乡县丰盛进出口有限公司董事长。他告诉记者，前一段时间，由于大蒜价格涨得太高，使得自己公司的存蒜量较往年大幅缩减，公司的两个冷库，才存了不到一半的大蒜。最近听说蒜价掉下来一点，就想来考察考察市场，如果有合适的价格，他就会再进一些货。

山东省济宁市金乡县位于山东省西南部，是中国最大的大蒜产区，这里平均年产大蒜60万吨左右，出口量占全国的70%以上，被誉为"中国大蒜之乡"。然而从今年5月末新蒜下地开始，金乡大蒜的价格就从最初的1块8毛钱一直涨到7月初最高时的6块多钱。高蒜价不仅使得金乡成为各方媒体舆论关注的焦点，更使得许多像隋云玉一样的大蒜经销商进退两难。

节目开始配合大蒜产地的场景，把观众从城市里蒜价的抽象数字带到了生产大蒜的最初环节。通过对堵车路口却变得冷清的描述来设置悬念，引出后面的报道。对于"60万吨"、"70%"等数字，是量化说明"中国最大的大蒜产区"的，注意内在语的运用，同时要用逻辑链条将几个分句联系起来，语流保持流畅。

同样面临尴尬的还有市场上的蒜贩，记者了解到，最近一段时间，高蒜价使得市场的大蒜销售十分困难，由于生意冷清，许多蒜贩开始玩起了牌，还有一些蒜贩干脆睡起了大觉。

蒜贩告诉记者，前一段时间大蒜6块多的时候根本无人问津，这几天蒜价掉下来一些了，问的人才多了一些，但是成交依然不多。

在另一方面记者则看到，其实今年多数大蒜经销商都没有"吃饱"，原因是高蒜价让很多经销商望而却步。到目前为止，金乡县以及其周边的冷库库存非常低，多半的冷库都空空如也，有些冷库甚至存起了洋葱。

金乡县南店子大蒜现货交易大厅经理杨桂华告诉记者，在往年，一般7月20日左右储存大蒜的冷库就封库了，而今年的冷库却空置了一大半，所以冷库的封库的时间必然要往后推迟了，事实上，许多经销商都在等着中小蒜商手里的存货能降价销售，因为大蒜到8月份就会开始发芽，对于没有冷库储藏条件的中小蒜商来说势必要抛售手中的大蒜。很多经销商也就是想等到这个时候再用相对低一些的价格买进货源。

大蒜入冷库之后的成本大概要增加1块钱左右。也就是说，按照7月26日的蒜价计算，经销商如果按5块5买进大蒜就必须要卖到6块5以上才能保证不亏本，现在大型的经销商都在等着中小蒜贩子出手降价，目前的价格有些已经低于经销商们前一阶段的进价，他们要按照现在的价格发货也是亏钱的，现在之所以硬顶着不进货就是在和中小蒜贩子进行价格博弈。

大蒜经销商在观望行情，都压着价格不肯进货，确实急坏了许多蒜贩子。

这一段讲述了中小蒜贩子与大蒜经销商之间的博弈，从蒜贩交易冷清讲起，逐渐说明缘由，先要看明白各种因素之间的制衡关系，并将每个因素内部的原因分析理解，这样讲给观众听才能清楚明白。

主持人：

在外人看来，蒜价上涨了，赚钱似乎应该更容易，可是接受我们采访的经销商和蒜贩子，现在却都面临着赔钱的尴尬。在创下了历史新高的蒜价里，究竟是谁拿走了最大的利润？为什么今年的新蒜上市了之后，蒜价不跌反涨？

配音：

今年的金乡的大蒜价格为什么会涨到这么高呢？金乡县金乡镇金一村党支部书记周雪峰告诉记者，今年春节过后，当地的蒜农和商贩就已经估计到了大蒜产量一定会减少。

那么今年金乡的大蒜究竟减产了多少，才能让大蒜的价格从1块8一路飙升到6块多呢？

金乡县2009年的大蒜种植面积约为58万亩，实际上比2008年的48万亩的种植面积增加了接近10万亩，但是大蒜的亩产产量下降幅度较大。

村支书告诉记者，由于单产减少了近三分之一，所以总体算来，金乡县2010年的大蒜产量相比2009年来说要减少10%左右。那么10%的减产量为什么能让金乡大蒜的价格在短短一个多月的时间翻了3倍之多呢？

金乡县丰盛进出口有限公司董事长隋云玉告诉记者，今年出现了一个特别的现象：由于今年倒春寒的天气，许多人在春节刚过的时候预见到了大蒜会减产，于是抢在今年5月新蒜下来之前便到金乡以及周边的蒜农家里包地买断了大蒜出产。

春节以后，很多商人来到村里和蒜农商量买断地里今年出产的所有大蒜。在金乡县高河乡官庄村，记者见到了蒜农小孙，他告诉记者，他家共种了 6 亩地的蒜，其中有 2 亩地被包了出去，包地的价格是每亩 3600 元。

小孙给记者算了一笔账，现在种一亩地的大蒜需要 300 斤的蒜种，按 3 元一斤计算的话就需要 900 元，加上化肥等农资 600 元，种一亩地的大蒜的基本成本是 1500 元，总的说来，蒜地被以每亩 3600 元包出去的话农户可以赚到 2000 元，这其中包括了种蒜的利润和蒜农的人工成本，收入还是比较可观。在今年春天减产的悲观预期底下，小孙觉得当时能达成这个交易还是很合算的。都是一些什么人在包地收蒜呢？小孙告诉记者，他们都是通过亲戚朋友或熟人介绍一些当地的商人，有的需要签订协议，有的只有个口头约定就可以了。

对于包地者来说，3600 元包了地后，加上雇佣收蒜工的每亩 800 元的费用，每亩地的成本就是 4400 元，如果每亩地能产蒜 1500 斤的话，每斤蒜只要能卖到 3 元以上就有钱可赚。郭光卫是金乡县金马钢材批发部的经理，他与爱人常年在这里租了两间房子做钢材生意，今年的他存放钢材样品的库房里存放的却是成堆的大蒜。

郭光卫说，由于提前预计到今年大蒜减产，春节刚过他就到金乡周边蒜农家中包了 10 亩地，每亩地交给蒜农 3800 元钱，提前收了这些地里产的蒜，可是今年每亩地只产了 1200 斤的大蒜，加上收蒜 800 元的人工成本，他收的大蒜每斤成本就变成了 3 块 8 毛钱，让他没想到的是，在买断 3 个月以后，今年大蒜的价格竟然涨到了 6 元钱。最近他每天都要去市场转转，想等到价格合适的时候出货。

郭光卫告诉记者，由于大蒜收进来的成本相对比较低，即使加上入库的费用也有赚头，所以他并不急于出货。采访中记者了解到，今年金乡县被包出去种蒜的土地大概占金乡大蒜种植面积的十分之一左右，而这种买断农产品并在上市时予以存库观望的销售方式，在一定程度上造成了市场上大蒜的供给减少。除此之外，一些大蒜储存商提前下手抢购大蒜，也是造成大蒜价格在短时间内快速上涨的原因之一。

金乡县南店子大蒜现货交易大厅经理杨桂华告诉记者，由于看到今年大蒜市场销售紧俏，许多以前没做过大蒜生意的人都手握资金，加入到蒜贩子的行列。

这一部分逐步解释主持人的问题："究竟是谁拿走了最大的利润？"从"倒春寒"引起地里的蒜被买断，到蒜农的成本、蒜贩的成本、价格的链条被一层一层地揭开，配音中要通过语势的高低、重音的选择来表现讲述情节的条理性。同时，每一层中都有具体数据支撑，对于这些之间存在紧密关联的数据，表达中要着重突出以说明价格的变化。

主持人：

钢材老板郭光卫告诉我们，今年钢材生意不好做，价格急跌，销路困难。他的很多生意伙伴差不多都亏损，于是都把钢材库存清空以后，下地做起了大蒜生意。不过，今年的大蒜价格竟然会上涨好几倍，也完全出乎他们的意料。那么，在参与炒作大蒜的大军里，还有哪些资金呢？

去年种植面积减少，今年受异常天气影响，山东金乡的大蒜连续出现减产，这让各路资金又找到了炒作大蒜的理由。早在今年新蒜收获之前，不少投资客就已经在大蒜产地提前布局，坐等蒜价水涨船高，现在甚至连金乡当地的蒜农也加入到炒蒜队伍中，成了一支生力军。

配音：

老周是金乡县玉山镇豆汤村的村民，今年他们家除了自己种蒜之外，还会到周边的蒜农家收蒜到市场上去卖。在今年6月初蒜价还是2块多一点的时候，他便开始了贩蒜的生意，没有想到，进入大蒜的销售季节以后，蒜价就开始上涨，而且购销两旺。大蒜只要一出了地就不愁销路。

老周说，看到生意这么红火，村里的许多原来只在地里种地的蒜农也加入了蒜贩子的队伍，村里的蒜贩子从原来的十几户变成了二十户左右。

这一说法得到了当地信用社的进一步确认，金乡县农村信用联社副主任刘国前告诉记者，今年6个月，金乡县农村信用联社就已经完成了全年的贷款指标。

眼看着蒜贩子大量抢购蒜农手里的大蒜，这可急坏了一些大蒜储存商。周振华是金乡县金乡镇尹庄村村民，从棉纺织厂下岗之后一直做棉花生意，每年的这个时候，他都会收一些大蒜在冷库里储藏起来准备出口。看到今年大蒜货源紧俏，他干脆借了一辆车，直接到农户家挨家挨户去收蒜。

周振华告诉记者，遇到好的年份，做大蒜生意的收入还是十分可观的，去年他就赚了七八万，这可是他做一年棉花生意收入的好几倍，但是对于今年的大蒜行情，他还是有点摸不透，所以近期出现高价大蒜之后他也不敢再进货了。

从村民老周，到其他蒜农，再到大蒜储存商，这段描述了一系列参与炒蒜的人，可以通过语势的逐渐升高及节奏的渐趋紧张，来表现炒蒜队伍的壮大对蒜价形成的必然压力。

主持人：

大蒜减产、投资客提前入场包地、储存商和蒜贩集中抢购、各类资金蜂拥而入再加上蒜农惜售，这些因素汇集到一起，共同推动着大蒜价格攀上了历史新高。但是，这样的高价是否能站住脚？大涨之后，蒜农们又如何面对未来的行情。

配音：

大蒜的价格到底有哪些决定因素呢？金乡县南店子大蒜现货交易大厅经理杨桂华告诉记者，大蒜的价格还是会基本遵循供给与需求这一基本规律，但是从每年5月新蒜下来之后到大蒜入库结束之前的这一段时间，由于无法统计大蒜产量与市场购买情况，买卖双方就会追涨杀跌，所以经常会出现价格大幅波动的情况。

杨桂华说，每年8月份冷库封库之后，大蒜的库存量一旦明了，那从封库一直到第二年新蒜下来的这段时间市场大蒜的供应量就基本确定，因此大蒜价格也会趋于明朗，但是由于一直没有专门的机构统计和公布这些信息，因而也难免会出现储存商惜售致使大蒜价格盲目追高的情况。

那么，今年的库存情况如何？大蒜价格还会再涨上去吗？根据金乡县南店子大蒜现货交易大厅提供的数据，2009年封库之后，金乡大蒜的库存量是102万吨，入库后大蒜的平均销售价格是3块5左右。但是杨桂华告诉记者，由于今年封库时间推迟了，所以库存量目前还没法统计，初步估计大概是75到80万吨，相比去年应该是明显减少，价格也应该比去年高一些。

按照杨桂华的推算，今年入库之后大蒜的批发价格就应该是5块5左右，但并不排除蒜价大幅波动的可能，虽然今年大蒜减产、蒜价上涨成为普遍预期，但是蒜价究竟能涨到多少并没有人知道。不过，在今年大蒜价格被一路追高的过程中，主要的购蒜群体也就是一些大蒜储存商在蒜价涨到5元以上的时候就停止了入货，而后蒜价果然很快从6块多的位置跌落下来，这其中是否有什么规律可循呢？许多大蒜储存商告诉记者，他们也只是根据往年的销售经验作出经营判断，而金乡县丰盛进出口有限公司董事长隋云玉认为，要判断金乡县的大蒜价格，首先应该观察大蒜出口的国际市场。

隋云玉说，现在全世界除了中国之外，还有几个大蒜主产区，分别是阿根廷、智利、新西兰几个南半球的国家，而这些国家大蒜的出产季节是在冬季，与中国出产的季节正好相反，到时一旦中国的蒜价超过这些国家，出口数量就会大幅减少，他收购大蒜时的价格也正是以国际市场的变化为依据。

金乡县大蒜现货交易大厅提供的数据分析：近些年来，中国出产的大蒜价格一直在1块钱人民币左右震荡，甚至还在2008年时卖到了几分钱。而与此同时国际市场价格则在1美元左右，中国出产的大蒜价格长期以来低于国际市场的价格。这也给大蒜投资客创造了投资的利润空间。大蒜作为一种纯手工种植的农产品，在许多农业发达国家，价格已经远远高于机械化种植的农作物。但是在我国却一直处于低迷状态。坊间也有人指出，近两年大蒜价格的上涨也可以看作是一种价值的理性回归。而在隋云玉看来，即便今年大蒜价格涨势惊人，但是根据国际市场的价格水平，六七块钱的价格已经是到顶了。

这部分从种植和收购大蒜的田间地头来到了大蒜现货交易大厅，也结合了国际、国内的行业运转规律等因素对于今年大蒜价格的大幅波动作出了综合分析，与节目前半部分的配音以讲述为主不同的是，这部分很多都是分析说明的语言，这就要注重表达的条理性及陈述的准确性，这样能增添所讲事实及所列数据的分量，同时增加受众的信服感。

尽管今年的高蒜价让多数农户得到了实惠。但金乡县金乡镇金一村党支部书记周雪峰对于这一轮的大蒜涨价却表示出了自己的担忧。

记者在对一些蒜农的采访中了解到，虽然明年产的大蒜要在今年10月1日之后才下种，但是几乎所有农户都预留出了蒜种，高河乡魏楼村村民王加林家里去年就有一半的地种的麦子，今年他准备全都种大蒜。

记者在采访中发现，许多农户还是非常看好明年的大蒜市场，这位农户根据自己的经验判断明年金乡的大蒜会增产一倍，但他还是选择了种蒜。

对于目前农民扩种的趋势，周雪峰认为，有关部门应当及时地发布一些大蒜种植的信息，做一些适当的调控，避免蒜贱伤农的情况再次出现。

这部分介绍了农户对明年大蒜行情的预期及所做的耕种准备，节奏趋向缓和，语气蕴含深意，语势收归平稳，为节目结尾主持人的评述营造适合的切入口。

主持人：

今年以来，农产品价格的一轮轮上涨，创造了一系列网络新词汇，"蒜你狠"、"玉米疯"、"豆你玩"还有最新的"姜你军"。几个月前，针对部分农副产品价格暴涨，国家发改委等部门曾经对扰乱市场价格秩序的经营者进行过处罚，但令人尴尬的是，绿豆和大蒜价格在短暂回落后又再度上涨，从刚才的节目中我们可以看到，炒家正试图长期控制大蒜的产供销链条，从以前的囤蒜发展到现在的"包地种蒜"，这对我们的价格管理思路和手段提出了新的挑战。

看来，平抑大蒜、绿豆价格不能仅仅满足于临时调控，而要从根本上解决问题。比如利用政策杠杆调动和保护农民的生产积极性，确保大蒜、绿豆这类农副产品的稳产；其次，帮助农民建立一个有效的中介组织，把定价权还给农民，让农民从市场价中获得主要利润；此外，国家应着手建立相应的储备和平衡机制，及时动用储备或从境外采购紧缺的农产品，低利润投入市场，不要让价格大起大落，而给炒家可乘之机。

蒜价暴涨，农民并没有成为主要的受益者，而蒜价暴跌，农民一定是主要的受害者。如何保护农民的利益，我们的政府部门还应该做得更多更好。

对于这样内容比较多、配音量比较大、信息比较复杂的节目，要在处理好每个段落的基础上，理清段落之间的关系，并要从整体的角度上对语言表达技巧作出设计并恰当运用，这样能够使整篇的配音达到和谐统一的效果。

三、能力拓展训练材料

1. 央视《经济信息联播》2010 年 8 月播出的两条消息

（1）这条消息关于"超级网银"在四地上线试运行。遇到"超级网银"这样对观众来说比较新，又带有一定行业性、专业性词汇，在解释说明的时候要注意控制语速，并适当选取和突出重音，让观众听清楚、听明白。

主持人：

接下来要了解的是最近的一个热点话题叫做："超级网银"。"超级网银"也是就央行研发推出的第二代支付系统正式在北京、天津、深圳、广州四地上线试运行。银行客户可以在单一银行的网银上实现跨行查询，跨行的转账实时到款以及跨行扣款等诸多功能。究竟什么是"超级网银"，它的超级又体现在什么地方，我们的客户又可以享受到哪些便利，一起来检索一下。

配音：

市场俗称的"超级网银"，指的是中国人民银行网上支付跨行清算系统，也就是央行推出的第二代支付系统。与现有的网上银行相比，超级网银最大的特点和优势在于可以实现多家银行间网上银行的互联互通。不仅能为个人和单位用户提供跨行 24 小时实时的资金汇划、跨行账户和账务查询，还能实现目前支付系统所无法实现的跨行扣款，第三方支付等功能。比如说，以前我们要在三家不同的银行分别缴纳税费、电费和公积金，现在有了央行的超级网银之后，只需要打开其中任意一家银行的网银界面，就可以把这些业务都办了。

记者今天看到，中行、建行等银行的相关网站已经挂出相关公告。为配合超级网银今天上线试运行，银行网银系统已经升级。据了解，目前已经有近三十家银行首批获准接入超级网银系统，其他银行也将在近期陆续接入。业内分析认为，随着上线银行的增多，网上金融业务金额将逐渐增加，有助于降低单笔网银交易成本，消费者需支付的手续费也将有下调空间。

（2）这是一条报道欧元区二季度经济情况的国际财经新闻，信息密度比较大，数据也比较多。不同国家经济形势要用不同的语气和语势加以处理，表现其态势的差异。

主持人：

今年年初以来，一度愈演愈烈的欧洲主权债务危机，曾经让不少人担心欧洲经济有二次探底的风险，不过欧盟统计局13号公布的二季度经济数据显示，在德国的强烈带动之下，欧元区昨天交出的成绩单，还算漂亮。

配音：

今年第二季度，欧元区和欧盟经济环比增幅都达到1%，同比增长1.7%，首次领先于经济增长步伐一直快于欧盟的美国，欧盟经济正在稳步复苏。在欧元区二季度经济数据这张漂亮的成绩单上，德国经济的强劲表现堪称是欧元区的领头羊，德国二季度经济环比增长了2.2%，同比增长3.7%，为1987年以来的最快季度增速。而就在去年，德国全年经济萎缩曾高达4.7%，可见今年的德国复苏速度是飞快的，不过德国经济的一枝独秀，也进一步凸显了欧元区经济发展的不平衡，特别是与那些深陷债务麻烦的国家相比，德国的优势更为明显。二季度法国经济增长了0.6%，意大利经济则增长0.4%，而率先爆出债务危机的希腊，第二季度经济再次萎缩1.5%，据野村证券统计，希腊经济至此已经连续七个季度萎缩。有分析人士指出，欧元区和欧盟经济增长主要得益于出口强劲增长，尤其是出口大国德国。但随着欧盟重要贸易合作伙伴美国经济增速放缓，欧盟经济增长将受到影响。此外随着包括德国在内的欧元区国家纷纷采取措施紧缩财政，今年下半年欧元区经济发展势必受到制约。

值得注意的是，近日市场对部分欧元区国家财务健康状况的担忧再次抬头，希腊、葡萄牙、爱尔兰、意大利和西班牙国债与基准的德国国债之间的息差大幅上升。13号，反映欧洲十五国国债违约成本的指标升至7月7号以来的最高点，其中爱尔兰国债的信用违约成本触及十七个月高点。

2. 京视《首都经济报道》2010年8月播出的两条消息

（1）下面这条消息是关于赴加拿大首发旅游团及十一期间旅游报价情况的，贴近百姓生活，又是关于旅游这样轻松的话题，并且配合旅客在机场启程的场面及旅行社热闹的场景，可以运用比较生活化的语气及口语化的表达。

主持人：

不买车不买房的朋友，有可能攒了一笔钱，准备在接下来的假期去旅游，看一看，加拿大首发团启程了！

配音：

昨天下午距离飞机起飞还有近两个小时的时间，赴加拿大旅游首发团的游客们早早地就来到了机场，这其中大多数人都是第一次去加拿大，不少游客充满期待。

记者从北京的七家组团社了解到，虽然首发团的团费高达近三万元，但依然挡不住报名的热情，从北京出发的两百多个名额在一周之内就被一抢而空。正是看到这种热度，不少旅行社早已瞄准十一旅游市场,半个月前包含了温哥华、魁北克、大瀑布等旅游地点的多条加拿大旅游线路已上线销售。

与首发团动辄三万的报价不同,十一期间加拿大的报价基本都在两万元左右。而今年恰逢双节连动,最长可拼接成十六天假期,往年的出境常规团都被精心设计成了超过十天的超长线路。

旅行社表示结合今年十一超长假期的特点,像这种超过十天的旅游线路基本占到十一所有线路的三分之一,不过有些旅行社也不光靠延长线路来吸引游客,他们打的是高端牌。

记者从旅行社了解到,今年十一旅游报价基本与去年持平,而受到中秋使馆放假以及签证时间较长的因素,今年十一出境旅游报名时间比往年提前了半个月,截至目前像欧洲、美国、希腊、加拿大等长线热门目的地,十月四号之前的团基本已经报满,而像台湾地区、日本、东南亚等中长线,还有少量的余位。此外,旅行社也提示游客,一般使馆要求游客护照的有效期都要在半年以上,所以如果打算出境游的游客,应尽早检查自己护照的有效期,以免耽误行程。

(2) 下面这条消息是对开展团购业务的小公司进行的生存状态调查,有多种新鲜元素:年轻人、创业、IT、团购、竞争、团粉,这些元素使这篇报道充满新奇而且生动鲜活,语言组织也比较口语化,配音时要用声音的外部形态表现这些元素。

配音:

免费零食、游戏间、休息室,这几个年轻人曾经在这家号称办公环境"最奢侈"的谷歌中国工作过,来看看他们现在的办公室,窄小的空间,两三个员工,几台笔记本电脑,辞职之后,他们创建了一家团购网,名叫嘀嗒团。

从大公司退出来成立了小公司,首先要面对的就是大公司的挤压,会员超过50万的糯米网和已经在全国一百个一线市场登录的拉手网等团购网站已经抢先一步。近期,拥有上亿用户规模的新浪、搜狐和腾讯也加入了团购大军。

创业之初朱敏就发现有些路已经堵死了,像俏江南、全聚德这种知名企业都已经成为了大团购公司的囊中物。而公司刚刚起步,资金和网站影响力都不是很足,大企业对于他们这种小网站也并不买账,现在朱敏的员工每天的任务就是走街串巷,去发现那些团购大网站不感兴趣但却好吃好玩的项目。

上线不到一个月,嘀嗒团推出的二十几款团购产品中,68元的康体优惠券一天卖出去2700多张,成了当日冠军。因为主打生活牌,嘀嗒团这些新加入市场的团购小网站,生活下去的动力就是团粉们,团粉们对于团购的疯狂有时难以让人想象。

3. 央视《经济半小时》2010年8月播出的消息

央视《经济半小时》2010年8月11日播出了月度经济观察:"消费如何拉动?"这个看似抽象的问题在节目中利用经济数据、受众调查及几个典型实例进行了分析,众多的专业名词及经济数据要注意播读的准确,讲述官玉辉一家的故事时发生、发展及结果的处理要综合设计,神木县、东莞市等实例的报道开始要设置悬念,慢慢在讲述中给出答案。

主持人:

7月份居民消费价格(CPI)同比上涨3.3%,涨幅比上个月扩大0.4个百分点,环比上涨0.4%,基本符合预期。7月份工业品出厂价格(PPI)同比上涨4.8%,比上个月下降1.6个百分点。1-7月份全社会固定资产投资119866亿元,同比增长24.9%,增速比上半年回落0.6个百分点。7月份规模以上工业增加值同比增长13.4%,增速比上个月回落0.3个百分点。7月份社会消费品零售总额12253亿元,同比增长17.9%,比上个月回落0.4个百分点。数据显示,7月份主要经济指标环比出现回落,宏观调控效果正逐步显现,但是回落的幅度并不大,中国经济增长强劲的总体态势并没有改变。而在拉动GDP的三驾马车:投资、出口、消费中,消费历来是我们的短板,7月份消费同比增长17.9%,环比回落0.4个百分点。这样的数据如何解读?如何才能更好地拉动消费?我们的记者对此也在北京作了一个小型调查。

配音:

这些调查让人能够感受到普通的北京市民一样有着各种压力,不敢洒脱花费。而比较敢花钱的人大都有不错的保障。

为了弄清更多的人消费心态,《经济半小时》联合和讯网、央视网、新浪网、腾讯网以及百度共同发布了2010年消费观调查问卷:是什么让您不敢消费?腾讯网的调查结果显示,有超过30%的投票者表示,房价上涨过快的原因导致他们不敢消费;有22.4%的投票者表示,社会保障制度不健全,是影响居民消费的原因;而另有20.6%的投票者表示,收入水平不提高,影响了居民消费的预期和信心。另有12.21%的人认为,是物价上涨过快,居民购买力不足,还有14.8%的人选择是其他各种原因。

在其他网站的调查结果显示了相近的比例,综合这五家网站的调查结果,能够反映出,制约居民消费的最靠前的三大原因分别是:收入水平不高;社会保障不健全;以及房价上涨过快。

这个结果和年初《经济半小时》在新浪做的另一个调查结果相互印证。调查显示,从普通家庭消费支出结构看,住房、医疗、教育和保险等支出约占家庭全部消费支出的47%,食品、服装和通讯等生活消费占33%，储蓄约为20%。过高的房价和缺乏社会保障压缩了家庭消费支出，削弱了居民消费能力。人们的担心并不是空穴来风，在一个社会保障不健全的社会中，普通人面对生老病死，可以说是不堪一击。

山东平度门村镇的官玉辉一家就遭遇了这样的不幸。大女儿官茜雅在十年前就被查出先天性心脏病，面对四万元的医疗费，年收入只有五千元的官玉辉夫妇根本凑不出这笔钱，官玉辉开始外出打工，给女儿攒钱治病。

2003年，官玉辉所在的门村镇也开展了合作医疗，官玉辉马上给全家都入了保。但是，他后来了解到，治病需要的大量药物都不在报销范围之内，实际报销费用只有全部费用的三分之一不到，官玉辉只好接着给茜雅攒钱，一家人省吃俭用，这十年来，终于存下了三万多元。而顽强的茜雅也一次次和死神擦肩而过。一直拖到了今年六月，官玉辉才带着茜雅再次到医院检查，医生说，表面上看着正常的茜雅，因为病情延误太久，出现了严重并发症，潜藏极大的危险，需要尽快手术。

幸运的是，青岛市慈善总会和青岛儿童医院最终为官茜雅免费实施了心脏病手术，但是，我们知道，这样的幸运毕竟是少数，全国不知道有多少农村家庭，像官茜雅家一样，因为承担不起医疗费用，而拼命省钱，一再拖延入院治疗。

我国新型农村合作医疗制度的参合人数已经达到8.33亿人，但是，新农合的筹资水平依然不高，2009年全国医疗保障支出人均140多块。依然有大量的农民害怕去医院治病，特别是住院，通常要承担医疗费用的大头，相对于他们的收入，依然是一个令他们害怕面对的数字。

在城镇，我国的医疗保障水平要高于农村，但是，整体情况也不容乐观。全国总工会调查数据显示，城镇在职职工参加医保的人只有60%，也就是有40%的人没有医疗保障。面对人人都可能年迈和生病的现实，不要说一个收入一般的家庭，即便是较为殷实的人家，也不敢轻易把钱花出去，因为除了医疗、养老、工伤、教育，中国家庭还面临着种种后顾之忧。

那么，一个社会保障体系相对健全的社会，会在多大程度上推动消费呢？目前记者还没有看到对此进行过详细推算的经济学文献或研究。但是，2008年，一个小县城神木的尝试和目前的成效，给了人们极大的启发。2008年3月份，陕西神木县开始推行医改，有神木县户籍任何人，都能享受在较低的起伏线上的报销，此外还把安装人工器官、器官移植等特殊检查费、治疗费和材料费都列入报销范围，每人每年报销上限为30万元。这个近似于免费医疗的医改方案在全国引起了巨大反响。

王怀杰是神木县贺家川镇下王家坪村村民，14年前得了糖尿病，后来不断恶化，最终发展成糖尿病肾病，也就是尿毒症，为了治病，王怀杰一家几乎把神木县周边的医院都跑遍了。

神木县实施全民免费医疗政策之后，贺改俊带着丈夫再次前往神木县第二人民医院住院治疗，与以往每次出院时的心情不同，这次全家上下都显得很轻松。

神木县在正式实施全民免费医疗之后的一个月内，全县住院病人与去年同期相比猛增了30%。对此有人叫好，也有人质疑，免费医疗导致医院爆满，有病的进不去，治好的不出来；另据测算，全民免费医疗制度推行后，神木县财政一年需要补贴至少1.5亿元的资金，全县居民人均补贴400元左右，远远高于我国新医改方案中到2010年人均补贴达到120元的标准，这样大胆的制度安排可能会让财政难以为继。

一年多过去了，神木医改各项工作依然顺利推进。2009年，医改花费1.42亿元，并没有超过当初神木1.5亿元的预算，报销的37000多名住院患者中，94%是农民和市民，6%是干部和职工。还有一个不容忽视的数据是，在神木推行医改的2009年，也是金融危机最严重的年份，神木县的消费却逆势而上，消费水平在2008年的基础上升了22%。也许我们目前还无法证明这22%多的增长，是因为全民医保之后，老百姓释放出来的消费力直接促成。但是，神木的全民免费医疗，的确给了人们更大的信心：社会保障撬动消费的力量之大，也许超过了很多人的想象。

主持人：

可以说，神木医改的结果，让我们对加强社会保障拉动居民消费有了更多的想象空间。目前中国经济中刺激消费的第一要务是什么？社会保障对宏观经济来说，究竟是不是一个高回报的投资？它真的能够促成消费水平的飞跃吗？为了尝试求证这个命题，我们再到富庶的广东东莞去看看。

经济增长过度依赖投资，一直是中国经济结构中的一个隐忧。然而，广东东莞亮出的上半年经济数据却出现了一个引人注目的反差，国内生产总值增长12.1%，其中全社会固定资产投资总额同比只增长了4.1%，而社会消费品零售总额同比增长高达14.8%，消费增速比投资超出了十多个百分点。到底是什么原因撬动了东莞的居民消费？还是仅仅因为那里经济发达，居民收入相对较高。来看看记者的调查。

配音：

一位店长告诉记者，最火爆的时候，大厅里几乎就像春运的火车站一样拥挤。今年暑期的业务增长量跟去年同期相比，超过了一倍多，完全超出了之前增长30%左右的预期。

消费的火热在东莞随处可见，在东莞寮步的汽车专业市场，记者也了解到，尽管东莞的家庭汽车保有量已经超过了50%，但是，今年上半年汽车销售依然呈现出旺盛的态势。

事实上，从2006年到2009年，东莞总消费年均增长12.6%，是拉动GDP增长的主力，并且呈现上升态势。

作为东部经济发达地区，消费力强不奇怪，但是，消费占GDP比重越来越大，并不是所有经济发达地区都具备的特征。记者发现，东莞消费增长最为强劲的这四年，恰恰是东莞社保发展和改革力度最强的四年。2006年7月,东莞实施地方养老保险,2009年全面构建工伤预防、补偿和康复的工伤保险体系框架;并且打破用工形式和户籍界限,统一了保障水平。从2006年到2009年,东莞社保待遇推出年均增长34.5%,高出当地同期国内生产总值的增速。那么,是什么样社会保障体系让老百姓放心花钱呢?

  78岁的邓弟婆婆是东莞石排镇的村民,她和85岁的丈夫王树根过着普通平静的生活,生活并不算宽裕。今年三月,王爷爷摔了一跤,住了一个院的月,费用超过了15000多元。尽管收入微薄,但是说起治病交钱这件事,邓婆婆却是一脸的轻松。

  王爷爷住院的时候,邓婆婆只需要交1000元的押金,而结账的时候,刘婆婆的儿子只支付了1346元。因为从2008年4月起,像邓婆婆这样的东莞农民,和城镇居民一样,能够享受到95%的住院报销比例,这是东莞实施的合并职工基本医疗与农居民基本医疗的重大改革。我国的社会保险体制,最为典型的不公平就是把社保对象从城乡、工农等区域或不同职业等割开,而东莞采取的统一制度,统一标准的改革,让邓婆婆这样的最需要保护的普通农民,不再担心有病没钱治。

  除此之外,东莞的农民还能享受到每月200元到500元不同级别的养老保险,一个不担心贫病的人,怎么会吝啬自己在生活上的享受呢。东莞东城区的老人李日强告诉记者,村里每月有两千元的分红,还有政府发放的300多元的养老保险,他根本不担心自己的老年的生活。这些年来,他存了不少钱,可是老人存钱不是为了防老防病,而是希望用这笔钱实现一个多年来的心愿。

  在我们走访的人中,也有像梅文花这样的外来务工人员,近几年,他们被当地人称做"新莞人",而不是外地人。这个称呼的变化,似乎也包含了他们能够享受到的社会保障的变化。梅文花在2002年来到了东莞巨汉灯饰企业打工,当时只是想赚点钱后再回湖北老家,可一晃,她已经在这里成家生子,不知不觉地融入了这里的生活。

  尽管除去生活基本开支,家里只存得下两千元左右,但是夫妻俩并没有感到特别大的压力,让记者觉得,这是一个活得比较有安全感的家庭。

  梅文华享受的工伤、医疗等保险都跟东莞本地户籍职工一样,这样的保障,让他和丈夫在生活开销上相对可以宽松一些。

  最近,家里较大的一笔花费是买了电脑,因为丈夫想多收集一些信息,将来可以尝试自己创业。梅文花告诉记者,她们计划将来在东莞买自己的房子。

  很多人认为,东莞之所以能够进行这种统一标准的医疗保险和农民养老保险,是因为有经济实力做保证,但是东莞市社保局局长梁冰告诉记者,这是一个理念的误区。

  而这样的理念已经逐渐被更多的地方政府所认可和尝试,东莞石排镇从2008开始,实施高中免费教育,每一个石排的高中生,每个学期可以获得1500元的免费教育补助金。而2010

年，石排镇财政将拿出1000多万元用于从幼儿园到大学的免费教育。拥有石排镇户籍的全日制大专生、本科生、硕士生、博士生每年可分别领到4000元、6000元、8000元、10000元的教育补贴，这使得石排的免费教育从国家规定的9年一下延长到25年。

石排镇的邓永辉在今年9月份考上了北京大学，他不仅可以获得每学期的学费补贴6000元，而且还能获得镇上给予北大录取生5万元的特殊奖励。父亲在村里做保安，母亲做保洁，本来，供这样的大学生会给家里造成一定的压力，而这样的免费教育政策，让邓永辉几乎可以不花一分钱完成大学学业。

石排镇每年的可支配财政收入也就5亿元左右，相比珠三角其他可支配财政收入动辄超过10个亿的镇来说，石排并不富裕。但是，翟崇碧认为，只要分配方式合理，制度设计合理，优先考虑民生保障是一件回报不低的投入，这样的理念，为石排换来的是，社会安定，投资活跃和消费旺盛。

刺激消费，就要让多数人有消费能力也敢消费起来。中国不可能在短时间内就建立起欧洲那样的社会保障体系，对此加以苛求是没有意义的，但通过点滴改进、不断提高福利保障水平，却又是必须。正如社保局梁局长告诉记者的体会，关键还是思路的转变。

主持人：

争项目、拉投资、跑贷款，再继续扩大投资，这是一些地方保持经济增长的不二法门。表面上看起来，这些地方的经济数据是上去了，但结果并没有提升老百姓的消费能力，也就无法把社会资源充分地转换为经济增长的内生动力。这就好比中医说的有些人内虚外火，虽然看上去面色红润，体格强健，实际上身体并不健康，病患潜伏其中。这样片面的经济增长当然无法持久，当中国经济整体面临转变增长方式的时候，打开制约居民消费的一道道阀门现在显得越来越迫切。今年加快收入分配改革已经箭在弦上，社会保障体制改革也在逐步加快，我们期望这些改革能对提高居民消费提供制度支持。

第二节　电视法制专题片配音

我国的电视法制节目出现于20世纪80年代，一般认为上海电视台1985年开播的《法律与道德》是我国真正意义上的法制栏目的开始；同样是在1985年，中央电视台于12月开播了法制节目《规矩与方圆》。经过二十多年的发展，法制节目已经是电视栏目的重要组成部分，很多电视台还开设了专门的法制频道。

电视法制节目承担着重要的法制宣传的功能，是普法教育的重要手段，通过对法制新闻的播报、生动案例的解读、侦破案件的还原、人物事件的纪录等，使广大的观众能够树立良好的法制观念，对法制建设起到推动作用。电视法制节目的素材来源于生活，所以内容非常真实，对客观事件和法律条文的报道解读也体现出法律的严肃和公正。而同时这些法制事件又在某种程度上具备故事性、情节性和悬念性。

电视法制节目的收视群体非常广大，人们基于生活中对法律知识的需求，对热点法制事件的关注，以及对法制事件这种非常态生活事件的收视期待，都使收视人群的范围非常广泛。

一、电视法制专题片配音的创作要求

在为电视法制节目配音时，我们要从这类节目的特点和需要达到的法制宣传和教育的作用出发，并结合受众对此类节目的收视需求，确定我们的配音方式。

1. 准确引导，实现法制节目的普法作用

随着社会的发展，人们的生活与法律越来越密不可分，大众法律意识的增强使得大家具有通过电视这种大众传播媒体了解法律知识的诉求。电视法制节目成为了普法宣传的重要平台，以各种形式发挥着作用。比如央视一套《今日说法》就是以案说法、大众参与、专家评说的节目样式，央视十二套的《天网》则是以记录历史大案要案及中国法制建设进程中的典型事件为主要内容，《法律讲堂》则是直接启用业内律师及专家作为主讲人结合案例进行说法。但不管以何种节目形式，节目中小片的配音都是讲述事件主体、解释法律概念、宣传法制观念的主要手段，在潜移默化中将法律意识传达到受众心中。

电视法制节目一般有两种主要结构类型，第一种是由主持人在演播室承担节目内容的串联、与专家进行法律问题的探讨，小片中由配音完成节目主体内容的讲述和说明，比如央视《今日说法》、《大家看法》、《经济与法》、北京电视台《法制进行时》等，还有一种是没有主持人出现，完全由配音部分来完成事件的讲述和内容的衔接，比如央视《天网》、《忏悔录》。

2. 严谨创作，保证法律术语概念的准确

法律的严肃和公正，也对法制节目配音提出了严谨创作的要求。具体到工作中尤其要保证法律术语及概念的准确播读。因为法律的名词和概念都是非常标准和规范的，哪怕非常细微的差别，都代表不同意思，所以配音中要非常注意。

比如，法律名词中的"被告"和"被告人"这两个词，在我们看来差别很小，仿佛只是字数不同，但在配音中如果遇到，必须准确播读，因为"被告人"与"被告"虽只有一字之差，而且同样是案件当中的一方当事人，但两者的法律含意完全不同。根据我国的法律规定，在刑事案件中，被公诉机关指控涉嫌犯罪的当事人称做"被告人"，而在民事、商事、行政案件中的一方当事人称做"被告"，与"原告"相对应。也就是说，刑事案件中没有"被告"这一称谓，而民事、行政案件中也没有"被告人"这一称谓，案件性质不同，当事人的称谓也就不同，这是必须要分清的，那我们在配音中就不能犯这样看似一字之差、内涵却大相径庭的错误。

还有需要我们在配音中细致辨识的：不同的读音代表不同的法律含义。比如询问和讯问，"询（阳平）问"是指侦查人员依照法定程序以言词方式向证人调查了解案件情况的一种侦查行为。"讯（去声）问"是指侦查人员依照法定程序以言词方式向犯罪嫌疑人查问案件事实和其他与案件有关情况的一种侦查行为。

所以在配音过程要时刻注意严谨创作，保证法律概念和术语的准确。当然，最根本的还是要加强法律知识的积累和学习，使自己具备一定的法律常识，进而运用到工作当中。

3. 配音风格沉着稳重，体现法制节目的公信力

在保持严谨创作态度的基础上，我们还要在法制节目配音的整体风格上注意沉着稳重。

对于法制节目来说，它的节目内容都是源于生活的真实人物事件。比如在2010年6月25日的北京电视台《法制进行时》中播出了这样一件事：一位喜好文艺、经常当群众演员的北京市民刘先生，被一位自称《法制进行时》节目导演的叫李军的人找到，请他来配合节目组扮演一位法院院长到某饭店的包房与另外两位当事人一起进行所谓隐蔽拍摄。事后刘先生感觉事情不对，联系了节目组才知道，根本没有这回事，后来叫李军的人被抓获归案才真相大白，原来李军让刘先生扮演法官，是为了骗取另外两人的信任从而购买李军虚构的房产以实施诈骗。在事件报道之后主持人徐滔（中国播音主持"金话筒奖"获得者）说道："在这里要提醒大家，我们的节目是一档新闻的节目，我们是不可能用演员演新闻的。"法制节目正是要通过真实客观的节目内容传达法律不容违反的信息。

配音风格可以说是节目创作的一种元素，它也是节目传递信息的一种手段，我们要运用沉稳的语言风格来传达正义的信息，这样才能符合法制节目的需求和特点，体现法制节目的公信力。

4. 适度运用表达技巧，增添悬念情节的吸引力

在很多法制事件中都有着错综复杂的人物关系，扣人心弦的线索情节，在配音的过程中适度运用表达技巧、丰富语言的表现力，能够更好地制造悬念、提高节目的故事性、情节性、可看性，使法制节目不会刻板说教、枯燥无味。

比如北京电视台 2010 年 6 月 28 日的《法制进行时》节目中播出了北京和上海警方联手打击贩卖假冒世博纪念品的消息，配音部分是这样：

前不久，北京市公安局经侦处接到举报，在马甸万家邮币卡市场有很多商户未经授权销售世博会相关产品，并在纪念册里夹售伪造的世博会门票。2010 年 6 月 7 日，北京市公安局经侦处会同上海警方，对马甸万家邮币卡市场进行突击检查，执法人员刚一走进市场，很多摊位马上关起卷帘门停止营业。（接现场）

在"执法人员刚一走进市场，"后运用了停连中的扬停，迅速接上各个摊位的反应："很多摊位马上关起卷帘门停止营业"，同时突出了"停止"这个重音，表现出很多摊位对执法人员到来的异常反应。此外还在句尾运用了内在语中的提示性内在语，表明这些摊位都藏有玄机，引发受众对事情进展的期待。如何运用语言表达的内外部技巧来达到这样的效果，我们在本节的第二部分还会根据具体实例进行详细分析和说明。

5. 法制节目配音中容易出现的问题和误区

（1）缺乏分寸感，舆论监督变味"媒体审判"

法制节目在电视媒体上播出，承担了舆论监督的作用，但是我们要把握好配音的语气分寸，不能太过生硬和强势，我们不能代替法律和相关的政府职能部门进行批评和审判。

《今日说法》2003 年曾播出的一期节目《28 公斤黄金悬案》。讲述的是某地公安局把案件的重要物证 28 公斤黄金扣留，在案发仅 20 天后，就把 7 块金锭送出去熔化掉，重新铸成了 6 块，不但改变了物证的原本形态，并以 208 万元的价格卖给了某银行，还做好计划将黄金变现的钱款分给当地公安局 30%，检察院 30%，法院 40%。这样一件让人心情沉重的案件，配音是以这样的语言结尾的："采访结束了，我们的心沉得如同金块，围绕着 28 公斤耀眼的黄金，在案件中，在人心里，究竟发生了什么，许多出乎了我们的预料。"在这些话语中，没有剑拔弩张的指责批评，而是绵里藏针，表现出了沉重痛惜的立场，让观众听到了没有声音的呐喊。

（2）夸张表现，过于演绎渲染

为了让一些法制节目更加好看，我们会运用语言表达的技巧使节目更加生动，但我们依然要遵循写实的原则，要避免配音中过度注重外部技巧，虚张声势，使本来真实的信息带上过多演绎的色彩，影响对观众的信服力。

二、案例分析：央视《今日说法》

1999年开播的央视名牌栏目《今日说法》，秉承着"重在普法，监督执法，推动立法，为百姓办实事"的栏目宗旨，一年365天每天讲述一个故事，并由此讲解一个法律知识，事件选取精准典型，说理讲法深入浅出。我们就以《今日说法》作为典型案例对法制节目配音做出分析和解读。

《今日说法》的节目按内容大致可以分为四类：
1. 新近发生法制相关新闻报道
2. 生活当中法制相关事件话题
3. 案件侦破的讲述及法律解读
4. 纪人纪事的法制相关纪录片

为了能够准确把握节目的内容，便于我们确定配音的基调和风格，明确配音的具体方法，我们对这四类分别进行分析：

1. 新近发生法制相关新闻事件

对于新近发生的法制相关新闻事件，我们要遵循新闻报道客观公正的原则，配音时注重突出新闻事件的时效性和新鲜感。

2009年12月27日，河南省文物局在北京举行新闻发布会，向社会宣布曹操墓的考古成果和专家认定曹操墓的六大依据，这一考古发现在引起广泛关注并被评为"2009年度全国十大考古新发现"的同时，也引来了很多质疑的声音。在2010年3月16日的《今日说法》中围绕这一新闻事件，播出了《曹操墓的是是非非》。节目的开篇，配音解说部分简明扼要，直接带领大家进入新闻事件的核心内容：

配音：

2010年新年刚过，记者赶赴河南安阳，对当地宣布的曹操墓进行了为期四天的探访。发现这座大墓的发掘源于4年前西高穴村村干部的一个意外发现。（接村干部采访）

安阳是历史上的殷商古都，附近的村民们也都有文物保护的意识，看到这些盗洞有些可疑，村干部将这一情况报告了当地政府，政府则马上将这一信息上报给了河南省文物局的考古专家。（接考古专家采访）

在介绍采访背景的同时，还对安阳当地的历史渊源作出简要说明，语言可以相对平和，耐心讲解，帮助受众更好地理解事件的发展。

2. 生活当中法制相关事件话题

生活中我们经常会遇到很多事情是与法制相关的，或是需要通过法律来解答和解决的，对这类节目内容的配音，要结合生活情境，以口语化的讲述将事件情节及相关法理娓娓道来，还原真实的事件原貌。

旅游是我们日常生活中经常进行的一种休闲方式，而2010年5月的《今日说法》播出了一期《险象环生的一日游》，节目中用配音解说配合当事人和办案民警的回忆，讲述了游客被黑导游骗至越南，遭遇敲诈勒索、遇险回国的险象环生的旅游过程，开始是由配音部分交代了事件的起因：

①北仑河是中国和越南的分界河，南岸是越南的芒街市，河的北岸是我们国家广西的东兴市。由于风景秀丽，很多游客慕名来到东兴旅游观光，2008年7月16日，广西东兴市公安局接到了一起报案，报案人是湖北来东兴的游客徐哲红。②徐哲红说他们一行8人，参加了"越南一日游"的旅游项目，在旅途中遭到了敲诈、勒索，身上的3万多现金和所有首饰都被抢光，甚至生命都受到了威胁。接到报案后东兴市警方随即展开了调查。

①句交待事发背景，语气和节奏相对比较平稳；②句语势逐渐上扬，节奏稍微趋紧，体现对紧张情势的点染，并引出后面的情节。

从广安宾馆出来后，徐哲红等人让导游找船送他们回国，可就在这个时候，导游变脸了。
……
徐哲红他们被带到了北仑河的南岸，只要过了河，他们就可以回到祖国。可就在这时候，突然来了几个人，说徐哲红等人有犯罪嫌疑，要求他们把包里的钱全部交出来，搜光了3万多现金和佩戴的所有首饰。这些人还不满意，提出要对徐哲红等人进行搜身。

由于形势逐渐紧张起来，游客面对的情况也越来越危险，所以这两段的语言节奏也要随之越来越紧张。

①就这样，徐哲红等人和对方打了起来，可是对方的人越来越多，形势对徐哲红他们越来越不利。情急之下，徐哲红只好跳进了北仑河，拼命地往北岸我们国家的方向游，河宽有几十米，途中徐哲红体力不支差点就要淹死了，幸亏这时候遇到了一艘货船，将她搭救回国。②而其他的同伴有人跳水游了回来，也有的被当地扣了下来，后来在徐哲红报警之后，才被边防武警解救回来。

①句是整个事件的高潮，也是形势最危急的时刻，语言节奏为紧张型，吐字短促有力，

语势为波峰类，在句尾获救处将语势收低。②句交代后续事件，语势趋于平缓，表现事件的平息。

在与生活事件相关的节目中，因为有些内容是非常生活化的，比如一些家长里短、市井话题，这类节目我们可以用比较轻松生动的方式来配音，让语气更跳跃、更鲜活，这样更贴近生活。有些节目还在这样的配音中加入了评书式的解说方式，我们可以在适当的时候加以借鉴。

3. 案件侦破的讲述及法律解读

案件侦破类的内容由于情节丰富、扑朔迷离而非常有吸引力，同时相关法律问题的解读也很受关注。尤其在这一类节目中，在尊重案件事实的基础上，适当运用语言表达的技巧，营造紧张氛围，制造悬疑风格，会达到引人入胜的效果。

《今日说法》在2009年5月播出了一期《名车豪宅背后的罪恶》，讲述的是警方破获的一起制贩假药案，这期节目就是以提出悬念的方式开场的：

山西吕梁山区的这位老人今年63岁，因为患有多种疾病，从3年前开始行动就很困难了。老人说因为看了电视上的一个药品广告他们才邮购了这些药品。老人觉得北京中国医药中心寄来的药绝对错不了，自己吃了没有效果，可能是吃的剂量不够，于是老人又花了1430块钱邮购了一个疗程的药品。钱花了药也吃完了，老人并没像广告里说的那样一天天好起来，反而多了几种毛病，这时老人有些担心了，是不是这药有问题呢？

这样的开场内容，在配音时要借助老人内心对药逐渐产生的疑问来同时引起受众的好奇，可以运用疑惑的语气、上山类的语势，随情节的推进引起大家对答案的期待。

在央视《今日说法》栏目组的墙上贴着这样的一段话："事件故事化，故事情节化，情节人物化，人物命运化。"可见电视人一直在为丰富法制节目的表现力而努力。我们在配音过程中可以运用语言表达的技巧增添节目的吸引力。

4. 纪人纪事的法制相关纪录片

在法制节目里也有一些专门纪人纪事的专题片，本书的第七章对电视纪录片的配音有详尽讲解，这里我们针对法制节目当中的这类内容做简要的介绍。

2010年4月22日《今日说法》节目中播出的《"义务侦探"楼伯余》就是一期纪录人物的节目，介绍的是浙江省长兴县一位已经78岁高龄的楼伯余老人，在8年的时间里跑遍城市的大街小巷，拍摄两万多张照片，向有关职能部门反映城市建设中需要解决的问题，被誉为长兴县"热心文明创建第一人"。节目配音中有这样一个记录老人事迹的片段：

这是 2002 年 12 月，楼老发表在《长兴报》上的第一张照片，问题见报之后，城建部门马上派人将窨井盖修好了；这是 2006 年楼老上电视反映的第一个问题，城区的防洪堤严重损毁，危及两岸群众的生命安全，如今，防洪堤已被加固，这里，成了游人眼中一处美丽的风景；在楼老拍摄的 2 万多张照片中，这里，曾是金陵大桥上断裂的石栏，如今，这里已经修葺一新；这里，曾是一条破损的公路，如今它已悄然变脸；这里，曾是一个人们习惯将垃圾倒入河中的城中村，如今，已变得干净整洁。2009 年，在长兴县城里最醒目的位置，悄然立起了一块宣传牌，它的主角是热心公益，专给城市挑毛病的楼伯余老人。

这段配音是结合楼老拍摄的反映问题的照片以及事后得到改善的情况来进行的，一是要注意紧密贴合画面，二是要注意强调真实感、纪录感，三是整段的语气在变化中体现前后改变的对比及环境改善的欣喜，到最后的落点就是对中心人物"楼伯余老人"的赞扬。

三、能力拓展训练材料

1.《今日说法》2009 年 5 月播出过一期节目《名车豪宅背后的罪恶》

这期节目从一个生病老人买药吃药却没见到疗效讲起，讲出了一个破获惊天假药大案的过程。配音部分从节目开始设置悬念，到根据案情的进展逐步深入，到最后抽丝剥茧地揭露事实真相，引导观众一起层层深入，而每一层内容又都自成段落，是一个破案的环节和过程。这期节目的配音需要良好的逻辑思维能力，理清案件的脉络，同时需要根据案情施展语言表达的技巧，根据内容需要逐层推进。

导视：

白天，他们开着宝马、保时捷，夜晚，他们住进了别墅区。"全都是骗人的钱买来的这些。当时我们一边办着这个案子一边就说，这些人早晚一天他们要遭报应。"究竟因为什么，他们让人如此痛恨？

主持人：

各位好，这里是《今日说法》，说到药，我们都知道是用来治病的，但是患者最怕的就是用上了假药，更可怕的是有的人自己吃着假药却根本不知道，来看一下记者发回的调查。

配音：

山西吕梁山区的这位老人今年 63 岁，因为患有多种疾病，从 3 年前开始行动就很困难了。老人说因为看了电视上的一个药品广告他们才邮购了这些药品。老人觉得北京中国医药中心寄来的药绝对错不了，自己吃了没有效果，可能是吃的剂量不够，于是老人又花了 1430

块钱邮购了一个疗程的药品。钱花了药也吃完了，老人并没像广告里说的那样一天天好起来，反而多了几种毛病，这时老人有些担心了，是不是这药有问题呢？

其实就在山西吕梁山区的这位老人产生疑虑的时候，在北京药监局已经监测到老人提到的那个药品广告了。相关部门对媒体药品广告进行监测的时候，发现了内蒙古电视台有一则广告，广告里面使用了一些比如说什么百分百治愈、无复发、夸大宣传的字眼，而国家药监局的网站没有发现里面有相关的信息。广告上宣传的是一种叫协和降糖胶囊的药品，药监人员判断这很可能是假药，当务之急就是赶紧把这个药品拿去进行检验，药监人员拨打了广告上的购药电话，接听电话的销售人员说他们可以送货上门，很快药监人员跟他们约好了一个送货地点。

从出租车下来的是送药人，药监人员对买到的协和降糖胶囊进行了检验，发现药品上标明的黄芪等纯中药成分根本就没有，这显然是假药。而从买到假药的那一刻起，药监人员就紧紧地盯住了送药人。

经过调查，送药的人叫石宝林，他每天都会开着自己的银灰色夏利车到北京市丰台区堡台村的一个出租院门口，往往很快就会有一名男子拿着箱子装到送药人石宝林的车上。看到这名男子每天都会从出租院里拿出货，药监人员判断这名男子应该是石宝林的上线，那这个出租院是不是存放假药的仓库呢？趁人不注意药监人员悄悄地走了进去。

稽查工作人员接触的假药自认为不少，但是当时汗毛都立起来了。看到了那么多的假药，药监人员不寒而栗，但这里还仅仅是一个库房，那么这些假药究竟是哪儿来的？药监人员开始对频繁出入库房的石宝林的上线进行重点调查。药监人员发现这个人离开库房后，经常去北京市丰台区的大溪地别墅区，这里的每套别墅售价都在三四百万元，这豪华的别墅里隐藏了什么秘密呢？药监人员发现这套别墅是石宝林上线的住处，而在白天里面会聚集很多的年轻人，隐约能看出来他们在接电话。

当初药监人员拨打广告上的咨询电话时，对方说他们是业务咨询中心的，据此药监人员判断这套别墅里应该是那个咨询中心所在地，还不是假药的源头。那些假药到底是怎么到库房里的曾一度困扰药监人员，但是一辆车牌尾号是762的黑色途胜轿车的出现，让大家立刻兴奋起来。

药监人员分析，既然这辆黑色途胜轿车不断地往堡台村的库房里送货，跟着它就应该能找到假药的源头，就在跟踪这辆黑色途胜车时，又一辆跟它接触频繁的车牌尾号是839的轿车再次闯入了执法人员的视线。随即执法人员对途胜车和奥迪A6轿车进行了调查，发现这两辆车的车主都是一个叫李彬的人的，同一个人名下有两辆车并且还都不算便宜，而且这个人给途胜车提供的货源总是被送到假药的库房里。这个李彬会不会是这伙人的头目呢？这个问题还没来得及解决，一辆车牌尾号是837的车又进入了执法人员的视野。

跟来跟去又多出来一辆车牌尾号是837的车，837卸下来的货又从哪儿来的呢？假药的源头到底在哪里呢？执法人员跟随着这辆车行驶了两个多小时，只见它驶入了北京市通州区一个叫高楼金的小村子，这个小村子很偏僻，这辆车到这儿来做什么呢？这天夜里几名执法人员进入了这辆车经常去过的一个院落。眼前的一切让执法人员很吃惊，这里不仅有假药还有大量的药粉、标签、生产设备。找到了假药的生产窝点，执法人员确定以这个院子为核心继续调查，也正是在这附近越来越多的可疑车辆和可疑人员浮出了水面，而这伙人送货取货时开着的各种好车让执法人员很是震惊。

这些卖假药的人置患者的生命健康于不顾，疯狂地制售假药，他们用卖假药的钱不仅买了好车还在北京购买了多处住宅，风荷曲苑小区里的这套房子，售价超过300万元，而车牌尾号是839的奥迪A6轿车的车主就曾经住在这里。至此，执法人员对这个隐藏在北京的生产销售假药团伙的人员结构已经清清楚楚。2009年4月14日，北京市药监局和北京市公安局的联合抓捕行动开始了。

李彬，这个假药团伙的主要头目，正是那辆奥迪A6车的车主，这天他本想走着去见一个同伙，结果被抓了个正着。魏天奇，主要负责团伙的假药销售，就在他准备开着自己的宝马车外出时被抓获。而在这一个团伙背后，执法人员还发现了一直隐藏在幕后的团伙真正的老板李杰，他开的则是这辆价值超过100万元的保时捷卡宴。就在这个团伙主要头目纷纷落网的时候，执法人员也已经控制了他们的电话咨询中心。

咨询中心的这些年轻人没有一个是大夫，但是他们冒充专家大夫诱骗患者，在冒充专家时为了不被发现，他们从来不使用自己的真姓名，徐元凤，业务名叫徐园，王妍化名叫白杨。之所以会有那么多的患者上当，这份"话术"就是他们设置的诱饵。"话术"上写着高血压、糖尿病等多种病症的症状，而这些所谓的专家照着上面的内容回答，当然很容易让患者相信，这些人说的和自己的病情完全吻合。经过了这一番劝诱之后，很多老人就会深信不疑地定购药品，而在这些电话销售中心，执法人员查获的订单数量之多让人触目惊心。

随着战果的不断扩大，执法人员的心情也越来越沉重，被吹嘘得神乎其神的药品实际上就是在高楼金村的这个小屋子里通过粗劣的设备生产出来的。李全鹏就是这个团伙中生产假药的主要负责人，而长期服用这个（假药）肯定会贻误（患者）病情，对患者身体造成损害。

这几天的抓捕行动共抓获犯罪嫌疑人149人，查获假药121种，这些假药主要针对的是老年人容易得的糖尿病、高血压、中风、偏瘫等疑难病症，谈起这一案件的破获药监人员很是感慨。而那些已经服用了假药的患者，他们的身体将会遭受怎样的伤害，目前我们还无法知道也不敢去想。

2.《今日说法》2010年1月播出了一期《一个电话一百万》的节目

这期节目讲到的是人们生活中随时有可能接到的陌生电话，和由陌生电话可能引起的电话骗局。一个电话是怎么和一百万联系起来的呢，带着观众从这个疑问出发，逐步进入案件的内容。叙述过程中要注意语言条理清晰，尤其是在案件破获之后向观众说明犯罪分子如何实施骗局的过程，要注意语气平和、语速适中、细致讲解，便于观众理解，从而更好地达到通过宣传案例避免百姓陷入类似骗局的目的。

导视：

一个神秘电话，要求高女士立即汇款。"一位女士来到这里说，她刚刚按照'警方'的要求汇走了100万元人民币"。"警方"为何打来这样的电话，电话里有怎样的蹊跷，事情的背后又隐藏着怎样的真相？受害者遭遇的骗局如出一辙，你我是否可能遭遇如此陷阱，接到神秘电话时又该怎样应对？

主持人：

根据北京市警方提供的数据，从2009年1月1日起至11月上旬，北京市普通市民被犯罪嫌疑人以电信诈骗的方式骗走的钱物数额接近了2.9亿人民币，而且电信诈骗案件的日发案达到了40多起，为什么会有那么多的电信诈骗案件发生，我们先从一个具体的案例开始说起。

记者：

这里是北京市公安局崇文分局刑侦支队，2009年10月16日，一位女士来到这里说她刚刚按照"警方"的要求汇走了100万元人民币，她想问问这100万元人民币是干什么用的，将来还会不会归还给她，而警方判断这很可能是一起电信诈骗案。

配音：

警方之所以得出这样的结论是因为他们已经不是第一次，遇到这样的案件了而在接到报案后的第一时间里，最重要的是争分夺秒找到高女士划出的那笔钱到了哪里。警方了解到，高女士是在10月16日下午15：30左右把钱汇到了指定的账户上的，随后这100多万元从一张银行卡上被分散到了其他的55张卡上并且被全部取走，而取款地点集中在山东的烟台、浙江的杭州、广东的河源三地。根据这一情况，北京市公安局崇文分局立即做了相应的部署，三路办案人员随即出发，几天后在广州办案的警员得到了有价值的线索。

这段监控画面是崇文警方在广东省河源市的一个ATM机的监控设备中提取的。录像显示10月16日下午15：41，一名男子来到柜员机取钱，画面左下角显示他使用的银行卡卡号这张卡就是转入赃款的银行卡之一。这名男子取钱的时间距离高女士被骗走100万的时间刚刚过了十几分钟，这名男子共取走了两万元人民币。仍旧是这台ATM机，在前一名男子离开后不到10分钟又一个男子来取钱，这张卡也是转入赃款的银行卡之一，这个人取了1.98

万元人民币。与此同时，十多名犯罪嫌疑人分别在山东省的烟台市、浙江省的杭州市以及广东省的河源市在做着同样的事情，不到两个小时这100万元人民币就被全部取走。

在广东省河源市，警方调取了犯罪嫌疑人用来提款的这台ATM机的所有监控记录，就在高女士被骗的这天早晨8：00多钟，第一个取款的犯罪嫌疑人就曾经在这里取了两万元现金，而此时高女士还没有被骗，显然在10月16日这一天这些犯罪嫌疑人坑害的不止北京的高女士一个人。警方也查看了此前一段时间的录像资料，只发现高女士被骗这天有犯罪嫌疑人取款，看来犯罪嫌疑人是在流窜作案。掌握了这些犯罪嫌疑人的样貌之后，警方按图索骥在取款的ATM机的周围的宾馆里，开始寻找这几名犯罪嫌疑人的踪迹。在这家宾馆，警方找到了其中一个犯罪嫌疑人的身份信息，此人姓刘，来自台湾，警方以此为线索追踪到了刘某的行踪，跟着这个犯罪嫌疑人来到了四川省自贡市，最终抓获了刘某和其他6名犯罪嫌疑人。在抓捕现场，警方缴获了银行卡92张、手机20部、而现金只有3万多元。

原来，这些犯罪嫌疑人全部来自台湾，在整个犯罪链条中他们只负责取钱，而打电话的上线也在台湾，取钱得手后取钱人留下自己的那份赃款，其余的钱全部转给台湾的上线。与此同时，其他两路办案民警也有斩获，他们最终在广东省梅州市抓获了6名来自台湾的犯罪嫌疑人。11月15日、16日两天，警方分别从四川和广东将这13名犯罪嫌疑人押解回北京。

主持人：

经过审讯，犯罪嫌疑人交代，两个多月的时间里利用电信诈骗这种手段，他们就骗到了200多万元人民币，那么在整个的诈骗过程当中他们是怎么样进行设计，让高女士这样的受害人一步一步地走进他们的圈套呢？

配音：

首先犯罪嫌疑人要向高女士打一个电话。警方介绍，电话的语音系统提示她已经欠费，电话欠费如果有疑问请拨9，她随即也就拨了一下9，这时候就自动语音改为人工台，一个女子自称是电信的客户服务，她说事主电话已经欠费要求事主赶紧交款。高女士并没有拖欠电话费，当然不会相信。

警方介绍，电话里的这个女子就说报案吧，随即就把电话就转到了"上海市公安局"，然后电话里就出现了一个男子，自称是"上海市公安局"的一个警官，他说事主的名下的不仅电话欠费，而且事主名下在上海还申办了一个账户，这个银行账户涉嫌到一个国际洗钱组织的犯罪活动，这个案子已经是由上海市公安局和上海市银监会联合办案。一听到自己涉嫌洗钱罪高女士就慌了神，她不明白自己怎么会陷入这样的事情之中。

警方介绍，对方说的理由是事主的身份信息被盗用，那么目前因为现在网络上各方面现在的个人的信息被盗用的情况很多，所以事主就相信了对方的话。高女士相信了所谓的"上海公安局"的这种说法，但是电话那端的所谓"警察"又提出，还要进一步排除高女士洗钱犯罪的嫌疑。

警方介绍，那个假警察随即把电话又转到"上海市银监会"，这个时候第三个嫌疑人出现，是一名女子，自称是"银监会"的工作人员，她就要求事主把事主名下所有的资金都转入到"银监会"指定的银行账户内进行资金审查，如果事主的资金合法的话，那么会在短时间内把资金返还给事主。接下来这位所谓的"银监会"工作人员在电话里实时指导高女士操作银行转账。完了之后让高女士马上到银行去操作而且电话不能断，前后持续的时间加到一起也只有一两个小时。

主持人：

从接到电话到转账完成一个多小时的时间，高女士辛辛苦苦积攒下来的100多万就成了骗子的囊中之物。其实从《今日说法》节目开播到现在，我们播出过很多介绍形形色色骗局的节目，就是提示大家要小心。2009年11月，我们曾经播出过一期深圳的刘女士就遇到了和高女士几乎一模一样的事情。

配音：

家住深圳的刘女士在2009年5月8日也接到一通电话，同样是告诉她欠费，接下来也同样是对她说她的个人信息泄露了，涉嫌参与了洗钱犯罪，有关部门要审查刘女士资金的安全性。刘女士为了自证清白，像北京的高女士一样，把100多万元的巨款转到了犯罪嫌疑人指定的账户上。警方虽然最终侦破了此案，但是赃款早在第一时间内被犯罪嫌疑人转移到了境外，现在已经无法追回。

3. 《今日说法》2010年1月播出了一期《相差80倍的赔偿》

这是关于我们现在生活中经常接触的快递业务。由于现在生活节奏加快，大家经常使用到快递业务，但是否遇到过节目中当事人的遭遇呢？价值17万元的货物在快递公司投递的过程中烧毁了，快递公司却只答应赔付两千多元。这样悬殊的赔偿金额是如何出现的呢？引导观众共同关注快递业务中出现的这些问题，并且通过剖析成因，引起受众自身的思考，从而在生活中注意尽量规避这种风险，学会维护自己的利益。

导视：

价值17万元的货物被付之一炬，快递公司只同意论斤来赔。如此独特的条款却并非独此一家，它保护的是谁的权益？一方说是霸王条款，一方说是自愿选择，法官对此也有分歧。事情将如何解决？"是按每公斤20元钱来计算的，你要签这个（投递单），就等于一个合同一样，签了就要认可……"

主持人：

各位好，这里是《今日说法》，欢迎您进入我们今天的节目，中国古代有一种说法叫八百里加急，非常紧急的货物或者信件运输要用这种方法。现在就简单了，现在有各种各样的快递。

全国现在有多少家快递公司，有人统计说上万家，快递公司是真方便，朝发夕至，但是如果快递公司要有麻烦也是真麻烦，北京的苗女士最近就因为发快递陷入到了麻烦的争端当中。

配音：

苗振英是北京一家电子公司的仓库负责人。去年年底她通过一家快递公司帮单位发了一批货物去浙江，可货还没出北京城，第二天快递公司就给她打来了电话说出事了，这批货发生火灾。货物被烧的这个说法随后得到了那家快递公司的证实。快递公司说，当时他们正在将那批货物向大货车上转运，准备统一发往浙江，可不知什么原因货物发生了自燃，发现不及时大部分货物被烧毁。货物自燃这个说法苗振英他们并不相信，苗振英说公司所经营的都是（电子）的元器件，苗振英同事给我们展示的就是当时他们邮寄的产品，这些产品是用硬纸箱和纸质外套包装的，而产品本身则是一些电子元器件，是硬塑料的，都不是易燃品，苗振英他们认为没有外因货物不可能被烧，而最早他们得到的消息是快递公司的工作人员在严禁烟火的仓库里吸烟所导致的，而现在快递公司矢口否认了。不光苗振英他们无法提供证据，这场大火惊动了当地的消防部门，事后消防部门对这场大火的原因进行了调查，也没有找到证据，消防部门的结论是原因不明。火灾的原因说不清了，可对苗振英的单位来说损失却惨重得很。

其实这是两票货物一票货物7万多元钱，另外一票货物价值是9万多元钱，合计刚好是17.0438万元。苗振英单位这批电子元器件是手机电路板上的电阻，别看它个头小、重量轻，可价值不菲，根据当时的供货合同，这批货物的总价值达17万多元，不仅如此还由于货物的被烧，苗振英他们还未能及时履行合同，严重影响了他们公司的信誉。苗振英的单位认为，货物在快递公司的仓库里被烧，责任很明显，肯定责任在快递公司，通过漫长时间的交涉快递公司同意赔偿，可赔偿的方案却令人难以置信。这家快递公司提出的赔偿方案是按照货物的重量每公斤20元的标准来赔付，苗振英单位这批货物虽然价值17万多元，可重量并不重，每箱大约在3到4公斤，31箱货物总重量也就100多公斤，按照每公斤20元钱来计算，也就只能赔2千多元钱了。17万元和2千多元，相差80多倍，差距如此悬殊，苗振英的单位坚决不同意，那么快递公司怎么就会提出一个悬殊这么大的赔偿方案呢？

快递公司强调说，他们这个20元每公斤的赔偿方案并不是没有根据的，是按照双方的约定来制定的，原来快递公司在投递货物之前都要和客户填写一份投递单，而在投递单的背面有许多条款，其中就有针对货物毁损的赔偿约定。快递公司的这些赔偿约定，是根据客户保价与否来区分的，所谓保价就是客户在投递货物之前，应当将货物的真实价值填写在投递单正面声明价值这一栏，并向快递公司支付一定的保价费保价了，快递公司就可以根据保价的金额全额赔偿，如果没有保价这家快递公司约定的是一个限额赔偿方案，最高不超过每公斤20元。快递公司说他们之所以将未保价货物的赔偿约定在这个限额，是因为一旦货物发生丢失或者损毁货物的真实价值无法认定，在这种情况下为了防范恶意索赔，设定最高限额是个最好的办法，不幸的是苗振英单位那批货物就没有保价。

苗振英的同事解释说，除了因为保价手续麻烦之外，没有保价还有一个因素，根据这家公司的规定，如果货物要保价得在正常的运费基础上按照声明价值的百分之一支付保价费，17万元的货物就得再加1700元钱的保价费。而苗振英他们公司是长期通过快递公司走货的，一年的发货量在数千万甚至上亿元，如果每笔都保价，那将是一笔年开销在百万元以上的费用。快递公司说既然没有保价，无论苗振英他们单位说这批货物多么值钱，对于他们快递公司来说都无法认定，在这种情况下他们只认条款不认人，即使苗振英他们认为冤枉，他们也只能按照原来的约定，最高不超过每公斤20元来得到赔偿。苗振英的同事认为，投递单背面的未保价限额赔偿的条款是快递公司单方印制上去的格式条款，这个格式条款的内容并不能由客户来选择，是强加给客户的霸王条款，如果按此标准来赔偿显然会对客户形成不公，但快递公司并不认为他们这个条款是强加于人的。

快递公司说他们投递单上的赔偿方案分为保价和未保价，如果苗振英他们认为未保价限额赔偿不公，他们完全可以选择保价条款保价了，就可以全额赔偿了，可苗振英他们并没有选择这一点，苗振英他们没有选择说明这一切都是他们自愿的而非被强加的，面对快递公司的这些解释，苗振英他们觉得是有口难辩。苗振英的同事说，虽然根据快递公司的这个条款他们明显吃亏，可这快递单上确实他们签了字，未保价也是他们的选择，事情到了这个地步他们不知道该如何是好。

其实，有口难辩的并非苗振英他们一家，这位王女士也遇到了同样的事，她前不久委托了北京另外一家快递公司发送了一批价值23万元的医疗设备到外地，结果到了目的地接收单位打开一看，23万元的医院设备不知道为什么变成了一包沙子。和苗振英他们一样，王女士这批医疗设备也没有保价，出事后另外的一家快递公司也以投递单背面有约定为由最高只愿意赔偿200元。而在采访中记者了解到，几乎所有的快递公司都针对未保价货物的损毁赔偿设了限额赔偿的条款，只不过每家约定的限额不尽相同。出事后几乎所有的消费者都认为快递公司收取了他们的运费，双方就构成了运输合同关系，货物在运输过程出现损毁，快递公司应负全责赔偿全部损失。可最后，快递公司都会以事前有限额赔偿的约定为由只愿赔偿部分损失，很多消费者选择了诉讼，可法院对快递公司这个限额赔偿条款的看法也不尽相同。

安徽合肥市包河区人民法院前不久审理了一起跟苗振英他们公司类似的案件，他们认为快递公司的这个背书条款是霸王条款应当无效，最终通过调解，快递公司赔偿了消费者大部分的损失。而在北京还有一位吴先生，他委托快递公司托运了总价值9千多元的助听器，没有保价，结果在快递过程中丢失了，最后诉讼到了北京市丰台区人民法院，法院认为快递公司的这个背书条款合法有效，吴先生只能得到了200元的赔偿，面对这样的现状，苗振英和她的同事表示了一些担心。

（节目文字资料节选自CCTV《今日说法》官方网站）

第四章 电视科教与生活专题配音

本章共有两节内容：电视科教专题配音和电视生活专题配音。在科教专题中如何让配音具备人文的理念，富于交流的韵味，塑造出科技的声音？在生活专题中又如何通过亲切随和、风趣幽默的语言体现生活中的万千气象？本章就分别围绕电视科教专题及电视生活专题的节目特点，展开了对这两类节目配音要求的分析，在阐释语言层面要求的同时，也选取了典型的优秀栏目，根据具体的配音语料进行分析和练习。

第一节 电视科教专题配音

电视科教专题节目是能够让观众坐在电视机前，就能收看和了解各种学科门类的科学文化知识的节目形式。它借助现代的制作手段和先进的视听技术，普及科学知识、传播科学精神、提升国民素质，成为了观众喜闻乐见的传媒课堂。电视科教专题节目满足了大众探寻科学奥秘、学习科普知识的需求，也使广大的受众超越时间和空间的限制，以简单快捷的方式分享全世界、全人类的科学财富，领会理性严谨的科学精神。

电视科教专题节目也是电视节目的重要组成部分。尤其是20世纪90年代以来，科教类的电视节目蓬勃发展，以2001年开办的央视科教频道为代表的一批科教专业频道应运而生，制作出了很多优秀的科教节目，丰富了受众的文化生活，也很好地实现了科普及教育的功能。

一、电视科教专题的创作要求

电视科教专题节目具有鲜明的科学性、教育性，所以节目的语言相对于其他类型的节目也有自己的独特之处。因为承担科普功能，就必然涉及很多科学概念、专业术语；又因为科学技术学科特有的严谨缜密的逻辑性，在讲述过程中会有很多结构相对复杂的长句；与生活类、娱乐类节目的口语化、多短句的风格不同，电视科教专题的语言都比较规范，客观陈述的形式较多，很少出现表现感情色彩的语气词等。而且由于电视科教专题需要向观众解释说明的内容较多，所以配音是讲解传递科学知识和信息的主要载体。对于这样的节目特点，如何通过准确明晰的配音，更切实地体现电视科教专题的风格，更好地向受众传播科学文化知识，就是我们这节中要解决的问题。我们尝试从以下几点创作要求中体会电视科教专题的配音。

1. 具备"人文"的理念

电视科教专题节目节目本身就是人文精神的一种体现，随着社会的进步、科学的发展，运用大众传媒的方式关注和满足受众对于科学知识的好奇和探求，这不但是对人本身的重视，尤其是对人精神层面需求的关怀。所以在配音中要秉承人文关怀的精神，以严谨客观的态度严肃对待播出内容，保证观众接收到真实准确的信息；同时又要以细致到位的讲解，使观众在观看节目的同时真正理解和收获希望探寻的知识，并且不会觉得乏味和沉闷，以之为享受。

央视科技频道《探索·发现》在2010年七夕节时播出过一期寻访古老七夕节乞巧风俗的节目《寻找失落的女儿节——探秘西和乞巧》。关于这样的节日，中国人可能都能讲出牛郎织女的故事，但如果让大家说说千百年来积淀的节日的更深内涵和渊源，也许就会有点困难了。看到这样的节目内容，自然地引起了观众的收视期待。而且，这样的节目内容不但带来优美的画面、细致的讲解，也让大家了解了广阔的中国大地上平时无法接触到的其他地域的文化，更重要的是完成了传统文化的传承和宣传。

在这期节目开篇，带领观众从城市里来到了仍然保持着古朴乞巧风俗的甘肃省西和县。听到西和，随之而来的，观众会从心中生出疑问：西和是哪里？节目又适时地帮大家解开了这个疑问。我们来看这段配音：

【例 4.1-1】

配音：

在当下中国的许多城市里，每逢农历七月初七的七夕节，都会被追求时尚的年轻人当做情人节来过。但大多数人都不知道的是，这个节日还有一个名字，叫乞巧节。而且这个乞巧节是人类历史上最早的女性节日之一。然而真正的乞巧节是什么样子，为什么要过这个节、又是谁在过这个节呢？时至今日，在中国甘肃东南的一片群山之中保持着古朴风尚的乞巧节，仍旧年复一年地生动上演着。

这里是中国西部甘肃省的西和县姜席镇，农历六月下旬的这天早上，镇子上的姑娘们开始了她们早已计划好的行动。她们换上新衣裳走出家门，相约上平日要好的伙伴一起穿过乡间的密林和曲折的小路。她们唱着熟悉的歌，舞动着青春的腰身，憧憬着即将到来的好日子。

西和位于甘肃省东南部的群山谷地中，在这片广阔的高原上，起伏的秦岭和延绵的梯田构成了韵味独特的自然风景。让西和人自豪的是，这里拥有中华民族上古神话中的仇池山和伏羲的诞生之地。在这片古老苍茫的土地上，曾经留下过仰韶文化和齐家文化的生动足迹，而最终一统江山的秦帝国，正是从西和这片波澜起伏的山谷中，休养生息并走向广阔世界的。在以后的历史岁月里，楚汉相争、诸葛亮六出祁山都从西和穿过。鼎盛的丝绸之路时代，这里还是通往中国大西南的蜀陇往来的交通要道。如今，历史的轮回烟消云散而生活的脚步依旧岁岁轮回。

在这样一段解说里，我们的视野从城市里被带到了群山腹地中古风犹存的西和，也被带到了女儿节的故事即将展开的环境之中，为下面内容的展开作出了良好的铺垫，也给观众带来了更多的收视期待。对于这样返璞归真的自然环境，以及当地拥有的悠久历史，就需要用节奏沉稳、情感深厚的声音来表现，这样才符合整体的风格。

2. 塑造"科技"的声音

电视科教专题节目的内容都是反映普遍规律、揭示自然奥秘的，这些科技内容本身所具有的客观性，以及不容存在误差的严谨性，都要求电视科教专题节目的配音首先要保证播出内容的绝对准确。

同时，科技也代表着人类的聪明才智，节目中播出的知识是经过全人类的长期研究和探索得出的，凝结着科学工作者太多的心血、汗水以及困难甚至危险。所以在配音中应该持有严肃认真的态度，用沉稳踏实的语言表现形式，体现科技代表着的智慧与光荣。

下面我们来看央视《走进科学》播出的一期有关我国神舟飞船飞行安全重要实验的节目——《直击太空碎片》。宇宙航天器的研究工作可以说属于高精尖科技的范围，而且又属于国家级的机密，作为普通百姓平时是无法看到的，而这一期节目就带大家来到了神舟飞船准备升空前的科学研究第一线。我们来看其中的一段配音：

【例4.1-2】

这是一次有关我国神舟飞船飞行安全的重要试验，在场的空气动力研究与发展中心、超高速所的所有人都捏了一把汗。因为在未来几周内，美国将发射导弹，击毁飞行中的报废卫星；由此形成的大量空间碎片，会不会对我国6个月后发射的神舟飞船造成影响和威胁，这又是怎么一回事呢？

2008年2月初的一天，超高速所的科研人员正在讨论试验中的一个问题。技术人员简和翔匆匆走进会议室，而他带来这样一个消息：美国海军将采用防空导弹，击毁他们在外太空报废了的一颗军事卫星，这一消息引起大家的重视。美国这颗已经报废的卫星，将在太空飞行的轨道中被一枚导弹拦截击碎，由此产生了大量的碎片将在太空中形成碎片云。这些以每秒七八公里自由飞行的碎片，会在相当范围空间内穿梭。它不但对飞行在太空的航天器有影响，而且对我国几个月后发射的神舟飞船也会产生致命的威胁。

关于科学研究的配音首先是要保证精准，尤其要注意"外太空"、"碎片云"等科技名词。同时，语言的基调以沉稳平实为主，尤其节目内容是关于我国研究神舟飞船的重大事件，态度更要严肃庄重。

3. 富于"交流"的韵味

电视科教专题节目虽然具备科学教育的功能，但并非单纯地灌输与说教。所以，富于"交流"韵味的表达对于这类节目的配音非常重要。以亲切自然的状态把科学知识流畅明晰地讲述出来，让观众轻松愉快的接受信息，这是我们应该努力达到的效果。

下面是来自《探索·发现》——《古蜀金沙》中节目开始的一段，随着意外情况的出现，配音语言表达出的思路非常自然地与观众心中出现的疑问相同步，仿佛是与观众朋友般地共同探讨：

【例 4.1-3】

21 世纪的第一个年头，成都市郊区的一个建筑工地上，挖土机正在繁忙地工作，铲子一次次地掘开沉睡的泥土。忽然，有人发现泥土里出现了一些白色的东西，紧接着一些零星的玉器和陶器的残片，也被民工们从土里挖了出来。那是什么？是什么人把它们遗失在这里？

4. 学习和掌握电视科教专题节目的多种配音形式

电视科教专题节目的很多节目素材来自国外，所以有些节目中配音占很大比重。同时，由于内容包罗万象，而且节目素材的编排也多种多样，所以我们需要学习和掌握多种配音形式来适应这种特点。比如有些时候是给被采访的科研工作者配音，或者以对话形式配音，有多种多样灵活的配音方式。

《云南卫视》播出的《自然密码》中有一期《科学家与狼为伴共同生活六年》的节目，下面是为其中一位叫达切的科学家配音的片段：

【例 4.1-4】

达切（配音）：

狼对人类非常警惕在野外难得一见，更别提拍摄它们了。我发现，要想拍摄这种多疑的动物，唯一的办法就是把一个狼群圈起来，让它们熟悉人类，同时又不干扰它们，让它们按照自己的方式生活，展现自然行为。获得狼群的信任至关重要，这样我才能观察和拍摄它们最自然的状态，而不会让它们一闻到或者看到人类，就马上警觉起来。

《自然密码》还有一期《动物运动会》中的配音也很特别，是根据动物举行运动会的特定内容，选取了两个人以电视转播体育比赛时解说的形式配音：

【例 4.1-5】

乔纳森：

全场都兴奋起来，动物运动员们已经开始热身了。

约翰：

猎豹是百米短跑的夺冠大热门，它的支持者是哺乳动物王国。另外，4 个动物王国也派出了选手参赛，有爬行动物和两栖动物联合王国。

乔纳森：

有鱼类王国，当然还有昆虫王国。在这场多元文化的盛会上，主办国鸟类也派出了选手。

约翰：

看那只点燃会场火炬的鹰。

乔纳森：

鹰类官员坐在皇家看台上，看上去威严又怪诞。

在这样形式的配音中，就既要注重解说运动会时的现场感，同时又要注意与搭档之间语气的衔接，模拟真正的比赛解说，形成顺畅的交流状态。

5. 电视科教专题配音容易出现的问题

为了表现所讲内容真实可信，具有一定权威性，电视科教专题节目的配音都比较沉稳和庄重。但这并不意味着沉闷与刻板，也不代表配音中没有语言的丰富色彩和外部的技巧表现。应该在需要提升表达效果的时候，适当运用内外部技巧，这样可以使科学知识在客观真实的前提下更加妙趣横生。

比如央视《动物世界》节目，语言就非常灵活风趣，用生动的语言描绘了与我们人类不同世界的动物的生活。下面一段就是很典型的例子：

【例4.1-6】

在获取食物的手段上，人类堪称是足智多谋，但是与人类相比，自然界中的其他动物也毫不逊色。

流星锤蜘蛛能释放出来类似雌性飞蛾的气味，诱捕雄性飞蛾。它用蛛丝把一团沿线的胶状物悬在空中晃来晃去，用于逮住飞蛾。蜘蛛的这种秘密武器"流星锤"，得名于南美至今还在使用的一种古老的工具，南美的人用这种套牛绳把牛腿缠住、把牛绊倒。而蜘蛛的这种捕猎工具却是带有联系的，蛛丝的柔韧性胜过钢丝，因此捕捉猎物的时候很少有漏网之鱼。

天鹅绒虫使用杀伤力更强的武器。天鹅绒虫是世界上最古老的无脊椎动物之一，它有两把手枪，是位"神枪手"。不过它射出的不是子弹而是是黏性的套索，这种套索迂回曲折长达一米。它迂回行进向不同的方向射出黏性套索，缠住猎物的缕缕绳索就像一张粘性的网。这种黏性干得很快，随之刀螂般锋利的前额已经刺入了猎物的身体，不久就被它吸干了。

射水鱼使用的武器是水枪。当射水鱼把腮闭合起来的时候水就会喷射而出，它的精确程度可达到两米。射水鱼是弹道方面的专家，它竟然会考虑到射出的水在重力作用下弯曲的弧度，它还能根据光在水面和空气交界的折射作出相应的调整，通过一系列的惊人的计算，射水鱼不断改变自己的射击角度以弥补视觉出现的误差。下面是射水鱼给人开的玩笑：点火——瞄准——射击!

这段运用了非常生动的拟人手法,使整段的风格都非常活泼,配音时也应配合这种风格。尤其是描写几种动物捕猎时动作的细节,每个行动步骤可以根据情形的紧张程度调节节奏的快慢,增加紧凑感和吸引力。

电视科教专题节目中也有自然世界中的感人故事,下面就是《动物世界》中播出的一段名为《母爱无边》的节目。节目的主角竟是以凶残著称、令人们谈之色变的鳄鱼。鳄鱼是如何跟母爱联系在一起的呢,一起来看:

【例4.1-7】

这是历史上最严重的一次干旱。干旱持续了五个月,土地龟裂、烈日炎炎,开阔的湖泊缩成了一个小小的水塘,无数的鱼儿失去了赖以生存的家园。

很多鳄鱼眼见小水塘日渐干涸,冒险踏上了逃亡之路。它们只有在外表包上泥浆暂时减轻痛苦,泥浆成了鳄鱼避开太阳的有效屏障。

一个月之前这里的湖泊还有40条鳄鱼,如今面临干旱的炎晖,只剩下鳄鱼妈妈独自坚守了。它的存在令饮水者望而却步。鳄鱼妈妈突然离开了水坑,踉跄着奔向岸边。小泥坑冒着蒸气,里面充斥着气息奄奄的鱼。不久,鳄鱼妈妈又回来了,身上还粘着未干的红泥。它把头伸进泥里摆来摆去,这个举动好生奇怪。不久秘密揭晓了,它的下颌轻轻张开接着一只先孵出的小鳄鱼蹒跚而出,这是它刚刚从岸上的窝里带过来的。原来这就是它在湖里滞留不去的原因,它丢不下刚刚出生的亲骨肉。然而恶劣的环境加上偷猎者的觊觎,小鳄鱼成活的机会太渺茫了。但是鳄鱼妈妈仍在坚守,它没有离开的打算。

动物们为了水不惜舍弃生命,绝望的动物们每天都聚集在水坑旁。

它只留在空空的湖底把身体钻到泥浆里,想借助那仅存的水汽熬过这可怕的季节。

6个月之后,在湖的中心也就是在水的最深处躺着那条鳄鱼的骨架,为了它那些刚刚出生的宝宝它选择了留下,期盼着和孩子们一起迎来珍贵的雨水。

雨水姗姗来迟,带着鳄鱼妈妈远去的梦滋润着干涸的河床。一些鳄鱼重返故里,在重新聚集起来的湖水中庆祝劫后余生。它们是否记得,曾经有一位母亲把最深的爱永远地留在了这里。

虽然这个故事来自自然世界而非人类社会,但却有着非常出人意料而又感人至深的情节。而且整段内容的结构设置也非常精彩,在为这样的内容配音时,可以运用欲扬先抑等表现手法,前面对环境等的描写可以为后面的结果作出良好的铺垫。结尾处的一段,则用深情的陈述对鳄鱼妈妈出于本能却无比伟大的选择致以敬意。

二、案例分析：央视《走近科学》

1. 《走进科学》的案例分析

《走进科学》是央视科普节目中首开先河的一档，真正如栏目名称一样，带领广大观众走进了科学的广阔而奇妙的世界。下面我们来分析其中的一期有关高科技内容的《直击太空碎片》。

【例 4.1-8】

配音：

这是美国影片《阿波罗13号》，在1970年4月登月飞行中遇到的突发情况。当这艘飞船飞行到距离地球32万公里的时候，遇到了意外情况。当时分析，飞船可能是绝缘电线起火，也可能遭到太空垃圾的撞击导致氧气罐发生爆炸。此时，飞船和舱内航天员的生命都受到了严重威胁。

主持人：

我们刚才看到的这个片段，就是美国的一部非常知名的电影的片段。这个电影就是根据历史上真实发生过的事情而改变的，它的名字叫做《阿波罗13号》，其实就是一艘被命名为阿波罗13号的宇宙飞船飞向月球途中发生的事情。刚才，我们看到它遭遇了大群的太空垃圾以及陨石的来袭，这对于在空中、在宇宙当中飞行的任何飞行器来说，如果与它们相撞的话，后果只有一个：那就是迅速地解体，因为相对速度实在是太快了。这个撞击产生的能量，是我们在地面上根本无法想象的。那么话说到这儿，这跟我们今天的节目有什么关系吗？关系太大了。在我们国家的空气动力研究（与发展）中心，咱们的科研人员就曾经遭遇过类似的问题，这还是一个鲜为人知的秘密。今天，我们就把这个秘密讲述给电视机前的各位观众朋友们。

配音：

这是一次有关我国神舟飞船飞行安全的重要试验，在场的空气动力研究与发展中心、超高速所的所有人都捏了一把汗。因为在未来几周内，美国将发射导弹，击毁飞行中的报废卫星；由此形成的大量空间碎片，会不会对我国6个月后发射的神舟飞船造成影响和威胁，这又是怎么一回事呢？

开场介绍了这次科研攻关发生的背景，如何保证凝结着我国科研工作者无数心血的神舟飞船在太空飞行中的安全？带给大家的悬念和疑问，将在节目中慢慢解开。

2008年2月初的一天，超高速所的科研人员正在讨论试验中的一个问题。技术人员简和翔匆匆走进会议室，而他带来这样一个消息：美国海军将采用防空导弹，击毁他们在外太空报废了的一颗军事卫星，这一消息引起大家的重视。美国这颗已经报废的卫星，将在太空飞行的轨道中被一枚导弹拦截击碎，由此产生了大量的碎片将在太空中形成碎片云。这些以每秒七八公里自由飞行的碎片，会在相当范围空间内穿梭。它不但对飞行在太空的航天器有影响，而且对我国几个月后发射的神舟飞船也会产生致命的威胁。

和许多研究人员一样，李毅这位研究空气动力学的专家，也非常关注这一事件。

……

太空是没有国界的，而太空碎片又恰似无数颗威力很大的炸弹。它不仅威胁着世界航天国家的卫星，也威胁着包括空间实验室、空间站的安全。面对如此严峻的现实，科学家们到底怎么解决这个问题呢？

……

如此庞大数量的太空垃圾，再加上即将拦截后产生的新碎片，对中国几个月后发射神舟飞船并有航天员进行出舱活动这一情况，到底会产生什么样的影响呢？空间碎片真的有那么大的威力吗？

……

面对如此严峻的形势，许多国家也积极采取应对措施。许多人认为，减缓碎片的产生和重新加强航天器的防护结构或者选择避让的方法，客观上都是很难实施的。科研人员面前只有一条路，抓紧时间对即将产生的太空碎片进行全面的研究，拿出科学最有成效的数据，以采取积极应对方案。但是这颗卫星何时被拦截、拦截的空间区域、爆炸产生的碎片范围是多少，这对于李毅他们来说都是未知的。面对如此大的难题，他们究竟如何完成这个任务呢？

这一部分从事情的开端详细解说了太空垃圾带给整个宇宙空间以及各种航天器的危害，语言节奏逐渐紧张，语气平实中略带担忧，体现困难的严峻程度，为下面科研工作者进行的的攻关实验作出铺垫。

要弄清楚太空条件下物体运动和被撞击后的影响因素，必须在特定的装置中进行。这个装置就是风洞。风洞就像一片人工模拟的天空，能够人工控制气流，可以度量气流对物体的作用。这是我国自行设计的立式风洞，它可以为跳伞运动提供非常好的训练场所和直观的研究方式，但是它只是风洞的一种形式。

这是一种常见水平风洞的示意图。气流经过巨大风扇的推动作用向前旋转并循环流动起来，通过各个拐角处的导流片，使风按照一定的流向行走。再经过蜂窝状的整流过滤装置以后，气流更加平顺，当气流最后通过收缩段时速度会明显提高，此时风速就达到了实验标准了。几十年来,我国风洞设计专家们先后设计建造了适合国民经济需要的各种形式的风洞,给国防建设、建筑等方面的设计、选型及改进提供重要的理论依据。

……

这是一种弹道靶常用的特殊的风洞,由于装置内装有氢气等低分子,在高温高压下就可以将模拟碎片以每秒七八公里的速度发射出去以达到实验的目的。距离拦截时间临近,科研人员都非常紧张,因为他们必须要在拦截行动之前作出判断,并给出碎片影响因素的明确答案。

这一部分介绍了科学实验所要用到的装置,对于各种层面的观众,由于不能拥有相对的知识背景,所以讲解时要注意叙述清楚,语速适中,让观众建立起对这些知识的基本概念,以帮助观众理解相关科学原理,并为接下去观看科学实验作为理论基础。

主持人:

大屏幕上我们看到的这个200米长的巨型装置,它的名字叫自由飞弹道靶,是我们国家自行研制的一个特殊风洞,可以说是亚洲第一位的、世界第三位的。那这个风洞是什么意思呢?简单地说,一般的风洞风在不停地吹,而被风吹的这个模型本身并不动。也就是说,你是静的风是动的。而在这个自由飞弹道靶当中,被测试的这个物体它是在动的,而风是不动的。这样一来,比较接近于真实情况,尤其是当撞击出现了之后,对于撞击的位置、产生的毁坏作用以及碎片的大小等等,都有一个比较接近于真实的数据情况。当时,超高速所的科研人员,接到任务的时间还是非常紧迫的,尤其下半年,神舟七号就要"上天"了。大家都知道,那个时候不仅仅是它要"上天",我们的航天员还要出舱行走。假如,我们不幸遭遇到了这些太空垃圾碎片什么东西的时候,它对我们的飞船、我们的航天员,会带来什么样的影响,必须要有一个比较精确的评估。所以在这个条件之下,时间紧,但是任务可太重了。

配音:

要击毁的这个卫星重量是多少,它的高度是怎么变化的,撞击的速度等一系列条件是科研人员首先要了解的。但这些,都像李毅他们脑海中的阴影,他们夜以继日地查阅了许多相关资料,并试着设计了一套新的计算方法。

……

李毅和他的同伴一起采用的方法是,从当天的卫星所在的高度算起,每隔一定的高度层做一个计算,一直算到进入大气层,就会得到一个庞大的数据库。通过这个数据库,就可以分析不同高度的拦截会产生什么样的影响了。其实大家遇到的一个更重要的问题,就是如何捕捉到一个每秒钟速度达到七八公里的飞行物体,在撞击目标那一刻的真实影像。但是,现有的测量方法并不能识别和记录产生的信号,为此大家非常苦恼。

......

关于记录飞行目标,他们曾经想到 UFO 中的飞棍形象。据说,它的飞行时速可以达到 200 公里到 14000 多公里,这个速度超过地球上的任何物体,甚至是飞行器。实际上,这是与摄像机的快门速度及摄像机的特殊红外功能有关。而科研人员要拍摄的是超高速飞行的影像,与飞棍的十六分之一秒的快门速度有天壤之别。目前,国内还没有快到几百万分之一秒这么快来曝光的照相机,所以要获得超高速的撞击试验那一时刻的影像几乎是不可能的。

这一部分记录了科研人员的研究思路,不但有科学术语,相关数据,还有实验的原理,这对于观众来说是相对比较难懂的,那么就要在表达上下工夫,提升表达的效果,多运用内部技巧提升自己思想的运动状态,同时精准选取重音,在最恰当的地方实现停连,并适当用语气和语势表现内容间的逻辑关系,通过这些方式帮助观众理解。

为了解决这个问题,科研人员设计了一套光学测量系统。大家试图把一个碎片以接近宇宙的速度发射出去,撞击到模拟的卫星上,使它产生与真实情况一样的损伤。这样,就能得到这个航天器发生解体以后各种各样的物理现象,然后就可以对这一结果进行分析。但是,测试的结果到底是什么样子呢?

......

当超高速所的参试人员,跑到显示测验结果的电子屏幕前时,眼前呈现的一片空白图像使他们的心情一下子变得沉重了。

......

他们拍摄到的犹如一块白板,这就预示着他们一无所获。那两天,所有的科研人员都在努力地寻找着发生的原因。

主持人:

为什么会拍到这个白光一团呢?那就是因为撞击太过猛烈,释放出来巨大的光和热,因此拍下来的是白光一片。就好像我们找一个漆黑的房间点一个爆竹去拍这个爆炸的过程一样,不会拍得下来,一般相机只能拍到一个大光斑。那怎么办呢?这时候,一套新的系统就可以帮助我们解决问题。这个系统叫做激光阴影成像系统,它可以把曝光时间控制在纳秒,也就是:一微秒的千分之一。咱们老说,一眨眼的工夫,这个可比眨眼还快不知道多少倍呢。

这部分讲述了科研人员遇到的困境。科学研究中没有一帆风顺的,遇到困难是很正常的,在为这样的内容配音时要把握好其中的内在语,既要客观陈述困难给大家带来的困扰,也要同时在"那两天,所有的科研人员都在努力地寻找着发生的原因"这样的语句中,体现科研人员坚韧不拔的精神和与困难作斗争的气概。

配音：

当李毅他们建立起这个系统后再次进行实验的时候，他们的心中仍然忐忑不安。

……

这是一组清晰显示碎片对目标撞击过程的照片，通过对数据和影响的分析，科研人员得到一整套撞击规律，对碎片分析起了至关重要的作用。

……

接着，他们又采用了透镜的办法将摄影范围加大，满足了研究的需要。但是，又一个问题接踵而来，就是撞击发生以后形成的大量碎片，会在空间停留多长时间，对几个月后神舟飞船的发射到底有没有影响呢？

……

这又是一个不眠之夜。当研究人员走出实验室的大门后，仿佛是走出了迷雾。经过大量计算和实验后，他们发现大部分碎片可能在几周的时间最多也就是几个月的时间，就会进入到大气层。剧烈的摩擦产生的高温，就会将残余的碎片完全烧毁。但是，这样一个计算结果与真实情况到底有多少出入呢？

……

研究中心的领导又组织了专家到实验现场，专门倾听技术人员面临的问题。对计算出的结果，进行了严格的校对，并在预定的时间将结果报告了上级部门。

……

正是由于我国空气动力研究方面的科研人员的努力，使得导弹拦截卫星后空间碎片的研究取得了较为精确的预测方案。经过几个月的空间观测，印证了计算的结论，为我国的空间研究和神州飞船的发射作出了贡献。

节目的最后部分讲述了科研工作者们如何柳暗花明，逐步迎来了最终的胜利。语气和色彩逐渐明朗，并要在结尾对科研人员取得的成绩表达出由衷的褒奖和敬佩。

2. 《探索·发现》的案例分析

央视《探索·发现》节目可以说是带领观众共同探索和发现中国大地上下五千年的奥秘和故事，内容丰富精彩，被称为是"中国的地理探索，中国的历史发现，中国的文化大观"。我们选取其中的一期加以分析。

【例4.1-9】
配音：
在当下中国的许多城市里，每逢农历七月初七的七夕节，都会被追求时尚的年轻人当做情人节来过。但大多数人都不知道的是,这个节日还有一个名字,叫乞巧节。而且这个乞巧节是人类历史上最早的女性节日之一。然而真正的乞巧节是什么样子,为什么要过这个节、又是谁在过这个节呢?时至今日,在中国甘肃东南的一片群山之中保持着古朴风尚的乞巧节,仍旧年复一年地生动上演着。

  这里是中国西部甘肃省的西和县姜席镇,农历六月下旬的这天早上,镇子上的姑娘们开始了她们早已计划好的行动。她们换上新衣裳走出家门,相约上平日要好的伙伴一起穿过乡间的密林和曲折的小路。她们唱着熟悉的歌,舞动着青春的腰身,憧憬着即将到来的好日子。

  西和位于甘肃省东南部的群山谷地中,在这片广阔的高原上,起伏的秦岭和延绵的梯田构成了韵味独特的自然风景。让西和人自豪的是,这里拥有中华民族上古神话中的仇池山和伏羲的诞生之地。在这片古老苍茫的土地上,曾经留下过仰韶文化和齐家文化的生动足迹,而最终一统江山的秦帝国,正是从西和这片波澜起伏的山谷中,休养生息并走向广阔世界的。在以后的历史岁月里,楚汉相争、诸葛亮六出祁山都从西和穿过。鼎盛的丝绸之路时代,这里还是通往中国大西南的蜀陇往来的交通要道。如今,历史的轮回烟消云散而生活的脚步依旧岁岁轮回。

  大山中的村落风景、极富特色的当地民歌、悠远的历史加上优美的语言,带给观众略显神秘的感觉,也吸引大家继续看下去。我们应该用沉稳且充满情感的声音来处理,营造一个舒缓却酝酿精彩内容的开篇,为后面传统文化的古朴演出拉开序幕。

  一年中,最忙碌的夏收季节过去了,半夏和秋果还没到收获的时候。难得有一段悠闲的日子。

  他叫杨克栋,一个土生土长的西和人。虽然在林业部门工作了30多年,让他始终魂牵梦绕的却是家乡浓郁奇特的风土人情。《仇池乞巧风俗录》的发表让他成了当地名人。杨克栋对乞巧节的关注是从很小的时候开始的,这个通常只有女人才能参加的节日引起了他无限好奇,尤其是乞巧节供奉的巧娘娘,更给他留下了深刻的印象。

  ……

  在男耕女织的漫长岁月中,青春曼妙的姑娘们用心灵感悟着巧娘娘,用灵巧的双手编织着自己的梦想。

  每年的农历六月二十六日到三十日的这几天,西和的集镇纸活店里都在赶制巧娘娘。那些工匠们一丝不苟,神情中洋溢着对巧娘娘的温情与敬意。巧娘娘的制作是很有讲究的。制作头面是在模子上,然后描眉化妆,用五彩纸剪制的裙装美丽又合体。她们还要做一件事,那就是小心翼翼地用上好的豆子生豆芽,她们管这叫发巧芽,这些巧芽在未来的节日中将是一个神秘的角色。

在西和，每年六月下旬，当地的姑娘们总是显得很兴奋，对于即将到来的节日，她们的心中充满了美好的想象。她们需要有许多事情去做，青春和热情需要一个舞台，她们的家人会在这段日子里，给她们最柔和的理解与支持。眼下，姑娘们最关心的事情，就是要给今年举办的乞巧节找一个宽敞的地方。在西和，过乞巧节的时间总共是七天八夜，这是一个仪式众多、程序复杂的节庆活动，主要内容有：坐巧、迎巧、祭巧、拜巧、娱巧、卜巧、送巧七个环节，每个环节都有歌舞伴随，同时还要进行一些象征性的仪式。对于这个节日，理解最深的，还是那些西和的老人。到了每年乞巧节的日子，她们都会参加而且地位很重要，她们是这些后生晚辈的精神导师。

在这个节庆活动中，西和的当地妇女们被全部动员起来了。整个乞巧节举办期间，西和各村的姑娘们要相互走访、联络感情，到对方的村子里参观学习、交流心得。善于做面食的姑娘，会被奉派去做供奉巧娘娘的面花；嗓子好的，要负责起乞巧活动中的领唱任务。这是一个典型的古代妇女节，当地人又把这个节日叫做"女节"或"女儿节"。

这一部分逐步介绍节日的准备工作，随着每一个准备的工作，慢慢勾画节日的轮廓。而这部分中，大山浓绿静谧的景色中出现了衣着鲜艳民族服饰的姑娘，以及被精心描画端庄精美的巧娘娘，配合视觉上的新鲜刺激，配音语言的节奏也随之有所变化，表达出的情感色彩也更加丰富和生动。如此隆重的准备，再加上巧芽的神秘功用没有直接揭秘而留有悬念，这都会增添观众的好奇。做好了铺垫工作，下面的部分我们将看到，西和的乞巧节都有哪些仪式来表达对以勤劳能干的织女为原型的巧娘娘的崇敬和膜拜。

这一年的农历六月下旬，参加乞巧节的姑娘们换上盛装，列队将巧娘娘从纸活店里请出来。端上香蜡和供盘，把巧娘娘接到举办乞巧节的人家。当姑娘们以虔诚的祭拜后，伴随着古朴欢快的歌声，乞巧节就正式拉开了序幕。

这是农历七月初一的前夜，这将是欢乐漫长的七天八夜。但西和姑娘们要过得这个乞巧节，其中"乞巧"这个词到底是什么意思呢？

……

农历的七月初一，随着太阳的升起西和乞巧节的祭巧仪式开始了。她们把为巧娘娘精心准备的巧果、巧芽摆出来，按传统仪式点蜡、焚香，虔诚恭敬地在巧娘娘面前许下一年的心愿。在乞巧节的每一天，她们都会举行这样的仪式。

拜巧，通常是从农历的七月初二开始。邻近的乞巧队伍之间，像走亲戚一样相互拜祭交流，她们点燃喜庆的鞭炮欢迎前来拜巧的队伍，相互赠送已经发好的巧芽。在她们拜巧时，姑娘们列队前往巧娘娘的像前互敬互拜，然后她们载歌载舞，展示着各自的才艺。在一般人眼里，这些平日里中规中矩的女孩子们怎么会在乞巧节的那段日子，忽然变得如此无拘无束、激情洋溢呢?

......

这就是说,西和的女人们正是通过乞巧节这个文化空间,维系着当地人代代传承的民族感情,同时也承载着祖先的故事和语言,传播着祖先留下的规矩和信仰,表达对祖先的爱念之情,是女人心灵信仰中的精神家园。更重要的,这也是姑娘们一年一次的集体狂欢。

西和七天八夜的乞巧节大幕已经拉开。仪式带给人自然的恭敬之心,但色彩缤纷的场景把节日的气氛也点染了出来。而对于姑娘们内心情感的剖析则更是深刻。既要把节日的喜庆氛围用语言刻画出来,又要表现出剖析和思考的深度。

中国各地的乞巧习俗相对简单,为什么唯独西和乞巧节会如此隆重呢?这估计要走近秦帝国的发源地,去看看西和的历史。

20世纪90年代,在紧邻甘肃西和的礼县大堡子山发现了震惊中外的秦公大墓。考古的发掘专家证明,这里是秦人的老家。西和与周边的天水、礼县等地被人们视为,秦文化的发源地之一。据《史记·秦本纪》的记载,黄帝的孙子颛顼有个后裔叫女修,女修在织布的时候吃了凤凰蛋生下大业,大业的孙子曾参与了大禹组织的治水工程,被赐姓嬴。于是,嬴姓便成了秦人的祖先。而乞巧的民俗则来源于汉文化中织女、牵牛、汉河三种天象。牵牛、织女两颗星的名字,最早分别代表着商秦两族的祖先。牵牛星就是史籍中记载的服牛,也就是殷商先祖王亥。织女,则是被人们神化了的颛顼后代女修,她以善于织布而闻名。这两个人开创了我国最早的男人种田、女人纺织的生活模式。于是,在后来的漫长岁月中,就逐渐演变成中国农业社会中男耕女织的象征符号。

......

尽管远古的神话传说,往往被人们蒙上了神秘的色彩,但只有拨开它们的面纱,就能清晰看到,我们祖先在大自然中努力生存的身影。所以西和地区的乞巧风俗活动,一定是当年秦文化的遗留,是当地秦人后裔对自己祖先的一种纪念。只不过,今天已经很少有人能想到,神话传说中的织女就是秦人的先祖。

......

而在古人的天象中,汉河实际上就是由西和当地漾水与西汉河演变而来的。西和的地理气候,造就了这里的水系发达。自古以来,漾水两岸的先民们就在这里生活,他们日出而作、日落而息,许多个夜晚他们仰望天空,让自己的想象随风荡漾。

从乞巧节追根溯源回顾西和的悠长历史和上古的传说,这样的内容应该用比较沉稳和较有质感的音色来体现历史的厚重感,同时还要注意在较短的段落中介绍跨度很大的历史,首先我们自己的思路要非常清楚，要看明白并理顺其中的逻辑关系，并将之对观众娓娓道来。而像"尽管远古的神话传说，往往被人们蒙上了神秘的色彩，但只有拨开它们的面纱，就能清晰看到，我们祖先在大自然中努力生存的身影"这样的句子，应更深地体会其中包含的人文色彩，以及每个人民族感情中对祖先的由衷尊崇，并将之糅进表达的内在语，丰富语言的内涵，更深地调动观众的感情和共鸣。

赵逵夫关注西和地区的乞巧文化，不仅仅因为他自己本来就是西和人，还因为他的父亲赵殿举，早在20世纪30年代就已经开始对乞巧文化着手研究了。

……

由赵逵夫编订的《西和乞巧歌》，首次记录了当地姑娘们演唱的乞巧歌，也记录下她们传承下来的沧桑故事。

家住西和县城的曹折折，就是这样一个有故事的老人，她的名字和照片被登录在《乞巧风俗志》上。姑娘们登门求教，请曹婆婆和她的老友们手把手地教唱乞巧歌。那些从久远的过去被流传下来的老歌，也是要一代一代接着往下传的。热心的杨克栋也来了。显然，他很熟悉这样的情景，总是要忍不住指导点评一下。那么，这个有着古老文化的传统节日是从什么时候开始出现的呢？

据赵逵夫教授考证，有关乞巧节的最早文字记载出现于汉代。

……

于是，乞巧节便在甘肃西和漾水河流域流传开来，逐渐变成一个集崇拜信仰、诗歌、音乐、舞蹈、工艺美术和劳动技艺为一体的，综合性岁时节令活动。这样的节日庆典时间，牛郎并不在人们的视线之内。

乞巧节的风俗在全国各地曾经广泛流传，但随着岁月流逝，多半都逐渐消亡在历史的烟云之中。即便有些地方还在过乞巧节，形式和内容也已经非常简化了，但在甘肃的西和却顽强地、原汁原味地传承下来。究竟是为什么呢？通过对西域历史的研究，人们发现，在秦帝国时期西和是从关中地区到中国西南部的交通要冲，随着唐代以后中国文化中心东移，交通格局发生了很大变化。西和突然从车水马龙的繁忙中逐渐沉寂下去，于是西和，被慢慢地边缘化了。但边缘化的好处是，在农耕文明中产生的乞巧风俗以及与之相关的民间文化，却以相对完整的形态保留下来。

这部分告诉观众乞巧节在西和和其他部分生存状态的不同和相关的成因，在配音中表达出的对西和的传统风俗保存如此完好的赞叹中，也应带有更深层次的意味，那就是，为了乞巧节和其他同样古老的中华民族特有的风俗传统，我们该做点什么呢。当我们已经比较全面地了解了这个节日的来龙去脉，节日的重要环节也在下面开始了。

第四章 | 电视科教与生活专题配音

当西和的姑娘们，沉浸在古朴欢乐的气氛中尽情释放着自己的时候，乞巧节的幸福时光，不知不觉已经过去了6天。而这个节日最重要的时刻，随着最后一天的黎明霞光已经到来。

农历七月七的这一天，有关这个节日的重头戏就要上演了，似乎前面所有的准备活动都是为这一天准备的。那些被精心照料的巧芽，此时已经生长得亭亭玉立，它们将在今晚派上大用场。毫无疑问，这将是乞巧节的高潮。这天早上，姑娘们就要举行迎水仪式了。她们手提汲水的水罐齐声唱着"迎水歌"，在祭拜过后，她们会把带来的水罐盛满，然后小心呵护着回到家中。这些用心迎来的水会在今晚的卜巧活动中，起到重要作用。而在卜巧之前，姑娘们还要举行一个转饭仪式。她们先在庭院正中安置一张八仙桌，把所有供品陈列其上。两位姑娘站立两旁负责接递，其他姑娘列队齐唱转饭歌，依次将供品往返传递到巧娘娘面前。卜巧，这是姑娘们最紧张的时刻。姑娘们用早晨从河边迎来的神水，掐下早已发好的巧芽和准备好的花瓣放入水中，通过观察水中投影的形象来推想自己的前程，看看自己是否足够的聪明和幸福。在一个姑娘进行卜巧时，水中清晰地映射着一个织布的梭子，这意味着她将是一个心灵手巧的好女人。而另一个姑娘所得到的水中投影，分明是一朵盛开的花朵，这预示着，她今后的道路将会有如花似锦的美好前程。人类总是在匆匆的行进脚步中回顾历史，反思自己的得失。2004年，中国加入了联合国教科文组织发起的《保护非物质文化遗产公约》，中国人的目光开始重新审视祖先流传下来的生活印记。但遗憾的是，随着中国现代化进程的加快，西和乞巧节也同样面临逐渐消失的危险，这是令人担心的。

……

的确，有许多当地的姑娘外出打工或者走进大学读书，她们对自己家乡的传统节日逐渐淡漠了。这是很自然的。当人们向前不停奔走的时候，很容易遗忘发生在自己身后的情景，而在现代化的进程中涌现出来的高楼大厦，时常会挡住人们回眸的目光。但，今后的日子呢？

……

但愿，我们能够重新拾起那些珍贵的记忆。

这一部分，乞巧节的重头戏终于上演了。不但要配合画面进行解说，还要将这些仪式古朴的风尚与人们虔诚的心态，通过语言表达出来。在最精彩隆重的仪式中，也最容易引发人们的感慨，对于乞巧节以及其他祖先留下的有形或是无形的文化遗产该如何保护，是我们应该好好思考的事情。

作为一个民间的乞巧文化见证者和搜集人，杨克栋觉得家乡那些原汁原味的民俗，伴随他们长大，让人高兴也让人伤感，但更让人走在未来的路上不迷失方向。

此时，已是农历七月初七的深夜了，乞巧节的送巧仪式就要在河边举行。漫长的乞巧节将要结束，最后的告别终将到来。已经供奉了七天的巧娘娘，被姑娘们送回到她被迎来的河边。她们把早在端午节就系在手腕上的五彩丝或红头绳解下来、拆开,接续成了一条长绳。这就是姑娘们为巧娘娘送别而特意搭起来的手襻桥,由两个姑娘各持一端,分别站在河的两岸或同一岸边同时松手,让它随着河水漂流远去。巧娘娘被点燃了,姑娘们含泪唱着送巧歌。在她们心中,欢乐的七天八夜已经过去,巧娘娘再来,也许是春去秋回的另一年,也许是她们心中永远的回忆。

西和的乞巧节送走了巧娘娘,完成了年复一年的完美轮回,这也给节目呈现了一个圆满的结尾。但在这一段中,还有一个通过语气和情感需要表达的深层次的内在语:让这些祖先留给我们的传统,每一年都可以回来,永远不会成为记忆。

3.《动物世界》的案例分析

《动物世界》是央视的名牌栏目,多年来它一直带领大家走遍世界各地,领略奥秘无穷的动物世界。赵忠祥老师的配音更是堪称经典,他以浑厚的音色、沉稳的语言、丰富的变化、娴熟的技巧,给予了观众听觉上的完美享受。下面我们就选取节目中《我们的地球母亲——悲欢时分》这一期来加以分析。这期节目是以非洲矮草平原上的一个狮群为主角的:

【例 4.1-10】

这是东非大裂谷周围坐落的数十座火山之一。几百万年来,正是在众多火山的影响下,这里的地貌才最终形成。西边就是塞伦盖蒂的广阔草场,这里丰饶肥沃,又被称做矮草平原。

矮草平原上生存的食肉及食腐动物数量超过了非洲任何地方,尤其对狮子而言,此刻这片大草原就是天堂。面对如此丰盛的食物,这正是养育后代的大好时机。因此为了给小狮子一个良好的开端,它们必须趁着猎物还在的时候抓紧行动,一旦兽群离开,狮子不可能随之同行,到那时狮群将面临严峻的考验。接下来,我们将看到狮子生活中罕见的一面。

非洲美丽的原始风景,飞机航拍的广阔草场,这就是这期节目开篇的画面。配合这样美妙而大气的画面,用声也应更深厚而饱满。运用欲扬先抑的手法,在描绘了这片土地的丰美之后,正像最后一句预告的那样,我们将看到给人类以雄壮威猛形象的狮子,拥有怎样"罕见的一面"。

此刻正是五月,曾经灌溉矮草平原的降雨带已经北移,兽群也随着移动,寻找新鲜的草场。角马熟知大自然的每一个微小变化,它们甚至能听到50公里之外轰隆作响的雷雨声,并沿着湿土的气息朝着新鲜牧草进发。和狮子不同,角马能够四处迁徙寻找食物。这头小角马正准备开始生命中第一次七个月的旅程。八月已经来临,矮草平原的动物已经日渐稀少,对狮子也不再有诱惑力。对这些生活在矮草平原南部的狮群而言,在恩度图地方真正的考验是如何一直生存下去，直到兽群再次返回。恩度图狮群由四只母狮和七只幼狮组成，此刻它们需要竭尽全力才能勉强找到足够的食物和水。最小的狮子体重不足，极度脆弱。恩度图狮群身处其他狮群的高位之中，只能在自己的领地范围内尽力觅食。但食物远远不够填饱所有成员的肚子，这头小雄狮不仅饥肠辘辘，而且病倒了。

这天一大早，狮群朝着一大片林地出发。那里的植被更多，猎物也多，对筋疲力尽的小狮子来讲这场旅程显得尤为漫长，最虚弱的小雄狮需要竭尽全力才能跟上，它已经很努力却还是一天天被落在后面。这是一个残酷的世界，母狮们不可能停下脚步等它，如果它们不赶紧捕食自己也将变得虚弱，到那时候整个狮群都无法继续生存。这个季节的油猪是相当宝贵的猎物，这场战斗的成败将决定幼狮们的命运。一头母狮悄悄地靠上前去，另一头则从隐身处包抄。战斗持续了一段时间，狮群最终获胜，所有饥肠辘辘的成员朝着猎物蜂拥而上，除了一个。就在两公里之外，一个年幼的生命正逐渐流逝。对它而言，这场胜利来得太晚了。幼狮们还都不足一岁，一切都依赖母亲，要想生存它们必须跟上大部队的步伐。

进入旱季才三个月，恩度图狮群的幼狮已经减少到6只。很不幸，这头小雄狮没能存活。

狮群的生活随着讲述在观众眼前慢慢展开。食物的匮乏、跋涉的艰辛都可以用略微低沉的语气来表现，营造稍显沉重的氛围，也同时与母狮捕猎的场面在语势和节奏形成对比。而且对于幼狮的死去，语气又收回低沉。整段的语势以母狮捕猎为高点，呈波峰状。

现在已经是八月末，雨带依旧在向北移动，牧草和角马距离恩度图狮群也越来越远。没有领地的束缚，角马们可以随心所欲四处迁徙，但小角马却和幼狮一样必须时刻跟在母亲身旁。

在恩度图，旱季变得越发难以忍受。这里的牧草稀少，但对有些动物来说这并不是问题。大量而丰富的草使得塞伦盖蒂的鼠类反而活得更加滋润，因此一些体型较小的食肉动物，例如，野猫依旧能够找到充足的食物。这只小猫才不会饿肚子呢，令人惊讶的是忍饥挨饿的竟然是我们的百兽之王。

此刻已经到了9月初，这个下午恩度图母狮身边只剩下了两头小雄狮，它们几乎已经瘦得皮包骨头。其他的小狮子呢？很不幸，别的小家伙可能掉队了。一头小母狮距离大部队只有3公里，它的腿瘸了，脸上出现了黑斑，这表明它正在掉毛，但它依旧没有放弃而是不断呼喊亲人。它听到了一声微弱的回应，并朝着声音的方向跑去——终于和哥哥团聚。

整篇基调相对最低沉的一部分，用以表现狮群所面临的最困难的境地。同时，又适时地介绍了这个生态环境中的一些动物的生活，比如野猫的生活又与狮群的处境形成了对比，增添了可看性。在为后面的情节发展做铺垫的同时也留下了很多悬念。

角马的大迁徙是地球上最长的陆生迁徙之一，它们将随着塞伦盖蒂草原跟随雨带前进，路程超过1600公里。但谁也无法保证这群角马再回到恩度图狮群的领地当中。

万事俱备，只欠"大雨"。雨水将给恩度图狮群带来希望，但究竟要过多久牧草才会长起、角马群才能返回这里。才几天工夫，荒芜的草原就被丰美的牧草覆盖。这将吸引角马群回来。仅仅两到三周，大约50万头小角马相继出生，当然这也为非洲的顶级猎手们提供了无与伦比的良机。狮子最爱用的策略便是在水塘边守株待兔，因为它们知道角马群肯定会来此饮水。随着角马群继续向南迁徙，它们最终踏入了恩度图狮群的领地，可问题在于，虚弱的小狮子们究竟能否看到这一壮观的情景呢？

恩度图狮群依然团结在一起，每位成员都健康、强壮，它们最终还是熬过了漫长的旱季，结束了对角马群的长久等待。小雄狮已经开始长出鬃毛，小母狮的脚虽然有些跛但黑斑已经被新的毛发覆盖。小狮子们终于再也不用忍饥挨饿并且有足够的时间和力气尽情地玩耍，它们以狮子独有的方式开始休息。迁徙大军正渐渐远离恩度图，狮群必须再一次面对没有角马的生活。

一对兄妹终于熬过了这一充斥着疾病、干旱、火焰和火山喷发的多事之年，这对兄妹的经历只是每年发生在矮草平原的所有故事的一个缩影，在上帝之山的荫蔽下，大迁徙仍将年复一年发生下去。

大雨、角马、牧草，每一个事物的相关信息都慢慢道来，欲扬先抑，让众多的不确定因素留给观众更大的想象空间。最后将大团圆的结局和盘托出，语气中也要充满由衷的轻松与释怀。

4.《自然密码》的案例分析

云南卫视的《自然密码》是一档非常轻松有趣的电视科教节目，它以灵活多样的表现形式讲述着自然界的神奇故事。其中的配音也是形式多样，我们选取其中以解说体育赛事的形式进行配音的《动物运动会》这期节目的部分内容来做分析。

【例4.1-11】

约翰：

欢迎参加动物运动会的开幕式。动物王国中最伟大的运动员齐聚这个神奇的小岛，参加一次精彩的体育盛会。五个动物参赛国的旗帜，在漫天焰火的映衬下猎猎飘扬，它们各自的动物拉拉队挤在看台上。多么令人期待的比赛！萤火虫队伍飞来了，无数只萤火虫，为本来就已经很壮观的场面进一步添加了光彩，真是魔幻般的气氛。时间到，比赛开始了！首先，我和乔纳森为大家介绍一下动物运动会的比赛项目：有速度赛，也就是100米短跑。还有跳远，瞧啊。而且参加这个项目的不只是陆地上的动物。有射击。有展示力量的举重……当然，没有水上项目的运动会是不完整的。在跳高赛上，我们将目睹新纪录的诞生。乔纳森，我估计从空中看下去，体育场已经是爆满了。

乔纳森：

全场都兴奋起来，动物运动员们已经开始热身了。

约翰：

猎豹是百米短跑的夺冠大热门，它的支持者是哺乳动物王国。另外4个动物王国也派出了选手参赛，有爬行动物和两栖动物联合王国。

乔纳森：

有鱼类王国，当然还有昆虫王国。在这场多元文化的盛会上，主办国鸟类也派出了选手。

约翰：

看那只点燃会场火炬的鹰。

乔纳森：

鹰类官员坐在皇家看台上，看上去威严又怪诞。

节目的开始营造了一个与现实中的人类运动会非常相像的氛围，所有的语言编排都与人类世界一样，配音的语气也应如电视比赛解说一般，具有现场感。同时要注意对观众说话的对象感以及与对手之间的交流感。

约翰：

在比赛中，我们将以人类运动员的标准来考察所有动物的能力。……出现了一个有趣的景象。

乔纳森：

很有意思的景象。瞧啊，小蟑螂对大猎豹。100米短跑看来已经没有悬念了。但是，如果让它们在平等的条件下比赛呢？现在你不那么自信了吧，大家伙？瞧这只蟑螂现在的个头。

约翰：

径赛项目的参赛选手，体型要变得同等大小。随着身体的变化，它们的能力也会相应地提高或降低。

乔纳森：

所有参赛选手都缩放到人类的平均身高，1.83米。一百米跑的选手都各就各位啦。

约翰：

是的。

乔纳森：

我们先来看看这些选手的履历吧。

约翰：

好，先来说猎豹。它来自非洲大草原，爆发力强，是陆地上速度最快的哺乳动物；瞧它的步幅。

乔纳森：

多么强壮的肌肉和张力。走鹃是杜鹃的近亲，相信吗，它保持着飞行鸟类陆上奔跑的最快最高纪录，每小时26英里。它追踪的是它最爱的食物——蜥蜴。

约翰：

现在，这只环颈蜥是相对安全的，它也按比例放大了。环颈蜥是来自加利福尼亚沙漠的追踪高手，拥有成为短跑冠军的所有素质。美国大蠊，行动迅速，被看做世界奔跑速度最快的昆虫。还有一名选手也很引人注目，它就是胡鲶。它的腮兼有肺的功能，身上布满黏液、以免皮肤脱水，它靠坚硬的胸鳍行走。它也许是个强敌，但这里还有一位选手。

约翰：

最后介绍的是来自澳大利亚的虎甲虫，它的长腿就是为高速追踪而设计的。比赛就要开始了，各就各位！选手们已经站在了起跑线上。

乔纳森：

好紧张啊。谁也不能，抢跑。

在准备比赛的环节上，配合电脑特效制作的动物身体的放大和缩小，解说中要向观众解释清楚。同时，在介绍选手履历的时候，实际上是在向大家介绍每个动物的相关知识，语气既要轻松，又要将每个动物的特点和重点说清楚。

约翰：

出发了！美国大蠊领先，随后是环颈蜥……真奇怪，比赛刚开始就结束了，全过程还不到一秒。乔纳森，怎么回事？

乔纳森：

我也不知道。

乔纳森：

环颈蜥很快就追上了美国大蠊。虎甲虫首先冲出去，取得领先。

约翰：

虎甲虫一路领先！

乔纳森：

不过看哪，它停下来了。它跳过了终点线！

约翰：

这绝对是经典的一跳。

乔纳森：

我们得把速度放慢。哦，必须放慢。

约翰：

乔纳森，领先起跑的好像是两只昆虫。

乔纳森：

它们在百分之一秒内就作出了反应，比谁都快。

约翰：

变大的虎甲虫，时速超过了500英里。

乔纳森：

它干吗停下来，会丢掉金牌的！

约翰：

有可能。环颈蜥两条腿奔跑速度最快，它就像一只正在捕食的暴龙。

乔纳森：

长长的后腿奔跑起来，步幅非常之大。

约翰：

是啊，它轻轻松松就超过了那只美国大蠊。

乔纳森：

那只虎甲虫，也许是跑得太快了，看不清眼前的东西了吧。

约翰：

是啊，所以它不得不停下来，看看往哪跑。它最后的一跳是否算数，要看裁判的决定了。现在，我们来分析一下其他选手的表现。面对这些按比例放大的选手，猎豹的表现就有些逊色了。不过看它流线型的身体，难怪它会有"短跑健将"的美称。

乔纳森：

长长的腿，一步就是八米，每秒钟迈四步。

约翰：

是的，而且它的脊骨非常柔韧，这也提高了它的步幅。椎骨一伸一缩，推动它大步向前。不能伸缩的爪子，就像跑步用的钉鞋一样。回到赛场上，那条鲶鱼要跑完全程了。

乔纳森：

之前，我还把它当一匹黑马呢。

约翰：

它用了一分钟才到达终点，毅力可嘉。

乔纳森：

约翰，裁判分析完终点画面了。

约翰：

那么，结果怎么样呢？我们来看画面，情况是这样的。裁判说，环颈蜥赢了一个鼻子，那个停顿让虎甲虫丢掉了金牌。环颈蜥这只爬行动物，在百米短跑决赛上获得了金牌。

乔纳森：

环颈蜥仅用了 0.83 秒，虎甲虫获得了银牌，而美国大蠊取得了铜牌。

约翰：

这就是百米决赛的最后结果。冠军得主最后是环颈蜥，观众都欢呼起来了。

乔纳森：

这确实是一个不错的成绩。

解说如此多种类动物共同完成的一个百米赛跑的确非常有挑战性。首先要把握好语言的节奏及语气，要随着比赛的发展逐步提升节奏，这样才能使比赛显得有层次感，而不会出现迅速提升节奏、而使后面的赛程在语言的变化上没有回旋的余地。同时，在这样的双人配合环节，与搭档直接的语言衔接非常重要，要语气自然、衔接流畅，不能出现"抢"或"等"的情况，都会影响整体效果和现场感。

三、能力拓展训练材料

1. 央视《探索发现》——《古蜀金沙》

这期节目向观众展示了成都市郊一个古代遗址的发掘过程，带大家走进了充满神秘色彩的考古现场，更是近距离地如身临其境般感受了我国令人赞叹的古代文明。整篇的节奏应该随着对遗址的逐步了解，而如抽丝剥茧一般慢慢打开。语气沉稳平实中又不失表现力，像"这个最大的陶罐高度超过一米，可能是目前国内出土的体型最大的古代陶器"这样令人惊奇的发现，也应给予应有的赞扬。同时，整个叙述过程中穿插着很多相关史料和背景的介绍，应赋予语言一定的深度来体现历史的恢弘和积淀。

【例 4.1-12】

21 世纪的第一个年头，成都市郊区的一个建筑工地上，挖土机正在繁忙地工作，铲子一次次地掘开沉睡的泥土。忽然，有人发现泥土里出现了一些白色的东西，紧接着一些零星的玉器和陶器的残片，也被民工们从土里挖了出来。那是什么？是什么人把它们遗失在这里？

四川省成都市西部的这片土地，有一个诱人的名字——"金沙村"。世世代代在这里工作的农民，从来没想过这片地方会有这样一个让人遐想的名字，只有个别专家在零星的记载中发现，很久以前这里的农民经常会在河边捡到细碎的黄金残件。据说，金沙村也就因此得名。目前可以证实的是，至少一千多年前的五代时期，"金沙"这个地名就已经出现，至今没有改变。2001 年 2 月 8 日，成都市的考古研究所的工作人员，正在距离成都 120 多公里的绵阳市召开新年的工作规划会议，会议进行中间，考古所所长王毅接到了一个电话。

……

王毅迅速安排考古所最优秀的专家立刻赶回成都。朱章义是当天连夜赶回成都的三个人之一。

……

考古队员们首先把挖土机挖出来的泥土拿回去仔细清理，没想到结果大出他们的意料。

……

事后统计，泥土中一共有一千多件珍贵的文物，这还不包括无法统计的象牙碎片。仅仅这一点就足以说明，这里的发现有着十分重要的考古学价值。

这里到底是一处什么性质的遗址呢？是什么人在这里留下珍贵的遗物？

金沙遗址总面积在三平方公里以上，是一处地势平坦、河流众多的冲积平原。一条叫磨底河的小河，由西向东流过把遗址分为南北两个部分。最初发现象牙和玉器残片的区域，就在磨底河南岸的金沙村，在这个区域的西部和西北部地区，发现了一些房屋、陶窑、灰坑和墓葬遗址，被判定是生活区和小型墓葬区，而位于磨底河北岸的黄忠村遗址，很有可能属于官殿区。显而易见，金沙遗址曾是一处古代人群聚居的地方，有着严密的布局和精心的设计。那么，这里会是一个古王国的都城吗？是什么人修建了它呢？

由于其他区域出土的文物有限，人们都把希望放了金沙村的中心区域。既然挖土机掘出的浮土中，都堆满宝藏，那么地面下一定还会有更大的收获。当时考古人员清理完浮土后，按照正规的考古程序小心地开掘探方。在最先出土的一个土坑里，密集着各种金器、玉器、青铜器和象牙，器物堆积得虽然拥挤，但并非杂乱无章，而是有着某种特别的次序安排；接下来，一个又一个的堆积坑出现了，有的堆满了大大小小的石璧，有的里面放着许多野猪獠牙、鹿角和少量的象牙、玉器、陶器等物品。难道这里是一个古人的垃圾场吗？但是，除了动物獠牙和角之外，并没有发现动物其他部位的骨头，说明这些骨头并不是生活废弃物而是有着特殊用途的用品。专家认为，这里应该是一个专门的祭祀区域。不久之后的一个发现，为祭祀坑的说法提供了新的证据。就在金沙遗址的中心区域，考古队发掘出了19具龟甲，它们并不是普通的动物骨头，每块龟甲上都有烫烧后戳成的小孔，和殷墟甲骨十分相似。虽然在卜甲的背面没有发现文字，但已经足以说明它们是用来占卜的龟卜甲。在遥远的古代，巫师们占卜时常常会用烧红的金属棒在龟壳上烫烧，然后根据烫烧后的小孔边缘的裂痕来确认凶吉、预测未来，而龟壳的大小往往代表了统治者的权势。金沙发现的这片长达59厘米的龟甲，被认为是有史以来发现的最大的龟卜甲，这不仅表明当时祭祀者有着极高的地位，很有可能是国王，而且有力地说明遗址中心区是一个庞大的祭祀区。根据出土陶器的器型，考古学家初步判定：金沙遗址的年代大约是商代晚期到西周早期，也就是距今大约三千多年前。

今天的人们仍习惯把四川简称为"蜀"，人们确信古代蜀国的存在但对于它的历史却不能完全认定。长久以来，考古学界以为当中原的人们过着富足而文明的生活时，这里仍旧一片荒凉，生活在这里的人类，还就处于蒙昧的状态。金沙的发现，能为我们更准确和生动地描述三千多年前古人的生活状态。金沙出土的象牙数量惊人，这样奢侈地使用象牙在古代中国是绝无仅有的。金沙出土的这些象牙尺寸都很大，明显大于中国境内乃至亚洲境内现存象牙的尺寸。那么，这些象牙是从哪里来的？是本地生长的，还是从远方运来的？

从历史地理的研究成果来看，在三千多年前的中国商代，中国的中原地区还有大象。甲骨文里就有商王捕象的记录，殷墟考古也发现了一些象的骨头。因此，地理位置靠南的四川有大量的象群出没，是不奇怪的。大象一般生活在气候比较温暖的地区，如果三千年前以前成都平原确实有众多的大象群，那么是否意味着在那个年代四川盆地的气候，与现在大不一样呢？

……

根据考古发现所积累的信息，人们似乎可以想象出三千多年前，四川盆地古代先民的生活环境：到处是茂密的森林，成群的动物生活其间；其中一些凶猛的动物，例如：老虎和大象。大型动物是原始人类敬畏的对象，杀死一头大象一定是众人合作的结果。捕获大象的日子，也许就是一个节日。人们将象牙献给国王，当作祭祀品或者装饰品。

在这件出自金沙遗址的玉器上，刻着两个小人，它们手里面抱着的就是象牙。不过，打猎已经不是这个原始民族主要的生存方式了。考古发现表明，金沙先民懂得如何生产粮食，他们处于先进的农耕文明状态。

2002年，在金沙遗址发现的这件物品，让很多人吃惊。它的形状很像现代的铲子，用一块整木制成。有人认为，这是一种农耕用具，叫耜，是用来翻土的，适用于稻作农业。相对安定的农耕生活，使人们有很多的空余时间从事手工业劳动。

大量陶器出现了，这个最大的陶罐高度超过一米，可能是目前国内出土的体型最大的古代陶器。而在这些陶器中，很大一部分可以判定为酒具或酒器。酿酒活动前提，是有多余的粮食。因此专家认为三千多年前的金沙人，应该生活在一种食物充足的状态下。不过，有些陶器的奇怪造型，连考古学家都难以猜测它的真实用途。这种尖底陶器头重脚轻，不可能安稳地放在某个地方。当时，有可能是放在某种器座上的；但是在金沙，并没有发现专门的器座。人们联想到，这种尖底器曾经流行于四川盆地东部地区，那么这里的居民会不会是一个来自东部三峡地区的巴人部落呢？

考古队长朱章义像往常一样来到现场，忽然他听到不远处有人发出叫喊声。

……

良渚文化是指距今5000年左右，浙江江苏环太湖一代的水稻文明，被称为中华文明的曙光。良渚文化最具有代表性的器物是玉器，大型玉礼器的出现揭开了中国礼制社会的序幕。而良渚玉器中体积最大、制作最精美的玉器是玉琮。琮体有圆通柱状和内圆外方形柱状两种，中间是一个孔；琮体分为多节，每件琮体都雕有神人兽面像。金沙遗址发现了十件玉琮，其中有的和良渚玉琮如出一辙，很有可能就是来源于良渚地区。但是金沙遗址的历史年代比良渚文化晚1000多年，因此即使对当年的金沙人来说，这件青玉琮也可以算是一件年代久远的古董了。金沙遗址出土的5000多件玉器中，很多造型都可以看到良渚文化的影子，甚至连加工工艺都十分相似。它们是怎么从长江下游来到长江上游的呢？

周礼记载的六种祭祀的玉器中，金沙就发现了五种。这一发现，超出了人们以往的理解。金沙玉器绝大多数都是用于祭祀的宗教活动用品，或者是特殊礼仪中王权的象征。看来当年金沙人对玉相当崇尚和尊重，而崇玉是商周时期中原文化的一大特点，这说明金沙文化和中原文化有着深刻的内在联系。

……

金沙先民对玉的崇拜，证明他们深受中原文化的影响，而更多的证据却说明了他们的独特性。

金沙遗址出土了不少金器，例如这个只有3.74厘米高的神秘的面具。这些蛙形的金箔，以及这个不知道什么用途的喇叭形器。这些金器所表达的历史信息和玉器完全不同，因为金器的用途和制作技艺都显现出和中国其他地区不同的文化内涵。

……

金沙的金器在中国其他地区找不到同类，却在四川发现了极其相似的类型。20世纪80年代，在距金沙村60公里左右的地方，有一个举世闻名的考古发现：三星堆遗址。两个祭祀坑里出土了1700多件风格特异的文物，人们惊异的发现，曾有一支神秘的种族在这片土地上创造了高度的文明，三星堆挖掘出的青铜雕像和面具，是中国考古界独一无二的文物，造型更接近西亚文化。有人因此怀疑三星堆文明是从西部迁徙来的，但考古学家否定了这种猜测，认为三星堆文明是土生土长的四川古文明。可是考古证据显示，三星堆文明在突然之间就消失了。它似乎没有来源，也没有去向，让人感到无比的神秘和不可思议。有人说，是外人的入侵毁灭了三星堆，也有人认为是肆虐的洪水逼迫三星堆居民举国外迁，但所有说法都没有证据。多少年来，考古学家一直在寻找三星堆的去向，直到20年后，金沙遗址出现在人们的视野中。金沙遗址一发现，专家们就意识到它和三星堆可能有着密切的关系。金沙遗址的考古年代比三星堆晚大约500年左右，时间顺序上，只有这种衔接显得顺理成章。

这个19.6厘米高的青铜小立人是金沙最具有代表性的青铜器，而当年在三星堆出土过一个高达2米多的青铜大立人。虽然高矮差别悬殊，但它们的造型极其相似：同样的长衣，同样的姿态，空空的手中似乎握着什么东西。仅仅这两个青铜立人，就说明三星堆文明和金沙文明之间的深厚渊源，人们因此充满期待，在金沙也能发掘出类似三星堆文明的其他青铜器物。但是直到今天，金沙遗址还没有发现完整的青铜人头、青铜面具和青铜神树。难道，青铜立人只是一种偶然现象吗？考古学家还是发现了一些蛛丝马迹，在金沙遗址发现了一些青铜神鸟，它们和三星堆神树上的挂件十分相似。这个青铜小立人的下部，很明显可以看出它是插在某个大件物品上的。一些青铜器的残片经过拼接复原后，整体尺寸至少超过30厘米，专家们据此断定金沙目前发现的青铜器肯定不是全部。

……

除了器物相似之外，相距不远的两处古文明遗址之间，究竟还有什么更深的内在联系呢？金沙出土的这个金箔直径12.5厘米，厚度0.02厘米，当时在现场它已经被揉成一团，当专家小心翼翼地展平后，发现它居然没有遭受丝毫损坏。它的图案立即吸引了所有人的注意力：圆形的金箔中央是一个旋转图形，周围有4个鸟形动物，专家认定它们是一种神鸟，象征太阳。

在三星堆众多精美的文物中，也随处可见太阳崇拜的痕迹。这个像汽车方向盘一样的器物，被专家认定是太阳的造型。巨大的青铜树上栖息着神鸟，让人联想起中国古代的传说：太阳从东边的扶桑上升起，然后又落在西方的弱木上。

……

这种石制人像在三星堆也曾出土过，造型基本相同。它们跪在地上，双手被反绑在身后，表情痛苦。所有石人都梳着一模一样的发型：脑袋顶部的头发像一本打开的书，脑袋后面还拖着一根辫子。他们应该是社会最底层的人们，可能是奴隶、罪犯或是战俘。问题在于，为什么要给这些卑微的人物塑像呢？金沙的石跪人像出土时，旁边同时摆放着两只石虎、一条石蛇，还有两根卷曲的石尾巴。这个场面很像是某种特别的仪式。老虎和蛇肯定是古蜀国人十分熟悉的动物，它们的具体含义虽然不得而知，但看起来是用在某种祭祀活动中的小道具，用人或动物为牺牲奉献给神灵，是古代祭祀活动中一个必然的内容。而以道具人代替活人祭祀，代表了文明的进步。奇怪的是，揭示金沙与三星堆神秘关联的各种文物，几乎全部集中在四个主要发掘区中的一个，也就是位于金沙村的祭祀区。当年，三星堆的祭祀坑也让人们迷惑不解，大量的象牙、青铜器堆积在一起，似乎是某种特别的仪式，而出土的文物中很多都有被烧灼过的痕迹，有些则被人为地破坏过。

金沙遗址中的青铜器也一样，很多已经碎裂成残片。难道这是从三星堆继承来的特殊仪式吗？如果金沙真的是三星堆文明的继续，那么为什么三星堆的人要离开故土，来到金沙呢？

在四川民间，很久以前就流传着一些传说：据说，古蜀国曾经出过几位国王。有擅长养蚕的蚕丛，化作杜鹃鸟的杜宇，还有一位会治理洪水的鱼凫。曾有人猜测，这几位国王代表了古蜀人的几个图腾阶段。但是这些猜测一直没有找到考古学依据，直到人们细心地观察三星堆和金沙的文物，它们似乎透露出了很多的历史秘密，这是在金沙出土的一条金带，类似的金器在三星堆也有出土。这条今天被称为金杖的金器，是三星堆最珍贵的文物之一。金沙出土的金带和三星堆出土的金杖上面的部分纹饰居然一模一样，都是由人、鸟、鱼和箭组成的图案。民间传说得到了部分印证，大量的鱼和鸟的形象说明古国的人们，很有可能经历过鱼鸟图腾的阶段。显然两个古文明的人们，有着类似的宗教信仰和宇宙观念，但是两件金器之间也有一个让人奇怪的区别：金沙的金带上只有三星堆金杖的一半图案，这说明了什么呢？两个极其相似的青铜立人，其实也有些不同。三星堆的大铜立人的发髻是别起来的，而金沙的小铜人梳着辫子。对三星堆的研究显示，凡是头发扎成发髻的，都是身份较高的祭祀。人们推测梳辫子的可能代表着，世俗权力的掌控者。这个不起眼的差别，暗示了一个重大的历史信息。

2. 央视《动物世界》——《赛跑运动员——鸵鸟》

这期节目中以生动而充满趣味的表达方式讲述了鸵鸟的生活。从鸵鸟"为生存而奔跑"讲起，围绕奔跑讲述了鸵鸟身体构造的特征、生儿育女的过程、独具特点的习性等，当然也包括鸵鸟们在生活中会遇到的困难和危险。整体的语言风格是轻松活泼的，但针对不同的内容，在语气和节奏上要相应调整。

【例4.1-13】

在鸵鸟的幼年生活中没有显示出任何运动员的天赋，自从降临到世界上，他们就面临着变幻莫测的命运，因为它们无法飞离危机四伏的地面。作为一种极特殊的鸟，它们引起了我们的注意。

"鸵鸟为生存而奔跑"，这种策略有效吗？鸵鸟的脚趾像镐一样有力，强壮的肌肉适合搏击,身高可达2.5米,它是一位实力超群的赛跑运动员。

鸵鸟非常渴望提高自己的体能,任何锻炼的机会都不会放过,可是面对顽皮的小鸵鸟它也不得不寻求帮助,它的伴侣也满怀关怀。也许人们会认为尽快提高小鸵鸟的奔跑速度是最要紧的,但是它们从不勉强儿女。父母要花费整整一年的时光,帮助小鸵鸟在严酷的环境中生存下来,而这才是最重要的。

时刻地警觉着,鸵鸟的大眼睛甚至超过了大脑的体积,视区可以达到五公里。奇特的睫毛可以抵挡耀眼的强光。它的听觉也很发达。

鸵鸟的爱心让人惊讶,因为并非所有的小鸵鸟都是它们自己的亲生骨肉。鸵鸟夫妇不仅关心自己的子女,而且还帮助照料其他鸵鸟的孩子,它们为什么要这样做呢?为了寻找答案,我们必须从头讲起。

巢穴并不需要有多么宽敞,能容下雌鸵鸟产下的第一枚卵就可以了。雌鸵鸟产下第一枚卵就不会离开这个爱巢了,巢穴就建在地面上,鸵鸟必须提高卵的孵化率。但是不可思议的事件发生了,其他雌鸟都围拢过来争着在这里产卵,这新产下的20枚卵真是一件新奇的事儿。雌鸵鸟为什么要在别人的巢穴里产卵呢?答案也许会涉及本片中的一些捕食动物。

鸵鸟产下了全世界体积最大的卵,全世界许多动物都把它当做美食,窃蛋贼各个身怀绝技,能成功孵化的卵还不到10%。因此雌鸵鸟在许多个巢穴里产卵这样做风险就小多了。如果某个巢穴幸存下来它们的基因就得到了延续。

漫长的等待就要结束了,卵中传出了小鸵鸟稚嫩的呼唤。对小鸵鸟来说这个时刻至关重要,它们必须在大致相同的时间里孵化出壳。这种策略至关重要,它可以在最大程度上减小幼鸟被捕杀的危险。这个大家庭的第一次集体行动:它们必须马上离开,因为捕食者动物马上就会接踵而至。那些没有孵化的卵就只能放弃了。还想再等等。雌鸵鸟最终做出了选择,它们必须离开这儿,留下了三个未出世的儿女。在100只小鸵鸟里,只有14只小鸵鸟能够平安度过第一个生日。

从现在开始,父母都会全身心地照料孩子,小鸵鸟还不知道,它们即将面临着严格的体能训练。独自行动就等于死路一条,融入集体里才有可能生存下来。白天,阳光炙烤着大地,成年鸵鸟的散热面积较大,它们能够忍受热浪的袭击,而小鸵鸟却不行。气温高达50度找不到任何躲避的地方,父母必须想办法让小鸵鸟躲起来。鸵鸟身材高大像一把遮阳伞,为小鸵鸟提供一小片阴凉,只可惜它们必须不时地活动一下身体。成年鸵鸟可以从植物中获得身体需要的全部水分,但是小鸵鸟必须饮水。父母带着它们到处奔走,以免使小鸵鸟中暑或渴死。小鸵鸟的体能和极限在这里受到考验,只有那些耐力持久的小鸵鸟才能够存活下来。有些小鸵鸟没能过这一关。还有更严峻的挑战,尽管捕食动物就在眼前,但是对饮水的渴求更为迫切。等到狮群离开以后,整个鸵鸟群才放心地进入水源地。成年鸵鸟极尽保护的职责,不管是不是自己的骨肉。所有做父母的都会不顾一切保护孩子们的。终于水源就在面前了，可以想象第一口水是多么的甘甜。水源附近杀机四伏，鸵鸟父母丝毫不敢懈怠。小鸵鸟很容易遭到其他动物的捕杀，而成年雌鸵鸟可不是好对付的——它们不可能超越鸵鸟的速度，多么精彩的表演。沙漠中偶尔也会下雨，但是雨水并不会让它们感到舒适，因为感冒就和阳光的炙烤一样严重威胁着小鸵鸟的生命，父母为它们撑起了遮风避雨的大伞。暴风雨来去匆匆，生活又恢复了正常，但是，这可能吗？

暴雨迫使鸵鸟聚拢在一起寻找食物，但这种情况将导致一种意想不到的严重后果。每当两个家族相遇的时候就会带来一些戏剧性的变化，交接工作不期而至了。

这是一场奇特的对抗，一对父母将失去自己的儿女，不是一两只而是全部，因为另一对父母将把他们全部带走。人们无法理解为什么会发生这种现象，或许小鸵鸟能在这样的纷争中找到更合适的父母。最终所有的小鸵鸟融合在一起，获胜的雄鸵鸟竭尽全力把它们聚拢成一大群。失去了孩子的雌鸵鸟惊慌失措地想带回自己的孩子，可是一旦两群小鸵鸟汇合在一起就再也不会分开了。鸵鸟为什么会裹挟别人的儿女呢？也许有人认为失败的一方也许是心甘情愿地放弃自己的监护权，从而让孩子们得到更强者的保护。这一切显得匪夷所思，但事情并没有到此为止。这对鸵鸟夫妇非常愉快地收养着越来越多的儿女并把它们汇集成一大群，最后整个家族竟扩张到300个成员，从"蹒跚学步的婴儿"到"雄心勃勃的少年"，经过整整一年的精心照料，小鸵鸟克服了重重困难最终"长大成人"了。鸵鸟父母仿佛完成了一项伟大的工程，放手让小鸵鸟选择自己的生活道路了。

鸵鸟的每一步都在创造崭新的奥林匹克纪录，奔跑时它们的平均速度可达到每小时50公里，最大时速70公里。在随后的两年里它们享受着自由自在、无拘无束的生活。早年的团队精神并没有完全消逝，它们仍然成群结队的活动。这些年少的鸵鸟总是沉迷于自己的外表，喜欢四处炫耀。它们成年以后可能会依赖其他鸵鸟养育自己的儿女，但是似乎更愿意亲身体验一下为人父母的艰辛，这两种方式都可以让小鸵鸟生存下来。

在人类漫步于地球以前，鸵鸟的祖先早已和恐龙一起生活在地球上了。

运动员奔跑是为了获取胜利，而鸵鸟奔跑是为了继续生存。它们将延续精彩的表演，永远也不会停下脚步。

3. 云南卫视《自然密码》——《科学家与狼为伴共同生活六年》

这期节目也是带观众走进了一个神秘的动物种群：狼。而且不同于一般的节目，这期节目记录的是科学家夫妇为狼群建立了保护区，并在其中与狼群共同生活，照顾、研究狼群，并为了它们更好地生活将它们搬到了新的家园。这期节目长达40分钟，沿着狼群的成长足迹，讲述了狼的生活习性以及科学家们为了进行科学研究所付出的常人难以想象的艰辛。

由于达切夫妇认为狼并不是人们脑海中一般认为的穷凶极恶的动物，所以整篇的语言基调比较温和，节奏比较舒缓，有些美丽的山林景色及狼的友好表现，使得氛围有时近似闲适。一些特殊情况下，节奏和语气要有相应变化，比如将要为狼搬家时，由于不知狼群会做何反应，所以科学家的心中也很忐忑，像"搬迁的日子，让人感到担忧和紧张，吉姆就像一位焦虑的父亲，仔细检查每一个环节"这样的句子，就在节奏上稍微紧凑一些，而语气则可以略微透出紧张，来体现吉姆的心情。

主持人：

多少世纪以来，狼一直是恶名昭著的动物。人类恐惧它们、仇视它们。正因为这样，大规模猎杀狼的行为，一直持续到上世纪末期，而今天，通过对狼的深入研究，人们发现：狼聪明、机敏，拥有很强的适应力。为了近距离研究和拍摄这种生性多疑的动物，在北美洲，一个最大的围狼护栏建成了。而动物专家们将进入围栏之中，和狼群共同生活。

配音：

它们是阴影中的动物，它们的世界处于我们人类世界的边缘之外，它们行踪隐秘、时刻提防；它们，是神秘与危险的象征。狼，就是这个名字给人一种恐怖的感觉；在它们的歌声中，我们听到了放纵的野性呼喊。自最早与人类接触以来，它们就被罩上了一层神秘的面纱，曾经与狼共享森林和草原的北美土著人，把它们尊为狩猎的伙伴；但对另一些人来说，狼却是潜伏在黑暗中的邪恶力量，是带给我们噩梦的可怕野兽。最重要的是，在我们的想象之中狼是昼伏夜出的猛兽，是可怕的掠食者，不仅强壮而且凶残。

一个古老的问题仍困扰着我们：狼到底是值得敬畏的动物，还是黑暗中的魔鬼。

在偏远的爱达荷州锯齿山脉，有人花了6年时间集中研究一个独特的狼家族，这个家族被称为"锯齿狼族"。为了在野外观察这种难以接近的动物，他们在广阔的荒野建起一片世界最大的围狼护栏，狼群在这里有充裕的活动空间，一个由自然学家和摄影师组成的研究小组搭建了营地，住在这里，研究家门口的狼群。

这个项目，源于电影摄制者吉姆·达切想要拍摄狼群生活的愿望，然而这种野外拍摄几乎是个不可能完成的挑战。

吉姆·达切（配音）：

狼对人类非常警惕在野外难得一见，更别提拍摄它们了。我发现，要想拍摄这种多疑的动物，唯一的办法就是把一个狼群圈起来，让它们熟悉人类，同时又不干扰它们，让它们按照自己的方式生活，展现自然行为。获得狼群的信任至关重要，这样我才能观察和拍摄它们最自然的状态，而不会让它们一闻到或者看到人类，就马上警觉起来。

配音：

詹米·达切会在丈夫拍摄的时候，记录下狼的复杂语言。

通过表现强势或者顺从，狼们确立了从上到下的等级地位。这一规则虽然有些残酷，但却避免了每头狼在确立各自在群中的地位时，发生流血冲突。达切夫妇俩经常看到狼的友善，人类常常把狼首领的一些行为，误认为凶猛、顺从或者软弱；然而实际上，这些行为确保了和睦和团结，最重要的是它能稳定狼群，让这个群体中的每一个成员都安心。维持狼群的任务主要落在"老大"——也就是狼首领身上。在锯齿狼群中，老大是一头名叫卡莫兹的雄性。这个狼群的栖息地，不受人类文明的打扰。它们可以自由徜徉，不像危机重重的野生同类那样，遭受猎人和陷阱的威胁，它们可以忘却时间和空间的存在，充分享受它们与生俱来的爱好、玩耍。

看到这些狼成长得很好、逐渐成熟，达切夫妇决定：在项目开始后的第三年再增添三只狼崽，把狼群成员增添到八只。

吉姆·达切（配音）：

等你长大的时候，得听它的。什么事都得由它决定，明白吗？

配音：

尽管这些幼狼前期要分开喂养来适应人类，但吉姆还是把它们介绍给了卡莫兹和其他的狼。狼群很热切地检查两只灰色狼崽：一只雄性、一只雌性，还有一只比较矜持的黑色雌性，达切夫妇给它取名叫"夏茉克"。在研究小组的生活区，小狼崽们很快适应起来。尽管和家养的小狗很像，但狼崽表现出更强的攻击性，现出掠食动物的本性。它们和宠物不同，是天生的杀手。研究小组发现，这只黑色狼崽大多时候都在独自探索，它和弟弟妹妹一样淘气，但性情比较孤僻。

现在，这些小狼崽们快要七周大了，开始向同类学习。它们现在显现的个性，很快就将决定它们在狼群中的角色。有种角色不容挑选，只能接受：那就是老末，等级最低的成员。它必须时常向其他狼表示屈服，好像只替罪羊。在锯齿狼群中，老末很长时间以来都是拉克塔，头狼卡莫兹的弟弟。老末对狼群很有益处，这种玩闹常常能化解紧张气氛。但老末在狼群中属于边缘分子，生活很是艰难。几周之后，吉姆认为释放狼崽的时机已经成熟。现在，它们三个月大了，可以进入狼群了。狼崽和成年狼一样，似乎感觉到了这是一个特殊的日子。为维护它的权威，卡莫兹第一个检阅它的新手下。在本能的驱动下，小狼崽们立刻表示屈服，露出它们的下腹，这是完全臣服的表示。对于狼崽是否会被接受的担忧，很快便消失了。整个狼群似乎都很欢迎它们的加入。在头几个月中，成年狼会尽全力保护和哺育狼崽，传授生存技巧；但随着幼狼们不断成熟，它们必须在狼群中确立自己的地位。对于这些新来者来说，等级划分也许已经开始。两个灰狼崽已经和狼群打成一片，但黑狼崽夏茉克却自己玩耍。不久以后，它便会深刻体会到一个现实。

不到一个月，狼群生活严酷的一面就在进食过程中体现出来。尽管这些狼能自己捕食一些小型猎物，但达切夫妇还是会把一些死于公路的动物带给它们，作为补充。包括鹿、麋鹿和羚羊。

现在小狼崽们已经三个半月大了，体重将近20公斤，灰狼崽在加入大餐时没有遇到任何阻力，但黑狼崽夏茉克却停了下来，它好像知道自己不受欢迎。就餐气氛十分紧张，它们战战兢兢、夹着尾巴，即便是灰狼崽也时刻警惕着成年狼。所有的狼都在留意卡莫兹，它是老大、享有绝对权威；谁来吃，什么时候吃都由它来决定。强势头领的权威确定了狼群的秩序，保证了和谐与稳定，让整个群体紧密契合地生存下去。夏茉克凑过去，也想吃上一口。狼群中，有些狼会受老大宠爱，虽然受宠的也可能失宠，但目前夏茉克不在受宠之列。在锯齿狼群中，有一头成年狼一直在专心照顾这些小狼崽，它就是老二——莫特西，狼群中的二当家，它在狼群中充当着幼崽守护者和调节者的角色。也许是为了将来当老大而笼络同僚，又可能是出于本性上的仁慈，莫特西看上去真心地关心着每一只狼崽。夏茉克，这只年轻的被驱逐者有可能不幸地成为狼群老末，也就是狼群中最下等的成员。但对另一只狼来说，夏茉克受到驱逐却是一种好兆头，当前狼群的老末拉克塔恭顺地背着耳朵，它想获得卡莫兹的认可，争取新的地位。如果黑狼崽夏茉克成为老末，那么针对拉克塔的敌意就会减少。

几个月后，正在成长的小狼崽们似乎已经完全融入了狼群的生活。狼群展现的活力，让吉姆·达切感到高兴，然而，他还要面对另一个问题：尽管他创立的基金会能保证狼群在未来受到照顾，但狼群所在的大围场租约很快就要到期了，它将不得不为狼群找一个新家。锯齿狼的未来何去何从？这个问题引起了州那端的一位访客的注意。

狼群围场的西北方，便是一个曾经强大的印第安民族——奈兹珀斯部落的故土家园。奈兹珀斯部落的一位成员前来探访，他们对狼极为敬重。

吉姆·达切（配音）：

小心脚下，卡拉。

卡拉（配音）：

好的。

配音：

部落委员会成员卡拉·汉·伊格尔告诉吉姆，她的祖先把狼视为动物兄弟。奈兹珀斯部落当前的长老们，想详细了解锯齿狼群。达切希望它们能在爱达荷州北部的部落保护区内，为狼群提供一个和这里相似的永久家园。

达切（配音）：

这更像它们的天然家园。过来过来！没有一只狼会听你的，一叫就过来，对任何事情，它们都有自己的方式。她可能正在研究你呢……

卡拉（配音）：

这是老末吗？

吉姆·达切（配音）：

对，它在狼群的最底层。卡莫兹则是首领狼。尽管我们给它们都起了名字，但它们都不回应，我想它们甚至都不知道自己的名字，不过这能让我们清楚地分辨它们。

配音：

达切决定为狼群找到稳妥的未来，如今他受到鼓舞，奈兹珀斯部落考虑出租土地作为狼的永久家园。

卡拉（配音）：

我们非常尊重狼的家庭观念。

配音：

冬去冬又来，雪花再次飘起，近两年的时光就这样过去了。小狼崽们已经完全成长为狼族的成员，贪玩的习性仍然没有改变。曾经孤独的夏茉克，现在越来越渴望和其他狼伙伴一起玩耍。夏茉克角色的转变，似乎归功于保育员莫特西的鼓励；它既是监护者，也是游戏的参与者。然而垫底的拉克塔依然小心翼翼、形单影只。夏茉克也许不会沦为孤单寂寞的老末了。通过不断地玩闹、交流，狼群的成员之间建立了终生的纽带，整个大家庭也显得更加稳固。

对达切夫妇来说，与狼群一起的生活可谓困难重重。锯齿山脉的冬天非常严酷，雪会积深到五米；营地里琐事不断，他们不仅要清楚积雪、以免屋顶坍塌，还要准备补给品、修理冻住的设备。

然而严冬对狼群却没有多大影响，对于寒冷和冰雪它们丝毫不以为意。它们四肢修长，不会被陷住，窄窄的胸膛就像船的龙骨可以破雪而行。

竞争是无情的，特别是在就餐的时候。通过充满霸气的身体动作和语言，老大卡莫兹在宣布，食物由它来分配。在狼群的复杂语言中，每一种声音、不论是低吼还是哀鸣都有各自的含义。但现在，局势发生了点变化：小时候遭驱逐，被迫等待的夏茉克现在已经可以加入就餐行列了，拉克塔则必须等待，它想摆脱老末位置的企图只得作罢。不过，在狼群中，地位是可以改变的，所以夏茉克必须保持谨慎，两只眼睛时刻留意着卡莫兹。拉克塔明知有危险，但还是抱着希望走了过来。卡莫兹发现了，狼群的规矩还是要遵守，老末必须等待。

卡莫兹允许其他成员狼吞虎咽，在野外，获得一餐可能需要等很长时间，所以狼已经发展出一顿吃掉15公斤肉的能力。甚至乌鸦，都能抢在老末之前就餐。最后，拉克塔只好使出最后一招，它祈求兄长允许它进食。卡莫兹似乎心软了，但拉克塔想要偷吃一嘴的时候，却遭到了其他狼的反对。对老末来说，狼群生活就是一个不断遭受排斥的过程，但仍然比独自生活安稳，所以拉克塔只好接受这种待遇。尽管狼嘴足以咬碎驯鹿的骨头，但它们很少对老末造成重伤。它虽然受气，但也会受到照顾。拉克塔最终会被获准就餐，但现在它必须等待。

刚开始，吉姆的嚎叫只是个尝试。但让他惊讶的是，狼群经常对他的呼喊作出反应。它们还是幼崽时与吉姆建立的纽带，到现在仍然没有消失。也许没有几个人能像这样，被生活在野生环境的狼们完全接受，他的出现并没有使它们受到惊吓，很快，它们就在他身边玩起了摔跤比赛。

吉姆·达切（配音）：

一种恭顺的姿势坐到狼群当中，它们知道我没有任何威胁。狼在本能上惧怕人类，但有时候，它们对我们也会很友好且充满好奇。我们有许多相似的地方，我们经营着家庭，关心着自己的地位，生活在群体当中。我相信在某种程度上，它们把我当成了狼群的一员。有时候卡莫兹会一下子躺在我身边，模仿我的动作。甚至伸出一只爪子，好像在表示我是它的朋友。这对我来说，是莫大的荣幸。

配音：

现在，达切夫妇已经在偏远的帐篷营地度过了许多年。尽管他们想维持一些以往的生活之乐，但今晚两人却有些沉默。卡拉·汉·伊格尔和奈兹珀斯部落，已经同意从他们的保护区中，画出一片土地作为狼群的避难所。重新安置狼群的日期日益临近，这让他们感到宽慰，但也意味着，这个项目以及与狼为伴的日子行将终结。

詹米·达切（配音）：

对许多人来说，被狼群围绕的夜晚似乎很可怕。但这么多年以来，我们与狼群如此亲密，以至于有它们在附近，我们会感到安心。我们常常躺着不睡，倾听它们在黑暗中的活动，聆听狼嚎打破夜晚的宁静。许多漫长的夜晚，詹米都在记录这些狼的语言。

就像它们有与众不同的性格一样，每头狼都有不同的嚎叫声。令人惊讶的是，尽管拉克塔是老末、是狼群最下等的成员，但它却拥有最可爱、最动人的声音。狼嚎叫的原因比我们想象的要多，包括与附近的狼群交流、表达欢乐或悲伤、召集同伴等。自然界中，没有多少动物的声音比它们的更复杂、更美妙。听到它们的交流，感觉就好像它们在和我们共度夜晚。我不敢想象，再也听不到它们的声音了。

配音：

狼群在整夜的风雪中醒来，因为很少有热量从身体中散发出去，所以毛上的雪都不会融化。它们的皮毛有两层，外层是针毛，下面还有一层像羊毛一样厚密的软毛。三只最年幼的狼现在都已经成年了，两只雌性。夏莱克沉静、警觉，它的妹妹怀亚金体重超过35公斤，坐在那儿可以俯视詹米了,狼群中的气氛已经改变,因为繁殖季节已经开始了。詹米发现,夏茉克和它的妹妹怀亚金都在发情期,这种事情,狼群里的雄性不会没有察觉。

詹米·达切(配音):

通常,老大是狼群里唯一交配的雄性,我们料想它会在两姐妹中选择,但会是哪一个呢?在我们看来,怀亚金最有可能中选。但卡莫兹却紧紧盯住了夏茉克,这真让我们惊讶。也许夏茉克自己也没想到。它的地位一路上升,当初差点儿沦为老末,现在却要成为首领的配偶。狼的伴侣关系通常终生不变,现在夏茉克不但会成为家族的母亲,而且还是头领雌性,也就是雌性中的最高长官。

配音:

关注变成了爱慕。通常只有头领夫妇才会交配,现在整个狼群未来的规模和命运,将取决于它们的繁殖情况和子孙后代的成长。

在爱达荷州地理位置偏远的锯齿山脉中,冰冷的冬季渐渐退去,温暖的春天即将到来。天气转暖,狼群也越发放松起来。头狼的配偶夏茉克似乎越来越孤僻,当其他狼都在玩耍的时候,夏茉克却经常消失很长时间。四月末的一天,它独自默默地走开了,妹妹怀亚金出于好奇,远远地跟在后面。在过去的几周里,夏茉克挖了一个洞穴,它现在需要私密空间。很少有事情比新狼崽的到来更让狼群兴奋,这使整个家族一片欢腾。它们两周大了,眼睛才刚刚开始睁开。虽然没能当上母亲,但怀亚金对狼崽似乎十分好奇。作为新小姨,它担起了看管幼崽的职责,而夏茉克则可以在旁边休息一下了。和所有狼群的情况一样,小狼崽一开始就受到了整个狼群的细心呵护。这种新生命激发的兴奋,激发出了它们的一种满足情绪。现在十一头狼全睡着了,不知道未来即将发生巨变。

夏日渐进,锯齿狼群的日常生活仍然全部以这些小狼崽们为中心。狼群中的二当家莫特西则再次担起照顾幼狼的任务。尽管整个狼群都在帮助抚育和教导幼狼,但莫特西似乎显得尤其投入。随着狼群又添3名新丁,达切夫妇希望他们的努力,能揭示狼身上隐藏的温柔的一面。自从欧洲殖民运动以来,因为人们认为狼本性凶残,仅北美地区就有两百万只狼遭到屠杀。记录也显示,从未发生过野狼杀人事件。在教育狼崽的时候,卡莫兹举止十分轻柔,夏茉克则一直是一个警觉的母亲。所有的成年狼,都将共同分担守护狼崽的责任。可是有时候,他们也只能做到这些。当我看到狼群和詹米交流的时候,我意识到转移它们视线的时候到了。它们平静而快乐,而且在面对一个陌生的新环境的时候,小狼崽们可以转移它们的注意力。所以我们决定,是时候做转移狼群的准备,和狼群说再见了。

为了把压力降到最低,达切夫妇和他们的研究小组,把运输箱提前放入狼群领地,给它们时间熟悉和检查这些它们以前从没见过的东西。他们希望预见及防止任何可能让狼群不安的事情发生,以免伤及辛苦建立的亲密关系。成年狼刚开始很警惕,但狼崽似乎只有好奇。

搬迁的日子，让人感到担忧和紧张，吉姆就像一位焦虑的父亲，仔细检查每一个环节。小组人员给狼打了镇静剂，好让它们安心地转入运输箱。他们采取一切预防措施，避免刺激或吓到它们。小狼崽们不需要镇静剂，它们似乎丝毫不以为意。下午时分，他们启程出发了。它们认为在凉爽的晚间运输对狼的压力最小。狼群离乡远行，离开了熟悉的景色和气味，再也不会回来。还有十个小时的车程，他们在夜色中，朝着北方的爱达荷州温彻斯特驶去。

第二天一早，他们抵达奈兹珀斯部落的土地。达切夫妇和组员们，开始小心翼翼地释放狼群。卡拉·汉·伊格尔代表部落欢迎狼群的到来。乍看之下，狼们似乎有些紧张但都平安无恙。吉姆决定先释放狼崽，它们虽然有点迷惑，但却很平静。接下来，是卡莫兹。这位狼群老大显得很小心，但并不烦乱。二当家莫特西情况也不错，狼群已经平安地度过了这次搬家行动。然而在最后一个运输箱里，老末拉克塔却踌躇不前，它比其他狼都紧张。作为头领和兄长，卡莫兹走过来鼓励它。拉克塔出来了，它小心翼翼，紧紧跟在哥哥的身边。

狼钟爱的多岩石的有利地形，把狼群召集在自己的周围。对达切夫妇来说，狼群的幸福是一个莫大的安慰。对奈兹珀斯部落来说，利用这个机会，他们可以重温先人与狼的亲密关系。

吉姆·达切（配音）：

通过卡拉和奈兹珀斯我们了解到，这个部落和狼有着共同的命运，它们都差一点被消灭，又都成功地幸存下来。奈兹珀斯部落为我的小组提供的土地，这样基金会就能继续照顾和研究这些狼。它们给锯齿狼群提供了一个机会，继续生存下去，破除人们长期以来的误解，展现它们温柔的一面。

配音：

在达切夫妇跟狼群做最后的告别之前，部落有一种古老的欢迎仪式来迎接狼群。歌声表达了一种古来的传统，那就是对狼精神的深深敬意。大多数美洲土著人，都把狼看成老师而不是敌人，他们试图仿效狼家族的凝聚力和自我牺牲精神。捕猎时，模仿狼的机敏；驰马战斗时，仿效狼的勇猛。许多土著人把狼尊为理想的化身并十分珍视。他们个个强壮而骄傲，并且对部落无比忠诚。对吉姆·达切来说，放弃监管狼的时刻已经到来。

吉姆·达切（配音）：

这是一段温暖的经历，我终生不会忘怀，该和锯齿狼群说再见了。再见了马托莫，阿曼尼，拉克塔，夏茉克，怀亚金，还有瓦哈兹，还有两只狼在我心中永远占有特殊的位置：莫特西温柔又勇敢，卡莫兹，狼群的首领、头狼，谢谢。

配音：

在鼓声与回想中，往日的记忆徘徊不散。两个人和11只狼多年相伴的日子，结束了。

狼作为凶猛野兽的传说，在那一天似乎远远离去了，取而代之的，是它们好奇而又聪明的形象，以及它们对家庭忠诚，对所信赖的人温柔有加的特质。对达切夫妇来说，这是最后的告别时刻了。一次和一位朋友说再见，拉克塔是第一个。

吉姆·达切（配音）：

我会想念你们的。

配音：

现在是卡莫兹，狼群的首领走了过来。它仍然像以前常做的那样，伸出爪子、表达友谊。最后，莫特西，勇敢的保护者和和平的制造者，对吉姆来说，它也许是最难离别的一个。

吉姆·达切（配音）：

我会想你的，莫特西。

配音：

虽然心中充满感情，但狼毕竟是野生动物，它们转身离去，去迎接新的命运。在这里，它们将成为同类们的特别使者，展现所有达切体会到的，真实的狼的本性。那便是：懂得体贴，家庭高于一切。

吉姆·达切（配音）：

在我所有拍摄的片子里，我和动物的关系都很亲密，但都不能和这些狼相比，我永远不会忘记和它们在一起的时光。毕竟在它们第一次睁开眼的时候，我就在用奶瓶喂它们。我有太多的回忆。当我们返回营地时它们露出的喜悦，或是我们离去时它们发出的悲嗥，我真的相信它们会想念我们，就像我们会想念它们一样。我们的关系就是如此的深厚。

主持人：

狼曾经遍布整个北半球，但现在在野外已经很难看到它们的踪影了。不过，一些国家正在积极地重新引入狼群。因为生态学家的研究表明，狼维持着生态系统的微妙平衡，它们的地位不可替代。相信达切尔夫妇及动物专家们对狼所做的研究，将对狼重返大自然带来深远的贡献。

第二节 电视生活专题片配音

可以说电视生活类的节目是在生活水平逐渐提高，电视成为人们日常生活中获得信息的重要途径之后应运而生的，因为电视生活类的节目能够发挥声像传播的优势、借助媒体调动的社会资源，从百姓的视角出发，给予受众所关心的生活信息、生活知识、甚至是一些生活技能，贴近百姓生活，承担着服务百姓的功能，使百姓能够直观地看到各种生活问题如何解决、生活技巧如何操作等，对于百姓来说非常方便而且实用。比如央视的《生活》栏目就是通过几个板块的设计来告诉大家如何化解生活中遇到的险情、如何进行消费维权等；《为您服务》栏目则是带大家游历名山大川、体会风土人情、遍尝各地美食，同时也有板块是通过对观众生活中发生的真实事例进行解读来帮助大家增长经验和知识。

电视生活类的栏目拥有非常广大的收视群体，尤其是一些家庭主妇和离开工作岗位的老年人，很多都是生活类栏目的固定受众，甚至每天的生活都处于生活类栏目的伴随状态下。很多电视台也顺应这种需求开办了专门的生活频道。而且随着生活类栏目节目内容、形式的日益丰富，百姓可以以更生动鲜活的方式来获得生活实用信息，比如以央视的《天天饮食》为代表的专门做菜的节目，把厨房搬进了演播室，油盐酱醋加各种食材现场制作，煎炒烹炸样样都不含糊。有些节目还把百姓请到相应的节目当中来进行特长和技能的展示交流，使百姓自己也成为节目创作的元素，丰富了内容也实现了互动，央视的《交换空间》就是这种类型，直接请观众参与进来，在观众家中实地进行家装体验。京视生活频道的《快乐生活一点通》更是把有绝活有窍门的普通百姓请进演播室，"取之于民用之于民"，让百姓来教百姓。

一、电视生活专题片配音的创作要求

由于电视生活栏目具有很强的服务性，所以说明、介绍性的语言居多，有很多时候是大量图像或者是实际操作的环节需要配音来解释说明，配音中既要完成语言表达的任务、体现亲民、人文的理念，又要注意跟节目画面的节奏和人物操作的动作相贴合，我们可以从以下几个方面来看电视生活栏目配音创作中需要注意的问题。

1. 表达多样，展现丰富信息

生活本身就是包罗万象无比庞杂的一个大世界，电视生活栏目把各种各样的实用信息编辑在节目当中展现给观众，丰富和方便了观众生活，又能提升生活质量，我们在配音的过程中正是要把这些丰富的信息展现给观众，达到服务大众的节目宗旨。

央视《为您服务》栏目中有一个叫做《美食走四方》的板块，有一期节目走进了南京，虽然以美食为主，但也融合进了历史文化的简要介绍，我们来看一下这段配音：

南京自古就是一个经济文化重镇，历史上是多个朝代的都城，再加上南京的地理位置正好处在南北方之间，又紧邻长江，无论是陆路交通还是水陆交通都非常便利，所以几千年下来来自东西南北的各种风俗文化传统都在南京汇合，并被包容的南京人接纳吸收，逐渐形成了今天南京独特的文化。既有南方的精致小巧，又有北方的豪爽粗犷，这种融会贯通最典型的体现就是南京的饮食。在南京吃你能够吃到全国各大菜系的美食，可是细细品味你又会发现这些菜又被聪明的南京人精心地改良过、中和过，变成了东西南北的来往过客都能接受的口味，从而形成了这里独特的南京地方美食。

南京素来以小吃闻名，南京人把小吃归纳为秦淮八绝，南京奇芳阁的清真小吃宴就是在古老的秦淮八绝基础上改良发展而来的。小吃宴汇集了所有南京小吃的精髓，共有十六道小吃，分为八干八稀，其中的一干一稀配为一对，最为可贵的是所有这些小吃的营养搭配刚好符合一个人一餐的需求。面对这一道道精美绝伦的小吃，我们的美食侦探可有些忍不住啦！一道菜就能尝尽南京的传统小吃，这顿饭真是物超所值啊！

第一段的前半段介绍南京的城市背景，画面配以航拍的南京城市画面，这部分要用比较沉稳的语气表现出古都南京的历史积淀。后半段的画面则是各种菜肴的制作场景，以及人们热热闹闹围坐在一起品尝美食的景象，这就要用比较明亮的音色及生动的语气来表现。尤其第二段的后半段是配合外景主持人逐道享受美食的画面，语言编排也比较口语化，这就要用更生动俏皮的语气来表现，并加入比较多的情感因素。

2. 贴近生活，注重口语传播

电视生活节目应该让观众在节目中感受和享受生活。因此，用我们的语言营造轻松愉快的氛围是很必要的，同时用观众容易接受的语言更利于信息的传播和与受众的沟通，所以节目中尤其是承担解释说明功能的配音部分，更要注意用贴近百姓平常生活的口语化的语言方式遣词造句，并用平实、生活的语气语调使观众更加容易接收信息。

中央电视台的主持人朱轶的语言就比较生动而且生活化特点很突出，在《生活》节目《朱轶说计》的板块中，他发挥自己幽默的语言和灵活的语气，把一个个生活故事讲得绘声绘色。下面我们看一个他讲的《500美元的故事》。故事开头讲到有位王女士的女儿徐惠出门办事去了，此时家里来了个陌生的女子：

王女士一瞧眼前这女的，呦，三十岁左右，从头到脚是珠光宝气雍容华贵，一看就能感觉出来人家是个场面上的人。这位叫宋娜的女人自称是徐惠的大学同学，刚从加拿大回国探亲，顺路来看当年的同宿舍姐妹。王女士倒是知道闺女有这么个同学，可是从未谋面过。宋娜说了，自己在加拿大开了一家旅游公司，干了几年这个钱是没少挣啊，索性又连开了好几家，还买下了一家酒店。买卖越做越大，这次回国呢就是想找一点项目投投资，寻求更大的发展。一席话把王女士听得是目瞪口呆啊。

这段配音使用了非常口语化的表达方式，对人物及心态的描写都非常生动。在讲述了王女士被宋娜骗走一万元人民币以及徐惠被买走自己电脑的"馋嘴猫"约出去见面却无功而返之后，朱轶用下面这段话来做出了总结：

这会娘儿俩彻底都傻了。您说能不窝火吗？半天时间被人涮了两回。您问了，这两件事它有关系吗？很明显，来家串门的宋娜是假的，可她又怎么可能跟家里人念叨徐惠那么多私事呢？还简直是了如指掌啊！原来那个叫馋嘴猫的在电脑里看到徐惠的通讯录，知道她有个叫宋娜的大学同学现在在加拿大，又从日记里得知很多徐惠的个人隐私，比如原来的男朋友叫大伟什么的啊，于是跟同伙就策划了这场骗局：一个调虎离山，一个招摇撞骗。

这个案例讲的就是生活中的真人真事，遣词造句也非常生活，像"一瞧"、"一看"、"涮"、"念叨"都是生活中的口语化语言；配音的语气也非常灵活，"您说能不窝火吗？"这样的语言就像跟观众面对面交流一样。

3. 把握节奏，贴合操作画面

不管是教大家做菜，还是演示实用小窍门，都需要配音结合画面加以讲解，在这个过程中把握语言节奏，与画面中的动作进程同步、紧密贴合，这是电视生活节目配音中尤其要注意的。

京视《快乐生活一点通》中经常有教大家做菜的内容，很多出镜操作的都是热心观众，他们在厨房里煎炒烹炸是一把好手，可语言表达就不一定那么到位了，而如此好吃好看的菜怎么制作出来，就要结合热心观众的操作画面讲解清楚，以便大家学习。有一期节目中是这样教大家制作肉松的：

看着画面上的肉松，您能否想象到这是我们自己在家做的吗？而且还是拿家里吃不完剩下的肉简单制作的！怎么样，您有兴趣了吗？赶紧来看一下是怎么做的吧！

它的原料非常的简单，就是您饭后剩下的肉，这里要提醒您的是如果剩下的肉没有咸淡味儿，放些酱油、糖和盐煮一下就可以啦。另外，还要提醒您：无论是猪肉、鸡肉、牛肉，一定要是瘦肉才可以制作肉松哦！首先我们来把这些瘦肉都撕碎，这里要提醒您的是，撕肉的时候您可以带上一次性手套来撕，这样您的手上就不会有太多的肉腥味，而且既干净又卫生。另外还要提醒您，撕肉的时候尽量撕得碎一点，这样炒起来会更省力一些。撕好肉后我们再把它剁碎，用剁肉馅的方法就可以，这样炒出来的肉松口感才有保障。把肉都切好了之后，我们用小火来炒它，您可以稍微多放一点油。当您在翻炒它们的时候，发现他们都散开了就代表肉里面的水汽都被炒干了，如果还成坨状那就要再炒一会。等肉全部都炒松了，我们的自制炒肉松也就做好了。怎么样，方法简单还不浪费东西，而且自己做的肉松咸淡口味还可以随意改变，以后您家的剩肉就可以再次利用做成好吃的肉松了！

我们看到，整个配音部分结合着做菜的过程把每一个步骤都进行了说明和讲解，告诉大家具体的操作方法以及相关的注意事项，那么画面出现切肉的动作，我们就要配合切肉说明，出现炒肉的动作我们也不能落下，要跟上画面的进度。

当然也要同时注意语气不能太死板，比如第一段"看着画面上的肉松，您能否想象到这是我们自己在家做的吗？而且还是拿家里吃不完剩下的肉简单制作的！怎么样，您有兴趣了吗？赶紧来看一下是怎么做的吧！"这段话以设问的形式出现，就是为了引起大家的兴趣，自然地引出下面的内容。配音时就不能只是生硬地念出来，要提升交流意识，注意对象感的运用，关于这些下一点我们会具体来讲。

在配音中我们还会遇到一种情况就是画面中没有运动着的人或事物，我们介绍的物品是静态的，画面由整体到局部、由全景到特写对某一事物作出描绘，我们的配音要与这种流动的画面相配合。比如央视《交换空间》中有一个小板块《家装气象站》中，都是推出装修装潢的优秀案例，其中一期介绍了这样一个"迷我空间"，配音部分是这样的：

隔一条马路就是车水马龙的长安街，在这里却隐藏了一个安静的办公环境，里面的办公空间都很有个性，而要说起功能性最强的一间则非这个"迷我"空间莫属。作为一位另类思维学者，王力先生"迷"在这里已经二十多年了。二十多年里每天八到十个小时徜徉在这个小办公室里，"迷我空间"名副其实。那么它还有哪些巧妙设计呢？

通过这个叫做挂档的小物件，文件柜里就分门别类而且也清清楚楚一目了然了，让人拍案叫绝！

你看这几层文件盒分别摆放着文具、普通A4纸、B5纸、用过的环保纸等等井井有条。

除了功能强大的写字台之外，王力先生还为自己量身打造了特殊的电脑桌。

为了让"迷我"空间有亲切雅致的气息，间档的饰品也是必不可少的。上上下下的空间都得到充分利用而且并不显得拥挤，一切都是源于秩序。用普通的文件袋细致分类，您也可以轻松做到。梯子是这个"迷我"空间必不可少的一样东西，它的用途是取放以往的办公资料。

好空间提示：利用挂档可以让文件收纳功能最大化；塑料文件盒嵌入式设计充分实现人性化办公；动动脑、动动手，抽屉也可事先规划、统筹管理；利用角落进行家具量身定做，让空间点石成金。

在类似这样的对一个静态的空间进行描绘的过程，我们要注意配音更需流畅，语言风格要与流动的画面及轻巧的背景音乐相匹配，语言节奏要与镜头推拉摇移的节奏相适应。与前面讲到的为实际操作的内容配音不同，话语之间的衔接应更紧密。

4. "心中有人"，具备交流意识

坐在配音间里面对话筒和画面来配音，我们无法身在实际的情境之中，也无法面对真实

的观众,但我们要让自己仿佛置身现场并且面前就是真在听我们讲解的观众,这就是所谓的"心中有人",我们虚拟出实际交流的语境,让电视机前的观众朋友听到我们的配音,就如我们近在咫尺、与他们面对面交流一样的亲切和舒服。

下面我们来看京视《快乐生活一点通》中一期节目教大家怎样选牛奶的时候是如何配音的:

牛奶是咱们最家常的东西了,平时挑牛奶的时候你会怎么选择呢?选保质期比较长的?如果您稍加留意就会发现,这种包装牛奶的保质期都比较长,这个是50天,这个是30天,还有这个时间就更长了——6个月、甚至7个月的时间,另外还有一些保质期就非常的短,那么是保质期长一些的好呢还是短一些的好呢?其实按杀菌方法来说,牛奶就分两种,一种是高温杀菌法,一种是巴式灭菌法。所谓巴氏杀菌法,就是在较长的时间内用低温杀死牛奶中的致病菌,保留对人体有益的细菌,不过,由于这种方法不能消灭牛奶中所有的微生物,因此产品需要冷藏,保质期也比较短,一般只有几天;经过高温杀菌的牛奶,能杀死全部细菌,由于牛奶中一点微生物都不存在了,因此可在常温下保存而且保质期比较长,一般可达三个月以上。

其实杀菌时,不管是低温还是高温,都会对牛奶的营养价值造成一定的影响,在加热过程中,大约有10%的B族维生素和25%的维生素C损失掉了,加热程度越深这些营养损失得就越多,因此采用低温杀菌的巴氏奶相对来说营养价值要高一些。所以在选择牛奶的时候,您要注意了,尽可能选择保质期比较短的牛奶。关于选择牛奶,专家还要提示我们,有人觉得牛奶越香越浓越好,一些企业为迎合消费者的这种观念,人为添加香精、奶粉、增稠剂和稳定剂等,超过8%-9%就会对人体造成危害。

第一段开场就是以与观众对话的形式,我们要充分运用对象感的内部技巧,让观众感觉亲切自然。在解释说明的过程中要注意不能只是读稿件,要理解内容并用更口语化的形式讲述出来。

5. 亲切细致,体现人文关怀

电视生活栏目的服务功能是很突出的,在服务的过程中也希望观众感受到最多的温馨和真诚。所以不但节目内容的选择和编排强调实用性,力求以观众为本,配音时更要体现出对观众生活的真诚关怀和帮助,这样才能拉近与观众之间的距离,保持观众对栏目的好感和长期的关注。

下面我们就跟随《快乐生活一点通》的栏目,假设一起来到了厨房,面前摆好各种厨具,与大师傅一起,带着我们的观众共同学习一道"酸菜鱼",看看在节目过程当中如何细致讲解，并处处表现对观众生活和观众本身的关心和爱护：

酸菜鱼可是一道特别受欢迎的川菜，鱼肉细嫩爽滑，浓汤味道咸鲜酸辣，并包含着泡菜的醇香，喝上一口，满嘴都是好味道。可是有些人认为，这菜虽然好吃但不好做。其实这菜啊，咱们在家里绝对能做。下面就让厨师尧师傅给咱讲讲吧：

开场简单介绍了酸菜鱼的出处和特点，描绘的语言越生动越诱人，越能提升观众的兴趣，调动大家学习的积极性，从而继续听你讲下去。

鱼去掉头尾之后，尧师傅把鱼肉顺着鱼骨头片下来，您片鱼肉的时候可一定要小心，别伤到手啊。然后把鱼骨剁块儿，接着把两片鱼肉上的鱼刺片下来，您看尧师傅这刀下去，鱼肉里的一排大刺就全都下来了。下面把鱼肉片片儿，您自己在家里做，刀工没有厨师好也没关系，咱就照猫画虎，大概分出鱼骨和鱼肉就行了。等鱼肉全部片好之后，就可以进行第二步了。

用生动的配音语言把观众仿佛带入制作的现场，像"您片鱼肉的时候可一定要小心，别伤到手啊。""您自己在家里做，刀工没有厨师好也没关系，咱就照猫画虎，大概分出鱼骨和鱼肉就行了。"这样的语言更要突出交流感，用亲切的语气真诚地表现对观众的关心，像亲人朋友在做这样事情的时候一样来对观众叮嘱。

然后我们把鱼肉片儿跟调料拌匀。鱼肉拌好之后，我们把它腌上五分钟左右。下面我们就可以开炒了。

油热了之后我们下泡菜丝和泡椒丁，然后翻炒。爆出香味后，我们加入酸菜继续翻炒。酸菜鱼中的酸菜学名"笋壳青菜"，属十字花科，两年生，叶用芥菜，味道比较苦涩，只有腌渍之后再炒制才能把香味提炼出来。所以做酸菜鱼炒酸菜的步骤非常关键。翻炒几下之后，我们下蒜末姜末，这些配菜一下锅，这屋子里可顿时就是酸辣的香味了呢。翻炒大约两三分钟后，我们来加高汤，趁煮开高汤的时候，咱们来调配料。调料有盐、味精、鸡精、白醋、胡椒粉，然后搅拌均匀并下锅。调料跟汤充分混合后，我们把鱼头鱼尾和鱼骨下锅。等锅开了、鱼头鱼尾和鱼骨熟了之后才能把它们捞出来。

您记住了吗？尧师傅说，鱼肉一定要最后煮，这是因为鱼肉比鱼骨熟得快，一起煮的话，鱼肉加热太长时间，就不嫩了。另外，鱼肉和鱼骨一起倒入碗中的时候，容易互相磕碰，影响了鱼肉的形状。下面我们来下鱼肉，这点您一定要记住：鱼肉下锅时，一定要趁生的时候把它打开，否则鱼肉熟了很容易一碰就碎。

只要锅一开，鱼片就熟了，现在就可以倒出来了，不过倒的时候，您一定要动作慢，不然鱼片容易被碰碎。再淋上一点香油，喷香的酸菜鱼就可以上桌了。

这样整个过程中配合操作细致讲解制作方法及相关注意事项，让观众看得清楚听得明白。同时配音还要寻找像与观众真正地边做边聊的状态，会给予观众朋友似的平等交流的内心感受，这样也才不会使每个步骤之间都连接生硬，才能找到一气呵成的顺畅感觉。

在电视生活栏目的配音中还有很多能够体现人文关怀的细节，前面列举的例子中就有一些，比如：

（1）用普通的文件袋细致分类，您也可以轻松做到。

（2）这里要提醒您的是，撕肉的时候您可以带上一次性手套来撕，这样您的手上就不会有太多的肉腥味，而且既干净又卫生。

这些细节之处配音时尤其要注意语气亲切，更能达到好的表达效果。

6. 容易出现的问题和误区

我们一直强调电视生活栏目要注重在温馨亲切的氛围内完成服务功能，配音要与生活贴近，表达要口语化，交流感要强，等等。但这种生活化的度也是需要我们去把握的。电视节目毕竟是经过制作的传媒产品，源于生活的同时还要高于生活，做适当地艺术加工。所以配音中既要寻求口语化、注重对象感，又不能太琐碎、太随意，这样会减轻节目的分量和在观众心中的信服力，反而不利于我们的艺术创作和节目的发展。

二、案例分析：京视《快乐生活一点通》

北京电视台生活频道的《快乐生活一点通》是一个生活节目当中的知名栏目，它把栏目设计成情景剧的形式，主持人设计为一家三代五口人，主持人在以家为布景的演播室中根据各种美食、生活窍门来设计相关情境，既承担主持人的功能，又带有角色表演的成分串联节目内容。这种形式让观众在具体的生活情境中轻轻松松、快快乐乐地学会了窍门、丰富了知识，而节目的服务功能也在潜移默化中完成了。在这个栏目中，配音小片向观众演示和讲解了各种美食的制作方法以及生活窍门的具体操作，承担了非常重要的功能。

下面我就来看京视《快乐生活一点通》中的两个实例。

（1）制作美食：脆皮香蕉

这段节目的形式非常典型，把一个爱吃香蕉而且对香蕉的吃法颇有研究的热心观众请到了演播室的厨房里，一边是热心观众的操作画面，一边是配音结合画面所做的解释说明，教大家来做脆皮香蕉。我们来看一下配音内容：

什么？每天都要吃香蕉？有那么好吃吗？这个脆皮香蕉的做法是他认为香蕉吃法中最好

吃的一种。那快来看看他是怎么做的吧!

开场设计的是对热心观众说自己每天都要吃香蕉的一种反应,语气要表现出适当地惊奇,也是为引出下面的内容做铺垫。并可以适当突出"最好吃"这样的内容,来吸引大家的兴趣。

要想把脆皮香蕉做好,首先对香蕉的选择有讲究:窍门一:选择熟透的香蕉。先把香蕉去皮,切成大小相同的段儿,装到盘子里备用。

这个脆皮香蕉特点就是表皮酥脆,里面柔软。要想把这香蕉炸酥脆了,是有小窍门的。如果您就这么直接把香蕉放在面粉里裹的话,炸出的香蕉不酥脆,那该怎么办呢?窍门二:先裹一层蛋清。将鸡蛋清打入碗中,把香蕉放入蛋清中裹一下,然后再放入面粉中裹一下,两头也要裹一下。好,这样把香蕉裹好后,就可以准备下锅炸了。

往锅里倒入适当的油,用中火等油温六成热时,把香蕉放入锅中,这样可以避免香蕉炸糊。在炸的过程中,您要把香蕉翻动几次,避免它炸糊,炸至金黄色就可以出锅了。在出锅前您要注意了:窍门三:出锅前换大火炸。这样做出的香蕉就不怎么吃油了。

好,香甜可口的脆皮香蕉就可以出锅了!

配音语言要与操作画面相贴合,同时像"窍门一:选择熟透的香蕉"这类提示性或者是总结性的短句要突出出来,着重让大家听清楚。最后一句话既作为结尾的总结,语气有收束感,又要把完成作品的欣喜情绪传递给观众。

(2)生活小窍门:白皮鞋去污渍

这段生活小窍门没有主持人也没有观众的出镜,完全是配音结合画面来介绍窍门的操作方法,这种形式下配音清楚明白就是非常必要的。

我们来看节目内容:

白色皮鞋上的这种印记是很难去除的,可是用什么窍门,能使顽固的污渍瞬间消失呢?对比来看看,效果很明显吧?天气逐渐转凉了,鞋柜里换上了秋天的皮鞋,这凉鞋也该收起来了,可是您瞧,这凉鞋穿了一夏天,都这么脏了。当然首先要清洁一下再放起来喽,否则啊,等到明年再穿的时候就更难清理了。可是这些鞋要分类处理,有的鞋可以用水洗,可是真皮的鞋是不能用水洗的。对于普通的污渍,我们可以用干布或橡皮来擦,可是有经验的女性朋友都知道很多污渍是很难去除的,比如像这样的黑印,尤其像白鞋上面的黑印,是最让人头疼的。那让我们用湿布来试试,看来不行,还是这么脏。为了证明这种污渍的顽固程度,我们用小刷子来刷刷看,当然,您可别用这种方法。您瞧,这么使劲地刷了半天,根本就没用,这回您知道这污渍有多么顽固了吧。

这段内容先向观众展示窍门的神奇效果，但没有急于揭开谜底，语气上要卖个关子。然后进入前期的铺垫叙述，这部分要一直贯穿着"白皮鞋上的顽固污渍很难擦洗干净"的内在语，从而引出下面关于窍门的叙述：

不过，您别急，我们有窍门。窍门就是这个：我们来试试看，把它喷一点在布子上，然后用它来轻轻一擦，您瞧，污渍就在您的眼前消失了，就是这么轻松，这么简单。这可不是广告，可是效果就是这么神奇。那这么神奇的东西到底是什么呢，现在就来为您揭晓答案。就是这个——衣领净。平时我们用衣领净洗衬衣或领子上的顽固污渍，这回啊，我们用它来擦皮鞋，没想到有意外的收获。让我们来对比看看，这是没擦之前的，这是用窍门擦了之后的，效果非常明显吧。所以这个窍门您记住了吗？清洁白皮鞋上的顽固污渍，我们就用衣领净来解决。

还有两点要提醒您注意：第一，衣领净不要直接喷在鞋上，而是要喷在布上再擦；第二点，用衣领净擦完之后，要再用干布把鞋擦干净，您瞧，这穿了一夏天的皮鞋看起来简直像新的一样。这回可以收起来了吧，您别着急，这鞋底别忘了也要洗干净。放进去之前在鞋里面塞一些报纸，这样不但能使皮鞋不变形还能防潮，好啦，这样就可以了。尽量把它们都放在鞋盒中，这样鞋子不容易变形。记住这些方法，等到明年夏天您还能穿到完好如初的新鞋。

揭晓答案时可以放慢节奏及在"衣领净"之前做短暂停顿等方法着重强调重点词。提醒观众注意事项的语言可以轻巧一些，语气也应亲切自然。

三、能力拓展训练材料

1. 央视《交换空间》的《家装气象站》板块，介绍的都是装修装潢的优秀案例，这些案例各有各的特色，这里我们选取三期不同风格的来分析如何用不同的语言来表现。

（1）《家装气象站之多彩生活》（2009年10月17日播出）

这个家居方案以"多彩生活"为题，可见空间的设计比较多彩、比较现代，充满了各种时尚的元素，配音时不但要注意贴合画面节奏，同时还要营造时尚浪漫的气息。对于介绍空间中巧妙设计的部分语气应更明快。最后对于空间特色的归纳应突出出来，语言干净利落，总结性强。

书房的设计功能则更加强大。除了一物多用的升降地台之外，书房中还有读书区和娱乐区，忙碌的工作之余让主人能够享受多彩的生活。这个壁柜延续了壁纸的装饰风格，同时具有强大的收纳功能。

卧室用红色、蓝色、紫色营造一种低调的浪漫，对比中显露和谐。屏风的存在除了带来一丝古典韵味之外，更有效地遮蔽了壁柜的穿衣镜，还可以在上面随意地搭衣服。两把蝴蝶造型的椅子摇身一变成为床头柜，亮丽的蝴蝶椅顿时让房间灵动起来，使人倍感温馨。装饰效果不能少，实用功能最重要。这个多功能电视架让主人坐在窗边悠然自得地享受电视节目。值得一提的是，卧室里面的电视柜居然是凹进墙里面的，怎么做出来的呢？原来由于卧室比较狭窄，设计师在非承重墙上凿了一个凹进去的电视柜。而电视柜的背板则刚好成为隔壁书房的装饰台板，两个空间像变魔术一样形成完美互补。

房间中所有的门框都采用了马赛克装饰。白色的门板通过精美壁纸的点缀，有了阳光般的感觉。卫生间选用仿壁纸效果的瓷砖突出高雅，地砖则是仿皮革图案，可以说装饰效果的丰富让这个八十平米的房间有了华美独特的气质。

好空间特色：通过空间互补和混搭等手法，让使用功能尽可能多样化。注重装饰效果和细节，打破材质界限给空间以色彩，让生活更多彩。

(2)《家装气象站之卡萨布兰卡》(2009年12月12日播出)

这个空间的整体风格比较典雅，配音中则更侧重舒缓流畅，营造舒适的氛围。整体归结为三个看点，每个看点的题目应被突出出来，同时每个看点之间既接续流畅又应各有各的节奏。

这是一个典型的三居室平层住宅，格局比较方正。设计师对房屋的入户区域进行了充分改造，让三局成为四居。

看点一：与众不同的书房

设计师在入户门和客厅之间加了一横一竖两面非承重墙，既形成了进门处的玄关，又隔离出一个四平米左右的书房。书架中间的大面积空当显得疏密有致，这里可以摆放大一些的工艺品。电视柜是嵌入夹墙里的，下面留空的设计让客厅与书房之间，动线更加便捷，走路时不会绊到脚面。

看点二：黑白遐想

相信看过电影卡萨布兰卡，或者去过这座城市的人们都难以忘怀她的神韵。设计师在沙发背景上用简洁抽象的手法，给黑色软包配上白色线条，搭上金黄色的条形油画，营造一种神秘而令人遐想的氛围。你可以想象是置身电影院的包厢里，或者是遥望卡萨布兰卡悠长的海岸线。黑镜配上黑色的明装筒灯，在照明的同时又让空间充满另类时尚感。卫生间采用了仿皮革花纹的黑白瓷砖，彰显一种另类的现代格调。

看点三：浪漫卧室

黑白长廊的两侧就是主卧与次卧了。主卧延续了黑白主调，但却点缀了很多温馨的元素，壁纸和衣柜上的花卉图案让房间充满了生机。

好空间启示：想打造怀旧经典风格，用色不宜太多。墙体气窗的设计可以增强空间的灵动性和透气感。如果客厅入户区域空间较大，多个书房也不错。

(3)《家装气象站之童话王国》（2008年6月14日播出）

这期节目展示了一系列的儿童房，全部是采用房间画面加配音解说来完成介绍的。对于儿童房的解说整体应该明快温馨，配合儿童房装修的绚丽色彩、突出孩子生活的美好和对孩子的关爱之情。同时每个案例之间有各有各的特色，可以从语气和节奏上寻求一些变化。

主持人：

在我们的家庭装修当中，儿童房可能只是一个小小的空间，但它却是孩子们生活、学习还有玩耍的乐园。如何来为他们打造这片天地，让它成为孩子健康成长的乐土呢？那下面我就给您介绍几种不同类型的儿童房，希望能对您有所启发。

配音：

（森林之歌）绿色是春天的色彩，置身其中就好像有一股春风迎面拂过。头顶着一片树叶，小蜜蜂围绕着你，仿佛在丛林中漫步，一切都那么的生机勃勃。这种对森林环境的模拟，能够帮助男孩扩大求知欲，并且有助于他们拥有一颗宽广平和的心。而花草芬芳的空间，最适合含苞待放的小女孩儿。

（童话王国）看着可爱的熊宝宝和美丽的白雪公主为伴，孩子的房间就像一座童话中的宫殿。试想你的宝贝在如此童话般的卧室里，听你讲述一个又一个精彩的故事，在快乐的小天地里无忧地成长，那是一件多么幸福的事。

（汽车世界）在活泼好动的小伙子们的大眼睛里，肯定装着无数对汽车的向往和憧憬，想往那驾车时的帅劲儿，憧憬着急速飞驰的感觉。谁说小孩儿什么都不懂，他们可会享受了，这不，连他们的睡床也如此有型。

（顽皮小子）双层儿童床，最适合那些喜欢爬上爬下，拥有冒险精神的好动的孩子了。这些款式的儿童床不仅能充分利用空间，还能放置不少的东西，是小户型三口之家的最佳选择。

（运动天地）快乐足球总是让男孩儿们充满了遐想，球星海报、足球床单以及床下的篮球，每一样都是男生们的最爱。在这样的环境中长大，说不定哪一天就冒出一个球星来了。

主持人：

出色的创意设计，跳跃的颜色，再加上充满了童趣的软装饰，装点出了一个属于孩子最初的梦想之家。真心地希望通过今天的介绍，也能帮助您为自己的孩子搭建一个快乐王国。

2. 央视《为您服务》中的《美食走四方》板块，带着观众尝遍美食的同时还介绍了各地的民俗民风，我们来看2008年春节期间播出的两期节目的精彩配音：

（1）《美食走四方之闯关东》

这期节目来到黑龙江省牡丹江市的镜泊湖。对于镜泊湖的介绍要细致亲切，娓娓道来；冬捕部分的配音要体现新奇感，语言活泼；全鱼宴部分要找如数家珍的感觉，每一道菜都各有特色。稿件中编导还设计了配音部分对外景主持人说话的台词，这部分要注意更加口语化，突出交流感。

今天我们的《美食走四方》，将带大家到东北美丽的牡丹江镜泊湖寻访美食。镜泊湖位于黑龙江省牡丹江市的西南部，占地面积1200平方公里。镜泊湖不仅风光秀丽，而且还是一个天然渔场，湖里有鳌花鱼、湖鲤等50多种，过去这里的湖鲤曾是皇室的贡品，由于冬季湖内水温都在零上5度左右，使得湖鱼生长缓慢，加上湖底都是玄武岩，湖水含有大量的矿物质，少泥沙，鱼没有土腥的味道。这些客观原因使得镜泊湖的鱼肉质鲜嫩、健康环保。

这是电视剧《闯关东》里面的一个片断，数九寒冬主人公朱传文赶着马车来到江边去买鱼，这一场面就是东北人常说的冬捕。冬捕的方法很简单，就是在冰上凿一个窟窿，然后将网挂到冰下，这种方法也是东北老百姓最常用的冬捕方式，而且一直沿用到今天。瞧，今儿个我们美食侦探也学起了电视剧里面的片断。哎，这冰天雪地的，区桀你要干吗呀？

哎，区桀你蹲在冰上看什么呢？

凿冰窟窿可是个力气活，半小时后冰窟窿终于凿成了，紧接着就是开始上网，剩下的工作就是守株待兔，等着鱼儿自投罗网。面对新捕上来的鱼，区桀已经乐不可支了。可她哪里知道，今天只是小试牛刀，而一次真正大规模的捕鱼，无论是场面还是捕鱼的数量都会令人叹为观止。现今冬捕已经成为镜泊湖一道亮丽的风景线，来这里旅游的游客不仅可以观赏到冬捕的热闹场面，还可以参加拍卖会，竞拍状元鱼，尽情享受冬捕给他们带来的喜悦。

……

金鼎生拌湖鲤鱼、刺身冷水金鳟鱼、金鼎风味鲫鱼籽糕、醋椒镜泊湖白鲢、盐焗蜇罗鱼、瓜汁鱼面、牛肝菌炝鱼片、两吃蜇花鱼、花篮鱼米……这一桌全鱼宴可谓是一菜一形，一菜一味，瞧，这道菜松鼠戏果，就说这松鼠的形状就颇见厨师的功底。首先要将鲑鱼从中间剖成两半，但是鱼头要完整地保留，然后要细细地把鱼肉切成细条，这切鱼条看起来简单，但鱼条的粗细可是大有讲究的。粗了不容易炸透，更难以入味，细了也容易炸散，难以成形。这就要考验厨师的刀功了。鱼条切好后铺上生粉下油锅炸透盛入盘中，然后浇上糖醋汁，一道外形酷似松鼠的鲑鱼就做好了。这道菜不但外形美观，而且鱼肉外焦里嫩，吃起来更是酸甜可口，令人欲罢不能。

要说到鱼的鲜味，首先得益于镜泊湖纯净的湖水，当然厨师高超的烹饪手艺也是功不可没。这道浓汤嘎呀子鱼羊鲜，突出的就是一个"鲜"字，"鱼"字加"羊"字合成一个字就是"鲜"字，用最腥最膻能搭配出最鲜，做出的浓汤真是色香味美。

镜泊湖鱼余，可以说是白大师在全鱼宴中压轴特色菜了，选用的鱼是镜泊湖的特产鳌花鱼。需要注意的是，鳌花鱼背脊上的刺是有毒的，若被刺伤就会肿胀疼痛，所以在去鳞剖腹时要注意不要被刺伤。制作时先用刀刮出鱼肉，放入水中，鱼肉中的血水通过水的浸泡会让鱼肉变白，接下来将浸泡好的鱼肉放进搅拌机，倒入葱姜水、鸡蛋清打碎成茸，之后将搅拌好的鱼茸倒入盆中，放入盐、味精、玉米粉、猪油，猪油会让鱼绒更加松软，玉米粉会让鱼绒更加的滑嫩，食盐会让鱼绒更筋道。完成这些步骤，最后一道工序就是把鱼绒切成菊花瓣状，下锅水煮就可以了，不过使用的水可是要用镜泊湖里的水哦，因为镜泊湖里的水含有大量的矿物质，这样既能保持它的原汁原味，又不丢失它的营养物质。

(2)《美食走四方之凤凰》

湖南省的凤凰古城是著名的旅游胜地，极富民族特色。这期节目就带大家来到了凤凰古城。配音中，对表现苗族同胞庆祝节日时的欢乐祥和的活动画面，语言要充满喜庆；对制作美食的描写要细致并贴合画面；对沱江河的描述则要配合水流和画面选择流畅婉转的语调；对民间传说的叙述要注意情节感，加入更多表达色彩。

凤凰位于湖南省湘西自治州的西南部，是一座有着上千年历史的古城，也是一个多民族聚居的地方。在原住民当中，苗族占到总人口的一多半。在凤凰古城的周围分布着几十个大大小小的苗寨，和黔东南的千户苗寨相比凤凰苗寨大多数规模较小，这是为什么呢？湘西地区在历史上曾经土匪猖獗，苗族人为躲避灾祸，常常举家迁徙，因此就形成了同姓为寨，分散而居的居住习惯。而正是因为这种小巧随意，才使得凤凰苗寨多了一分亲切。要想进苗寨对歌是必须的，喝酒是必须的，客人还要敲起箱鼓让全寨人都知道自己的到来，声音越大，主人对你越是放心。

春节前后，这里的苗族同胞会举行一系列的祭祀仪式和庆祝活动，十分的热闹喜庆。口吞火炭、眼皮吊桶、下火海、上刀梯，这可不是要展示苗族的神功绝技，而是歌颂英勇的苗族祖先。神圣的祭祀活动刚一结束，我们的美食侦探就被拉进了一场暗送秋波的大赛当中。

……

沱江河是古城凤凰的母亲河，古时候，人们把蛇称为沱，这条河弯弯曲曲的像是蛇一样，所以也就被称为沱江河。沱江河河水清澈，水流悠游缓和，可以看到流波里招摇的水草，伸出衣袖，向每一位远道而来的客人倾心地招着手。在湖南湘西，有水的地方就一定会有吊脚楼，沱江河边，一排排高低错落的木制吊脚楼也是一道独特的风景。而开在这些房屋里的酒吧、饭馆，也令很多人向往。

这么简单的几样东西，真能烹制出美味佳肴？且看苗族大厨为您精心炮制。将冲稀的黄豆粉倒入温水中，并用筷子慢慢搅拌。往烧开的锅里投进洗净的青菜叶，然后浇上一勺盐水，不知是火候已经到了，还是发生了化学反应，锅里马上浮现出朵朵豆腐花，待汤汁变清，就可出锅上桌。每一片青菜上，都被细滑的豆腐包裹，每吃一口，既有豆腐的软嫩，又有蔬菜的清脆。

也许现在大多数苗族年轻人都已经说不出为什么自己这么爱吃酸，总之天天吃，顿顿吃，吃酸已经是苗族人生活中不能割舍的习惯。在凤凰，每家至少有三四个酸菜坛。酸萝卜、酸黄瓜、酸白菜、酸辣椒，苗族人在吃酸这件事上发挥出了对于美食极大的创造力。将苗家自制的酸白菜和鲜嫩鱼肉炖在一起，就成了一道凤凰名菜，苗家酸菜鱼。和贵州苗族的酸汤鱼不同的是，凤凰酸菜鱼主要靠酸白菜来提酸味，苗族酸白菜因为腌制时间比较短，所以口感爽脆。鱼肉吸收了白菜的清香后，口感更加细嫩，所以沈从文先生才会在《湘行散记》中形容它，像豆腐一样嫩。

苗寨流行一句俗话，肉宁可少吃，糍粑不能少打。糍粑其实是苗族同胞长时间保存粮食的主要方法，尤其是每逢春节来临，家家户户都要打糯米糍粑，这也成为当地独特的一种习俗。将蒸成的糯米饭倒入石臼，年轻力壮的小伙子拿起木棒，在寨子里亲友们的吆喝声中，喷香的糯米饭就慢慢地被打成了黏黏的糯米团。

在苗寨里，打糍粑就好像过节一样，左邻右舍都会来帮忙。男人们将糍粑打好，分成小团，女人们则将糍粑团细心地捏成圆圆的糍粑饼。

在凤凰苗寨的习俗中，主人的第一锅糍粑往往会作为礼物送给前来帮忙的亲友。亲友们也会毫不客气地将捏好的糍粑饼现场吃光。虽然没有人说一句客套话，但是对于新春的祝福已经留在每一个人的心里。

......

凤凰古城的苗族人为什么爱吃鸭子？因为汁肥油厚的鸭肉特别符合人们较重的口味。而血粑鸭最大的特点，还是在于血粑。厨师必须先将蒸熟的血粑饼切成长条后，炸至皮酥，然后再切成小块。为什么不直接切成小块呢？因为每一块血粑必须有两个以上的面是软的，这样在和鸭肉一起慢炖时，才能更加入味。凤凰血粑鸭子，酥烂浓香的鸭肉中多了一些糯米的清香味，而外焦里嫩的血粑，则因为吸收了大量汤汁液，而变得鲜香入味。

在湘西，不仅能品尝到地道的苗族美食，还有特色独具的土家族菜肴。我们的美食侦探万俊自然不能放过这个好机会。

不看不知道，美食真奇妙，这土家擂辣椒挺奇特。用火坑里的炭灰把辣椒烤熟，然后擦净去皮，放在大碗里，和大蒜花椒盐一起擂啊擂，等辣椒被捣碎时，炭灰里的茄子也刚好烧熟。土家人同样把茄子擦净剥皮，放在大碗里，和捣碎的辣椒一起继续捣。为什么土家族人会把茄子和辣椒放在一起捣呢？这是因为两种蔬菜都具有丝状结构，放在一起比较容易混合，味道也能融汇在一起。

　　吃辣椒就能吃饱，这可不是夸张的说法。也许土家族人在这全国各地最会吃辣椒，也是最能吃辣椒的人。他们能毫不费力地做出整席的辣椒菜肴，而且样样美味。皮焦肉嫩的油煎辣椒，软滑可口的油淋柿子椒，还有炒辣椒、剁辣椒和香香脆脆的炸辣椒瓢等等。如果说苗族人一天不能没有酸，那么说土家族人一顿不能没有辣是再合适不过了。

　　有贵客到来，土家族姑娘们会拉起漂亮的拦门布，送上好听的山歌。

　　相传明代嘉庆年间，朝廷征调湘鄂西土司兵上前线抗倭。恰好赶上年关，为了不误军机，土司王下令提前一天过年。于是，将腊肉、豆腐、萝卜一锅煮当成年夜饭，叫吃合菜。由于是三种食材投在一口锅，所以也被人们称为三下锅。湘西的土家族火锅就是在三下锅的基础上发展而来，所取食材早已不只三种，将辣椒、豆豉、大蒜等几种调料放在一起爆炒，再加入大骨汤，撒上一把野葱，就成了土家族火锅的锅底。烫食的菜品则以豆腐、腊肉、肥肠、猪肚、猪血以及各种新鲜蔬菜为主。

　　土家血豆腐真的是用豆腐做的，把现成的豆腐揉碎挤烂，加入猪血搅拌均匀，再放入花椒粉、辣椒粉和肥肉丁继续搅拌。最后，揉成浅棕色的一大坨，这会是怎么个味道呢？锅底汤料浓辣无比，将腊肉和肥肠等投进其中，马上就会变得香辣鲜美。尤其这土家族人最爱吃的土家血豆腐，一点点豆腐的鲜，一点点猪血的香，一点点花椒的麻，还有一点点烟熏之后独特的味道。一块血豆腐放在嘴里，纯纯的大山深处的滋味就都在其中了。

第五章 电视体育节目配音

电视体育节目作为电视节目的重要组成部分，在广大电视观众尤其是体育迷群体中有着广泛的影响力。对于电视配音员而言，能否高质量地完成电视体育节目配音对电视体育节目的高水准传播具有举足轻重的作用。应该说，电视体育节目配音在电视节目配音中也是较为特殊的一种类型，电视体育新闻配音有别于一般的电视新闻配音，因为其需要更加快速的语言节奏和更具动感的语言状态；电视专题节目配音又有别于一般的电视节目专题配音，它除了需要一般专题配音的常规处理之外，还应体现体育运动本身更高、更快、更强与人文体育精神完美结合的配音情绪。本章内容将从电视体育节目配音的总体要求、电视体育新闻配音创作要求、电视体育专题配音创作要求等三个方面进行分析，试图全面展示电视体育节目配音所应具备的综合素质要求和技术标准。

第一节

电视体育节目配音的总体要求

一、准确把握体育节目的解说词特点

如果说电视体育节目配音与其他类型的电视节目配音相比有其专业特殊性的一面，那么就不能不提到电视体育节目解说词的特殊性，这一点在电视体育新闻解说词上体现得尤为明显。具体说来，电视体育新闻节目解说词主要体现了"三多"的特性。一是数字符号多，例如，奥运会各项赛事的比赛日期和具体时间，足球、篮球、网球、乒乓球、羽毛球等比赛的比分，体操、跳水、蹦床、花样滑冰、花样游泳等比赛的得分，田径比赛中竞赛的最终成绩，比赛选手的参赛运动员号码等。数字符号多，就要求电视体育节目配音员在配音过程中仔细备稿、集中精力、吐字清晰，有时一个数字之差就会直接导致信息传递错误，影响观众接受比赛有效信息。二是外国名词多，例如，艺术体操比赛中各国的参赛选手、教练、裁判员的姓名长短各异、命名方式不同，足球世界杯比赛地点的城市名称和场馆名称，体操比赛中的技术动作名称，篮球、足球参赛队的名称。外国名词多要求电视体育节目配音员熟悉外国名词音译之后的声音表达形式，尽可能读出外国专有名词本身的韵律感。三是解说词中的短句或者说是简单句所占比例较大，这是体育赛事本身的快节奏决定的。短句的表现效果是体现体育运动或者赛事本身的急促、动感、及时、紧张、高强度等特质，应该说，多用短句符合电视体育节目的传播理念与特征。而这一特点也就需要电视体育节目配音员做到的就是能够调整好自己的配音状态，做到语气连贯、语流顺畅、语感贴切、气息自如，只有这样才能将电视体育节目解说词中试图运用短句来达到的效果展现出来。经验不丰富或者电视体育节目配音的初学者容易在处理"三多"问题上出现问题，有的甚至一碰到带有"三多"特征的电视体育节目解说词就有心理压力，在处理相关稿件时一再出错，不仅影响了电视体育节目的制作环节，还导致节目传播效果大打折扣，所以广大初学者注意并以正确的态度和方法进行大量训练及实践是十分必要的。

二、充分积累体育专业知识和素养

在电视节目配音实践中，我们追求的是"各行其道、各有韵味"，也就是说不同节目类型的配音也应该体现出不同的特质，让受众听起来不是千篇一律，尤其是对于专业受众听起来一定要"够味儿"，这一点在电视体育节目配音中体现得更为显著。因为电视体育节目的广大受众是对某一运动或赛事高度热衷、具有浓厚兴趣的"迷群体"，他们对电视体育节目配音水准的要求就格外的高。电视体育节目配音员若想让广大电视体育节目观众感觉其是"内行"，说的是"内行话"，就得将自己融入到宽广博大的体育世界中，并能深切体会到体育运动本身的价值与魅力，这对于广大电视体育节目配音的从业者和初学者而言是非常重要的。因此，电视体育节目配音员应该运用一切机会去充分积累相关体育知识、培养自身的体育素养，对于体育运动、体育赛事、体育明星要长时间关注，有条件的话还可以适时地投身某项运动之中去切身体会，除此之外，还要多和体育迷进行广泛的交流和深入的讨论以加深自身对体育运动或赛事的理解和把握。如果用中国播音学相关理论来梳理的话，这应该算是电视体育节目配音实践过程中的广义备稿了。现在看来，电视体育节目配音的从业者和初学者不仅仅要让自己的声音符合一般配音清晰、准确的大众化标准，更为重要的是在配音中处理好"逻辑重音"和"情感重音"，这在电视体育节目配音实践中极为关键，这也是判断电视体育节目配音作品是否达到高标准的重要依据。如果大家有机会深入到电视体育节目配音一线进行实际调研的话，就会发现一些得到同行和观众认可的电视体育节目配音工作者一定是具有相当丰富的体育知识、较为广泛的体育爱好、十分浓厚的参与体育热情的体育迷，这是他们高质量完成电视体育配音工作的关键所在。

三、投入激情、积极向上的创作状态

电视体育节目带给广大电视观众的直观感受就是对速度的超越、对力量的展现、对极限的突破、对团队的考验、对意志的磨炼等，这些是其他电视节目所无法带给广大受众的。而配音员能否将丰富的体验和感受通过有声语言表达的形式传递给电视观众呢？要做到这一点，就要求配音员在进行电视体育节目的配音实践过程中始终抱有投入激情、积极向上的创作状态，尤其是在从事一些典型赛事或运动项目的配音时更为需要。至于原因，主要体现在两个方面：一是只有配音员具有投入激情、积极向上的创作状态，才能调动自身的所有情绪去理解配音文案，对其中表现的主题与情感才能有全面的认知和把握。试想当配音员自身都没有欲望去理解配音文稿时，其怎么能分层次地把握所要传递的信息实质呢？二是只有配音员具有投入激情、积极向上的创作状态，才能保证其在配音创作过程中始终具有旺盛的传播欲望，最终使得电视观众能够被其配音感染和吸引，从而实现信息的正向有效传播。应该说，良好的创作状态是电视节目配音的普遍要求，但是因为配音员所承担配音的节目类型不同又各有差异。电视体育节目配音与其他电视节目配音类型在创作状态中的细微差异是由体育运动本身带来的，这一点对于配音员处理电视体育节目配音创作时提出了更高的要求，尤其是电视体育节目配音的初学者需要在长时间的业务训练和实战中才能充分体会到。

第二节 电视体育新闻配音

一、整体创作要求

1. 夯实语言基础

在不同的电视节目配音类型的创作要求中，笔者一再强调扎实的有声语言表达基础的重要性，那么过硬的语言基础在电视体育节目配音中的地位和作用同样重要。在电视体育节目解说词中，我们曾经提及"三多"的语言特点，如果电视体育节目配音实践者想尽快地解决这一问题困扰，那么其在有声语言基本功的扎实程度就显得格外关键。在保证电视体育节目配音较快语速的前提下，要让自己的语言干净、清晰、准确、得体，就要在配音时及时有效地处理好唇舌力度、唇齿配合、口腔控制、气息控制等方面的技巧问题，这些基本功虽然在之前都一直学习，但对于绝大多数电视体育节目配音的初学者而言，只有在具体的业务实践中才能意识到自己的专业基本功是否已经具备。正确的态度和方法是，如果在配音过程中发现了自己在基本功方面的不足绝不能回避或绕道而行，而是应该及时针对自身不足做有针对性地训练，这种训练可以进行专项单独训练，也可以在配音过程中一并完成，并且还要对同类型的问题进行举一反三式的练习。只有这样，才能推进自身在电视体育配音工作中不断完善和进步。

2. 准确把握节奏

电视体育新闻有着自身独特的传播特性，由于体育运动本身的快节奏，所以就决定了电视体育新闻配音也应该体现和把握正确合理的节奏处理特征,即快而稳健、密而不乱。快而稳健指的是虽然配音员在配音过程中速度较快,但是整个语流的表达样态是顺畅的、稳健的,这一点说起来看似容易,但很多电视体育新闻配音初学者在处理稿件时却只关注了速度,一味地追求单位时间内传播信息的量,并只关注于电视体育新闻配音形式表面上的快,但却忽视了速度快的本质内涵。速度快绝不是一味地往前赶着配音,而是要在气息稳健的情况下适当加快语言的速度,这样既可以让自己在配音过程中消除紧张的心理情绪,又可以让自己的语言表达有一定的生理依托,也会让观众的接受心理舒适自然。密而不乱,即在配音员用较快的语速进行语言传播时,要做到语言信息虽然密度大,但听起来字音清晰、重音得当、详略有别、情感有别,这也是电视体育节目配音的初学者容易忽视的问题。有的初学者在配音过程中将轻重缓急、抑扬顿挫省略或者忽视,所以给受众的整体感受就是听不清、理不清、想不清,从而对新闻的把握就有缺失。综上,电视体育新闻配音实践者应该在业务训练和积累过程中,充分认识到其配音本质的理想效果,不要只图于表面的形式,而忽略了根本的"快而稳健、密而不乱"的语言创作目的。

3. 合理调整语气

在电视体育新闻配音实践中,合理处理和把握对解说词语气的运用是十分重要的。体育新闻中涵盖最多的就是诸多赛事的比赛成绩和赛况,那么既然有比赛就有成绩和结果,关键就是如何用适宜的语气处理比赛结果。对于比赛中的获胜、对于比赛中的失利、对于比赛中的突破等,都应该用不同的语气处理方式,这是显而易见的。那么仅仅将这三种较为宽泛的处理方式掌握是不够的,现在电视体育新闻配音的语气处理方式应更为多元和交叉、而且还应赋予变化,绝对不能一种语气从始至终使用到底。如世界杯一场足球比赛的比赛结果虽然重要,但是整条新闻配音应该按照新闻稿件的要求描述整场比赛的过程,也许整场比赛并不是"一边倒"的态势,而是实力不分上下的胶着状态,如果始终用一种非胜即负的语气去处理就显得过于注重结果而没有注重过程。再比如,奥运会男子一百米短跑比赛,可能结果早已没有悬念,胜负已在人们的预料之中。这个时候,电视新闻配音员就应该将配音稿件中选手从起点到终点奔跑过程的细微描述用一种享受过程的语气去表现,这样带给广大电视观众的往往就是切身体验速度之美的审美愉悦,而最终的比赛结果用客观的语气去处理就可以了。此外,如果在有我国选手或者代表队参加的比赛中,对于比赛结果的语气处理也显得格外重要,如果比赛结果是好的,配音员在配音时应让自身的语气在喜悦而又带有鼓舞的情感中运动和变化,如果比赛结果不甚理想,那么配音员在配音时让自身的语气在略带遗憾和思索的情绪中运动和变化。当然,在电视体育新闻的配音实践过程中,对于语气的处理还应该具体问题具体分析,绝不能套用简单化的处理模式,只有让语气变得得体而丰富,电视体育新闻的传播效果才能深入受众，并对受众有正确的引导作用。

4. 有效激发感受

对于电视体育节目配音的初学者而言，学会运用渐进式的方法激发自己对体育节目的敏感和体育节目解说词的理解是急需解决的问题。这一点体现在体育知识积累不够丰富、体育运动直接经验欠缺的配音员身上更显重要。电视体育节目配音时间一般不长，如何在短时间内让配音员的有声语言具有感染力，方法主要有两个：一是多看，多看体育竞赛画面，尤其是在配音之前，在条件允许的情况下，先对配音的同步画面进行观看，从感官上得到必要的刺激和体验，也许这种体验比较间接，但是看得多了，自然就会对体育节目的"感觉"有所把握，所谓熟能生巧。二是多听，多听一些被业内同行广泛认可的体育节目配音作品，通过听进而可以建立起对电视体育节目配音的风格把握与定位，然后可以去借鉴，将自己的声音优势与成熟的电视体育节目配音相结合，并找准最佳结合点，这样会起到事半功倍的效果。"看"与"听"应该都是较好地外部激发的有效途径，对于电视体育节目配音而言，这两种简单易操作的方法对于配音员加深主观感受大有益处。

二、案例分析：央视《体育新闻》

案例 1

【文字稿件】

北京奥运会各项筹备工作已圆满完成，全面进入了赛时运行。所有场馆已全面开放并投入使用，体育报名和资格审查工作顺利完成。本届奥运会共有 205 个国家和地区奥委会代表团的 11438 名运动员参赛。为 25000 多名注册记者服务的主新闻中心和国际广播中心，为 5000 多名非注册记者服务的 2008 北京国际新闻中心已投入全天运行。奥运会安保工作也基本就绪，形成了国家、赛区、场馆三个层级的赛时指挥系统，确保奥运会安全、祥和。

【技巧分析】

本则新闻的大意是说明北京奥运会的各项工作已准备就绪，整个基调是客观而带有喜悦的情绪和语气。在配音过程中，应把重音落在"11438"、"25000"、"205"、"5000"等数字上，要把主要数据说清楚。此外，"确保奥运会安全、祥和"这句话也应做重音处理，这是本段新闻的核心表达。

案例 2

【文字稿件】

在今天奥运会举行的游泳、体操等多个项目的比赛中，将产生 19 块金牌。中国选手保持了良好的夺牌势头，再夺 4 金 2 铜，中国代表团也以 13 块金牌暂列金牌榜首位。在刚刚结束的比赛中，中国选手仲满在男子佩剑个人决赛中以 15∶9 击败法国选手洛佩获得金牌。这也是中国男子击剑队在奥运会历史上赢得的第一枚金牌。中国选手廖辉以总成绩 348 公斤勇夺男子举重 69 公斤级冠军。法国选手达巴亚·蒂安切夺得银牌，亚美尼亚选手马尔季罗相获得铜牌。在今天上午开始的男子体操团体比赛中，中国队的小伙子们发挥出色，时隔八年重新夺回了奥运会男子团体这块分量最重的金牌，雅典奥运会冠军日本队名列第二，美国队夺得第三名。中国男队在 2000 年悉尼奥运会上第一次为中国体操夺得奥运团体金牌，但在四年前的雅典奥运会上，中国男队连续出现失误，最后仅列团体第 5。中国队今天的这块团体金牌也让李小鹏的奥运金牌达到三枚，追平了体操传奇人物李宁。中国跳水"梦之队"的表演今天继续，在女子双人 10 米跳台比赛中，小将王鑫、陈若琳配合默契，从第一跳开始就确立了领先优势，最终夺取金牌。这是中国跳水队连续第三次在奥运会上蝉联女双 10 米跳台的冠军。澳大利亚组合和墨西哥组合分获二、三名。

【技巧分析】

本则新闻的大意是说明中国奥运代表团在一天的比赛中取得了 4 金 2 铜的好成绩，并以 13 枚金牌暂列金牌榜首位，这是一则好消息，所以配音员在配音基调和情绪安排方面应该是喜悦而带有激情的。尤其是在中国男子体操队取得团体金牌这一段文字的处理上，要结合上下文语境进行处理，在语气上要做相应的调整。同时，在这则新闻中一些数字的处理上，也应作为逻辑重音或者情感重音来对待。

案例 3

【文字稿件】

随着精彩奥运赛事的接连开赛，各地各族群众收听收看奥运节目的热情持续升温。今天中午，中国体操男队重新夺回奥运会男团金牌的那一刻，杨威的家乡——湖北仙桃沸腾了。昨天，"月亮组合"在 10 米跳台上一举夺金，火亮的爸爸说，他自己也要给儿子发一块金牌。每当五星红旗在赛场上升起，新疆哈萨克族群众就会情不自禁地弹起冬不拉，跳起热情奔放的舞蹈。奥运会开幕前，住在青海买乃亥草原上的 3725 户农牧民家终于通上电了，牧民们这两天最高兴的事儿就是守着电视看奥运。在广西壮族山寨、吉林延边朝鲜民族村，在江西赣州、浙江丽水的畲族乡村，云南大理的白族庭院，在内蒙古锡林郭勒大草原，黑龙江鄂伦春小山村，在重庆彭水县苗寨，沈阳锡伯族聚居区和湖南怀化的侗寨里，少数民族群众都在为各国运动员的精彩表现喝彩。就连坚守在四川灾区的铁军官兵们也在救灾重建的间隙收看奥运赛事。

【技巧分析】

这则新闻作为描述性较强的信息，主要说明全国各地尤其是少数民族地区百姓关注奥运、喝彩奥运的热烈氛围。配音员在处理文字稿件的过程中，应该运用轻松、喜悦、温情的语气进行创作。稿件中，有不少排比的短句，在处理时应注意适当地区分，这样的效果会更好。

案例4

【文字稿件】

在2∶0比分背后，其实是一场势均力敌的比赛。郑洁今天的接发球很好，在底线对拉中又占据绝对上风，正手就连破对方2个发球局，以3∶0领先。不过，天津小将张帅随后爆发出惊人气势。她在不久前的中网赛场曾经爆冷战胜萨芬娜，这次，又向全运会卫冕冠军郑洁送出了战书。张帅利用底线对攻拉开了角度，连续以漂亮的直线球赢得了比分，连扳三局之后追成3∶3平。之后，双方贡献了一场精彩的破发与反破发战役。张帅利用大角度的正反拍击球迫使郑洁满场飞奔。而郑洁又善于把握时机，回赠对手致命的落点。两人一度酣战至抢七，张帅经过艰苦努力才以7∶5险胜，拿下首盘。第二盘进程如出一辙，郑洁上场再度3∶0领先，而后，张帅还以颜色，追到2∶3，就在所有人都以为收盘精彩对决的一幕即将重演时，张帅的左大腿却出现拉伤，请求医疗暂停。在双方重新上场之后，比赛又一次脱离人们的想象。张帅的表现不退反进，居然再破发球局，反以4∶3领先。而不久之后，郑洁也请求医疗暂停，治疗她不太舒服的左小腿和膝盖。可是，回到球场之后，郑洁似乎失去了一些力量和信心，开始频繁失误。随着最后一拍回球下网，张帅6∶3拿下第二盘，以大比分2∶0赢得了这场意外之喜。

【技巧分析】

这是则体育新闻特写，主要内容是一场比赛的详细讲解。在文字稿件的处理上，配音员应该将具体比赛过程的一波三折描述到位，尤其是比赛中一些出乎意料的环节，配音员应该着力强调。在语气的处理上要合理把握，注重过程的描述感，要将重音、停连、节奏等外部技巧的使用作为体现整场比赛过程的重要手段。

案例5

【文字稿件】

穆勒和拜仁慕尼黑原先的一份合同截止的时间是2013年，但是目前，拜仁为了留住这一位年方二十的超级新星，及时地拿出了一份长期的高薪合同，据德国媒体透露说，穆勒的年薪将比过去增加50%，达到了300万欧元。和德国小将提前续约两年，拜仁俱乐部表示，这是对小将穆勒杰出表现的嘉奖。俱乐部主席鲁梅尼格毫不掩饰对小将穆勒的嘉奖："拜仁俱乐部将对球员的优秀表现作出嘉奖，托马斯·穆勒在上一赛季的表现毫无疑问是无与伦比的，我们很高兴，拜仁的未来将与穆勒绑定在一块。"而穆勒也再一次表达了对于拜仁慕尼黑的忠诚，他说："对于我来说，上赛季不仅仅是梦想成真的时刻，拜仁慕尼黑是我的家，是我的俱乐部，很高兴未来五年我都将身穿拜仁慕尼黑的球衣出赛。"即将年满21岁的穆勒上赛季第一次登上德甲联赛就有良好的表现，不仅跟随拜仁获得双冠王和欧冠的亚军，还在世界杯上一举将金靴奖和最佳新人奖全都收入了囊中。

【技巧分析】

这条新闻是一则人物特写，主要是说明拜仁慕尼黑队的球员穆勒的卓越成绩。配音员在创作过程中，应该做好两点工作，一是处理好文字稿件中的叙述部分，尤其是把教练、球员、数字说清楚，二是将人物语言做适当的模仿处理，主要是在表达语气上下工夫。此外，新闻的最后一句应该加以强调，运用肯定和赞许的语气处理。

案例6

【文字稿件】

巴西足协和科林斯蒂安俱乐部在官方网站上公布了梅内塞斯即将出任国家队主教练的消息。梅内塞斯在新闻发布会上说："为了整个巴西，我正式接受足协的邀请，我已经准备好迎接挑战，这是每名职业教练的梦想。"现年48岁的梅内塞斯是在前申花主帅穆里希拒绝足协邀请之后接过巴西队教鞭的，目前，他正在克里蒂安斯队执教。2007年年底，他正式执掌克里蒂安斯，球队在他的带领下获得了2008年巴西足球乙级联赛的冠军，从而杀入甲级联赛。2009年，梅内塞斯又率队以不败的战绩获得圣保罗联赛的冠军，以及巴西杯的冠军。在新闻发布会的途中，罗纳尔多和卡洛斯带领着部分克里蒂安斯球员来到现场祝贺梅内塞斯，俱乐部主席安德列斯桑切斯更是泪流满面祝福梅内塞斯一路走好，场面十分动人。据悉，梅内塞斯的合同将持续到2014年巴西世界杯之后。

【技巧分析】

这条新闻是关于体育人物的一则特写，主要是说明巴西国家足球队的新任主教练梅内塞斯即将到任的消息。内容主要涵盖各方对于梅内塞斯到任的态度，有赞许、有留恋、有祝福等等，这需要配音员细心体会。此外，配音员在模拟梅内塞斯新闻发布会发言的时候，也应该尽量去揣摩人物语言和心理特征。配音员在叙述新闻主人公阅历的时候，应该把历时性发展的特点尽力展现出来。

三、能力拓展训练材料

1. 开场仅2分40秒，德国队就由20岁的小将托马斯·穆勒头球破门，这是目前本届世界杯的最快进球。此后，德国队展开有效的防守反击。下半场第74分钟，弗里德里希为德国队再得一分。而第100次代表德国队出场的32岁老将克洛泽，在第67分钟和第89分钟连下两城，不仅使自己在本届世界杯上的进球数达到了4个，也使自己在三届世界杯上的进球数达到了14个，很有可能打破巴西射手罗纳尔多保持的15个世界杯进球的纪录。在当天的另一场比赛中，西班牙队在巴拉圭队顽强的防守下，依靠头号射手比利亚的一个进球，以1∶0艰难杀进4强。这个宝贵的进球不仅让比利亚以5球在本届世界杯射手榜上独领风骚，还使西班牙队自1950年后第一次进入世界杯四强。比赛中两队戏剧性地各射失一个点球，而这种情况仅在1930年第一届世界杯上阿根廷对墨西哥的比赛中出现过。至此，南非世界杯的四强全部产生，半决赛将由荷兰对乌拉圭，德国对西班牙。

2. 北京时间2月13号上午10点，在温哥华不列颠哥伦比亚体育馆，2010年温哥华冬奥会隆重开幕，伴随着现场五万多名观众的热情欢呼，全世界冰雪运动爱好者们的热情再次被点燃。伴随着全场的倒计时，温哥华冬奥会开幕式正式开始。一名单板滑雪选手从洛基山脉顶端滑下，最终穿过五环标志来到会场中央。会场中央随后缓缓升起4个巨大的冰人雕塑，身穿传统服装的原住民走进场内，载歌载舞地欢迎各方来宾。运动员入场仪式随后开始，现代奥运会发源地希腊的体育代表团首先进场，中国代表团排在第18位入场，都灵冬奥会冠军韩晓鹏担任旗手。在文艺表演中，梦的风景、北方圣歌、神圣树丛、秋之韵等几个章节展现了加拿大原住民的历史风情，以及人类冰雪运动的发展。12点30分，加拿大总督米夏埃尔·让宣布第21届温哥华冬奥会开幕。升旗仪式之后，会场内加拿大国旗、五环旗降半旗，全体观众为在赛前训练中意外身亡的格鲁吉亚雪橇选手库马里塔什威利默哀一分钟。冬奥会火炬在场内经过五名火炬手传递，场内三根冰柱和一个酒杯状的火炬慢慢升起，交叉组合成最终的主火炬。三名火炬手共同点燃火炬。这是冬奥会历史上首次在室内举行开幕式。温哥华冬奥会将于2月28号闭幕。

3. 今天温哥华冬奥会的花样滑冰赛场是属于中国队的，申雪、赵宏博和庞清、佟健分别为我国摘得了双人滑的金牌和银牌。这不仅是我国花样滑冰历史上第一枚奥运会金牌，也让申雪和赵宏博最终实现了他们追求多年的奥运金牌梦想。压轴出场的中国名将申雪、赵宏博一登场就引起了全场的欢呼，他们的自由滑音乐来自意大利作曲家阿尔比诺尼的《柔板》。这对三届世界冠军在开场后完成了一个漂亮的后外点冰三周单跳，随后的所有技术动作都完成得完美无缺。两人全心投入比赛，表演令人如痴如醉。全场观众起立长时间鼓掌喝彩。最终这对冰坛伉俪以总分216.57摘得了金牌,圆了两人四度征战冬奥会的梦想。中共中央政治局委员、国务委员刘延东,向中国体育代表团发来贺电,代表党中央、国务院向获奖运动员及中国体育代表团表示热烈祝贺!今年31岁的申雪和37岁的赵宏博都来自黑龙江哈尔滨,1992年开始配对练习双人滑。多次冲击奥运金牌却没能如愿。2007年,在获得第三个世锦赛冠军后,申雪、赵宏博宣布暂时退役。去年隐退两年的申雪和赵宏博回到花样滑冰国家队,终圆梦想,也见证了中国花样滑冰从零起步到今日辉煌的过程。另一对中国组合庞清、佟健今天的表现同样堪称完美。他们的这套自由滑得到了141.81的全场最高分,刷新了国际滑联的自由滑最高分纪录。不过由于昨天的短节目落后较多,庞清、佟健最终以总分213.31排名第二获得银牌。在昨天的短节目排名第二的德国组合萨维琴科、索尔科维由于今天多次出现失误,最终这对两届世锦赛冠军获得了铜牌。还有一对中国组合张丹、张昊,在比赛中也出现了失误,最终以总分194.34获得了第五名。

  4. 今天的奥运赛场再传捷报,凭借超强实力和心理素质,王濛再夺女子500米短道速滑金牌。今天的比赛中,王濛表现出高人一等的实力,1/4决赛中刷新前两天自己刚创下的奥运会纪录,半决赛中再次打破了刚刚诞生一个小时的奥运会纪录。不过,与王濛战术配合的周洋没能进入决赛,让王濛最终孤身面对两位加拿大选手的挑战。决赛开始,发令枪响后王濛迅速领先,但两位加拿大选手抢位时碰撞双双摔倒,赛道被冰刀划坏,为此裁判不得不临时更换了赛道。比赛再次进行却出现了抢跑的情况。第三次发枪,比赛顺利进行,王濛迅速冲出起跑线,并占据领先,一直保持较大领先优势,最终以43秒048的成绩率先通过终点,成功卫冕。夺冠之后的王濛与教练相拥,表达自己对教练李琰的感恩之情。2002年的盐湖城冬奥会,杨扬在这个项目上夺得中国队冬奥历史上的首枚金牌。2006年都灵冬奥会,首次征战奥运会的王濛就夺得该项目冠军。2008年,王濛划出了惊人的42秒609,成为该项目世界上第一个突破43秒大关的女选手。2009—2010赛季,王濛包揽了四站世界杯分站赛的500米冠军。今天的成功卫冕,让中国队连续三届获得这个项目的冬奥会金牌。在今天进行短道速滑男子5000米接力半决赛中,中国男队以小组排名第一的成绩闯入决赛。男子冰壶循环赛中国队8:1大胜丹麦队,赢得冬奥会首场胜利。女子冰壶一天两赛,在首场比赛4:5惜败于英国队后,中国队下午以8:6战胜瑞士队。今天的冬奥会赛场上,美国选手沃恩摘得高山滑雪女子速降金牌,挪威选手比约根获得女子古典式个人竞速赛金牌,男子古典式个人竞速赛金牌由俄罗斯选手克里尤科夫获得,速度滑冰男子1000米由美国选手戴维斯获得金牌,奥地利的沃尔夫冈和安德理亚斯获得无舵雪橇混合双人赛金牌,单板滑雪男子U型池金牌由美国肖恩摘得。目前的奖牌榜上,中国队以2金1银1铜位列第7位。

  5. 在短道速滑女子1500米中,中国队的孙琳琳、周洋、王濛三位选手晋级半决赛。在半决赛中,率先登场的孙琳琳以0.03秒的微弱差距无缘决赛。而本来非常有希望杀入决赛的王濛在最后一圈时摔倒，被判犯规同样无缘决赛。只有19岁的周洋进入决赛，孤身面对实力强大的韩国队三名选手。决赛八名选手同场决战。一开始，周洋就占据领先位置，但韩国的三名队员不断超越周洋，消耗她的体力。比赛还剩八圈时，美国选手超越周洋发生碰撞，周洋降到第四位。接下来的比赛中，周洋顽强顶住压力，逐步超越了所有对手。最终周洋以较大优势获得冠军，打破了此前冬奥历史上韩国队包揽短道速滑女子1500米金银牌的历史。周洋1991年出生在长春一个普通家庭，父母身体又不太好。懂事的周洋凭借一种顽强的毅力坚持训练。凭着顽强艰苦的训练，周洋成为中国短道速滑女队的"2号人物"。周洋先后在2008年、2009年世锦赛中夺得女子1500米的铜牌和银牌，在世界杯分站的比赛中也频频夺冠。这是她第一次参加冬奥会，成为中国最年轻的冬奥会冠军。在目前的奖牌榜上，中国以三金一银一铜位列第八。

6. 在首先进行的阿根廷对阵韩国的比赛中，阿根廷核心队员梅西组织了多次对韩国的有力进攻，并帮助阿根廷前锋伊瓜因完成了本届世界杯的首个帽子戏法。韩国队试图通过严密的防守遏制住阿根廷的进攻风暴，但只在第45分钟由前锋李青龙攻进一球。阿根廷最终凭借伊瓜因的帽子戏法和韩国队开场送出的乌龙球，4：1战胜韩国，在B组中独占鳌头，出线在即。在随后进行的希腊对阵尼日利亚的比赛中，尼日利亚左前卫乌切在第16分钟利用一记直接任意球率先破门。这是本届世界杯开赛以来的首次直接任意球得分。但是希腊队奋起反攻，最终以2：1逆转10人应战的尼日利亚队，获得希腊在世界杯上的首场胜利。当天最后一场比赛在A组的法国队和墨西哥队之间展开。墨西哥队凭借埃尔南德斯和布兰科在下半场的进球2：0击败法国，首轮遭遇平局的上届亚军法国队出线前景黯淡。

7. 卡卡的手术由比利时森德威普的名医马滕斯亲自操刀，马滕斯向媒体展示了卡卡左膝半月板手术的模型和手术过程。卡卡离开医院时，双手都拄着拐杖，从表情上来看还算是轻松。在医院外接受采访时，卡卡表示在世界杯赛时就感觉到了疼痛，但自己和巴西队的队员都认为这只是个小问题。皇马球星说："当时我的确感觉到了肌肉的疼痛，但没有想到太严重，非常感谢皇马主帅穆里尼奥，他支持我动手术，希望看到一个100%恢复的我。"至于为何在世界杯后才选择手术治疗，卡卡说："伤情一直困扰着我，使我无法全情投入新赛季的训练，但我接受检查时发现软骨也出现了炎症，我意识到必须动手术才是最好的选择。"据悉，卡卡需要3到4个月的恢复时间才能够重返赛场。

8. 在斯巴达克队和火车头队的德比大战结束之后，本轮荷超联赛意外在两支莫斯科球队之间展开。早已名扬欧洲的莫斯科中央陆军队客场挑战莫斯科FC队。比赛刚刚开始6分钟，中央陆军队便率先发难，巴西外援罗维接队友的传中近距离破门1：0。此后，中央陆军队攻势不减，而他们扩大比分的进球仍然出自定位球，德萨戈维角球传中，贴列夫斯基头球摆渡，罗维获个正着，梅开二度，将比分改写为2：0。场边的中央陆军主帅加沙耶夫显得成竹在胸，

2005年，正是他率领中央陆军队捧起过联盟杯。第40分钟主队发起了反击，同样是利用一次定位球的机会，莫斯科FC队由他们的队长浦东斯科完成破门，然而，就在进球的一刹那，边裁的旗子也同时举起，主裁判在听取了边裁的意见之后取消了这粒进球。慢镜头显示，这确实是一次正确的改判。一边再战，中央陆军队不会再给对手机会，第54分钟，又是罗维在接到队友的长传球后单刀赴会，将比分扩大到3∶0，巴西人也就此完成了本场比赛的帽子戏法。不过，更精彩的还在后面，第61分钟，罗维打进了个人本场比赛第四球。这位神射手用他的精彩表演彻底摧垮了对手，而中央陆军队也胜券在握。尽管此后，主队终于打进了一粒挽回颜面的进球，但是已经左右不了胜负的天平。中央陆军队先取3分，在联赛还剩2轮的情况下，坐稳第二名，又有希望在下赛季重新杀回欧冠赛场。

9. 在今天的温哥华冬奥会短道速滑女子3000米接力赛上，中国队获得冠军。这是我国冬奥会历史上第一枚团体金牌。中国队在比赛中第二个冲过终点线，志在五连冠的韩国队率先抵达，但是裁判经过协商后宣布，韩国队因超越碰撞犯规被取消比赛成绩，因此中国队、加拿大队和美国队占据前三甲位置。这是一枚中国队曾经五次冲击却没能拿到的金牌！从1992年阿尔贝维尔冬奥会起，中国队不懈地向这枚金牌发起冲击，却由于犯规、失误等原因遗憾地一再错过。本届冬奥会，中国队主力队员刘秋宏又因伤无法参赛，临时换上了大赛经验不足的孙琳琳。比赛过程中，中国队和韩国队交替领先。最终中国队打破世界纪录获得冠军。从杨扬2002年盐湖城冬奥会夺得短道速滑500米金牌到今天，冬奥会上的女子短道速滑所有项目我国都有了金牌的斩获。在下午举行的冬奥会女子自由式滑雪空中技巧比赛中，上届冬奥会亚军我国选手李妮娜再次收获一枚银牌，郭心心获得铜牌。冠军被澳大利亚的拉西拉获得。目前在奖牌榜上，中国队以四金两银两铜位列第八。

10. 这是阿根廷主帅马拉多纳在兵败南非后的首次新闻发布会，也是对阿根廷足协宣布不再和他续约的回应。在当天的新闻发布会上，马拉多纳不再嬉笑怒骂，而是朗读了一份事先准备好了的声明，并拒绝回答记者的任何问题。马拉多纳毫不客气地将矛头直指阿根廷足协的最高层。马拉多纳说，在南非世界杯上阿根廷足协主席格隆多纳曾亲口表示对马拉多纳的工作很满意，希望他继续留任教练，但是今日，格隆多纳竟要求马拉多纳更换教练组的7名成员，这是马拉多纳绝对不能接受的条件。马拉多纳认为，阿根廷足协这样做的原因其实就是不想让他继续留任。马拉多纳还提醒自己的继任者小心阿根廷足协和国家队中的阴谋。现年50岁的马拉多纳在2008年10月被任命为阿根廷国家队主教练，阿根廷国家队在南非世界杯1/4决赛中被淘汰后，阿根廷足协表示，由于足协和主教练马拉多纳发生不可弥合的分歧，马拉多纳将不再担任国家队主教练。马拉多纳则认为自己在国家队主教练的位子上问心无愧。

第三节

电视体育专题片配音

一、整体创作要求

1. 加深对题材的整体把握

在我国，电视体育专题片的传播意义和价值除了彰显体育运动本身的魅力之外，更多了一层爱国主义、民族主义以及集体主义的教育作用，这一点是广大电视体育专题节目配音初学者应该予以关注的问题。例如，在北京奥运会开幕之前，为了全方位展现中国优秀运动员的强大阵容和全力备战奥运会的赛前情况，中央电视台制作了大型系列人物专题片《我的奥林匹克》。每期节目一个人物，这些体育人物均有在北京奥运会上创造佳绩的希望，这一专题片无疑在全景式展现中国优秀运动员为北京奥运会辛勤耕耘与付出的同时，还向国人展现了中国目前卓越的体育竞技水平，有着鼓舞士气和宣传体育精神的双重内涵。那么，电视体育专题片配音员对于这一主题的正确把握，就对其合理地进行配音创作产生了积极的作用。也就是说，我国的电视体育专题片配音一定要和现实的国情和社会发展情况紧密结合在一起，应该以当时的时代大背景作为理解题材的重要参考系数，只有这种方式的认知和把握，才能对电视体育专题片的主题有一个全面而深刻的理解，并进而指导自己的艺术创作，从而达到电视体育专题片预想的传播目的和效果。此外，电视体育专题片也是对某一个体育新闻人物或者事件的纵深报道，这也是从事电视体育专题片配音的初学者应该把握的，也就是说配音者应该在配音之前思考清楚自己的配音应该如何展现相应专题片题材的深入性和探究性。

2. 确认文本的创作风格

在加深对电视体育专题片题材的理解和把握后，配音员就应该确定专题片文本的配音创作风格。有的配音员持这样的观点，他们认为电视体育专题片配音风格因比赛结果或成绩优劣大致分为两种创作风格，一是激扬、二是悲情，这种观点有一定的合理性，但是并不全面。当今，电视体育专题片的配音创作风格已日益多元或者交叉，激扬、悲情、坚忍、刚毅、大气、伤痛、憧憬、敬仰、热爱等关键词都可以和电视体育专题片的配音创作风格紧密联系在一起。从对文本创作风格的多维度发展趋势中我们可以得出这样的结论，那就是配音员在完成电视体育专题配音的过程中，往往需要多次重复和揣摩之后才能将文本的创作风格确定下来，这是一个细致的工作、是慢工夫，不是一蹴而就的，更不是粗枝大叶可以处理得当的。有些配音实践者在业务操作过程中，过于追求表面的形式而忽略了用心体会，在时间很短的情况下不假思索，从而导致对电视体育专题片文本的创作风格产生认识上的偏差，有时即便是不大的差异，也会影响整部专题片的表达效果。在这一问题上，所有电视体育专题片配音的初学者都要有清醒的认识，确定专题片文本的创作风格是一项基础性工作，必须以严谨的态度来认真对待。只有这样，才能出精品、出力作。

二、案例分析：央视《中国冰雪记忆》

【专题介绍】

《中国冰雪记忆》由中国奥委会和中央电视台联合摄制，是大型纪录片《我们的奥林匹克》的姊妹篇。《中国冰雪记忆》共六集，每集50分钟，全部采用高清设备拍摄。每一集都将以冬季运动的某个项目为线索，以电视纪录片特有的方式、用全新的视角来反映中国冰雪运动的发展。《中国冰雪记忆》将集中展示速度滑冰、短道速滑、花样滑冰、冰球、自由式滑雪、单板滑雪以及冰壶等中国冰雪运动中优势项目，通过叶乔波、李琰、王濛、姚滨、申雪、赵宏博等人物的亲身讲述，再现中国冰雪运动的发展历程，在更广阔的空间里书写冰雪运动的魅力和挖掘更深沉的冰雪记忆。

《中国冰雪记忆》拍摄了从1924年第一届冬奥会举办地法国夏蒙尼到2010年冬奥会举办地温哥华在内的几乎所有冬奥会举办城市，将以冬奥会为贯穿线索，把中国冬季运动放到国际化视野中去考量。《中国冰雪记忆》也将相关的冬季奥林匹克运动的知识融入其中，并探寻中国文化与奥林匹克文化的碰撞与融合，诠释体育的文化内涵。

《中国冰雪记忆》坚持人文化记录和电影化叙事的表达方式，将把主体人物置于广阔的时代背景与社会生活中，通过人物命运的变迁折射中国冰雪运动发展的轨迹。在创作理念上，追求人文化的纪录。在尊重事实和生活真实的绝对原则之下，寻找影像表达的丰富性，节奏感和影像质量，特别是在叙事上寻找明快的节奏和故事化的表达方法。通过"创意摄影"、"纪实追踪"、"原音重现"和"剧本预置"等多种艺术手段，体现"纪录片的电影化叙事"。

【文字稿件】

首都体育馆是中国冬季项目的大本营，也是很多冬季项目运动员的家。2009年夏天，中国短道队的队员们将从这里出发，开始他们温哥华冬奥会之前最后一次高原训练。

（同期声）

昆明平均海拔在 1900 米左右，空气密度和含氧量都低于平原地区。因此，这里是很多运动队夏季训练的首选地。

（同期声）

这次高原训练国家队引进了不少年轻的新队员，他们大部分的时间都花在了最基础的技术和力量训练上，这些在李琰看来是最重要的。

（同期声）

全运会比赛是高原训练之前最后一次全国大赛。看台上的李琰想通过比赛为国家队挑选新的队员，担任这场比赛解说嘉宾的是前冬奥会冠军大杨扬。

（同期声）

杨扬看到的录像带是 1988 年在卡尔加里举行的第 15 届冬奥会比赛，这是短道作为表演项目第一次进入冬奥会。由于在此前的两届冬奥会中中国没有任何一个项目进入过前 20 名，所以这届冬奥会上李琰成了中国队的头号明星。

（同期声）

这张海报是当时的赛事组委会为了表彰成绩突出的运动员而专门设计的。虽然李琰获得的表演项目金牌并不计入奖牌榜，但这张海报依然向世界宣誓了中国冬季项目腾飞的梦想，这标志着我国冰雪运动有了新的进步。

（同期声）

全运会比赛结束后，李琰心里已经有了一份新的国家队名单。

（同期声）

经过了四月份的全运会，有 7 名新队员加入国家队，现在国家队共有 23 人。

（同期声）

跟他们一起到来的还有队里专门从法国请来的器材教练保罗，他为每个队员设计和调整陆上训练的辅助器材。更重要的是他还根据每个队员的脚形为他们定做了冰鞋，这在李琰当运动员的时期是根本无法想象的。

（同期声）

1992 年，冬奥会短道速滑就将成为冬奥会正式比赛，而中国短道想要获得更多的支持和投入最好的办法就是获得一枚冬奥会金牌。1988 年，冬奥会上的表演项目金牌让很多人相信中国冬季项目真正的金牌零的突破离我们越来越近了。位于阿尔贝维尔市西南部的这座滑冰馆是当地孩子们学习滑冰的乐园，这些孩子们或许并不知道这里曾经发生过什么，但看台上的奥运五环似乎还印记着中国短道队第一次与金牌擦肩而过的瞬间。

（同期声）

最终美国选手特纳·凯西获得女子500米的金牌，李琰获得银牌，中国短道队长达十年的冲金道路从这一刻正式开始了。1994年利勒哈默尔冬奥会李琰已经成为助理教练，巧合的是中国队又在女子500米比赛中进入决赛，而对手依然是上届冠军特纳·凯西，现在我们看到的便是女子500米的最后的决赛，还有中国的张艳梅参加了这个项目的决赛，张艳梅滑在前面。张艳梅在前一阶段一路领先，在比赛进入到最后一个弯道的时候，美国选手特纳·凯西凭借着丰富经验超过了张艳梅。

（同期声）

1994年之后李琰离开了中国短道队，直到2006年才又重新回队执教。

（同期声）

除了日常的陆上和冰上训练之外，最让运动员头疼的是体能训练。训练前李琰总会看似轻松地放起音乐，但队员们心里都明白最难熬的训练就要开始了。

（同期声）

这项训练要求队员骑行速度保持在每小时30公里以上，骑行一个多小时。

（同期声）

训练后的放松是队员们一天中最快乐的时光，尤其是周末领队王春露还会买一些水果犒劳队员，从运动员到领队她在短道队已经待了14年。

（同期声）

1995年成立的国家队云集了王春露、杨扬、李佳军、孙丹丹等一批年轻的队员。他们的目标比以往任何一届国家队都明确。

（同期声）

和上两届冬奥会一样，中国队在女子500米比赛中再次进入决赛，而且是王春露和小杨阳同时进入决赛。

（同期声）

加拿大选手伊莎贝拉撞倒王春露之后，另一位加拿大选手安妮第一个冲过终点，这是一场令人非常遗憾的比赛，中国的小杨阳获得第二。

（同期声）

中国短道速滑队虽然取得了五银一铜的好成绩，但终于没能实现冬奥会金牌零的突破，留下了世纪的遗憾，中国代表团事实上已不得不把夺得首枚冬奥会金牌的夙愿推到下个世纪去实现。

（同期声）

两天之后大杨扬和王春露，还要面对第二场比赛女子500米，这已经是中国队第四次进入这个项目决赛。在前三届冬奥会上,中国队都获得了银牌。

(同期声)

这是国家队高原训练的最后一个晚上,明天他们就将返回北京回到他们的大本营,从云南回到北京之后有四名队员没有通过教练的考核,暂时离开了国家队。剩下的队员还要经过进一步选拔才能确定最终参加2010年冬奥会的人选。从高原回来的第一堂训练课队员们表现得有些疲惫,这让李琰很不满。

(同期声)

即将到来的新赛季不允许李琰和队员有任何松懈。2009年9月短道世界杯北京站,队员们新赛季第一场比赛就要打响了,这是检验队伍夏训成果和试探对手的绝好机会。决赛中,王濛站在了女子500米的起跑线前,这是她最熟悉也是最擅长的项目。2006年都灵冬奥会,她就是通过这500米让人们记住了她。女子500米曾经让中国队在三届冬奥会上获得银牌,也曾经让中国队在盐湖城荣获冠军,但这些历史对于王濛来说并不重要。

(同期声)

中国选手王濛获得了短道速滑女子500米的冠军,在大杨扬之后年轻一代已经迅速成长并且成功地成为世界上最优秀的短道速滑选手。在王濛夺冠的同一天,当时担任美国队教练的李琰也带领自己的队员阿波罗获得了男子500米的冠军。都灵冬奥会之后,李琰开始担任中国队的教练。在世界杯北京站上,王濛再次获得女子500米的冠军,这一天恰好是教练李琰的生日。

(同期声)

【创作分析】

这集专题片的主要内容是介绍中国短道速滑队的奥运之路,从第一次参加比赛到获得奖牌,从成绩突破到首枚金牌,这一切凝聚了太多的辛勤、努力和拼搏,是几代人的青春与奋斗换来的。配音员要结合这样一段段感人肺腑的人物阅历,深切体会中国短道速滑不断成长、成熟,并创造辉煌的发展过程。此外,这集专题片中穿插了大量的人物同期声,这就要求配音员在每一段配音切入的时候要实现"无缝对接",不能有明显的割裂感,要保持配音风格的统一性与和谐性。总体上说,这集专题片的配音整体风格稳健、自然、客观,配音员的语言处理没有太多的起伏,但是受众却能深切体会到配音员对于题材的深刻领会,这说明配音员的准备是充分的,其中既包括心理准备,也包括技巧准备。此外,整段配音没有太多雕琢的痕迹,没有太多为了强调而凸现的重音处理,所以听起来流畅、自然、亲切,因此受众的接收效果也达到了预期,也就是说配音员的创作真正实现了信息传递和情感共鸣的传播效果。

三、能力拓展训练材料

1.《中国冰雪记忆——负重飞翔》

　　长春莲花山滑雪场是一座对外开放的大众滑雪场，每年的一月是这里最冷的时候，月平均气温零下17度。2002年盐湖城冬奥会之后，中国自由式滑雪队将这里确定为国家队训练基地。韩晓鹏，江苏人，1995年开始练习自由式滑雪项目。当年和他一同来到队里的还有这个来自辽宁的女孩李妮娜。

　　（同期声）

　　陈洪彬今年59岁，2006年都灵冬奥会之前他一直是中国自由式滑雪队的主教练。作为现在队里年龄最大的教练，每天他都是第一个来到雪场，最后一个离开。

　　（同期声）

　　1994年，中国刚刚组建的自由式滑雪国家队在长白山集训，陈洪彬被派往那里任教。而在此之前，陈洪彬还是一个对滑雪一窍不通的体操技巧项目教练。

　　（同期声）

　　她叫徐囡囡，现在是沈阳体院自由式滑雪教练。她的丈夫纪冬，现任中国自由式滑雪队主教练。他们当年都是陈洪彬的第一批队员。

　　（同期声）

　　1994年，陈洪彬和他的搭档杨尔绮一起带着这些从蹦床和技巧转项过来的小队员开始了对自由式滑雪项目的探索。

　　（同期声）

　　自由式滑雪产生于20世纪60年代的美国。20年后它才进入到中国。这个在国外作为休闲体育得到普及的运动在中国的开端却异常艰难。

　　（同期声）

　　中国的雪上运动一直非常落后，高山滑雪、冬季两项、越野滑雪等项目在冬奥会上的成绩几乎是一片空白。1998年长野冬奥会自由式滑雪空中技巧正式进入奥运会。当时已经有人注意到这个对身体的灵活性要求较高的项目非常适合中国人的特点。每天，赶在队员训练之前修整雪台是教练组的第一项工作。陈洪彬已经做了十几年，这让他对国内每座雪场的特点都了如指掌。但对十几年前的陈洪彬来说，修整雪台还有另外的目的。

　　（同期声）

　　三月的长春，中国自由式滑雪队已经在这里训练了两个月。随着温度的升高，积雪渐渐融化,连晚上他们也要加练了。

(同期声)

像这样的夜间训练要持续到晚上10点半,由于温度条件影响,很快他们将转战到纬度更高的内蒙古阿尔山开始新的备战,队伍的下一站是内蒙古的阿尔山。从2004年开始,那座因为温泉而闻名的小城成为国家队的冬训基地,但有消息说今年的降雪并不理想,队伍能在那里训练多久还是一个未知数。中国自由式滑雪队每年冬天都要转战好几个城市,这样的旅程建队的十几年里一直如此。

(同期声)

从长春莲花山到内蒙古阿尔山,加上转战的时间,队伍要在路上花费16个小时,这段时间也是队员难得的放松机会。

(同期声)

中国雪上项目的奥运征程,长野冬奥会是重要的一站。从1980年第一次参加普莱西德湖冬奥会到1994年利勒哈默尔冬奥会,冰上项目已经为中国代表团贡献了四枚银牌和两枚铜牌,而雪上项目的奖牌榜仍是空白。漫长的等待,一代代运动员的冲击,在失望与无奈中他们迎来了1998年长野冬奥会。

(同期声)

第18届冬奥会的自由式滑雪女子空中技巧实况,三名中国队员郭丹丹、徐囡囡和季晓欧进入到最终的决赛。

(同期声)

因为徐囡囡的受伤,三名中国运动员中冲击奖牌的任务更多地落在季晓欧和郭丹丹的身上。但在决赛前的热身训练中,季晓欧膝关节骨折,十字韧带断裂,退出了比赛。

(同期声)

季晓欧受伤了,最后这个奥运会比赛只有郭丹丹和徐囡囡她们两个人去担当。但仅仅十几分钟后,刚刚目睹队友受伤的郭丹丹在自己热身时也发生了意外,她从三周动作转到两周动作,一个高一个矮,她不可能这么适应。

(同期声)

下边就轮到了预赛当中排在第八位的中国选手郭丹丹。此时,站在助滑坡上的郭丹丹忍受着脚踝骨折带来的剧痛。

(同期声)

这样要出场的是最后一名选手,中国选手徐囡囡,BFDF3.55的难度系数,她要跳107分以上,这样才能追上对手。

(同期声)

长野冬奥会后，季晓欧和郭丹丹相继退役。李妮娜、韩晓鹏等一批年轻队员成为主力。他们开始在黑龙江龙珠滑雪场、莲花山等地备战盐湖城冬奥会。早上6点，当阿尔山的第一缕阳光照耀这座小城时，自由式滑雪队的教练们已经开始整理雪台。为训练做准备，早上7点半，吃完早餐的队员们穿上厚重的装备准备出发，开始一天的训练。自由式滑雪的跳台高4米、坡度为70度，运动员下滑的速度最高可达到每小时70公里，腾跃时离地面将近40米。这让教练在修雪台时必须一丝不苟、容不得一点偏差。阿尔山不是一座山的名字，而是蒙语的音译：热的圣泉之城。这座市区人口只有一万多人的城市位于中蒙边境大兴安岭西麓，是全国纬度最高的城市之一，最冷月平均气温达到零下26度。这次训练国家队与国内的几家科研机构合作尝试了一些新的训练手段，这套动作即时回放系统就是其中之一，它能让队员在每跳过后，能够立刻看到动作回放和数据分析。与国家队一同训练的还有一支来自沈阳体院的少年队，很多人都是第一次在真正的雪台上训练。在徐囡囡为中国取得第一块雪上项目银牌的时候，韩晓鹏、李妮娜与这些孩子差不多年纪。

（同期声）

与四年前不同，盐湖城冬奥会国家队更多地使用了年轻队员。空中技巧项目第一次派出了男运动员参赛，还不满20岁的韩晓鹏站在了奥运会的赛场上。

（同期声）

第一次参加冬奥会，年轻运动员在预赛阶段纷纷出现失误，最终进入到决赛的只有徐囡囡和李妮娜。他们虽然比过世界锦标赛或者世界杯，但是对奥运会并不熟悉。

（同期声）

决赛中，徐囡囡两跳全部出现失误，位列12名选手的最后一位。李妮娜最后一个出场，这位19岁的小将取得自由式滑雪队在这届冬奥会的最好名次第五名。

（同期声）

由于这个冬天阿尔山的雪期并不长，刚刚进入到四月，随着气温的升高积雪就已经开始融化。每天修补逐渐融化的跳台成为队伍的一项主要工作。而每天的训练也变得像是在和时间赛跑。临近五月，阿尔山迎来了它的春天。这里的气候条件已经无法保证队伍的正常训练。而在中国广袤的土地上再也找不到适合自由式滑雪的地方，这一年的冬训已经结束，他们的下一站是北京。北京紧张的夏训开始之前，队员们得到了短暂的放松时间。

（同期声）

这一天，李妮娜和郭心心叫上了队友一起去逛后海。

（同期声）

利用队员休息的几天时间，陈洪彬和纪冬来到河北秦皇岛查看正在建设当中的自由式滑雪夏训基地。2006年都灵冬奥会之前，纪冬接替陈洪彬担任中国自由式滑雪队的主教练，他也是陈洪彬的第一代弟子。自由式滑雪的夏训有一项重要的内容就是水上训练，在没有雪的季节，利用和雪上跳台同样规格的水上跳台，运动员可以模拟练习空中翻滚动作而不会受伤。从1997年开始，中国自由式滑雪队一直在沈阳体院的夏训跳台训练，那里是自由式滑雪的大本营。秦皇岛夏训基地建成后，他们将会拥有一个新的跳台。短暂的调整后，紧张的训练又开始了。自由式滑雪运动对运动员的平衡能力有着非常高的要求，这次夏训采用了很多新的训练手段和训练设备。这套陆上蹦极训练系统就是为冬奥会前的备战专门设计的，它能使队员在有保护的情况下完成所有翻转技术的训练。

（同期声）

从2002年开始，李妮娜、郭心心等年轻队员开始占据世界比赛的舞台。都灵冬奥会开始之前，她们几乎包揽了各站世界杯比赛的金牌，中国空中技巧运动的集团优势逐渐确立起来。中国选手徐囡囡，落地应该说还是不错的，心态放得特别好，因为毕竟也经历过1998年的成功，也经历过2002年的失败。

（同期声）

中国选手李妮娜，空中我们看到她的跟头可以说是又高又飘。

（同期声）

郭心心现在开始比赛，不错，完成得非常好。

（同期声）

决赛第一个动作结束后，形势对中国队非常有利，郭心心、李妮娜和徐囡囡占据了前三名。如果第二轮不出意外，金牌将在她们三人之间产生。决赛第二轮，眼看与奖牌无缘之前排名第五的瑞士选手洛伊选择了难度系数为4.050的高难度动作，单跳107.93的罕见得分。这一跳彻底打乱了中国队的部署。

（同期声）

最后一个出场的郭心心，她选择了与瑞士选手完全一样的难度动作。

（同期声）

最终，郭心心获得第六名，李妮娜获得银牌，徐囡囡第四，金牌被瑞士选手洛伊夺走。一天后，自由式滑雪空中技巧男子项目决赛开始，韩晓鹏和邱森两名中国男子运动员，第一次站在了奥运会的决赛场上。

（同期声）

决赛第一个动作，韩晓鹏出人意料地排在了第二位，但即使是他自己也不是很乐观。

（同期声）

国家队秦皇岛水上训练基地现在已经竣工。2006年都灵冬奥会后，徐囡囡退役成为沈阳体院的一名自由式滑雪教练，在这个新建成的基地里，她带领的小队员正在从最基本的动作练起。

（同期声）

又一个冬天到来了，中国自由式滑雪队进入到温哥华冬奥会前最后的备战。在长春莲花山，队伍参加了在国内的最后一站世界杯，中国队女队包揽了前三名，男队包揽了冠亚军。经过了十几年的努力，中国在冬季两项、越野滑雪、高山滑雪等项目也取得了长足的进步，他们将和自由式滑雪队一起出征温哥华冬奥会。

（同期声）

2010年冬奥会后，陈洪彬也到了退休的年龄。

（同期声）

2.《中国冰雪记忆——冰之舞》

花样滑冰运动员的新赛季通常从每年的五月开始。2009年5月，这个赛季里最重要的比赛是2010年在加拿大温哥华举行的第二十一届冬季奥林匹克运动会。

（同期声）

每到赛季初，为队员挑选新节目音乐是主教练姚滨的一项重要工作，接下来是新节目的编排。

（同期声）

为了一届新的冬奥会，在离开赛场两年之后，中国双人滑名将申雪、赵宏博编排了两套全新的节目。

（同期声）

2009年5月30日，姚滨带着张丹、张昊率先前往加拿大编舞，正式开始了备战冬奥会的旅程。

（同期声）

2009年6月6日，庞清、佟健也开始了自己的冬奥征程，他们将在加拿大与教练姚滨会合开始新节目的编排。

（同期声）

中国选手参加世界花样滑冰国际大赛的历史从1980年开始。那时，参加比赛的正是姚滨和他的搭档栾波。

（同期声）

1980年，第一次参加世锦赛姚滨和栾波最终获得双人滑比赛的最后一名。1984年，姚滨作为运动员第一次也是唯一一次参加了冬奥会的比赛。

（同期声）

李为曾经是20世纪80年代的双人滑全国冠军，他曾是姚滨的队友，后来又成为姚滨做教练之后最早的学生。

（同期声）

在退役以后，李为并没有选择做双人滑教练，但他偶尔会回到冰场，帮助当年的队友调教小队员。1986年，李为正是在这里成为了姚滨的弟子。

（同期声）

1988年，姚滨成为教练之后第一次带队员参加了冬季奥运会。现在大家看到的是中国选手李为和梅志彬在花样滑冰的双人滑自选动作的比赛当中。男选手李为21岁，梅志彬女选手是16岁。

（同期声）

1988年冬奥会后，李为退役，姚滨作为教练参加的第一次冬奥会就这样结束了。

（同期声）

申雪、赵宏博从18年以前就开始搭档了。1992年5月，他们组成新的双人滑组合、成为姚滨的学生。1992年，中国花样滑冰最受瞩目的希望之星是女子单人滑选手陈露，她第一次参加冬奥会，获得第六名。之后，她又在1994年冬奥会上获得女子单人滑铜牌，这也是中国花样滑冰历史上的第一枚冬奥会奖牌。但1992年和1994年冬奥会赛场上没有一对中国的双人滑选手。

（同期声）

1998年在日本长野，申雪、赵宏博第一次站在了冬奥会的赛场上。申雪、赵宏博是我国近年来培养的最优秀的双人滑选手，在几届世界锦标赛上他们由最初的第二十一名进步到去年的第十一名。我国双人滑选手在前两届冬奥会上都是最后一名。这是姚滨作为教练第二次带领队员参加冬奥会，最终申雪、赵宏博夺得第五名。

（同期声）

2002年冬奥会中国第一次拿到全部的三个参赛名额，庞清、佟健，张丹、张昊也将迎来自己的第一次冬奥会之旅。

（同期声）

接下来要参加比赛的是中国运动员申雪和赵宏博，申雪和赵宏博是上届长野冬奥会双人滑的第五名。他们在教练姚滨的培养下，2001年的春天按照歌剧《图兰朵》的曲调编排了这套动作。实际上双人滑这枚金牌就是在俄罗斯、加拿大和中国运动员之间来争夺。

（同期声）

2002年冬奥会，俄罗斯选手和加拿大选手史无前例地并列获得双人滑的奥运会冠军，申雪、赵宏博获得铜牌，这是中国双人滑历史上第一枚冬奥会奖牌，这是姚滨第三次作为教练参加冬奥会。

（同期声）

在盐湖城，姚滨的另外两对弟子庞清、佟健，张丹、张昊分别获得第九名和第十一名。

（同期声）

2007年世界锦标赛，申雪、赵宏博摘得职业生涯第三个世界冠军之后暂别了国家队，直到2009年5月他们复出。

（同期声）

2009年10月底，申雪、赵宏博迎来了自己复出后的第一场重要比赛，在北京举行的世界花样滑冰大奖赛中国站。

（同期声）

3.《中国冰雪记忆——冰雪新境界》

中国新疆阿勒泰，一年中六个月被积雪覆盖，这里被很多人认为是人类滑雪运动的起源地。上午10点，48位来自全国各地的单板滑雪爱好者开始了攀登，这里即将举行一场单板滑雪大回转比赛。比赛的起点是海拔3000米的禾木峰顶，9岁的维吾尔族男孩扎帕尔是这次比赛中年龄最小的选手，两个月前，父亲上网时偶然打开的一段视频让扎帕尔从此迷上了单板滑雪。

（同期声）

第一次骑马，最小的选手步行到达顶峰需要4个多小时，为了让扎帕尔保存体力参加比赛，父亲雇了一匹马驮他上山。48名选手中最终滑完全程的只有18人，很多选手在距离终点不远处摔倒却没有力气再爬起来，只能这样完成比赛。

（同期声）

为扎帕尔颁奖的老人名叫单兆，1957年在新中国举办的第一次滑雪比赛中，18岁的单兆鉴获得了冠军。

（同期声）

单板滑雪运动20世纪60年代起源于美国，它的产生与冲浪和滑板运动有关，刘佳宇所在的这支中国国家队专攻单板滑雪的U形池项目。这个项目的场地是U形滑道，长120米、宽15米、深3.5米，平均坡度为18度，比赛时运动员在音乐伴奏下，做出各种旋转和跳跃动作，裁判根据动作难度和效果打分。单板滑雪在中国是一项新兴的体育运动，2005年中国单板滑雪队成立。

（同期声）

王冰玉从事的冰壶运动16世纪起源于苏格兰，最初在户外进行。现代冰壶比赛场地是长约42米、宽4.25米的冰道。在冰壶比赛中，每队四名队员，依次从冰道一端出发将壶投出、每人投两次，两队共投完16个壶为一局。冰道另一端的这个圆圈叫大本营、是决定胜负的地方，冰壶投进大本营有效，一局结束，哪一方的壶距大本营中心近，哪一方得分。一般比赛打十局，得分多者获胜。冰壶运行时，队员可以通过刷冰让冰面融化，这样壶会滑得更远，大家的目标很明确，让自己的壶离大本营中心更近或者将对手的壶打得更远。听起来简单，但高手之间的比赛说是双方斗智斗勇的一场心理战也不为过，所以冰壶运动常常被人们称为冰上国际象棋。

（同期声）

冰壶运动历史悠久，但是在中国开展时间并不长，中国女子冰壶国家队是在2003年成立的。2005年，王冰玉和队友们第一次参加世界锦标赛就取得了第7名的成绩。2006年，姑娘们以一步之差无缘冬奥会。

（同期声）

今天一支成立了6年的队伍终于完成了她们的梦想，站在了世界之巅。中国女子冰壶队战胜冬奥会冠军瑞典队，获得了世锦赛的冠军。

（同期声）

这里是位于上海莘庄的一座室内滑雪场。上午9点，距离滑雪场对外营业还有一个小时，为了避开游人高峰，中国单板滑雪队的队员们在这时开始了一天的训练。

（同期声）

这座冰场建成于2005年元旦，是深圳最早的一家室内冰场。开业五年的时间，每个周末这里都是如此一番热闹场景，人们来亲身体验或者只是驻足观赏，他们中有一部分是慕名而来。这里吸引他们的理由是一位明星教练。

（同期声）

1995年花样滑冰世锦赛，19岁的陈露获得中国花样滑冰的第一个世界冠军。

（同期声）

就在1998年冬奥会到来之前，陈露在世锦赛上的成绩出乎很多人的意料，在出场的16名选手当中陈露仅排在第13位。

（同期声）

1998年长野冬奥会，陈露以一曲《梁山伯与祝英台》开始了她的谢幕演出。

（同期声）

很多人记住了陈露过往的辉煌，而陈露却沉浸在自己当下的幸福中，在这座南国的冰场上，她只是一个严格的教练、一个正在孕育第二个孩子的母亲。

（同期声）

丹尼斯，俄罗斯人，1992年冬奥会花样滑冰双人滑亚军。与陈露结婚后，他们一家人在深圳定居。

（同期声）

清晨6点，中国冰壶队的队员们开始训练。这是他们夏训计划中很重要的一个项目：太极拳。（同期声）

下午两点，冰上训练开始了。在同一片场地上练习的除了中国女子冰壶队，还有这群小伙子。他们是中国男子冰壶队的队员，这支队伍同样成立于2003年，在2008年的世界锦标赛上队员们取得了第四名的成绩。然而在2009年的世锦赛上，当女队的姑娘们成为世界冠军的时候，他们的成绩却下滑到了第7位。

（同期声）

丹尼尔·拉菲尔，中国冰壶队加拿大籍主教练。现在他所面对的就是这样两支队伍，一支登上巅峰的女队，一支成绩下滑的男队。

（同期声）

地球另一端迎来了新一天的阳光，当位于北半球的中国暑热未消的时候，南半球的新西兰依然白雪皑皑。在这座海拔1500米的高山雪场，中国单板滑雪队的队员们已经训练了将近三个月，由于所处的海拔很高，交通不便，队里每两周派人下山采购一次。物资短缺的时候，鸡蛋是早餐最好的选择，简单、美味又有营养，这顿早餐一共消耗了47个鸡蛋，正在厨房忙碌的是中国单板滑雪队的教练和翻译。

（同期声）

由于几天前在训练中伤到了下巴，运动员刘佳宇吃早餐的速度比队友们慢了很多。奥运会日益临近，最让她的教练刘长福担心的并不是她身体上的这点轻伤，成绩的进步为刘佳宇赢得了越来越多的关注，最近全球知名的奥运会持权转播商美国全国广播公司NBC在全世界范围内挑选了30位冬奥明星拍摄短片用来为温哥华冬奥会造势，他们在中国只选择了3位运动员，其中两位是花样滑冰选手申雪和赵宏博，另外一位就是刘佳宇。媒体的关注让很多人对刘佳宇在温哥华冬奥会上的表现有了更高的期待。

（同期声）

南半球的这个冬天气温偏高，新西兰的冰雪比往年，更早地出现了消退迹象。温哥华冬奥会一天天临近，队员们只能抓紧这最后的雪期，提高能力、完善技术。

（同期声）

4.《中国冰雪记忆——冰球女孩》

昨晚的上海是属于中国女子冰球队的姑娘们，因为她们在2010年温哥华冬奥会的冰球资格赛当中是以2:0击败了日本队。在取胜才能晋级的情况下，在上海2:0击败了日本队。在时隔八年之后，中国女子冰球队将重返冬奥会赛场，拿走了2010年冬奥会最后两张入场券中的一张，再次获得了冬奥会的参赛资格。姑娘们喜极而泣，队员们留下了激动的泪水。

（同期声）

在2010年温哥华冬奥会上与中国队同组的有美国、芬兰和俄罗斯，三个冰球大国的冰球人口数以万计，目前全国从事冰球运动的女运动员只有一百多人。

（同期声）

2006年都灵冬奥会女子冰球资格赛C组的比赛在首都体育馆拉开了战幕，中国队以7:1战胜了法国队，取得了首场比赛的胜利。女子冰球资格赛C组的比赛又赛一轮，中国队以10:0大胜第二个对手挪威队，中国队将迎战小组赛最后一个对手瑞士队，由于净胜球比对手多7个，只要打平即可进军冬奥会。

（同期声）

因为一个意外，中国队以2:3惜败于瑞士队，在冬奥会资格赛中最后一场是以2:3输给瑞士队，失去了进军都灵冬奥会，无缘冬奥会，失去了进军都灵的机会。

（同期声）

昨晚的上海是属于中国女子冰球队的姑娘们，因为她们在2010年温哥华冬奥会的冰球资格赛当中是以2:0击败了日本队，这就意味着中国女子冰球队将重返冬奥会的赛场。

（同期声）

第六章 电视文艺与娱乐专题配音

电视文艺专题向观众们展示着各种艺术门类所具有的精髓与内涵,如清新的风带来怡人的艺术享受;电视娱乐专题则以轻松活泼的内容和灵活多样的形式给人们紧张的现代生活起到了放松和解压的作用,如何将这两类节目的特质体现出来,更好地服务于观众呢?本章将结合央视到地方的多档典型栏目,对电视文艺与娱乐专题配音的创作要求加以分析。

第一节 电视文艺专题配音

电视文艺专题类的栏目是以音乐、舞蹈、戏剧、电影、曲艺等各种艺术形式为制作元素的,展示的内容包括文艺事件、文艺人物及文艺作品等。电视文艺专题的节目内容决定了其具备浓郁的艺术气质和艺术氛围,使观众在了解各种艺术形式内涵与精髓的同时,又感受到了艺术世界的优雅与美妙。而且,通过电视媒体的视听手段,能够给予观众超越时空、地域及国界的艺术享受,观众可以饱览不同时代的世界各地的精神文化财富。

一、电视文艺专题配音的创作要求

电视文艺专题是对各种艺术形式及其相关事物的音画诠释,不但向大众还原其本真的艺术风貌,同时也进行了视听形式的二度创作,所以它显现出来的不同于其他电视节目的艺术性是不言而喻的。电视文艺专题解说词的主要风格不是写实和白描,语言的组织较多使用优美清新和富于文艺气息的词汇,更多地是注重营造艺术的氛围和意境。所以电视文艺专题的配音总体来说要充分配合与体现文艺专题的栏目气质与内涵。

1. 语言流畅,灵动婉约,如行云流水

电视文艺专题的语言都非常具有文化气息,并且措辞优美,所以在这类节目解说词的配音中,流畅的语言表达就成了充分表现这种艺术氛围的前提条件。当电视画面上出现的是舞者优美的舞姿、背景音乐是悠扬的经典名曲时,只有行云流水般挥洒自如的解说词才能与之匹配,并表现出它的神韵。

央视音乐频道的《百年歌声》为2010年世界杯制作了两集专题节目,介绍历年世界杯的主题曲。节目中,足球和音乐这两种不同维度的语言交织在一起。我们来看节目开始的一段配音:

【例6.1-1】

足球世界杯走过80年漫漫征程,世界杯主题曲却自1986年世界杯开始,只有24年的历史。寻着这些热血澎湃的主题曲,四年一度的足球大战、披荆斩棘的英雄、惊心动魄的对

决……球迷们揪心、振奋、失落、狂喜的记忆，全回来了。每届不同特色的音乐，成为一种精神、一种文化、一个时代的标志，也赋予每届世界杯独一无二的个性。

这段作为节目的开场配音，行文流畅，迅速切入主题，将足球与音乐融合在一起，并且由赛场的记忆、人们的情感归结到"音乐"这一主线。而配音的风格也要与足球运动的无限风采和世界杯主题曲的深刻内涵相映衬，流畅洒脱，轻松灵动。

2. 意蕴丰富，含蓄内敛，如深水微澜

电视文艺专题中所表现的各种艺术形式都是世界各国各地文明和艺术的瑰宝，其中的历史和文化积淀都非常深厚，这就是它的配音需要具有相应的广度和深度。既要包含这些深层次的历史文化的信息，又要保持文化艺术的格调而不能太过张扬，所以语言的表达要充满内涵、意蕴丰富，要更多地寻求内部技巧的支撑，而不要用太夸张的外部技巧去表现。

央视音乐频道的《音乐故事》栏目中曾播出一个系列节目《古典音乐之都》，介绍了世界上众多的与古典音乐源远流长的城市，每期节目的开篇都有这样一段引人入胜、言辞优雅的解说词：

【例 6.1-2】

他们就像天空中晶莹闪亮的星辰，散落在世界上某一个安静的角落。是一座座怎样的城市，孕育出动人心弦的音符；是一位位怎样的大师，造就了闻名遐迩的小镇。我们将带您走过千山万水，流连在音乐中的美丽城市——古典音乐之都。

这段解说词运用了比喻、排比等修辞方式，结合优美的词汇来描摹这些与音乐源远流长的城市，配音中也正是要以这种格调为表达的目的，运用比较舒缓的节奏，柔和的声线及婉转的起伏，形成流畅且充满美感的语言来体现这些城市的风范，只有表达中不是用太过于夸张的外部语言形式，而是要内心充满丰富情感作为支撑，才能使观众对这些具有深厚艺术积淀、孕育了无数美妙乐曲及顶级大师的音乐之都生发无限神往、体会到它们的神韵，也会自然而然地对节目内容寄予期待。

3. 意境深远，张弛有度，如泼墨山水

各种艺术都是源于生活而又高于生活的，它们经过了浓缩和升华，表现出各种带给人们愉悦和享受的形式。在电视文艺专题中展现的就是各种艺术的美的声音与画面，配音就要与这种视听的美相符合，烘托和营造出这种美的意境。正如国学大师王国维所说："言气质、言神韵，不如言境界。"电视文艺专题的配音需要这种如泼墨山水般的意境。

央视《第十放映室》里有一期关于电影服饰的专题，其中一段讲到了在服饰设计和色彩运用上都非常成功的影片《英雄》。当解说词分析《英雄》的服装设计的时候，配合的是张曼玉及章子怡所饰演的两位女侠，身着红衣，在漫天黄叶飘飞的林间闪转腾挪、刀剑相向的画面，我们来看这段配音：

【例6.1-3】

从影片的唯美画面看得出，《英雄》就好似一部中国传统水墨丹青的作品。故事里的人物和精神形象上，配着飘飘仙境般的飘然与飞扬，无不展示着国画般的潇洒与自由。整部影片共分为黑、红、绿、青、白五种颜色，然而红色则最为抢眼；耀眼的红色显示出片中赵国人的爱国精神和执著的信念，也可以反映出他们对秦王的反叛情绪。因为，红色不仅仅代表一种热情，当鲜艳的反秦红衫女侠在一片枯黄的落叶中飘飘飞走时，女侠都被映衬得无比抢眼。颜色的反差和故事的意境，达到了最佳的视觉效果。相信看过此片的观众不会去深究这些衣饰是否忠于史实，影片最终的意义，是制造了一场冲击力极强的视觉盛宴，故事情节和人物关系已经非常不重要了。

用这样诗意的语言讲述一部美轮美奂的电影，同步的又是能够带来顶级视觉享受的画面，配音中要把握和拿捏内容的特点和分寸，并将之呈现出来，将观众带入语言所描绘的、视觉所看到的场景之中，感受这种深远的意境。

4. 外国人物语言的配音要贴近原貌、契合画面

由于电视文艺专题的内容是来自整个世界的，所以经常出现由外国人物用各国语言进行的自述或是介绍。为了便于电视观众更直接地理解所讲内容，电视文艺专题中经常要为这些出镜的外国人物配音。

为了配音与画面里的人物能够贴合，首先当然是选择与所配人物相同性别的声音。然后，配音中要适当贴近原音的年龄感、音质的特点，可以运用发声位置及口腔力度等方面的调节来实现。同时，还要注意到人物所处环境、语气特点、面部表情、手势等，也要将这些因素融合到配音当中，这样才能使配音与人物更加贴合，而不会形成配音与画面脱节的情况。

央视《音乐故事》栏目播出过三集的专题"完美人生——小提琴大师梅纽因"。其中梅纽因的自述部分都是由配音完成的，我们来看其中一段：

【例6.1-4】

梅纽因（配音）：

我和法国小提琴家格拉佩利呆了几天，当然和西塔尔琴大师拉维·香卡也呆了几天，我们按照印度的古典传统把每个音符都加以装饰，营造每个音符时都会刻意地表现每一个音符

的味道，通过这种味道、音色和速度这个音符就会转变成另一个音符。然后我会回到我所熟悉和了解的作品上，并对每部作品都产生这种感觉。

这一段是梅纽因坐在沙发上，面对镜头，非常自然而随和地讲述他的音乐历程，人物所处环境在室内，状态又比较松弛，所以配音时可以运用比较轻松贴近口语的状态，同时也要注意大师的年龄和身份，配音中也要有相应的年龄感和风度。

还有就是一些电视文艺专题中会同时出现两个人共同配音，这时在注意单人配音的要领的基础上，还要注意两个人互相的交流和语气的衔接。我们来看《音乐故事》中播出的系列专题《古典音乐之都》中的一段，这就是由两个人来共同完成的：

【例6.1-5】

西蒙：

你好，我是西蒙，我邀请大家一起参加古典音乐之都的旅行，一起去探索伟大作曲家的生活。

妮基：

大家好，我是妮基，我们现在的位置是在捷克共和国，我们将从这里出发到布拉格，揭开这个城市悠久的历史和迷人的音乐篇章，我们去了解斯美塔那、德沃夏克的故事。

西蒙：

在中世纪，神圣罗马帝国的皇帝查理四世统治时期，布拉格是一个繁荣的城市，比当时的巴黎或者伦敦还要大，这个城市至今依然繁荣。由于他还完好地保留着巴洛克风格的建筑物，因此成为了一个旅游热点。19世纪，波西米亚的民族自豪感重新抬头，一些著名的大型建筑物建造起来了，其中包括民族剧院。

妮基：

说起民族剧院真是说来话长，在民族主义日益高涨的年代，人们为了建造民族剧院，经年累月地筹集款项。

西蒙：

民族剧院开幕后不久便遭遇了一场火灾，但民族自豪感并没有在火中灰飞烟灭，捷克人再一次解囊相助，终于在1883年，民族剧院再次开幕，首演的剧目是斯美塔那的爱国主义歌剧《里布舍》。斯美塔那是第一位在他的音乐作品中体现民族文化的作曲家，他采用了民歌的旋律与节奏，于是斯美塔那被许多人认为是"捷克音乐之父"。

5. 与背景画面及音乐音效和谐融合

电视文艺专题节目在配音时，首先注意要与背景画面的表现风格和转换速度配合起来，使观众在视和听两方面能够感到契合。同时，电视文艺专题配音时经常配以相关的音乐或音效，有些是配以所介绍的艺术形式的典型音乐或音效，有些直接就是配以电影、歌曲、舞蹈的原音画面。这些音乐和音效都是以背景方式出现的，由于都比较具有代表性，所以能够帮助突出和渲染艺术氛围。配音时也要注意与这些背景音乐的配合，语言节奏及表达风格可以借鉴原音的风格，这样可以与介绍的内容更加和谐。

央视《百年歌声》有一期专题是《足球世界杯歌曲回顾》。这期节目中，伴随着足球世界杯的一首首各具风格的主题曲，讲述了歌声中体现出来的足球世界发生的关于梦想、荣誉、拼搏或是真情的故事。我们来看其中的两段：

【例6.1-6】

配音（背景音乐：1986年世界杯主题曲《别样的英雄》）：

由英国女歌手斯黛芬妮·劳伦斯演唱的《别样的英雄》，是一首深情舒缓、荡气回肠的慢歌，这首充满传奇色彩的大气歌曲，完美诠释了这届世界杯的主题——英雄。也就是从这届世界杯开始，主题曲开始走进世界杯。

这一段是关于足球世界杯主题曲的开山之作，在这样深情旋律的背景当中配音，从语势和节奏上也要跟随旋律的风格，同时内心的情感内容不能只以这一首歌作为背景，而应该把足球的历史文化和带给人们的精神财富都作为表达的内在语。

【例6.1-7】

配音（背景音乐：2002年世界杯主题曲《足球圣歌》）：

2002年第17届世界杯首次在亚洲举行，此后国际足联宣布：今后的每届世界杯将在各大洲轮流举办。这是世界杯历史上，首次由韩国和日本两个国家联合举办。我们现在听到的是本届世界杯主题曲之一的《足球圣歌》，这是来自希腊的伟大音乐家——范吉利斯创作的。他是集创作、演奏和音乐制作于一身的全才，被人们称为现代的瓦格纳。《足球圣歌》这首电子乐版本，兼具东方色彩和电子乐风情，将世界杯比赛的气氛烘托到了极致，成为永恒的佳作。本届世界杯，巴西以2∶0战胜德国荣获冠军，而最耀眼的球星自然是最佳射手——罗纳尔多。他在本届世界杯比赛中，共踢进了8个球，这也打破了贝利所保持的巴西人在世界杯上的进球纪录。

这是有转折意义的一届世界杯，所以在"此后国际足联宣布：今后的每届世界杯将在各大洲轮流举办"的句子中，应有更深层次的内在语。对于举办方、作曲家、最佳射手等不同内容的描绘也应在语气和节奏上有所变化。

6. 充分积累相关艺术门类的知识

电视文艺专题的内容能够涉及古今中外的各种艺术文化及相关人物、事件，配音中也会涉及非常多的各个艺术门类的专业知识、专有名词及各种典故，在节目中也会对一些文化艺术的知识作出讲解。如果要准确播读、讲解到位，并能够配合电视文艺专题的特点，将所讲内容的内涵和意境充分表达，就必须要在平时进行广泛的学习和积累，让自己的专业知识丰富起来。

央视《第十放映室》有一期关于电影服饰的专题《电影的表情——服饰篇》，开篇时就介绍了服饰的很多知识：

【例6.1-8】

配音：

从人类起源开始，服装可谓是千变万化。人们渴望服装的变化，这绝对不仅仅是一种随意的行为。因为包括建筑、家具或者服装等，都应看成是某一时期、某一人群思维的表达方式，而且和常常更深层次的道德或社会价值联系到一起。因此，也可以充分地反映出某一时期的本质特征，也传达了某一时期个人的和社会的思想观念。服饰也被视为权利阶级或者职业的象征，并且这种功能仍将继续存在着，例如国王的王冠，主教的法衣，法官的长袍、军服，或者从事某些特殊工作者的制服，这些特殊的象征使服装的使用越发广泛。对服饰和时尚的研究让人着迷，这不仅是因为服装能揭示生活的艺术和技巧，而且还因为服装能体现时代文化，通过服饰的微小变化可捕捉时代的信息。在大众传媒中的电影领域里，把各朝各代的不同服饰用镜头来诠释和展示，拥有无限的涵盖性。在每一部电影中，服装除了可以起到说明故事所发生的社会背景的作用，还与诠释剧情、推进故事进程有着密不可分的关联。

二、案例分析：央视《音乐故事》

《音乐故事》是央视音乐频道的一档文艺专题节目，它讲述与音乐相关的各种故事，涉及大师级的音乐家、各国的经典作品等，不但涵盖内容丰富、故事引人入胜，而且配乐精绝优美，是一档极具知识性和观赏性的节目。我们选取其中的几段配音来进行分析。

我们首先来看一期介绍小提琴大师梅纽因的节目："完美人生——小提琴大师梅纽因"，下面是其中的一个片段。这段节目中既有给梅纽因本人及其妹妹的配音，又有给相关画面的配音。

【例6.1-9】

配音：

梅纽因是一位地道的西方音乐家，他同时拥有美国、瑞士和英国国籍，但是梅纽因却有着强烈的东方情结。他甚至还说过自己的前生可能是印度人，同时在梅纽因的心目中中国是一个令他神往的国家。一本德文版的《道德经》伴随他终生，他认为这是世界上最伟大的书籍之一。

插入：

梅纽因在北京民族文化宫演出。《A大调小提琴协奏曲》。作曲：莫扎特，小提琴：耶胡迪·梅纽因。

梅纽因（配音）：

回首过去，可以说每件事情的发生都具有一种必然性和宿命性，因为我其他的背景或者是爱，最主要的是我爱西班牙和萨拉萨蒂，我喜欢这些。

插入：

《马拉加舞曲》。作曲：萨拉萨蒂，小提琴：耶胡迪·梅纽因。

梅纽因（配音）：

年轻的音乐家们应该全面地发展，他们不仅应该尊重那些伟大的音乐和室内乐作品，并有很好的诠释它们的能力。而且应该尊重即兴演奏和民间音乐。并具有学习和创作其他音乐的兴趣。

插入：

《探戈舞曲》。小提琴：耶胡迪·梅纽因，格拉佩利。

梅纽因（配音）：

我和法国小提琴家格拉佩利呆了几天，当然和西塔尔琴大师拉维·香卡也呆了几天，我们按照印度的古典传统把每个音符都加以装饰，营造每个音符时都会刻意地表现每一个音符的味道，通过这种味道、音色和速度这个音符就会转变成另一个音符。然后我会回到我所熟悉和了解的作品上，并对每部作品都产生这种感觉。

配音：

有很多优秀的钢琴家，都曾经和梅纽因合作过，但是梅纽因最喜欢合作的还是他的妹妹赫芙齐芭，梅纽因兄妹两人的合奏是一种亲情和友情奇妙的结合。这种密切的灵感交流在音乐史上，大概只有莫扎特和姐姐，门德尔松和妹妹芬妮的合作可堪比拟。

梅纽因（配音）：

她是我童年的伙伴，她是我一生大部分时间最亲近的人。不幸的是，在她生命的最后几年里，我们没能好好谈谈她生命中最艰难和悲哀的事。

插入：

《协奏曲》。作曲：肖松。小提琴：耶胡迪·梅纽因。

梅纽因（配音）：

赫芙齐芭就是我的一切。当我们开始合作演奏的时候，感觉非常的自然，就像是我们兄妹友谊的延伸。

赫芙齐芭（配音）：

这几乎是一种最理想的合作了，因为我们之间有一种志同道合的感觉，我们之间不存在竞争，你知道吗？当你与爱你的男人或女人在一起时，你会始终需要确认，他是否在那，是否爱你。而如果，如果与自己的兄弟在一起的话，你知道他会一直在那，而且这种感觉是永恒的，过去是这样，将来还是这样。

插入：

钢琴：赫芙齐芭，小提琴：耶胡迪·梅纽因，大提琴：皮亚季戈尔斯基。

梅纽因（配音）：

她具有一名钢琴家才会有的天赋，因此她好像根本不需要练习似的，她是音乐家绝对值得信赖的机器，永远不会出错。她从未想去做一个突出自我的演奏家，尽管她完全有能力做到。

插入：

《庄严变奏曲》。作曲：门德尔松，钢琴：赫芙齐芭。

梅纽因（配音）：

她的琴弹得非常好，但钢琴不是她生活的中心，她希望一生能够致力于帮助孤儿和那些受苦的人们，消灭世界上的不幸，哪怕是一小部分。我想这是她对自己早期生活的一种补偿心态。她在澳大利亚的第二次婚姻之前，一直过得不好，现在她终于重新可以展示她那被压抑许久的多愁善感的性格了。

插入：

《第十小提琴奏鸣曲》。作曲：贝多芬，钢琴：赫芙齐芭，小提琴：耶胡迪·梅纽因。

配音：

20世纪60年代开始，梅纽因就很少在公开场合演奏小提琴了。他把所有的精力都放在教学研究和指挥事业上。他曾于1962年在伦敦创办了梅纽因音乐学校，专门培养来自世界各地的少年音乐天才。他还作为指挥家亲自创办了梅纽因室内乐团及巴斯音乐节、温泽音乐节和哥世塔德音乐节等颇具国际影响的音乐节。梅纽因把自己的全部生命都献给了音乐事业，可以说，他的一生是充满音乐的一生，也是非常完美的一生。

由于节目的内容沿着小提琴大师梅纽因的"完美人生"展开,所以节目整体的配音基调是美好而温情的,节奏比较舒缓。梅纽因的谈话状态轻松而亲切,配音时也应贴近这种风格。

下面我们来看《音乐故事》的《古典音乐之都》系列"维也纳"中的开场部分。配音是由两个人共同完成的,这样的配音形式要注意衔接的部分顺畅自然。配合画面中的欧洲建筑及自然风景,音色应比较明朗,讲述贝多芬与小公主的故事时语言要生动活泼并充满情趣。

【例6.1-10】

片头:

他们就像天空中晶莹闪亮的星辰,散落在世界上某一个安静的角落。是一座座怎样的城市,孕育出动人心弦的音符;是一位位怎样的大师,造就了闻名遐迩的小镇。我们将带您走过千山万水,流连在音乐中的美丽城市——古典音乐之都。

主持人王雪纯:

大家好,《音乐故事》我们继续古典音乐之都的旅行,今天我们要去维也纳。对维也纳这个城市我个人是怀有一种特殊的好感,可能一方面呢也是因为连续若干年我们都到维也纳去转播新年音乐会,另外也是因为我觉得维也纳这个城市它有一种雍容恬淡的气质,让人很受感染,觉得很亲切。维也纳是不折不扣的音乐摇篮,因为在这个城市,确实是诞生了太多太多杰出的音乐作品。所以作为我们古典音乐之都的旅行中非常重要的一站,今天我们就要去维也纳了。

西蒙(配音):

大家好,我是西蒙·卡罗。今天我们来到了世界音乐之都,在这里莫扎特和贝多芬创作出了他们不朽的作品,约翰施特劳斯也赢得了圆舞曲之王的美誉,这就是美丽的城市——维也纳。

妮基:

大家好,我是妮基。维也纳位于多瑙河之滨,是奥地利的首都,虽然人们认为维也纳属于西欧,但它处在比布拉格和柏林更靠东的地理位置。

西蒙:

在18和19世纪,维也纳队音乐家来说,就像现在如日中天的好莱坞对电影演员一样,是艺术家们心中的圣地。当时维也纳也是世界的中心,这里随处可见曾生活在此的音乐家的墓碑,他们在维也纳孕育的伟大作品奠定了古典音乐的基石。在哈布斯堡王朝的统治时期,维也纳形成了最重要的建筑风格和城市历史。美泉宫正是哈布斯堡家族富裕繁盛和强大的象征,这个家族统治了奥地利六个多世纪。

妮基：

现在宫殿里经常演出各种歌剧，在这里经常可以听见莫扎特的音乐。1762年，莫扎特也是在这里与美丽动人的小公主同台演出，可他一不留神在光滑的木地板上滑倒了，莫扎特顿时大哭起来，7岁的小公主玛丽·安托瓦内特把他扶起来并温柔地安慰他，当时莫扎特亲吻了小公主并对她说："你真好，将来我会娶你的。"

西蒙：

莫扎特于1781年从他的家乡萨尔茨堡移居到了维也纳，次年他与康茨坦茨结为夫妻，接下来的十年中，他们在维也纳至少换过18个不同的住址，但这很可能是莫扎特一生中最幸福的时光。

插入：

《让我们牵手相爱》，作曲：莫扎特，选自歌剧《唐·璜》。

三、能力拓展训练材料

1. 央视《音乐故事》中《古典音乐之都》"萨尔茨堡"的片段。为电视文艺专题配音，要注意平时的各种文艺知识的积累，做好广义备稿的同时，还要对于具体稿件进行有针对性的狭义备稿。比如在这期节目中配音，我们就应该了解一下萨尔茨堡这个城市，从历史、文化、艺术、风情等各个方面了解这个城市，对城市的风格有了初步的认识，这样才能更好地把握配音的语言。

【例6.1-11】

主持人王雪纯：

大家好，一起来听《音乐故事》，我们知道有很多城市，因为它有某一种很突出的特色，所以被人们叫做某某之都，比如说巴黎是浪漫之都，米兰是时装之都啊，等等。关于音乐方面，我们以前介绍过像是美国的纳什维尔是美国的乡村音乐之都，新奥尔良是爵士乐之都。可是如果我们要说古典音乐之都，那可能就要有一大串的名字还有伴随而来的一长串的作曲家、音乐大师还有他们作品的名字。要想了解创作环境对于一个作曲家到底有什么样的影响，恐怕我们只能身临其境才能有体会。所以呢，我们就想在《音乐故事》的时间里和大家一起做一次古典音乐之都的旅行。那刚刚我们说有这么一长串的城市的名字，那大家会选择哪个地方作为古典音乐之都旅行的第一站呢，看看你们选择的和我们的选择是不是一样。

西蒙（配音）：

大家好，我是西蒙·卡罗。现在由我邀请你们加入我们的音乐之旅。我们希望你们将从一个全新的角度去观察一个迷人的古典音乐世界。归根到底音乐并不是从人们的头脑中产生的，音乐产生于人们生于斯、死于斯的地方，产生于人们的欢乐与悲哀，产生于人们的荣辱兴衰之际。

我们要到全欧洲的古典音乐之都去巡礼，到那些最美丽的城市去游历，这些城市的本身就是音乐的一个构成部分，他们的本来面貌即是如此。现在我给大家介绍两位导游，马特和妮基，他们两位将会带领大家到欧洲最著名的古典音乐之乡去巡礼。

马特：

欢迎大家来到古典音乐之都巡礼，我是马特·威尔斯。巡礼的第一站是奥地利的萨尔茨堡。

妮基：

大家好，我是妮基，我们现在来到了美丽的萨尔茨堡，我们到莫扎特居住过的城市去转转。

马特：

萨尔茨堡和莫扎特是密不可分的，1756年1月27日，莫扎特就降生在哥特雷格巷的一座公寓的三层楼上。莫扎特的父亲利奥波德当时是萨尔茨堡大主教官廷乐队的首席小提琴，同时是一位颇有成绩的作曲家，也是早期一本重要的小提琴教材的作者。因此，利奥波德能够慧眼识珠，在他的儿子身上看到了一个早熟的天才。莫扎特三岁就开始学习钢琴，五岁就在这个屋子里写出了他最早的音乐作品。莫扎特从六岁起他的父亲就带着全家去欧洲各地巡演，主要是把莫扎特姐弟俩介绍给各国的王公贵族。

妮基：

小小年纪的莫扎特也拉小提琴，他拉起琴来竟然跟弹钢琴一样出色，这就是莫扎特童年时代用的那把小提琴。

2. 央视《第十放映室》中有关电影服饰的专题《电影的表情——服饰篇》。这期节目分两部分，分别盘点了中国和外国的一些具有代表性的电影，每个电影在服饰上都各具特色，表现了服饰在东西方发展的主要阶段和不同风格。配音的语言要根据内容进行相应的调节。

【例6.1-12】

《电影的表情——服饰篇》（上）

配音：

从人类起源开始，服装可谓是千变万化。人们渴望服装的变化，这绝对不仅仅是一种随意的行为。因为包括建筑、家具或者服装等，都应看成是某一时期、某一人群思维的表达方式，而且和常常更深层次的道德或社会价值联系到一起。因此，也可以充分地反映出某一时期的本质特征，也传达了某一时期个人的和社会的思想观念。服饰也被视为权利阶级或者职业的象征,并且这种功能仍将继续存在着,例如国王的王冠、主教的法衣,法官的长袍、军服,或者从事某些特殊工作者的制服,这些特殊的象征使服装的功能性越发广泛。对服饰和时尚的研究让人着迷,这不仅是因为服装能揭示生活的艺术和技巧,而且还因为服装能体现时代文化,通过服饰的微小变化可捕捉时代的信息。在大众传媒中的电影领域里,把各朝各代的不同服饰用镜头来诠释和展示,拥有无限的涵盖性。在每一部电影中,服装除了可以起到说明故事所发生的社会背景的作用,还与诠释剧情、推进故事进程有着密不可分的关联。

开篇对服饰的功能等作出简要介绍,为整篇的内容做了铺垫。用沉稳平实的语言做以诠释。

主持人:

观众朋友大家好,欢迎收看本期的《第10放映室》。和我们肌肤接触最为亲密的莫过于自己的衣服了,早期人类把衣服当做一种遮风避雨的工具,而随着人类文明的不断进步,服饰也不仅仅是一种工具那么简单了。从某种角度上看,服饰就如同历史的一面镜子,它所展现的不仅是款式花色的形式美,更是透视出人类社会、民族风情、时代氛围,以及人物个体的内在含义。下面,我们就从电影中领略中国古代服饰中的千姿百态。

字幕:

秦服。威严,神秘。

配音:

秦朝,是我国历史上第一个统一的多民族、中央集权制国家。战国时期,秦国是当时最强大的国家,一举歼灭了六国,完成了统一大业。对于这样一个重要的历史时期,不仅当时的人们对秦王的态度褒贬不一,而且后人仍然对他的传奇故事不断进行研究。近年来从《秦颂》、《荆轲刺秦王》、《英雄》,关于这段刺杀秦王未遂的故事,连连被搬上大银幕。这三部电影都是以战国时期秦灭六国为历史背景,但是故事的内容和角度及从服装道具等,都有着截然不同的展示。

《秦颂》着重表现嬴政和高渐离两个男人间的精神较量,以及高渐离和栎阳公主之间情感征服的故事。在帝王嬴政和囚徒高渐离之间展开精神较量,不以历史胜败论英雄,而以精神胜败论英雄,显示了艺术审美的独特性。这部体现精神胜利的故事拍摄于1996年,影片中的服装,把这个两千多年前的黄土地上的第一个统一王朝的各种服饰展现了出来。秦代,是我国古代历史上服装资料记载最全面、最准确、最详细的朝代,这应归功于秦始皇陵兵马俑的发现。从目前在陕西发掘出土的陶俑来看,他们的铠甲服饰装束表现出森严的等级制度,而《秦颂》这部影片的整体基调为黄色。导演周晓文为什么用这种色调,可能与他对那段历史研究及理解有关。不过对比以后的几部,同样反映那段历史的片子来说,周晓文的用色则更加质朴。

1999年在国内公映了陈凯歌的《刺秦》。荆轲是一名武士,在一次受雇杀人时因杀死一位少女后,决心以后不再杀人。当时,秦国嬴政称王,妄图征服其他六国然后统一中国。燕国太子丹是秦国人质,秦王终于听从赵姬的劝说放太子丹回燕国。赵姬自毁容颜,离开秦国前往燕国,与太子丹合谋挑选刺客准备行刺秦王。当时荆轲穷困潦倒,受众武士戏弄,赵姬向太子丹极力推荐荆轲。荆轲作为燕国副使,向秦王献上樊于期头颅趁机拔剑刺向秦王,反被秦王所杀,荆轲笑着死去。在片中的刺客武士们所穿的铠甲,是为秦代临阵指挥的将官所穿。胸前、背后未缀甲片,皆绘几何形彩色花纹,似以一种质地坚硬的织锦制成,也有可能用皮革做成后绘上图案。甲衣的形状,前胸下摆呈尖角形、后背下摆呈平直形,周围留有宽边;也用织锦或皮革制成,上有几何形花纹。根据已出土的陶俑身上的颜色残迹,对不同兵种、不同个体的武士俑的服装颜色,进行细致研究后发现,秦军三大兵种步兵、车兵、骑兵,没有统一的服装颜色,他们身着铠甲是由政府统一发放的。所以,同一兵种的、地位相同的士兵穿的铠甲的形制和颜色比较一致,即铠甲片为褐色,甲带为红色;但铠甲内的上衣、下衣和护腿、围领、袖口的颜色则各人颇不一致。秦人服装以绿红紫蓝为流行色,体现出秦人、乃至其他六国人民对色彩的向往,对美好生活的向往。导演陈凯歌对于服饰的选择,尽管没有后来《英雄》那样有视觉冲击力,但更忠于那段历史,这部片子使得那段史实显得更有质感。

2002年张艺谋的《英雄》横空出世,故事内容仍然是以秦国统一天下为历史背景,从动乱到成为中国第一个统一的国家。据史料记载,秦王按阴阳五行思想规定的服色外,一般服色仍是沿袭战国的习惯,服装样式比较简单。在影片中,秦国被笼罩在黑色之中;从城墙到城门,从大臣到帝王,这周围的一切都被黑色所包围。在秦朝的官服制度上,秦王规定的大礼服,是上衣下裳同为黑色祭服,原因是因为他相信秦代属水德之故。秦始皇灭儒轻礼,废除周代冕服制,仅保留其中最轻最低的玄冕做祭服礼服,百官朝会都穿黑色朝服,官宦士庶的衣冠较简单。黑色的秦王,给世人以威严、庄重,他的黑色气势重压群雄,注定了他是皇帝的天命。

影片《英雄》的服装设计和田惠美女士,是一位七十多岁的日本妇人,她一直为著名电影艺术大师——黑泽明做服装设计,她曾经凭《乱》获得奥斯卡最佳服装设计大奖。张艺谋导演对该片的服饰要求,是要参照西安兵马俑的样式设计秦国的服装,而当时赵国的服装却没有任何资料,难度比较大。但和田惠美女士克服了资料短缺的困难,独立创作设计了赵国人的服饰、发型和人物妆饰,以及整个片中角色的服装设计。在服装定色和款式上,她特地把布质、色彩动作场面里所需的服装,做成看上去有点像舞蹈的样式。她一个人在北京的一个手工作坊里,完成了所有服装的染色。而这些染色的染料,也是她不远万里特地从英国和日本精挑细选运到中国的。

从影片的唯美画面看得出，《英雄》就好似一部中国传统水墨丹青的作品。故事里的人物和精神形象上，配着飘飘仙境般的飘然与飞扬，无不展示着国画般的潇洒与自由。整部影片共分为黑、红、绿、青、白五种颜色，然而红色则最为抢眼；耀眼的红色显示出片中赵国人的爱国精神和执著的信念，也可以反映出他们对秦王的反叛情绪。因为，红色不仅仅代表一种热情，当鲜艳的反秦红衫女侠在一片枯黄的落叶中飘飘飞走时，女侠都被映衬得无比抢眼。颜色的反差和故事的意境，达到了最佳的视觉效果。相信看过此片的观众不会去深究这些衣饰是否忠于史实，影片最终的意义，是制造了一场冲击力极强的视觉盛宴，故事情节和人物关系已经非常不重要了。

《神话》是成龙打造的另一部个人神话。用爱情的伟大征服一切世俗的贪念，是这部片子的主题，这部电影的服装样式可谓多种多样，有高丽王朝的民族服饰，也有秦国人的服装展示。片中美丽的玉漱公主，身穿蓝色绣花的衣服，显得高贵漂亮，以至于成为杰克手中的那本书中最标致的装扮。

秦代服饰注重色彩的搭配，尤其是很注意上下衣及袖口、领口的色彩相异。这种采用强烈鲜艳对比色的搭配，在片中得以表现，也使得影片显得明快、热烈，生机盎然。显然成龙在这部片子中，已经将秦代的服饰时尚化了。对于这部纯商业片来说，能够基本终于史料记载，已属不易，更何况故事片并非纪录片，忠于原史的基础上，应该考虑时尚和视觉。

这部分介绍电影中的秦服，并以三个讲述相同故事却风格迥异的电影为例。语气的确定可以参照影片的画面色调和故事基调。

字幕：
唐服。奔放，包容。

配音：
唐代，是我国政治经济高度发展、文化艺术繁荣昌盛的时代，是封建文化灿烂光辉的时代，唐朝建立了统一强盛的国家：对外贸易发达，生产力极大发展，较长时间国泰民安，尤其当盛唐成为亚洲各民族经济文化交流中心的时期，更是我国文化史上最光辉的一页。被后人誉为"盛唐时期的服饰"，兼容并蓄、奔放豪情。最明显的特点是服饰的双轨制，在大的祭祀场面，穿汉人的传统服装，而在平时常服是胡服，也就是鲜卑族的服装。

《满城尽带黄金甲》嫁接了唐朝的审美趣味，尽显盛唐的雍容华贵、昌盛繁荣。影片也刻画了当时女性的丰腴之美，透过唐人独特的审美眼光不难看到，当时崇尚的丰肥浓丽、热烈放姿，而这些绝不单纯是女性体态上的肥瘦和穿着上的遮露，可以说这种审美要结合开放和豁达的心胸，富足与享乐的豪气。

唐朝服饰的式样，是在沿袭了秦汉继承了隋制的基础上，在款式及造型上更加复杂了。

唐朝服饰的特点是袒胸、长裙、宽衣大袖，没有纽扣而系腰带；裙子的线条流畅而优美，在初唐时期是以窄袖为主，盛唐则流行紧衣窄袖；至晚唐时期，从宽袖又变为半宽袖，色彩上沿袭了南北朝的遗风，以红、紫色为主。在白居易《秦中吟》的诗中就有"红楼富豪女，金缕刺罗襦"的诗句。另外，在宫廷中也开始流行黄色并作为宫廷内廷官服，后来唐高祖禁止臣民穿用。它成为历史封建最高统治者的专用服装，因此，达官贵族最宠爱黄色是和当时唐朝的政治强大、经济文化繁荣相贴切的，也最能够体现出皇帝那至高无上的尊贵地位。

《天地英雄》一样也是描述唐代时期的故事，但是不同的是其剧本标明的时代是盛唐。剧中展现的背景包括大唐与西突厥交战，双方互相争夺西域据点，以及西突厥人抢夺大唐僧侣宝物的情形，再现了当时大唐在西域上仍饱受突厥威胁的情景。影片展现了大唐辽疆的壮阔以及一段关于友情、利益和责任交相辅成的故事。唐朝开放、多元的文化，引来无数的外国使节和留学生，商旅、传教士等各种人群也云集于长安。唐朝采取开放政策，对西域、吐蕃的服饰兼收并蓄，因而浑脱帽、时世装得以流行。这就是中国古代服饰史上的第三次大变革。与前两次所不同的是，这一次服饰大交流是由南北走向向东西方向流动。由于通西域，外族服饰文化对唐代产生的影响，还反映在思想观念上的变化。西安出土的服饰上记载着妇女胡装的模样，就是极好的见证。唐代从西域传来的胡歌舞，从中亚传来的胡腾舞，表演时急转如风的胡旋舞，舞者所穿的衣服就可以称做胡服。唐朝还有男女同服之俗，这种全身仿效男装的装束成为唐朝女子服饰的特点，可见，当时男女在服饰上差异不大。这与唐朝的经济文化较开放有关。可见唐朝女子很喜欢男子的服饰，其风格于秀美俏丽之中，别有一种潇洒英俊的风度。

由于服装的发展，手工业生产也大大超过以前的各个朝代。当时的丝绸面料品种花色繁多，其印染与织造等工艺技术也达到鼎盛时期。在中国历代服装装饰中，唐朝服饰无论是款式的多样、色彩的丰富、装饰的豪华、面料的富丽等，都可堪称精美之极。影片中的唐军铠甲并没有全然依照如敦煌壁画中的唐军服饰去做设计，比较有现代感。除了盔甲以外，影片的各色人物的服装服饰，也是各有千秋，反映了不同地区、不同地域的风土人情。

(《夜宴》)

故事发生在前承鼎盛唐朝的五代十国、后接繁华的两宋。在中国封建王朝两座高峰之间，它却呈现低洼的态势。本片以五代十国为背景，展现了丰富的历史场景和画面，讲述了历史的真实，披露了皇帝、士人的内心感受，还原了皇帝士人的真实面目。因为《夜宴》的时代背景是唐朝，造型师叶锦添设计影片中的女子要画唐朝美人特有的一点眉，看一下现今仍然穿和服、画小嘴的日本女人，在节庆的时候仍然会这样打扮，她们受到唐代文化的影响极深，影子也在当今社会常常可以见到。在众多戏中，葛优的皇帝铠甲最为气派。在《夜宴》中，葛优扮演的厉帝对先皇的这套铠甲惦记了很久。也可以说，为了得到这个象征权力的标志，他出卖了亲情、丧尽道义，最终以悲剧告终。

从《夜宴》这些戏服可以看出，叶锦添吸收了唐朝女装和西方武士装的特点。值得一提的是，所有的服装都配有一个面具，透出隐隐约约的鬼气与神秘，也许叶锦添就是要从服装与饰品中体现出带点诡异的古典。

这部分结合电影讲述了唐服的特点。尤其要注意配音与画面的配合关系。反映盛唐的画面金碧辉煌、色彩明丽，声音和语气的运用也要随之相对明亮一些，而如《夜宴》部分则要稍添深沉凝重。

主持人：

几千年来世代相传的传统服制度，由于八旗兵的进关而遭到破坏，取而代之的是异族陌生的服制。因此，从化妆到衣着，满汉民族之间产生矛盾就成为必然。客观上来说。清代服制的变化是由外力促使产生的改革与变化。从衣着特点和后世传播的持久性来分析它是以新代旧的一种进步，是时代前进的产物。因此可以说，这种变革已经形成我国传统服制的又一次飞跃，是历史上胡服骑射、开放唐装之后的第三次明显转变。所以说，这种改革起到了推进服饰演变的积极作用。

字幕：

清服。婉约，含蓄。

配音：

清朝，是我国服装史上改变最大的一个时代，是满汉文化交融的时代。尤其是服装文化，也是保留原有服装传统最多的非汉族王朝。

清代衣服的长袍马褂，早先是富贵人家才穿的服饰，到后来逐渐普遍，变成了民众日常服饰。满族妇女穿的旗袍，早期是宽宽大大的，后来才变成了有腰身，在旗袍外面再加上一件背心。她们的鞋子也很特别，是一种花盆式的高跟鞋。至于汉族妇女的服饰，则和明代差不多。《垂帘听政》和《火烧圆明园》，故事背景都是发生在清末年间。从传统的清朝后宫的服饰看，东西宫太后的常服上面绣着八只彩凤，彩凤的中间插着数朵牡丹，牡丹的颜色处理得静穆而素雅，色彩变化惟妙惟肖，具有传统山水画特点。色彩和线条的柔和，体现了皇后母仪天下的慈爱。与此相反，凤的颜色比较浓重，红绿对比度极为强烈，具有典型民族风格和时代特色，同时也凸显了皇后的地位。

影片《垂帘听政》讲述慈禧太后如何一步步成为东宫之首的主线。在每一阶段的服饰，就可以了解到她当时所处的地位。服装是随着影片的变化而变化的，随着她地位的逐渐升高，相对服饰的装扮也越来越繁琐，配饰也越来越多。而她真正走向垂帘听政以后，由于每天所接触的事物和本身固有的坚韧性格，使她与东宫慈安太后大体相符的服饰中，略有一些个人的独特个性夹在装扮中，让人一眼就可以认出谁是谁。慈安总是温柔似水、温文尔雅；慈禧则有着坚忍、刚强的精神。所以，服装不仅是生活中的工具，在电影中它还是绝不可少的重要道具。可以说，演员们只有穿上戏服，才能真正地融入到电影中，成为电影中的人物，演绎电影中的悲欢离合。

这是由外国人拍的《末代皇帝》，更加小心翼翼地忠于着中国的原汁原味。通篇的用色几近完美，达到了空前绝后的境界。影片中展示了宣统帝的服饰，有朝服、吉服、常服、行服等。朝服主要以黄色为主，黄色代表富贵，象征在皇帝的统治下国库丰盈，全国上下共享荣华富贵。再者，皇帝的皇与黄谐音，也许这也是朝服选用黄色的原因之一。朝服一般在正前、背后及两臂绣正龙各一条，腰帷绣行龙五条，前后各绣团龙九条。常服绣正龙两条、行龙四条，披肩绣行龙两条、两袖端正龙各一条。这样的设计与布局，不但体现了清朝人所注重的对称美，也象征着皇帝真龙之体的庇佑，同时也体现了清代人对皇帝的崇拜与敬畏。朝服除了明显的绣龙纹样，周遭还伴随着众多陪衬。这样的设计，不但使服装更为丰富，同时也象征着全国的统一团结。皇帝的龙袍除了刺有龙之外，龙袍的下摆，龙袍斜向还排列着许多弯曲的线条，名谓——水脚。它除了表示绵延不断的吉祥含义之外，还有统一山河和万世升平的寓意。另外，这些水波条纹也代表人民。唐太宗说过，水可载舟亦可覆舟，这句话说明了人民的重要性，在皇帝服饰上绣这样的纹理，意在时时刻刻提醒统治者——莫忘老百姓。

主持人：

作为中国妇女的现代民族服装，旗袍至今仍然是中国女性民族服饰首选。旗袍作为大家族中的一员，其发源有人认为可追溯到春秋战国时期的深衣。从字义上解，旗袍泛指清朝旗人所穿的长袍，不分男女，不过只有八旗妇女日常所穿的长袍才与最后的旗袍有着"血缘关系"。现在社会已经不把用作礼服的朝袍、蟒袍等归为旗袍的范畴了。

字幕：

旗袍。柔美，典雅。

配音：

随着满清统治者权力的消亡，旗袍此时穿着者比较少，但是新式旗袍却开始酿成。30年代后期出现的改良旗袍，又在结构上吸取了西式裁剪的方法，使旗袍更为称身合体，也开始注重体现追求自然的装饰效果，不以装饰体现身份地位，这与崇尚当时自然的新生活和社会风气密切相关。五六十年代的香港，仍可以看到旧上海的风貌。张曼玉在《花样年华》中穿着的旗袍共有26套，始终配合着情节的发展、人物的心情有致地变化着，衬托着旗袍的婉约与婀娜。苏丽珍与周慕云在街口谈话时，旗袍总是缀满各种颜色，在幽暗背景的映衬下，显得鲜艳而凌乱。杂乱无章的色彩映衬出苏丽珍内心的复杂混乱，对爱的渴望，遭到现实压抑的痛苦，对真爱的踟蹰迷惑。在幽暗拥挤的弄堂中，昏黄的街光下，衣着整齐的苏丽珍等卖面条的时候，呆呆地站在一个不属于她的世界中，手足无措、恍惚迷惘，在层层俗世中透射出不可名状的哀怨。导演利用旗袍固有的，能够完美体现东方女人的美来衬托出女主角的风韵与片中忧郁矛盾的心理斗争。

电影与服装有着千丝万缕的关系，在电影中，服装是道具，是反映人物内心世界和影片故事背景的直接体现。但是从某种角度上看，电影也给服装业起到了宣传和推动的作用，就如同《花样年华》热映后，大大小小的旗袍专卖店就迅速崛起，而且这股旗袍风也是愈演愈烈。

主持人：

从古至今，中国的服装演变可谓是翻天覆地，每一次服装服饰的变革，也是历史的交替阶段，从中渗透着社会的发展与变化。

在下期节目当中，我们将带您去看看西方社会的服饰演变。本期节目到这里就结束了，感谢您的收看。

相比繁盛唐朝的雍容唐服，表现婉约含蓄的清服也应在语言上更显沉稳和内敛。尤其画面的风格也有不同，要多寻求与画面的贴近。

配音：

公园14至17世纪初叶，欧洲大地上掀起了波澜壮阔的文艺复兴运动。文艺复兴的新思潮活跃在社会各领域，宣扬社会价值和人性自由解放，同时追求美丽饰物，奢华享乐的风气也日趋盛行。应运而生的意大利花样丝绒以其高雅的质感、高昂的价格被视作富贵和奢侈的象征，而受到社会，特别是贵族和富有者的狂热青睐，成为许多人所喜爱的服饰穿戴。也有许多画家参与了丝绒服饰的设计与普及，他们的作品在人们所穿戴的丝绒服装上得到了印证。服装的象征价值在文艺复兴时期达到了巅峰，这一时期的正式宫廷服装当然就是西方文化史中最奢华的部分。

从文艺复兴时期西方的流行服饰讲起，点明了服装的象征价值，引出片中结合电影对西方服饰的鉴赏和剖析。

《电影的表情——服饰篇》（下）

主持人：

观众朋友大家好，欢迎收看本期的《第十放映室》。在上期的节目中，我们浏览了中国几个重要历史时期的皇室宫廷服装，今天我们再去看看西方社会的服饰是怎样在电影中展现出来的。

字幕：

古典，华美与威严。

配音：

在西方服装史上，近代指的是从文艺复兴时期到法国路易王朝结束这一历史阶段。从近现代的艺术风格上，它分为文艺复兴、巴洛克和洛可可三个时期。16世纪的英国和法国，在文化与服装上相互影响，尤其在服装上更是与法国没有太大的区别，这在电影《伊丽莎白一世》中得到了充分体现。在同一时期的英国，女王雍容华贵的巴洛克服饰风格、威严气派的宫殿，毫无遗漏地展现和衬托出了她的气势。无论是庄严的登基大殿上还是议会上，红色的服饰带给女王高贵、雍容的气度，而更深层次地衬托出伊丽莎白一世为了国家政治的执著态度。从16世纪的70年代以后，欧洲女性着装习惯半裸胸装，英国女王伊丽莎白一世引领了这个潮流，其实女王的露胸装是用来展示自己变化多端、丰富多彩的珠宝钻石的，由于女王终生未嫁，所以人们称她为童贞女王。也正是因为如此，那时候人们认为：露胸装是少女的标志。这部影片拥有雍容华贵的视觉影像，细节部分充满色彩与惊奇，优雅而创新的服饰令人印象深刻，并荣获了当年奥斯卡最佳服装设计奖。巴洛克风格的艺术具有气势雄伟、生机勃勃、热烈奔放，同时洋溢着庄严高贵、豪华壮观的气韵。巴洛克时期，工艺美术在西方工艺美术史中承前启后，它是洛可可风格的一个声势浩大的前奏，是向欧洲近代工艺美术过渡的标志；它在文艺复兴时期的基础之上，产生了巨大的优越，它表现的是对优雅和谐的古典艺术的形成的对立；追求标新立异，追求外表形式，强调形式上的多变和气氛的渲染，忽略内容的深度刻画和细腻的表现。这个特点不仅表现在那个时期的绘画、建筑等方面，同样在服装方面也有着明显的标志。

影片《路易十四的情人》，讲述一位出生于贫贱下层社会的跳舞女郎——玛姬，她左右逢源于当时法国知名剧作家与诗人之间，玩弄爱情游戏，并聪明地进入莫里哀剧团成为当家花旦，为自身创造命运。她性感的舞姿得到了国王路易十四的青睐。当她尽情地在雨中翩翩起舞时，跳跃的音符和舞姿是她展现生命的价值。尽管没有华丽的衣服映衬，但是仍无法遮挡住她的魅力；然而，随着服饰的层层蜕变，穿着越来越华丽，她内心深处的欲望也越来越强。服装跟她的改变而改变，把这个带有一点点土气的乡下女孩儿，从朴实无华只为尽情跳舞而活，到不断地追求艺术的高峰，以至于其人生目标的改变表现得淋漓尽致。在这段历史时期，法国的服饰一直是欧洲时尚界的前沿者。

法国国王路易十四是一个比较特立独行的皇帝，这首先表现在他的穿戴上。其服装、装饰的怪异与混乱，达到了空前绝后的程度，仿佛将一个杂货店穿了一身上。这种夸张怪诞的装束，用今天的话来说就是恶搞。为了弥补身高的缺陷，这位皇帝意外地成为了高跟鞋的发明者，这也许成为了他一生最大的成就。高跟鞋的发明，给所有身高不足的人带来了福音，让所有的女人一夜之间挺胸提臀、风姿绰约起来。路易十四本人一直带领着宫中的新时尚，假头套、蕾丝大翻领、蝴蝶结、往脸上扑香粉，在头发上插上鲜艳的羽毛，贵族男人们都纷纷仿效，一时风靡全国。影片中路易十四的弟弟，在剧院看到玛姬舞姿极为惊讶，然而他的装扮也毫不逊色于他身边的夫人。这种奢华时尚，表明了当时法国经济与政治的强大，它不仅仅是服装引领了欧洲的潮流，而文化、经济、及至政治在欧洲也是中心的地位。玛姬跳舞的缎带，是巴洛克样式中一种特色的装饰，因为那个时期不停颁布奢侈禁令，禁止进口织金锦、蕾丝、天鹅绒、缎子、滚边等装饰，禁止使用华美刺绣等金银丝织物，因此导致这个阶段缎带装饰的泛滥。在1661年出现了以缎带的使用量来看身份的高低，这是法国风前期一度朝着装饰过剩的女性味儿很强的方向发展。片中的女主角性格倔强，为了追求理想牺牲一切。再从法国男人装束趋于女性化发展的角度，二者结合来看，也象征着女权主义的萌芽开始滋生。从路易十四开始，法国渐渐成为西方世界的中心，尤其是法国的时装业。路易十四穷凶极欲来展示他的无上权威。从这个时候起，巴黎成为欧洲乃至世界时装的发源地。

（影片《莫扎特》）

影片讲述了充满激情的作曲家莫扎特才华横溢，却郁郁不得志的坎坷人生。从小被誉为神童的他，在作曲方面犹如神话般神奇。他所作的曲子都是即兴演奏出来的，这使得他轻松地赢得了国王的欣赏，成为宫廷乐师。

通常，宫廷乐师的装束要十分庄重，但是从他特立独行的明亮的服饰色彩中就可以清楚地了解到，莫扎特天真、单纯、心无杂念。也正因为他的真实、坦荡、从容，自然使得这位音乐大师不畏权势和地位所支配。他赚钱只为最基本的生活，然而创作音乐才是他终身的追求。然而萨列里，这个人物的刻画与莫扎特形成了鲜明的对比。从外表上看，他整天身着深色服装，严肃且不苟言笑、深藏不露，但心思缜密、老奸巨猾，因为莫扎特在无意中给他的难堪以及夺去了他心爱的女人的心，使得本来欣赏莫扎特的他开始嫉恨。于是他表面上假装帮助莫扎特，背地里却处处阻挠，最后利用莫扎特对于父亲之死的心理阴影，而成功谋杀了莫扎特。天才终于栽在了庸才手里。但庸才并未获得真正的胜利，当他看到自己的平庸作品慢慢被人遗忘，而莫扎特的作品广为流传得到后人的顶礼膜拜时，他只能在羞愧和忏悔中度完余生。萨列里的扮演者，将这个人物阴暗扭曲的复杂心理完美地演绎出来，凭借此片成为了奥斯卡影帝。

这部电影的所有音乐全部取自于莫扎特，很多场景选用了莫扎特的歌剧片段。影片也将这一时期的服装利用电影独特的记录方式，用故事诠释给了观众。奥地利国王十分欣赏莫扎特的才华，他也常常会出现在皇宫之中为国王演奏。无论是国王还是国王宴请的宾客，从他们的服饰中看得出来，这是洛可可风格的服装时代，被欧洲人称为造作的艺术。在服装上，巴洛克更显示出女性特征，也是巴洛克风格的延续。洛可可艺术风格与巴洛克的艺术风格最显著的差别，就是洛可可艺术更趋向一种精致而优雅、具有装饰性的特色，这种特色当然影响到当时的服装,使得当时的服装非常注重细节,尤其是边角的修饰。例如,在影片中莫扎特常常演奏钢琴或是指挥交响乐的时候,他的袖口都会有花边的修饰,体现出了这一时期的艺术风格。在影片中,服装的艳丽令人叹为观止;而另外一个装饰也并不示弱,那就是假发。假发在欧洲上层社会的流行,是在1620年前后。路易十三为了掩盖自己的秃顶而戴假发,而被宫廷的贵族效仿,随后又风靡欧洲,以至于连妇女都戴着出现在各种社交场合。莫扎特的发型狂放不羁、活力四射,配着他富有朝气的衣着,把这个天才音乐家衬托得晶莹剔透、不落俗套,也体现出他洋溢着追求民主自由的思想和明快乐观情绪的音乐风格。值得一提的是,在这部影片中,几乎所有人都有自己的假发。但是,唯有莫扎特的对头萨列里从头至尾都没有戴一顶假发。他的发型和他的衣服一样利落、简单,总是以一种造型出现在人们面前。与百变的莫扎特相比,他的造型就如同他的音乐一样单调。他对自己的音乐评价是,人们很快就忘记了他的作品,而莫扎特的作品将永远流传被世人所记住。

服装作为电影道具的一种,它可以把故事的发展进程和背景、形态充分地反映出来。莫扎特留给世人除了音乐,还有他无限的信心,使得我们更确信:只有热爱生命才能克服忧患。莫扎特几次说过:"人生多美啊",这句话就是了解他艺术的钥匙,也是他之所以成为这样伟大音乐家的主要因素。从服饰的角度上看,无论他是穿着艳丽的时尚衣服在派对中狂欢,还是披着落魄的斗篷在雪地里仓皇地奔回家,服饰所能衬托他从奢侈的生活到一个悲惨的生活中,却还是终身不断地创作。

贫穷、疾病、嫉妒,日常生活中一切琐琐碎碎的困扰都没有使他消沉,乐天的心情一丝一毫都没有受到损害。所以他的作品从来不透露他痛苦的消息,人们万万想象不出他的遭遇而只能认识他的心灵。多么明智、高贵,多么纯洁的心灵,音乐史学家都说,莫扎特所反映的不是他的生活,而是他的灵魂。莫扎特以他朴素天真的语调和温婉蕴藉的风格歌颂着和平、友爱和幸福。

(影片《绝代艳后》)

如果说,巴洛克时期是男人的世界,那么洛可可时期则是女人的世界。因此,洛可可样式集中表现在女服上。洛可可艺术的风格特点具有纤细、轻巧、华丽、繁缛的装饰性。这种服饰源于法国宫廷,但她吻合了王公贵族的审美要求,于是在18世纪的欧洲盛行起来。它也体现了女权的高涨。注重繁缛精致、纤细秀美的装饰效果,它是一种纯粹的宫廷艺术,带有享乐主义色彩。呈现阴柔之韵和矫揉造作的气质,热衷于精雕细琢的表现手法;其精湛的工艺是前所未有的,给人以强烈的动感和视觉冲击力以及豪华奢丽的印象。关于这位大名鼎鼎的玛丽皇后,史学家一直争论不休。从法国皇族角度来讲,她确实为宫廷带来了奢靡之风,加速了皇室的没落衰亡;但从历史环境来看,玛丽·安托瓦内特,其实也是一个政治牺牲者,特殊的身份和环境造成了其悲剧的命运。而法国大革命的不可抗拒性,更说明玛丽皇后并非是导致皇权败落的主要因素。导演索菲娅·科波拉也正是看中玛丽皇后充满争议,且具有谜一般的性格和人生,以及其所处的特殊历史时期。其实,科波拉早在未曾担任导演之前,就对这位传奇艳后产生了浓厚兴趣。但当时的科波拉从软件和硬件上,都还不具备将如此恢弘的历史题材搬上大银幕的实力,因此经过了几年的磨炼和对题材的进一步研究,这位影坛才女终于等到了时机的成熟,来诠释这位争议艳后。本片可以说是科波拉迄今为止最野心勃勃的一部影片,每一个镜头都是对眼睛的爱抚,华丽的服装、美轮美奂的宫殿,都带给我们古老而梦幻般的气息,这是在她以前的影片中所看不到的。她能在每一个镜头中,给我们传达如此之多的信息。影片中的故事,似乎没有眼睛的触觉重要。从观看影片的第一刻起,我们就很清楚地看到,本片是一个展示精美服装的影片,可以说从视觉效果上来说,这是科波拉最成功的作品。而本片的摄影师,用粉红色的基调给观众营造了一种柔美的蜡笔画般的气氛,是影片更具有超现实的风格。

路易十六时代,是洛可可风的结束、新古典主义兴起的样式转换期,因此服装上变化比较复杂。一方面极度的奢华说明国力的强盛,而另一方面过犹不及也象征着繁荣走向衰败。

古典时期的服饰被形容为华美、威严,面对这样的服饰风格、富丽堂皇的场景以及高贵奢华的宫廷生活,配音的用声也要相对华丽一些,语言应较有质感。同时,讲述影片故事梗概和介绍服饰特点的语言应区别对待,故事的讲述更生动一些,注重情节;介绍的语言则需细致明晰。

主持人:

洛可可结束后,历史就进入现代。法国大革命的爆发,服饰风格也就随之发生了翻天覆地的变化。从那个时期的追求美感和奢华向现在的舒适简约渐渐转变,而巴洛克和洛可可时期也就成为服饰甚至是艺术历史上一个特色鲜明的时代。服装经历一次次历史的冲刷,朝代的更替、不停的演变,在历史的长河中,服装所起到的实用与政治的衬托作用,使这个人类最基本的遮挡身体的工具,赋予了无比珍贵的价值和无穷的生命力。

到了19世纪末20世纪初,世界各地都在变革,地球的大多数国家,似乎都在与繁复与过度浪费的奢华服饰说再见,简约的服装样式也在翻天覆地的全球变化中变化着、发展的。

字幕:

近代,优雅浪漫。

配音:

(影片《安娜·卡列尼娜》)

卡列宁之妻安娜艳压群芳。在火车站,她邂逅了风流倜傥的伯爵渥伦斯基。在19世纪的沙皇俄国的上流社会里,呆板而无趣的官僚,渥伦斯基的热情唤醒了安娜沉睡已久的爱情,两人产生了真爱，在当时社会强大的舆论压力下不顾一切地私奔，他们的爱情悲剧也就此展开。

主人公安娜·卡列尼娜是世界文学史上最优美丰满的女性形象之一，她以内心的体验深刻与感情的强烈真挚，以蓬勃的生命力和悲剧性的命运而扣人心弦。安娜平日里的穿着，都是以素色为主。这部影片中的安娜爱穿黑色的衣服，也许隐约渗透着她对生活的绝望和对真爱的严肃对待。当她第一次与渥伦斯基在火车站相遇，她姿态端庄、美丽，眼中有一股被压抑的生气。在她的脸上流露着仿佛一种过剩的生命力，洋溢在她的全身心来违反她的意志。

电影中出现最多的还是礼服，而且以大礼服为主。比如，在一开始的舞会中，安娜身着大开胸黑色礼服，没有项链、白色手套、长长的拖尾，无论样式如何质地都相当优良、华丽至极。舞会作为贵族社会社交的重要场所，不仅是休闲娱乐的场所也是方便交际的场合。那时的沙皇俄国贵族女性，平时穿得最多的是钟式裙，这种裙装能凸显出女性胯骨的丰满形状，贵妇人常常用它来凸显自己的优美所在。影片还展示了俄罗斯传统的民族服装，其色彩鲜艳、样式宽大，这和俄罗斯民族的生产生活有关，也体现了俄罗斯人豪迈的性格。在俄罗斯，未婚女性不戴头巾，已婚女子则要戴头巾。电影中劳动的女人穿的就是这种衣服，这一般是在民间的服装，而在城市中的贵族社会中服饰就大不相同了。可是影片的最后，安娜穿着一身黑天鹅绒长裙，肃穆而又悲凉，把一个为爱牺牲全部的悲剧女性，衬托得哀怨长鸣。在与爱人相遇的车站的铁轨前，让呼啸而过的火车结束了自己无望的爱情和生命。这段为道德和世间所不伦的婚外情，最后的结果由安娜独立承担，留下了无限感伤。从她的悲剧命运，我们看出了整个社会的动荡、人心的动荡。虽然抛弃了古典复杂的装饰，但是变革是需要巨大的代价的。虽然从服装上走向了日趋简洁而又不失高雅的姿态，但是这种不安分元素仍然存在于整个社会，而服装，不仅仅是一个社会变化的表象。

在影片《乱世佳人》中，通过几个人物的爱情波折，以及塔拉庄园和奥克斯庄园的兴衰，反映了人们对战争的态度，战争的进程和对战争的诅咒。影片的时间跨度很长，情节也很多，但却那么和谐地构成了一个完整的整体。在这部影史上被誉为不朽的影片中，服饰在这个叙事中起到了画龙点睛的作用。南北战争时期的欧美服饰，被认为是典型的浪漫主义时期，其特点是细腰丰臀，大而多的装饰是帽子，注重整体线条的动感表现，使服装能随人体的摆动而呈现出轻快飘逸之感。

郝斯嘉，是一个任性倔强又有点叛逆性格的热情女孩。当她向心爱的人表达爱意时所穿的裙子，是白底绿花的花色，可以渗透出她的天真。无忧无虑的田园生活，让她活得舒适和安逸，同时这种安逸与以后的动荡不安的社会背景形成了鲜明的对比。在失去丈夫后的郝斯嘉，生活上有了巨大的变化，她不得不穿孝服出席各种场合。这对于性格叛逆的她来说，是相当不舒服。虽然南北战争时期的美国社会思想逐渐开化，但对于礼节、服饰、场合的要求，还是极为严格的，一般不可能允许像郝斯嘉一样身着一身素服而去参加舞会，但是她还是去了。也许影片这样的安排也是为了揭示，人们对当时动荡社会的不满情绪，对现实的抵抗精神。社会的变迁使得原本拥有衣食无忧的郝斯嘉，不得不为生机而奔波。她没有漂亮的衣服去见白瑞德，于是把窗帘扯下来做成一套风格独特的裙装，出现在白瑞德面前。当如此具有性格的服饰进入到观众眼前，扑面而来的是一种勃勃的生机和一个女性为了生存而费尽心机的灵动。从艺术角度上看，浪漫主义风格主张摆脱古典主义的繁复和理性，反对艺术上的刻板僵化。在一切噩梦似乎已经结束的时候，郝斯嘉和白瑞德结婚。这位曾经的富家女又过上了不为生计担忧的日子，她又开始穿着华丽的衣服过着奢华的富人的生活。但是好景不长，一个如此倔强的女人，多变的一生让她不被任何困难所打倒。也许是性格决定了命运，她始终没有向命运低头也从不胆怯，一次次重新把生活的主动权夺回到自己手中。"不管怎样，明天就是新的一天了。"这是她乐观自强人生的最好表白，也是她对命运的生生不息的诠释。

  这部分的内容借由两部以女主人公命运为线索的电影展开，服饰的特点也与两人的性格和所处环境紧密联系，只有把这些内涵都理解到位，才能读懂这部分的深层含义，并把它讲述给观众。

主持人：

  在影片中，服装不只是用以表现地方性民族性等，更重要的是为角色服务的、是塑造人物造型的重要手段。服装推动了电影的发展，电影服装制作也并不像现实中出售的服装那样简单，而是要结合片中角色饰演者的自身条件，不露痕迹地达到服装与剧中人物的和谐统一。

字幕：

  现代，简约实用。

配音：

  在革命性的 18 世纪末和 19 世纪初，维多利亚时期的那种虚伪做作、一本正经的服装就被抛弃了，这使妇女们赢得了巨大的解放。从 20 世纪初，简约和时尚就已经在服饰舞台上悄然演变和兴起了，人们对于时尚的追求也愈加强烈，摩登已然成为人们追捧的形式。2007 年，根据同名畅销小说改变而成的《时尚女魔头》在全球热映，一股时尚之风席卷全球吸引了许多女性的目光，尤其受到办公室女孩们的推崇。其实，无论何种时尚，只要符合自己，看上去给人舒适的印象，那么是不是潮流时装根本不是时尚话题的重要所在。时尚是为人服务、为人遮风挡雨是首先，舒适和美观暂列其后。

  刚刚离开校园即将投入社会实践及工作的女孩安德丽娅，幸运地得到了世上似乎所有女孩都梦寐以求的机会，那就是在繁华都市纽约最出名时尚杂志的主编——米兰达手下担任助理工作，因为这样可以证明自己的美貌和才华兼备，是实力的体现。当然最重要的前提是，她该如何能服侍好挑剔的主编米兰达，并最终获得她的最终肯定。天使与恶魔的较量，由此层层展开。身为著名杂志的高级管理人米兰达，自身就有着高贵时尚、举止优雅的特点，这些无不令她手下的众人艳羡并敬畏不已。然而她这看上去美好的一面，却只对外人展示。在杂志社，米兰达绝对称得上是个不折不扣的女魔头，安德丽娅在为她工作期间饱受折磨。米兰达的扮相相对时髦亮眼，但是在她身着时尚服饰的背后也有着辛酸的故事。家庭的不幸和浓妆掩盖下的疲惫和苍老，使得这一个恶魔形象由外表的装扮体现出魔鬼另一面的无奈与坚强。米兰达由演员斯特里普出任此角，表现出了那种发自内心的淡漠和无与伦比的黑色影响力，称得上是她演技上的又一次大挑战。

这部影片，虽然从影片开头就一直不停大秀时尚的最前沿服饰，但是影片的内涵绝不是把美定义在外表是如何武装的。在安德丽娜摇身变成时尚女郎，走进办公室的一刹那，平日里总是嘲笑安德里亚穿着土气的两位女同事，似乎惊讶得目瞪口呆，难以置信惊天的变化。其实，用外在客观的美丽衣裳来体现人性的内在美，才是无价之宝、才是永不过时的时尚。

在20世纪20年代，电影工作者逐渐认识到，服装在一部电影中起创造环境、烘托氛围的作用。1948年设立了奥斯卡最佳服装设计奖项，在此之后服装在电影中的地位日益提高，也日益重要。服装在一定意义上，已经成为电影美的品味的一项标准。今天的电影已经和时尚的行业紧紧地联系在一起了，互相推进、互相影响，设计师们也将服装在影片中进行充分展示。就电影而言，它是一门综合的艺术，服装承载了整部电影的基础，而服装本身就具有艺术性，同时也是人生舞台的道具；它是随着影片的变化而变化，其可以概括为服装美的绝对性和相对性的表现，服装在某种程度上推动了电影的发展。服装业的日益发展，推动了影片视觉效果的质量提高。服装在一定意义上，已经成为评价影片视觉美感的一项标准尺度，成为了我们从电影中获取美感和提高品位的重要方式之一。

主持人：

如今，潮流已经成为一个巨大的产业，触及几乎所有的社会层面，这在电影中都有细腻的表现，也使得电影具有了更多的时尚感和生活感。享受电影，期待精彩，感谢您收看本期的《第10放映室》，下周同一时间再见。

现代电影中的服饰更简约实用，同时也带有时代的气息，充满时尚的元素，《时尚女魔头》就是典型的一部。由画面中传递出的各种时装的新颖款式和潮流搭配，我们可以用轻快灵动的语言来搭配。

最后对于电影和服饰之间交融及发展关系的思考，在表达上应更显思想的深度，同时作为整期节目的总结，应更有结尾感。

第二节 电视娱乐资讯配音

一般认为我国电视娱乐节目的出现是以 1990 年初开播的央视《综艺大观》为标志的，二十年间，电视娱乐节目形式多样、不断出新、蓬勃发展，很好地承担着娱乐大众的功能，是丰富受众精神文化生活的主力军。而电视娱乐节目中，电视娱乐资讯节目以其丰富多彩的内容、轻松活泼的氛围、时尚潮流的风格成为电视娱乐节目的重要组成部分。

电视娱乐资讯节目由于信息量比较密集，同时各种文娱活动、演艺动态又会有大量影像素材，所以需要借助配音传达大量的信息。现在比较有影响力的电视娱乐资讯节目像央视的《影视同期声》、京视的《每日文娱播报》、凤凰卫视《娱乐大风暴》、光线传媒的《娱乐现场》等，这些节目大多都是采用主持人演播室串联消息主线、配音小片报道事件信息和细节的节目形式。

电视娱乐资讯的收视群体相对呈现年轻化的特征，同时为了满足观众迅速、生动地了解最新最快娱乐动向的需求，电视娱乐资讯的整体节目结构比较紧凑，内容丰富充实，使观众在接受信息的同时得到了心情的放松和精神的愉悦。

一、电视娱乐资讯配音的创作要求

电视娱乐资讯节目是兼具资讯功能与娱乐功能的节目形式，包容信息的同时又富于娱乐性，在这样一个观众寻求信息和寻求放松的契合点上配音，要求我们既要清晰高效地传递信息，同时又要符合娱乐节目鲜明的时代风格和节奏。

1. 生动鲜活的语言传达时代快捷的资讯

这个时代带动着一切事物与它一起飞速运行，而信息也在以多样多元的方式在进行传播，这样的情况下电视娱乐资讯节目必须跟上这种节拍，配音更是要用生动鲜活的语言传播符合这个时代的快捷资讯。

（1）生活节奏加快要求语速跟上人们的心理节奏

生活节奏的加快使人们更习惯快速高效的信息传播方式，如果我们依然按传统配音节奏或者是其他不同类型栏目的配音节奏可能就不适合娱乐资讯的配音要求了。娱乐资讯节目配音过程中提高语速不但是要适应人们的心理节奏，同时也是在单位时间内传播更多信息，满足观众对信息的需求。根据粗略统计，现在娱乐资讯节目中配音部分的语速基本都达到了每分钟300到350字左右。当然，快节奏的配音对我们的语言功力也提出了更高的要求。比如气息要有均衡持久的支撑；吐字归音轻巧灵动富于弹性，不拙、不因速度快而吃字、吐噜字；传递信息内容主次有别，句子轻重疏密得当。同时必须注意语速并非越快越好，如果语速影响了语意的清晰就本末倒置了。

（2）资讯最新最快要求具有良好的认读和备稿能力

如果想让观众看到最新最快的娱乐资讯，制作的周期势必比较短。比如，白天进行的演艺活动，可能在晚上的节目中就要播出，晚上发生的事件第二天也会抓紧报道，这都是在争取资讯的快捷。所以娱乐资讯的制作过程都是处于非常紧张和高速的运转状态，这就要求我们配音时要具备比较好的认读能力和备稿能力，这样才能迅速地熟悉稿件，对稿件理解透彻，较好地把握稿件并保证录制的质量和效率。

2. 轻巧跃动的节奏体现现代时尚的气息

电视娱乐资讯节目由于内容中都是娱乐界、影视界、时尚界的信息，所以充满着各种现代和时尚的元素，这也是我们在配音中要通过对声音的塑造来尽量贴近的。

（1）符合影像丰富、画面光鲜的风格

电视娱乐资讯节目中的影像资料非常丰富，画面切换相对频繁，衔接手法多种多样，而画面中又充满着明星大腕们的光鲜形象和各种盛大场面，所以配音中要注意用声比较饱满、音色比较明亮，以配合节目的风格。

（2）咬字轻巧有弹性，体现语言张力

娱乐资讯的内容一般都比较轻松愉快，为体现这种风格我们在用声时一般发声位置不要太靠后，这样会显得太过沉稳。咬字方面也注意在保证清晰度的前提下轻巧一些，使每个字都富于弹性，而不只是求稳求实。

（3）寻找娱乐感，给声音华丽的外形

娱乐资讯的节目风格使节目本身充满了暖色和亮色，在配音的时候也要力求声音靠近这种时尚感觉，巧妙运用时尚、华丽的音色来营造娱乐资讯的绚丽风格。

（4）富于交流感，具有聊天式的亲和

由于喜欢娱乐动态的年轻人都更喜欢交流感强的语态，所以配音时要具有切实的交流感，同时要捕捉类似朋友间畅聊时尚与娱乐话题时的亲近、自然、轻松、活泼的沟通状态，适度运用到配音当中，加强对象感的体会和运用，这样能够使观众听起来更舒适，更乐于接受。

结合以上4个小知识点，我们来看一段实例，光线传媒的《娱乐现场》6月20日播出《群星亮相上海电影节》的报道中有这样的配音片段：

上海国际电影节开幕阵容强大，《娱乐现场》直击红地毯演员频频换装。两位焦点"星妈"集中亮相最焦点，赵薇亮相现场闪光灯狂闪半分钟，担任评委必然被问及私生活。

在现场最令人期待的就是明星妈妈的产后亮相，红地毯似乎给了她超过任何一位明星的关注度，主持人用最高音量报出她和其他评审的名字，现场的闪光灯也骤然变得密集。女儿出生还没满一百天，赵薇只身到上海出任电影节的评委。赵薇以一身玫瑰红席地长裙与评审团一起亮相，身材并不臃肿。

另一位星妈张柏芝因为刚刚生下第二个孩子才不到一个月，虽然身穿黑色宽松衣裙却难以掩饰不再苗条的身材。这一次张柏芝是随周星驰的电影《长江七号—爱电影》来到上海电影节，这也是她和周星驰在《喜剧之王》公映12年后再度联手。

这段配音所配合的画面中满是鲜花和闪光灯映衬下的大牌明星和导演们，赵薇身穿玫瑰红长裙被众人簇拥出场的画面充满了闪光灯的闪烁，而张柏芝走在红地毯上，周围也是众多影迷热闹非凡。给开幕式现场这样热闹光鲜的大场面配音，我们要气息充沛、精神饱满、音色明亮来配合画面的效果。同时吐字归音要注意不能太死板，要用轻巧的咬字来配合画面动感时尚和切换灵活的整体感觉。像"赵薇以一身玫瑰红席地长裙与评审团一起亮相，身材并不臃肿。"和"另一位星妈张柏芝因为刚刚生下第二个孩子才不到一个月，虽然身穿黑色宽松衣裙却难以掩饰不再苗条的身材。"等两句，说的是很生活很感性的内容，表达起来更应像朋友之间交换看法的聊天感觉，这样让人听起来才轻松自然。

3. 丰富细腻的技巧演绎轻松愉快的氛围

（1）充分调动情景再现如身临娱乐现场

配音时坐在配音间里面对话筒和文字，却要找到娱乐现场的各种风光和闪亮的感觉，这就需要运用情景再现，调动思想情感的运动状态进行联想和想象，使自己仿佛置身所配音的活动之中，不管是发布会、电影节、还是各种片场，都细心揣摩现场应有的氛围和特点，并使自己的语言状态也向此靠近。

（2）重音要拎起，着重突出

娱乐资讯配音过程中由于语速很快，所以要通过充分突出重音来表达主要内容。在前期备稿时也要有意识地确定重音，并准确进行表达，同时也要综合运用强弱法、快慢法、虚实法等来丰富表现手法，而不是一味地以加大音量的方式来突出重音。

(3) 语句连多停少，语流灵活顺畅

娱乐资讯配音信息量大，结构紧凑，在停连的处理上采用连多停少的方式可以让语流更加顺畅，一些比较短的分句之间的停顿可以以直连的方式处理，这样可以让语言流动起来，增添时代感、彰显时效性。

(4) 语势起伏较大，语气适当渲染

娱乐事件展现出的是一个绚丽多彩富于变化的世界，在配音的表达上也要符合这种特点，在语势上可以运用比较大的起伏，而语气也应着意渲染一些，来体现它的这种生动和多姿。而且一些板块中还会加入动画特效的画面或是字体，配合这些特效，配音的语言要更具色彩。

(5) 节奏比较明快，跳跃感强

娱乐资讯节目的画面生动而丰富，配音语言的节奏也应以明快为主来配合这种画面特点，同时为了显示这个时代信息快速传播、娱乐资讯丰富多元的特征，可以让配音语言具备一定跳跃感来诠释这种特征。这种跳跃感可以通过轻巧、快速地带过铺垫、辅助的文字，形成主次的轻重、扬抑、松紧、疏密的对比来实现。

4. 配音与节目中声画的衔接

(1) 衔接演播室和同期声，"无缝对接"

娱乐资讯节目中的配音要前后衔接演播室主持人、现场同期声或是明星演员的现场采访等，所以要注意前后的语言基调和风格要跟上演播室主播和同期画面嘉宾的语言状态。备稿时不但要对配音部分的稿件做充分准备，还要熟悉主持人部分以及现场人物同期声的语言，并在配音时与之紧密配合，语气节奏等协调一致，做到"无缝对接"。

(2) 配音要符合画面进度，内容匹配

配音时要适应娱乐资讯节目灵活变化的画面，与画面对接时候要注意内容的匹配，叙述的具体内容事件、尤其是描述具体人物的语言要与画面相对应。

我们来看一下《娱乐现场》在有关上海电影节报道中配音与演播室主持人语言的衔接和与具体画面的配合：

主持人：

第十三届上海国际电影节日前拉开帷幕，300多位电影人集结走上红地毯。前不久生完宝宝的赵薇、张柏芝产后首次公开亮相，而最近陷入"鄢颇事件"的女星李小冉也和电影《无人驾驶》主创一起走上红地毯。

配音：

本届上海国际电影节有来自80多个国家和地区的2300多部电影报名参赛参展，无论影片的数量质量和参展地区都创下历届之最。当晚虽然汇聚了多位一线女明星,却少见令人惊艳的造型。范冰冰的大红色长裙比起她此前戛纳之行的几身行头略逊一筹,姚晨率真的气质和这身设计大胆的长裙并不搭调,巩俐的黑色抹胸长裙也只能给打个寻常分。而大多数女明星选择的裸色系长裙也很难让人印象深刻。

这条配音是在主持人概括介绍电影节情况和主要明星之后切入的,将主持人所讲信息作为发语性内在语的内容,接续其创建的语境继续进行详细解说。后半段配音对众多女星造型的描述和评价,要与所说女星的镜头对位,同时还要注意配音的语气应风趣幽默,突出轻松愉快之感,而非对女星们的刻板品评。

5. 电视娱乐资讯配音容易出现的问题和误区

(1) 单纯追求较快的语速

我们在前面也谈到,娱乐资讯节目的语速相对较快,但在配音中我们不能为了这种风格而单纯追求较快的语速,这样容易产生的副作用:一是加快了语速而忽视了唇舌力度,影响了吐字归音进而影响语言的清晰度,这会使信息的有效传播大打折扣;二是追求快速而丢掉了对象感及停连重音等内外部技巧的运用,容易把内容读成流水账,使鲜活丰富的娱乐资讯大大失色。

(2) 外部技巧过于夸张

技巧的存在是为语言表达增色的,如若为了追求娱乐资讯的时尚生动而过于夸张地使用外部技巧,反而会使形式大于内容,给观众做作的感觉。所以技巧的运用也要适当,把握好"度"是很重要的。

二、案例分析:京视《娱乐现场》

由光线传媒出品的《娱乐现场》是国内一档出现较早、制作比较成功的娱乐资讯节目,我们就以《娱乐现场》的一些配音段落为例进行具体的分析和练习。

为了方便归类练习,我们把娱乐资讯节目播出的内容大致分为几种类型:娱乐事件、片场探班、趣味盘点。

1. 娱乐事件

娱乐事件这部分内容主要包括影、视、歌坛的风云和动态,比如影视歌星们最近在忙些什么,国内外又有什么大型文娱演出活动等,这些事件比较综合,信息比较多,配音时要注意突出事件的新闻性和时效性。

2010年6月周杰伦在上海举办了演唱会，《娱乐现场》对演唱会会场内外的盛况全面报道，内容是这样的：

主持人：

过去两年呢，周杰伦几乎把全部的精力放在了影视作品上，前段时间推出的新专辑又被部分乐评人评价为江郎才尽，种种迹象显示周杰伦在乐坛的人气已经大不如前了，事实真的如此吗？或许可以从他日前在上海举办的个人演唱会上找到答案。

配音：

周杰伦超时代演唱会日前在上海最大的体育场——上海八万人体育场举行。当天虽然下着雨，但看上去场馆外依然像个热闹的小集市，在演唱会背板前拍照留念的歌迷络绎不绝。T恤、荧光棒、杯子、包等各种衍生商品销售也异常火爆。有的摊位前甚至排起了队。

这段报道的开场，主持人先给出了一个关于周杰伦的人气是否大不如前的疑问，与配音部分共同制造出欲扬先抑的效果，让大家带着找答案的心情进入了具体报道部分。为了配合这种语言情境，配音部分的开始要带有"下面我们就一起看看答案"的发语性内在语来给出答案，并用比较明快的节奏讲述现场的热闹情景。

配音：

《娱乐现场》当天也从售票处了解到，周杰伦上海演唱会的票开场前三天就已经全部售出。少量流入黄牛手中的票大都以高出原价两至六折的价钱出售。这样当天八万人的体育场内几乎座无虚席。周杰伦这次演唱会大打高科技牌，制作成本约两千万人民币。演唱会开场就展示了一项全新的影像效果处理技术。周杰伦的影像通过投射呈现出立体效果，让歌迷难辨虚实。（立体投影画面）

而真正的周杰伦稍后则以一首《龙战骑士》登场，拉开演唱会序幕。（现场同期声）

当天的舞台被两千块LED屏幕包围。舞台不但可以水平移动，还可以自由升降。而周杰伦和舞群的服装则融合了未来感和中古世纪华丽元素。演唱会的视觉效果绝对称得上是高水准。（现场同期声）

当天演唱会开始后，仍有不少没买到票的歌迷在场外不愿离去。而据了解，目前周杰伦七月三号北京演唱会的票也已经全部售出。个唱票房的火爆似乎说明周杰伦在乐坛的号召力并非像媒体普遍报道的那样"大不如前"。

这段两分钟长的配音小片中，画面由售票处、到演唱会开场、到周杰伦出场、到现场整体场景、到场外画面，一直在转换，不但要注意根据不同画面的讲述内容进行语言的调整，还要注意如果解说词已经说完但画面还未播完要稍作停顿，等下一组画面切入时再配相应内容。

2. 片场探班

片场探班也是很受观众关注的一部分娱乐资讯，也包括一些大型文娱活动的筹备过程中的内部采访，因为这些节目内容能够带观众进入到观众无法到达的影视作品的拍摄和制作现场，带回最直接的影视作品的最新动态，也可以让观众看到对于普通受众来说相对神秘的艺术作品的制作过程和影视明星的工作状态。

《娱乐现场》2010年6月19日的节目就播出了栏目组的记者到由小沈阳主演的喜剧武侠片《大笑江湖》片场探班的内容：

主持人：

小沈阳主演的喜剧武侠片《大笑江湖》正在热拍当中，日前剧组组织媒体前去探班，各路记者都想见识一下大侠小沈阳的风采，在记者的印象里呢，大侠应该都是纵马驰骋快意江湖的，可是小沈阳的坐骑实在和大侠不大般配。

配音：

或许是为了增添喜感，《大笑江湖》中身为大侠的小沈阳坐骑却是这头可爱的小毛驴，别看是头一次骑驴，可小沈阳和驴搭档配合起来那是相当默契，一场戏来来回回拍了四五遍，这头小驴似乎依然没有厌烦的情绪，除了有胡萝卜作为诱饵，小沈阳对这头驴也是下足了功夫。

由于当天是一场没有台词的过场戏，所以在片场小沈阳显得相当轻松，导演一喊停他就马上抱着电话不放手。

第二次出演电影的小沈阳显然比拍摄《三枪拍案惊奇》时轻松了不少，除了自己经验的积累外，也少不了一个重要人物的帮助。

以上这三段介绍主演——娱乐圈的红人小沈阳——在片场拍摄的情况和其间的花絮，这样的内容要注意与画面配合，同时还要根据内容调整语气和节奏。

作为投资方之一的赵本山，此次只客串了一个戏份不多的小角色，虽然自己的戏早已杀青，但本山大叔依然对小沈阳放心不下，隔三差五赵本山都要亲自到片场探班。而此次《大笑江湖》中小沈阳饰演的小鞋匠更是赵本山为他量身打造的。

片中赵本山饰演的师傅帮助小沈阳从默默无闻的小鞋匠变成称霸武林的大侠，这正好暗合了现实生活中小沈阳的成名之路。从二人转演员起步，到如今搭上张艺谋等著名导演的顺风车登上银幕，赵本山是力捧小沈阳全面进军影视界。

而在为徒弟保驾护航的同时，本山大叔目前的身体状况似乎并不乐观，拍戏时就曾出现状况。

身体状况让赵本山有些担心，而眼下关于"本山号"飞机高标准招聘空姐的消息也不胫而走，这更是让本山大叔"很闹心"。

以上这几段从直击片场的内容转换到相关的人物和事件，并从单纯的配合画面介绍情况颇有些夹叙夹议的味道，其中说到赵本山的身体、乃至私人飞机招空姐的内容，在态度上应有恰当的反映，配音时语气上必须要有所转换。

3. 趣味盘点

娱乐圈里的奇闻乐事非常之多，在娱乐资讯节目里经常把某一明星的相关素材或者很多相互之间有联系的素材搜集整理做新角度的趣味盘点，从而既有效整合了娱乐资讯，又通过诙谐的编排出奇出新，起到了愉悦观众心情的作用。

《娱乐现场》2010年6月25日的节目中就把明星面对媒体的各种情形进行了趣味盘点。其中选取了多位明星，我们看一看导演冯小刚、演员张丰毅、孙红雷、林志玲的几部分来比较分析。

主持人：

在娱乐圈，明星与媒体之间的关系一直是相互需要又相互戒备，有的明星面对媒体总是横眉冷对，让记者们非常头疼，而有的媒体则是提出各种刁钻的问题让明星十分尴尬。而这两方在短兵相接时斗智斗勇的戏码，有那么几出还真的是极具欣赏价值。

配音（冯小刚部分）：

"打死也不说"这是冯氏戏剧《甲方乙方》里的经典桥段，而这个冯小刚设计出来的桥段却着实和现实中的他不太沾边。现实生活中，冯小刚绝对是个有话就说、想啥说啥的极品"小钢炮"。

有这么一句俗语叫"给点阳光就灿烂"，而冯小刚的脾气则是这句俗语的升级版——"给点火苗就烧得旺"。而纵观冯小刚几次对媒体开炮的原因，我们也不难摸出冯导的脾气秉性。

首先冯小刚坚信的是"我可以拿镜头拍别人，但你不能用镜头拍到我"。这代表事件就要属2004年冯小刚的电影《天下无贼》发布会上与某记者的正面冲突了。

冯小刚如此大动干戈，是因为该报纸将一批明星居住的楼盘地图刊登在了报纸上，这让冯小刚恼羞成怒，公开发泄了不满情绪。

冯小刚还有一个大忌就是"说啥也不能说他的电影不好"。1999年，某报纸编辑对他的得意之作《没完没了》提出了一些批评意见，就犯了这条大忌，该编辑当即被冯小刚警告"出门要小心牙齿"；后来某记者又对冯小刚拍摄商业短片提出了质疑，同样不小心越了冯导的雷池。

不光不能说他的电影不好，就连质疑他的电影的票房情况，冯导也会上劲儿。

这部分的配音要结合内容中所讲的冯小刚的性格特征，语言干净利落，节奏比较跳跃，但要注意语气要比较活泼，突出"趣味"盘点的意味，避免太重的火药味。

配音（张丰毅部分）：

和冯小刚的口无遮拦比起来，张丰毅可是绝对的少言寡语，不过这个少言同样让媒体头疼。每次接受采访时，张丰毅都是笑脸相迎也不会恶语相加，但就是守口如瓶、惜字如金，任你媒体再怎么绞尽脑汁提出的问题，人家就是几个字打发。曾经有无数媒体，都败在了张丰毅的绝招之下。

2004年张丰毅与姜文、许晴共同出演电视剧《大清风云》时，好不容易接受了《娱乐现场》的独家专访，可他却让记者哭笑不得。

媒体前往大连探班由张丰毅和巍子以及王学圻主演的《禁区》，三位硬汉演员凑在一起成了媒体最关心的话题。但面对记者的提问，张丰毅的回答却仍然不超过五个字。

看到张丰毅的笑容，让现场的气氛有所缓和，没想到一位记者的再次发问，却令访问彻底以尴尬收场。

张丰毅的这段语言比冯小刚那段要稍显平缓，整段都在张丰毅让媒体头疼的内在语当中。尤其第二、三段，都可在前半段兴味盎然地讲出采访的卖点，而后半段则给以张丰毅的态度来形成反差，采用欲抑先扬的方式进行处理，增添趣味性。

配音（孙红雷、林志玲部分）：

除了上面两位，娱乐圈还有几位艺人也喜欢和媒体斗智斗勇，虽不成派别但也是一等一的高手。首先就是孙红雷，他在面对媒体的刁钻问题时也有自己独到的一套，那就是"打太极"。2008年，有媒体拍到孙红雷与一位长发女孩一同牵手逛街，之后许多人开始猜测这位女孩与孙红雷的关系。此后不久，孙红雷在电视剧《落地请开手机》的发布会上就被媒体问到了这件事。而他倒好，不但不正面回答还把记者反采访了一通。

不过孙红雷也曾反被记者将过军。2009年10月，孙红雷和林志玲合作的电影《决战刹马镇》第一次举行发布会，当时有一个记者问道"孙红雷曾说过不与花瓶合作，而这次与林志玲合作不是自相矛盾了吗"。孙红雷当时就慌了手脚，而全场媒体却是一片叫好。

而此次事件的女主角林志玲其实也是对待媒体自有一套的明星样板之一，除了标志性的娃娃音，林志玲的另外一大特点就是从来不发脾气，不论面对多么刁钻的问题，她回答时都是面带微笑、和声细语。就拿刚才《决战刹马镇》发布会上有媒体提出孙红雷曾质疑林志玲一事，林志玲的圆滑态度连孙红雷都不得不拍手称赞。

而类似的场景几乎会出现在有林志玲的参与的任何一个公开场合，这位有着"台湾第一美女"头衔、年过三十才开始走红的女星，不管媒体对她嗲气的娃娃音、初出茅庐的演技提出多么尖锐的质疑，还是对她一直三缄其口的感情问题穷追猛问，林志玲的好脾气可是从来都没变过。

这一段从孙红雷面对媒体的套路讲起，讲到他和林志玲相关的一次提问。孙红雷的部分配音状态可以相对硬朗，林志玲的部分为了配合画面及林志玲的外貌和声音的特点可以将声音相对放轻放柔和，多用一些气声。

三、能力拓展训练材料

1. 2010年6月，北京人艺的大戏《窝头会馆》又登上首都剧场的舞台，《娱乐现场》记录了演出的盛况和后台发生的不为人知的精彩花絮。配音中要注意，讲述演出盛况的信息要体现出褒扬的语气，表现出肯定的态度。进入到后台情况的部分，语气稍微收回趋于平缓，同时要对具体人物的叙述加以区分，讲到相对收敛的濮存昕和表现活泼的宋丹丹，也要用贴近人物特点的语言去表现。

主持人：

宋丹丹、濮存昕等人主演的人艺大戏《窝头会馆》被称为新时代的《茶馆》，昨天这部话剧在首都剧场进行了第三轮演出的首演，本栏目记者在现场全景记录下了演出的盛况和有趣的幕后花絮。

配音：

作为北京人艺的又一力作，《窝头会馆》经过了前两轮的演出可以说叫好又叫座，是名副其实的金窝头，第三轮九场演出的门票如今已经抢购一空。虽然距上一场演出已有半年多的时间，可是台上这几位主演的表演依然可圈可点。

好戏不怕巷子深，话剧《窝头会馆》的演出场场爆满，让媒体评论它为话剧市场的强心剂。《窝头会馆》的好口碑恐怕和一流的编剧、导演的功力以及北京人艺这些当家实力派演员的精湛演技都息息相关。而这些主演们对于这第三轮首演也是相当看重，小到一句台词也要反复揣摩，细心准备。

除了演员徐帆要为新戏《唐山大地震》做宣传，缺席了此次首演，其他几位主演距离演出还有三个小时就已经早早地来到剧场做起准备工作，而这准备工作的第一项就是为自己化妆。

正在聚精会神为自己上妆的濮存昕似乎不太愿意接受媒体记者们的采访，面对镜头他显得有些少言寡语。

面对当天有些少言的濮存昕，宋丹丹自告奋勇的当起了《播报》的特约记者，受邀去采访濮存昕。

除了濮存昕的一丝不苟、宋丹丹的活跃，在《窝头会馆》的后台，《播报》记者还捕捉到了杨立新和何冰的幽默，即便是在接受采访这二位也不忘互相调侃。

继去年九月份《窝头会馆》开始第一轮演出，宋丹丹、濮存昕、何冰、杨立新、徐帆这五位主演就备受关注，经过九个月的磨合，这五位大腕已经默契十足。那么，在他们当中，谁在排练的时候意见最多、主意最大呢？

2. 2010年7月那英在台北小巨蛋举行演唱会，京视《每日文娱播报》7月26日的节目中在头条位置报道了这次演唱会。配音部分介绍演唱会现场的热烈氛围、庆功宴及发布会的情况并讲述那英与台北的渊源等。注意配音部分的开始要衔接上主持人的开场，同时因为每段配音后都是接现场同期声，所以语势不要用落停，与后面内容要有接续感。

主持人：
那英与台北颇有渊源，当年出道和这次复出都在这座城市留下了烙印。她的《那二十年》演唱会日前在台北举行，那英也由此成为了登陆小巨蛋体育馆的第一位内地歌手。

配音：
当晚，那英带来了《白天不懂夜的黑》、《愿赌服输》、《征服》等二十首脍炙人口的经典曲目。说起此次能够开唱小巨蛋，台上的那英显得非常激动，然而那英与台湾乐坛的渊源可能要追溯到十几年前。

那英所说的第一张专辑是指在1993年签约台湾福茂唱片后发行的《为你朝思暮想》专

辑。正是由于这张专辑使那英的知名度由内地推广到整个华语地区，为自己将来的音乐事业打下了坚实的基础。

之后，那英与台湾音乐人合作更为密切。其中有一位可以说对那英在歌坛的发展起到了至关重要的作用。

身为台湾著名音乐制作人，袁惟仁为那英创作了《梦一场》、《征服》、《梦醒了》等歌曲。1998年那英正是凭借由袁惟仁担当制作人的专题《征服》，成为当年的亚洲销量冠军，由此奠定了自己亚洲歌坛天后的地位（音乐《梦一场》）。正是由于那英与台湾乐坛的这层渊源，当晚许多台湾当红歌星纷纷献上花篮，祝贺演唱会能够圆满成功。但接受采访时那英在感谢大家之余对自己的表现却并不十分满意。

3. 2010年6月《娱乐现场》记者探班陈宝国的新戏《智者无敌》，既有陈宝国在戏中的拍摄花絮又有戏外的生活故事，配音部分还要绘声绘色地讲述当热拍电视剧的陈宝国遭遇火热开展的世界杯，他有怎样的奇招可以拍戏看球二者兼顾。

主持人：

提起陈宝国，观众呢会想起很多他扮演过的经典角色。比如：大宅门里的白七爷、汉武大帝当中的汉武帝。可谁也没想到演了三十年戏的陈宝国最近竟然想改行出唱片了。

配音：

陈宝国出演的谍战剧《智者无敌》日前正在北京郊区热拍，并组织媒体探班。媒体赶到片场时，正在拍摄由陈宝国饰演的共产党谍报人员潜入日军后，与日本同事在办公室斗智斗勇的戏份。虽然探班当天是北京最近比较凉快的一天，但陈宝国一身呢子军装与高筒靴的装束还是让他把风扇和扇子这些消暑设备都用上了。

不过夏天拍戏，衣服厚点热点还不是最难熬的，由于陈宝国主演的这部《智者无敌》在六月和七月拍摄，正好赶上世界杯比赛。自称是铁杆球迷的陈宝国故作神秘地表示，已经做好连夜赶戏又不耽误看球的完全准备。

可是当媒体要求一睹陈宝国小电视的风采时，陈宝国又笑嘻嘻地说是在逗媒体玩。这可有点不像陈宝国以前一脸严肃面对媒体采访的状态。而陈宝国当天在片场却是极为放松。不仅跟媒体开玩笑，还主动聊起往届世界杯。遇到媒体提点唱歌的要求，陈宝国明着不说拒绝可是学会了耍赖。

4. 京视《每日文娱播报》2010年8月播出的节目中有一个板块，是在新出现的专门寻找穿帮镜头的"纠客"们的帮助下盘点热映电影大片中的穿帮镜头。穿帮本身就具有制作花絮所带来的喜剧效果，再加上配音的趣味演绎，可以说非常精彩。

主持人：

影视作品当中的穿帮镜头经常被人津津乐道，最近出现了一个专门寻找穿帮镜头的特殊群体，他们在网络上被称为"纠客"，就是专门纠错的意思。他们希望通过纠错促使影视剧在细节方面更加完美。今天呢，我们就在纠客帮助下，来找一找近期热映电影中那些不易被人察觉的穿帮镜头。

配音：

对待自己的每一部作品大导演们都是力求尽善尽美，但难免会有一些小瑕疵从他们眼皮底下溜走，而这些漏洞又正中了纠客们的火眼金睛，经验老到的他们寻找穿帮镜头的方法也大致分为了以下几种：

字幕：

穿帮类型　主演玩转道具

配音：

和主演们相比，道具一般不会引人注意。可对纠客们来说，寻找道具的穿帮却让他们乐此不疲，再细微的差别也难逃他们的眼睛。这不，当我们还在欣赏着《决战刹马镇》里孙红雷的表演时，他身后的话筒就出来捣乱了。能把东西变没还不算什么，《未来警察》里的范冰冰不费吹灰之力就让被子弹打破的盾牌复原。戏里傻愣愣的王宝强让徐峥没少操心，不过在使用道具方面他倒是可以出来和前辈们一较高下。

字幕：

穿帮类型　时空　人物错乱

配音：

电影中的时间是否正确，是否符合逻辑，也是纠客们关注的焦点。任何与此有关的细节也都成为了他们纠错的对象。电影《人在囧途》里纠客们发现，徐峥、王宝强兄弟俩，因为大雪从飞机场辗转到了火车站，可时间却是从下午过回了中午。

在电影《未来警察》中，时间也同样也开起了玩笑。为了杀害少年时期的马博士，卡龙回到了2020年，可在学校的名单上却赫然写着2007年。

和时间错乱相比，性别上的错乱更不易被人察觉。《人在囧途》中，徐峥和王宝强兄弟俩是忙得焦头烂额，他们可能根本就没注意到，身后的这位乘客竟然不知不觉间改变了性别。

字幕：

穿帮类型　各种移形换位

配音：

电影中的每一场戏都可能经过反复地拍摄，演员记忆力稍有偏差或是工作人员的一点失误，就都有可能造成两个镜头间衔接有误，而这就给纠客们有了纠正错误的机会。

古天乐身边的吴君如，记忆力似乎也不够好，她身上的这件毛领外套，就暴露了问题（毛领外套先后位置不同），不一会儿，同样的问题又再次发生。在这次的穿帮盘点中，王宝强的出镜率格外地高，这次依然少不了他。

（本章中节目文字资料摘自奇艺网站相关视频）

第七章 电视纪录片配音

电视纪录片作为电视传播领域中重要的节目构成形态，以其鲜明的立意、丰富的内涵、多样的表现手法、全面的感染力给广大电视观众留下了深刻印象。尤其是在电视纪录片的发展进程中涌现出一大批质量上乘、堪称经典的作品，这些作品已经成为社会和历史发展的缩影，体现出了巨大的现实作用。而在构成电视纪录片的多种要素中，配音环节更是起到了至关重要的作用。尤其是一些经典的电视纪录片，其配音亦可称之为"经典力作"，在受众中影响广泛的同时，更是起到了强化和优化电视纪录片传播效果的重要作用。本章的论述重点就是紧密围绕电视纪录片的类型及特征、电视纪录片配音的作用、电视纪录片的创作原则以及在创作过程中容易出现的问题等几个方面进行具体论述，并辅以案例进行进一步分析和说明。

第一节

电视纪录片配音概述

一、何谓电视纪录片

1. 电视纪录片的内涵

电视纪录片是电视节目中具有独特创作风格和视听传播影响力的节目形态，它运用客观再现的手法将真人、真事、真情、真景等真实地展现在电视观众面前。电视纪录片中大量采用长镜头和同期声的技法展现生活的本来面目，创作者的主观意图或者创作主旨往往不直接体现出来，而是比较隐晦地充实在纪录片中，"纪录的真实、真实的纪录"成为对电视纪录片比较精辟的概括和总结。中国传媒大学何苏六教授在其《中国电视纪录片史论》中将我国电视纪录片的发展时期分为四个阶段，分别是政治化阶段（1958—1977），以宣传国家政治和阶级斗争为主要创作目的；人文化时期（1978—1992），以唤起民族激情、体察记录平民生存状态为主要创作目的；平民化时期（1993—1998），以关注记录社会主流现实生活为主要创作目的；社会化时期（1999—至今），以关注记录社会主流现实生活为主要创作目的。应该说，经历了四大阶段五十余年的发展，我国的电视纪录片取得了长足的进步。尤其是改革开放三十年来，我国的电视纪录片如雨后春笋般兴起，一批有影响力的电视纪录片因其宏大的制作、深刻的立意、个性的表现等方面吸引了亿万观众，例如《话说长江》、《再说长江》、《故宫》、《敦煌》、《毛泽东》、《邓小平》、《望长城》、《最后的山神》等。这些优秀电视纪录片在内容设置、主题思想、制作手法、艺术表现等方面各具特色，给大家留下了极为深刻的收视印象和艺术享受。与此同时，电视纪录片更是在服务社会文化进步、繁荣电视节目发展、满足观众审美诉求等层面扮演着愈来愈重要的作用。帕特里希科就曾经说道："一个国家没有纪录片，就像一个家庭没有相册。"可见电视纪录片这一电视传播模式的重要性已经被大众所广泛认可。

2. 电视纪录片的主要类型

关于电视纪录片主要类型的划分，不同的专家、学者在自己的著作中均有不同的提法，他们在对电视纪录片进行分类和划分的时候主要是以电视纪录片的内容、主题或者受众类型为依据的。在此介绍几种不同的分类:杨伟光在《中国电视纲论》中将电视纪录片分为纪实型、写意型、政论型;任远在《电视纪录片新论》中将电视纪录片分为新闻纪录片、创意纪录片、历史纪录片、评论纪录片、电视风光片、社会性纪录片;张同道将电视纪录片分为主流纪录片、精英纪录片、大众纪录片;欧阳宏生在《纪录片概论》中将纪录片分为新闻纪录片、历史文化纪录片、理论文献纪录片、人文社会纪录片、自然科技纪录片、人类学纪录片,以上对电视纪录片的四种分类方法具有一定代表性。在借鉴以上四种电视纪录片分类方法的基础上,笔者将配音者经常参与实践创作的纪录片分为以下四种类型:政论类电视纪录片,代表作品有《大国崛起》、《再说长江》;人物传记类电视纪录片,代表作品有《周恩来》、《邓小平》;自然科技类电视纪录片,代表作品有《Discovery》;历史文化类电视纪录片,代表作品有《国宝档案》、《敦煌》。在电视节目发展过程中,有人也把电视纪录片与电视专题片作为同一对象来制作和研究,或者是把电视纪录片作为电视专题片的一种特殊表现形式,此类观点具有一定的合理性,进而也说明电视纪录片与电视专题片在传播形态上的确具有一定的接近型,二者之间的界限并不是十分清晰。那么对于配音者而言,弄清楚电视纪录片的主要类型是其进行配音创作的必要准备工作,只有明确需要配音的电视纪录片的基本类型,才能为接下来的配音创作选择恰当的语言样态与之相匹配,这一点不容忽视。

3. 电视纪录片配音的总体风格

在电视纪录片的发展过程中,我们看到除了第一阶段呈现出政治化的主要特征外,其他三个发展阶段则分别呈现出人文化、平民化、社会化的主要特征,这体现出来的是一种整体创作导向和主流创作价值,那么电视纪录片配音也就应该很自然地遵循这种创作导向和创作价值。与此同时,崭新的时代特征决定了更加以人文本、彰显人性的传授关系。因此,现在的电视纪录片无论何种题材都不需要配音者再运用"高调门"、"强控制"、"重修饰"的配音风格,那样的配音作品没有观众市场,自然就没有了传播影响力。取而代之的是新时期电视纪录片配音的语用特征应该以还原电视纪录片的本质特征为创作原则,追求真实、朴质、大气、自然、贴心的创作风格;在有声语言技巧的运用和把握上,要以语势稳健、语流顺畅、语感平实为主要特征,顺利实现电视纪录片配音的"声音软着陆"。但是,对于新时期电视纪录片配音总体风格把握到位与否还需要根据每一位配音者的深刻理解和具体认知情况。比如,有的配音员就将真实和朴质简单地理解为声音形式不需要用心处理,这显然就是一种误读和曲解,正确的理解应该是对声音形式必要且恰到好处的修饰和包装,而这种语言处理方式恰恰使得纪录片本身在保持本质特征的同时,还使其具有一定的审美感受,两者应该兼备。再比如,有的配音员认为电视纪录片的"返璞归真"艺术性、明晰性因为自身的字正腔圆而很难实现，他们认为经过训练的声音多了造作之感，这种理解自然也是错误的。这里的"返璞归真"所指的是配音者内心深处对于纪录片内容全面把握和理解之后的自然流露，配音者过硬的语言功力只能对电视纪录片"返璞归真"起到锦上添花的作用。此外，还需要强调的是，这里说明的只是电视纪录片配音的总体风格，具体落实到每一部具体纪录片的配音创作时还要具体作品具体分析，正所谓"因片制宜、因片而异"。

二、电视纪录片配音的作用

1. 传递信息，补充画面

众所周知，电视纪录片传播效果的实现是由电视画面、音乐、同期声、电视配音等多方面合力完成的。电视画面传递的是动态直观、真实展现的影像信息，音乐传递的是旋律优美、映衬主题的艺术信息，同期声传递的是赋予生命、直击现场的言语信息，而电视配音则是将电视纪录片更多的细节信息通过有声语言这种独特的传播方式得以充分表现，使得电视纪录片的创作主旨能被广大电视观众比较便捷地接受和理解，这一点毋庸置疑。而在电视纪录片的创作和呈现过程中，我们再一次将关注点放在了配音与画面这一对密不可分的关系元素上。大家都知道，电视传播是时间的艺术，在有限的单位时间内，画面的播出频度和数量也是有限的，而有限的电视纪录片画面自然也只能体现出部分的传播内容，这就无疑增加了电视观众全面理解和把握电视纪录片内涵的现实难度，而与此同时，如果有了高质量的配音，效果就大不一样了。一方面配音可以进一步解说画面，让画面展现得更加淋漓尽致；另一方面是与电视画面同步出现的配音还可以弥补电视画面的不足，把电视画面没有条件展示或者没有时间展示的信息由配音来补充完成。但是，对于配音员而言还要有一个清醒的认识，那就是在电视纪录片的配音过程中仍旧不能因为有声语言重要性的客观存在而去刻意凸显配音的地位，与此恰恰相反的是仍要遵循"贴着画面走"的主流创作原则。换句话说，配音员头脑中要时刻有这样一个概念，电视纪录片是声画兼备的艺术，艺术的存在只有优美动听的声音是不够的，只有声音与画面统一和谐、相辅相成才能将电视纪录片的艺术品质完整展现在电视观众面前，从而才能达到电视纪录片的创作初衷。

2. 抒发情感、烘托主题

电视纪录片的类型和内容虽各有差异，但是电视纪录片的创作初衷都是希望电视观众在收看后产生一定的情感共鸣，这里的情感体现为电视观众对电视纪录片的审美愉悦、感情认同抑或是感同身受，而要达到这种效果，配音员就需要在有声语言表达过程中注意情感的抒发。比如，《百年小平》中配音的主体情感就应该是体现邓小平同志对党和人民无私奉献的赤子之情、人民群众对于邓小平同志光辉业绩的敬仰之情、外国友人对于邓小平同志敢为人先的钦佩之情；《话说长江》中配音的主体情感就应该是华夏儿女对于孕育了中华文明的母亲河——长江的赞颂之情、对于泱泱中华经历坎坷和磨难后取得伟大成就的自豪之情、对于创造历史的亿万炎黄子孙的鼓舞之情；《台北故宫》中配音的主体情感就应该是中华儿女对于两岸文明同宗同源的血脉情怀、对于古代先贤智慧才情的赞颂之情、对于中华文明瑰宝留存今世的无限感叹。每一部电视纪录片都有其主题思想，而每一部电视纪录片的主题思想都需要准确无误、情感到位的配音创作去渲染和烘托。对于不同纪录片的不同情感，对于同一部纪录片的丰富情感，配音员都需要认真揣摩和细致体味，要争取做到入其脑、触其心、行其言。当然，配音员情感的抒发也需讲求尺度的把握，要懂得含蓄、要学会控制、更要明白内敛，如果情感的表达过于外露，一是过犹不及、显得电视纪录片本身的情感诉求不够真实；二是情感过于外露的配音作品不能给电视观众足够的"感情留白"——没有给受众更多去体会和理解的情感空间。对于电视纪录片配音的初学者或者从事电视纪录片配音工作经历尚不丰富的配音员而言，往往就会存在对于电视纪录片思想情感体会不深不准、表达不当不美的情况。所以说，努力掌握对电视纪录片创作情感的体会和表达是完成配音作品的重要环节，不容小觑。

3. 顺畅衔接、有机统一

电视纪录片是由一系列画面构成其影像特征的，而这些画面主要是由三部分构成，一是电视纪录片原创拍摄画面，二是具有价值的影视片画面以及其他影像资料画面，三是服务主题的采访画面，这三类画面穿插交错，按照一定的逻辑顺序排列组接，最终形成一部电视纪录片的完整画面。但是，即便这一系列画面有其内在的逻辑关系，但是倘若没有充分的画外配音加以串联，电视观众接受起来则是具有相当难度的。因为转瞬即逝的电视画面在切换过程中并不能实现较为完美的起承转合，从而导致电视观众无法准确理解剪辑在一起的画面究竟是要表达怎样的主旨内涵和深刻立意。这时候就需要电视纪录片配音加以注解和说明，用画外音的形式将一系列画面真正顺畅地衔接起来，使电视观众能够进一步加深对画面编排初衷和创意的理解和感受。比如说，在一些电视纪录片中经常会出现这样的电视画面，前一个画面为对亲历者、专家、学者等的人物采访，而与此画面进行承接的是在人物采访中出现的场景或事件，这时候，配音中会有诸如"现在观众朋友看到的就是刚才××谈话中所提及的××"出现，类似的配音语言对于前后画面的衔接和融合均起到了必要的补充作用。当然，关于配音对于整部电视纪录片的整体衔接和融合作用的体现方式还有不少，由于篇幅所限，在此不一一列举，配音者在大量的专业观摩和实践过程中应该都能够从电视纪录片作品中发现或切身体会到配音的这种现实功能。

三、电视纪录片配音的创作原则

1. 对解说词内容的整体把握

电视纪录片作为一种常规的电视艺术表现形式，其在电视传播效果方面实现的传播价值却是巨大的。通过一部内容丰满、立意深刻的纪录片，便可以加深受众对纪录片中所表现的特定历史、人物、事件的本质性把握和全方位认知，从而实现电视纪录片本身的创作初衷。而如何能让电视观众对纪录片本身所映现的主题有全面而深刻的领会呢？可以说，电视纪录片解说词起到了至关重要的作用。熟悉电视纪录片创作的配音员都应该知道，为了达到升华主题、烘托立意的传播效果，电视纪录片解说词往往运用较为宏大的篇幅、较为细腻的笔触、较为多元的角度等进行创作，力求让电视解说词更为深刻到位，并且具有生命力和表现力。电视纪录片解说词作为一种有主题的文学表达，自然有其准确的内在逻辑；电视纪录片解说词作为一种多维度的叙事策略，自然有其丰富的叙述方式，所有这些都需要配音员精心品味、细致解读，有比较、有详略、有取舍、有侧重。所以，无论是长期从事电视纪录片有声语言创作的配音员，还是刚刚涉足此领域的初学者，都必须有这样的创作共识：面对表面上"形散"但实际"神聚"的电视纪录片解说词内容，作为配音主体的配音员务必要做到前后兼顾、理解到位，不能片面关注、粗浅掌握，这是下一步进行电视纪录片有声语言创作的基础性工作，大家必须从一个具有相对高度的层面上阅读、体会、理解解说词，必要时应将自己对于解说词的理解和定位与纪录片解说词的撰稿人、电视配音导演及时沟通，以加深自身对电视纪录片解说词的正向解读。

2. 对纪录片构成元素的整体把握

对于从事电视纪录片有声语言创作工作的配音员而言，能够高水平完成难度较大的电视纪录片配音工作不是一件容易的事情，其中最为关键的突破点就是在配音员接到创作任务后，能否迅速进入准配音状态、快速找到出精品的感觉。若想要恰如其分地进入"状态"并找准"感觉"，除了要求配音员对电视纪录片解说词的正向理解和准确把握之外，还需要配音员对电视纪录片的其他构成元素进行整体把握，比如说对电视纪录片中主旋律音乐和纪录片画面的整体认知。电视纪录片中的主旋律音乐是重要的主题表现符号，配音员应该试图运用乐曲的旋律和节奏激发自身的配音情绪，加深对纪录片解说词的理解和渲染；同样，电视纪录片中的丰富画面也是重要的思想表现元素，配音员也应该试图运用纪录片编导精选的画面来强化自身的配音感受，增强对纪录片解说词的立体体现，以弥补由于配音员直接感受不足而使得在配音过程中有声语言创作没有具体指向和支撑的问题。有些配音员在完成创作的过程中，往往只重视电视纪录片的解说词内容而忽略了对片中主旋律音乐和画面的关注，有的甚至认为音乐和画面对于完成配音工作无关紧要。不言而喻，这种对音乐和画面的态度自然是对高水准完成配音创作不利的。在此特别强调，对于广大电视纪录片配音员，尤其是对于电视纪录片配音的初学者而言，一定要增强对这两个必要元素的重视程度。

3. 对创作播出背景的整体把握

电视纪录片的创作和播出一般与纪录片所处的时代和社会背景有着密不可分的联系，这在政论类、人物传记类以及历史文化类的纪录片中都多有体现。应该说，现在电视纪录片的创作目的已经具有相当强的针对性。对于这一点很多有经验的配音员都能有所把握，他们注意和电视纪录片主创人员的沟通，注重调动自身对于当时人物、事件、文化的历史与社会背景，以加深自身对于纪录片主题思想的把握，从而指导在配音创作实践中更为恰切地确定基调、调动情绪、调整语气。对于学习电视纪录片配音的专业学生而言，在学习过程中会运用大量经典的语言材料进行训练，有的是播出不久的电视纪录片语言材料，对于这一类电视纪录片的播出背景往往比较容易掌握，因为其播出的时代和社会背景与初学者所处的时代和社会背景相同，这就降低了配音者对于纪录片创作播出背景理解和掌握的难度。而另外一类语言材料则是出自距初学配音者有一定时间或者空间距离的电视纪录片，那么配音员就应该通过查阅资料等手段对于纪录片当时创作与播出的社会与历史背景进行深入了解，再结合对纪录片的观摩与学习，两者结合起来，将对创作主体明确纪录片的主题思想和创作情感将产生积极的促进作用。一言以蔽之，了解并掌握电视纪录片创作与播出的背景对于配音员更加贴近实际地完成创作有着重要作用，这一点需要思考更需要实践。

4. 对配音语言风格的整体把握

上文中，我们多次提到电视纪录片配音创作的难度就在于大部分电视纪录片的制作篇幅较为宏大，现在很多电视纪录片是一系列的十几集甚至于几十集，配音员很难在相对集中的较短时间内完成创作过程，有的纪录片配音环节的创作周期可能需要持续一个星期或者半个月的时间，这就对配音员语言风格的统一性提出了更高的要求。经验丰富的配音员在完成大篇幅电视纪录片配音创作时，能够较好延续自身的配音灵感，始终保持着一种较为均衡的语言风格。这种语言风格不仅仅体现在音质音色的物理统一性上，更是体现在其内在品质的延续性上，从纪录片的开篇第一句到收尾的最后一种语气虽然具有客观存在的历时性，具有一定的时空和心理距离，但是让电视观众听起来仍就是顺畅、完整、如行云流水一般一气呵成，不会让受众产生前后不一致或者零散之感。当然，要实现这种较为完美的整体效果，需要在两点上加以斟酌：一是对于广大初学电视纪录片的配音员或者专业学生而言不可能在很短的时间内达到，这需要大量的科学训练，尤其是要在训练过程中注重将自身的配音心理过程调整到一个相对均衡的状态；二是配音语言风格的统一性整体把握绝对不是否认对有声语言创作的多变性创作，即不是否认有声语言的抑扬顿挫、轻重缓急的处理，而是要将有声语言创作的"处理波段"在固定范围内来把握其分寸和尺度的上下浮动，从而给受众以稳健、流畅之感。

四、电视纪录片配音容易出现的问题

1. 感情色彩把握不到位

感情色彩是配音员对电视纪录片是否已经做好全方位创作准备的重要标准，只有确定了正确的感情色彩才能恰切地带动起配音员的创作情绪，从而自然得体地运用有声语言表达技巧进行电视纪录片配音工作。在配音实践过程中，因为电视纪录片创作者的主观创作倾向性均是较为明显的，所以从一般意义上讲，配音员对于电视纪录片感情色彩的大致把握并不困难。但是，现在在感情色彩把握这一环节上容易出现的问题在于大部分配音员只求对纪录片感情色彩的大概把握，不求更为细致到位的理解。例如，《故宫》与《台北故宫》两部纪录片从外部情感体验有相同之处，比如对中国浩瀚历史文化深邃积淀的真情赞颂、对于文物保护过程中历经艰辛的悲壮情怀等，这些并不难掌握，但是有些配音初学者在训练实践过程中在感情色彩的体验就此打住，正所谓浅尝辄止、探究不深。其实在《台北故宫》的情感诉求中还有借赞颂两岸华夏文明来烘托两岸关系呈现和谐发展氛围后的欣慰以及对未来更好形势的殷切期待之情，这是一种深层次感情色彩的细节体验，也是需要配音员在配音过程中呈现出来的。如果缺失了这样一种情感的体会，自然会影响到其在配音过程中的语言表现力，也就会使得这部纪录片的创作主旨不够完整，自然达不到预期理想的传播效果。因此，对于电视纪录片感情色彩的整体把握不但要注意面上的体会，更需要深入地探究和品味，只有这样才能促成配音员准确到位的语言创作。

2. 稿件处理把握不灵活

完成大部头的电视纪录片配音工作应该是广播电视有声语言创作中较为高端的语言实践层级，也是配音员或者播音主持专业的学生在扎实地完成语言基本功训练基础上的综合语言表达。因此，在电视纪录片配音训练或创作实践过程中，应该运用较为宏观的训练方法，注重整体效果和把握。但与此不同的情况是，有的配音员尤其是播音主持专业的学生还是将注意力过分集中在对电视纪录片文字稿件的微观处理上，还是经常在稿件中标注各种符号，以提醒自己在配音过程中加以注意。现在看来，到了电视纪录片配音阶段还沿袭运用这种备稿方式，一是显得过于刻板、不够灵活，更为重要的是这样的做法容易让配音员忘却宏观的整体把握，而仅仅沉浸在具体字词的"微观环境"，配音效果会显得内容割裂、分散、顿挫感强。在带给受众的听觉审美效果不佳的同时，更是没有达到配音员创作之初进行备稿的初衷。在否定这一做法的基础上，笔者还是提倡已经进入电视纪录片学习、训练或者实践的配音者在备稿过程中多在宏观上进行体会和把握，要敢于选择并采用相对高层次的备稿方式。当然，这并不是提倡配音实践者不去炼字、不去关注细节，只是在侧重点发生了一定程度上的转移。对于这一问题一定要辩证地分析和看待，这对于做好电视纪录片配音实践具有举足轻重的作用。

3. 配音风格把握不恰当

按照电视纪录片的配音实践特点，正确配音风格的确立方法应该是将自身的有声语言表达优势与具体稿件的预期表达效果充分结合的过程，配音员的有声语言表达优势应该为电视纪录片的整体传播效果服务，在此基础上进而体现配音员的有声语言个性魅力。而在配音实践过程中，有些配音员往往是采用一种"以不变应万变"的创作路径和方法，不论什么类型的纪录片、不论什么类型的感情色彩、也不论什么内容的稿件，配音者总是用自己惯用的有声语言创作方法进行实践。有的配音员认为这样可以树立自己独特的配音个性风格，有配音员则是由于不愿深入理解和塑造纪录片而采用的一种不负责任的创作行为。实事求是的说，我们鼓励广大配音实践者在电视纪录片配音实践过程中能够形成符合大众审美习惯、同时又体现个人独特个性的配音风格，但这并不能建立在对任何稿件的"消极对待、不去突破、怠于塑造"的基础上。正确的方法是配音员应该更多尝试不同类型电视纪录片作品的配音实践，从中体会不同作品对于有声语言创作的具体要求，在此过程中不断挖掘自身在有声语言创作方面的巨大潜能，经过相对较长并且较为丰富的实践过程之后，最终形成个性十足的电视纪录片配音风格，也只有这样的配音风格才有可能成为被广泛认可的"经典之作"。

4. 表达技巧把握不合理

电视纪录片配音是综合的有声语言表现艺术，是需要多种语言表达技巧融合贯通的语言传播方式。对于电视纪录片配音员而言，无论之前对纪录片的主题思想和创作情感理解得多么到位，那么最终都要通过扎实而多样的有声语言表达基础体现出来。而在具体的配音实践中，我们发现有相当一部分配音者有些"力不从心"，即由于自身语言基本功的欠缺无法将自己试图表现的配音风格展现出来。具体说来，主要还是落脚在普通话语音与发声、内部技巧（情景再现、内在语、对象感）、外部技巧（重音、停连、语气、节奏）等基本能力和技巧层面。说起来似乎都是常规的基本功，但是在具体切换、使用、调动、整合这些基本语言技巧的时候，有的配音员就显得不够自如或者是能力不足。而电视纪录片配音恰恰需要高水准的有声语言表现力来做支撑，所以能否具备扎实过硬的有声语言基本功就成为高质量完成电视纪录片配音实践的有力保证，实践者应该给予高度重视并认真加以锤炼。只有这样，才能确保配音员的创作实践为电视纪录片的整体传播效果增添光彩。

第二节 电视纪录片配音经典案例分析

一、《诗人毛泽东》节选片段分析

【纪录片介绍】

毛泽东的诗词题材广博，内涵深邃，文情并茂，气势磅礴，在国内外有深远的影响。大型电视文献艺术片《独领风骚——诗人毛泽东》的解说词。纪录片从一个独特的视角，让我们再次走近毛泽东，它侧重展示了凡人毛泽东、诗人毛泽东的传奇般人生经历，让我们知晓毛泽东诗句背后，那些鲜为人知的动人故事。

【电视文本】

1973年，刚刚大病一场的毛泽东已经整整80岁了，这年夏天，他用已经有些枯涩的情思写了平生最后一首诗。

这年冬天，他还劳费情思地做了一件词墨韵事，他让身边的工作人员把自己一生的全部诗词作品重新抄写了一遍，抄完后他一一核对，对其中的一些词句做些修改，然后让工作人员又抄写一遍，抄清后，又再次核对。

以老病之躯如此这般，反复多次，究竟是为了什么呢？他似乎很想为后人留下一套完整的诗词定稿，又好像是在进行一次艺术上的自我总结；他或许是要为自己的心灵世界留住一片珍贵的情感空间，留住几多动人的历史回声；他或许是在用诗人的目光审视自己一生的行程，重温那遥远起伏，百折千回的心路。

第七章 电视纪录片配音

世界上什么样的路最漫长？是心路；世界上什么样的路最短促？是心路；世界上什么样的路最险峻？是心路；世界上什么样的路最雄壮？依然是心路。

数量并不太多的七十来首诗词，正是毛泽东播散在坎坷心路上的心灵花朵，诗人毛泽东该汇聚多少感情？毛泽东的诗，该传递多少消息？这里有蓬勃的青春义气，有婉丽的爱情悲欢，这里有谁主沉浮的浩歌，有霹雳暴动的风烟，有残阳如血的壮烈，有战地黄花的灿烂，这里有临海而迎潮搏浪的激情，有登山而倚天抽剑的呼喊，这里有风流人物的慷慨，有人间正道的沧桑，这里有鲲鹏展翅的恢弘遐思，有乱云飞渡的从容气象，这里有宏图惊世界，更有腊梅傲雪霜，这里有坐地寻天的浪漫华章，更有闲庭信步的击水新唱。心路上的风景是这般灿烂，细细检视笔下天地，半个多世纪的人生风色、革命风云，半个多世纪的人生悲欢、历史巨变，在晚年毛泽东的心底该唤起一种怎样的波澜？

作为诗人，毛泽东是政治家诗人；作为政治家，毛泽东是诗人政治家。作为诗人，毛泽东是自信的。40多岁的时候在陕北峰恋起伏的黄土高原上，他便举起套着灰色棉袄袖子的右手指着自己，对一个来访的美国记者说了这样一句："谁说我们这里没有创造性的诗人？这里就有！"

从那个时候往前大约四十多年，这位创造性的诗人来到世上的第一声啼哭，和平常的孩子并没有两样。不过，忽然有一天，他的父亲或者母亲抱着他第一次走出家门口时，越过平坝下面的一方池塘，他看到的却是一脉诗乐之山——韶山。

据说远古时代，勤政爱民的虞舜从北方一路南下巡游，途径现在湖南湘潭和湘乡交界的山峰时，在这里建起了一座行宫，人们在行宫里载歌载舞，还演奏了当时的流行乐曲——韶乐。不久，虞舜南去了，一个美好的名字则留在了这里，韶山、韶峰。钟灵毓秀的韶山终究没有留住虞舜的脚步和动人的音乐，郁郁葱葱的韶峰和缭绕的白云寂寞相伴了无数个春秋。

1993年在毛泽东诞生一百周年的时候，绿荫掩映的韶峰半腰却长了一片占地25亩的诗词碑林，上面用花岗岩精心雕刻着诗人毛泽东的作品。一条蜿蜒小道伸进这灌木丛生的山坡，正是他小时候经常放牛或玩耍的地方。那时的乡村少年毛泽东绝不会想到，在传说中曾演奏韶乐的地方将会长出自己的诗林。不过，十七岁那年在第一次走出家乡这一人生转折的重要时刻，毛泽东在不经意间做了一次诗人方式的告别。1910年即将出外求学的毛泽东临行前，改写了日本一个叫月性的和尚写的言志诗，夹在了父亲每天必看的账簿里。

孩儿立志出乡关

学不成名誓不还

埋骨何须桑梓地

人生无处不青山

离开韶山冲的毛泽东到了长沙，到了北京，到了上海，到了广州，到了武汉，到了瑞金，到了遵义，到了延安。他脚步匆匆，四处寻觅，匆匆地行走意味着任重道远，肩负使命的人，总不免五味遍尝。

一路前行的毛泽东终于走出一个别样的人生风色，走出了辽阔的一片天地。他先是一名学生领袖，在湘江的波涛中舒展长臂拥抱五四大潮，成为湖南革命的播火者。他成为了一个革命家，在大革命的洪流中引导泥腿子们奔向解放的大道，被人们称为"农民运动的王"。他成为了一个政治家、军事家，在令人窒息的白色恐怖中，他站在遥望东方看得见曙光的山头，点燃了星星之火。他还成为了一个思想家和理论家，在陕北高原的黄土窑洞里，他开始更为艰苦的理论进军，使为理想而奋斗的人们接受了一次特殊的精神洗礼。

毛泽东就是这样一个人，革命者说他是领袖，敌人说他是"匪首"，同情革命事业的朋友也会开玩笑地说他是揭竿而起"山大王"，但没有人说他是诗人。直到1937年人们才惊讶地发现：长期在山沟里、在马背上战斗的毛泽东竟然还会写诗？人们更为惊讶的是，正是毛泽东那不平凡的人生经历和丰富的人格素养造就了别具一格的诗风，使典雅高古的旧体诗词和中国革命的历史风云紧紧地融合在了一起。就是他，一个叫埃德加·斯诺的美国记者让整个世界都知道了，毛泽东不仅是一位卓越的革命家和军事家，还是一位诗人。

1936年7月，23岁的斯诺来到了中国共产党和红军领导的陕北宝安，他是第一个深入苏区进行采访的西方记者。

在这里，他看到了什么呢？他看到了一个丰富多彩的世界，这里有激越飞扬的歌声，有平等全新的生活，有始终如一的希望和永远乐观的情绪，更有一个民族永不屈服的灵魂。

在昏暗的油灯下，斯诺和毛泽东陆续谈了十几个晚上，一向不大喜欢谈论自己的毛泽东向这位来自大洋彼岸的西方人敞开了心扉，谈了中国共产党的理想，谈了自己的经历，顺便也谈起了诗词。毛泽东把自己的《七律长征》抄写给了斯诺，斯诺他在书里写到：我用毛泽东主席，一个既善于领导征战又善于写诗的叛逆者写的一首关于这次六千英里长征的旧体诗作为结尾。从此，不仅在中国，在西方世界人们也知道了毛泽东是一个会写诗的红色领袖。

真正让世人领略毛泽东风骚独步的事件发生在1945年的重庆。那年毛泽东在抗日战争刚刚取得胜利的时候到重庆谈判，他把1936年写的《沁园春·雪》透露了出来，结果引起一场轩然大波。

当时在重庆的美国记者斯特朗曾评述说：毛泽东写的这首诗震惊了重庆的文坛，那些文化人以为他是一个从西北来的土宣传家，而看到的却是一个在哲学和文学方面都远远超过他们的人。历史不强求每一位重要人物都具有诗人的才华，可是历史更钦佩一位伟人具有独领风骚的手笔。毛泽东独领风骚的手笔不仅震动了重庆的文坛，更震动了十分敏感的政坛。一桩笔墨韵事陡然间转化成了政治斗争。重庆的一些报刊连篇累牍发表批判文章，有的甚至刊登谩骂式的和词，一首署名为"雷鸣"的和词说的是那样的透底：草莽英雄林泽豪杰，巧饰文词虫贝雕休夸耀。看青天白日，旗遍今朝。

谩骂归谩骂，敏感的国民党宣传部门十分清楚，一首《沁园春·雪》是毛泽东及其主张在政治的天平上增加了文化人格的几多分量。他们私下组织一些舞文弄墨之士试图写出一首超过《沁园春·雪》的词，然后以国民党领袖人物的名义发表，可策划半天最终也拿不出像样的词作，只得悻然罢手。

已经回到延安的毛泽东看到重庆报刊上那些曲解生事的和词，只说了一句：国民党骂人之作鸦鸣蝉噪，可以喷饭。

诗人只是毛泽东诸多身份中并不那么重要的一种，他有更多更大的历史使命，他有太多太大的事情要做。于是在接下来的岁月里人们看到了：在人民解放战争的洪流中他以运筹帷幄的战略智慧导演了一出波澜壮阔的战争史剧；在开天辟地的庄严时刻他和战友们踏着古旧尘封的皇城砖道宣告中华民族迎来了一个历史的新纪元；在百废待兴的日子里他和战友们领导站起来的中国人民重振山河，荡涤了旧社会的污泥浊水；在战火烧到国门口的时候他毅然决策打了一场让中国人扬眉吐气的抗美援朝战争；在凯歌行进的岁月中他把目光投向历史的更深处，开创了一条适合中国国情的社会主义改造道路，确立了崭新的社会主义制度；在进入了社会主义社会之后，他又艰辛地探索着中国式的社会主义建设道路；在东西方冷战对峙和风云变幻的国际局势面前，他始终警觉地关注着祖国的独立和安全，并在迟暮之年开创了中国外交的新格局。

历史给了毛泽东激情，历史演变的波澜壮阔也给了他独有的创作灵感和非凡的写作方式。昆仑之巅、长城之墙仿佛是他胸中的笔；华夏大地、高天厚土仿佛是他笔下的纸；黄河的水、长江的浪仿佛是他纸上的墨；炮声隆隆、千里莺啼是诗人诗中的平仄和韵脚；万丈长缨、百舸争流是诗人诗中的遣词和意境；屹立山顶的松、扎根原野的草、翔飞中天的鸟、游弋江湖的鱼，还有那一年四季无比绚丽的花，从南到北迎风招展的旗，这千般风情、这万种生灵便是跳动在诗中的字符。

每一首诗似乎都成为了一次事件、一段岁月、一种激情、还有他的理想的形象见证。每一首诗似乎都洞开着一扇窗户，往里看，那里有风骚独具的个性情怀。正是在和人民一道创造历史的进程中毛泽东也创造了只能属于他的诗。这是一部史诗，真切地写照了在中国革命洪流中昂扬进取的人格精神，形象地反映了中国建设进程中的壮阔场景。

毛泽东一生奋斗所以他一生有诗，他的革命的一生同时也自然地成为了伟大的政治家诗人的一生。

【创作分析】

作为这部纪录片的开篇，这集纪录片主要是从面上概括和总结毛泽东的"诗词人生"，对于整部纪录片起到了内容引领和思想定调的作用。配音员在对毛泽东人生阅历理解和把握的同时,还应对毛泽东诗词的整体风格有一个较为全面而清晰的认识和深入到位的体会,这对于其在创作过程中更好地驾驭文字稿件是至关重要的。从整体效果来看,配音员的声音处理基本处于稳健的中音区,在保持大气、沉稳的同时,更是饱含了对毛泽东诗词艺术价值的审美情趣,同时亦包括对于毛泽东人生情怀的深切认同与崇敬,这种情感的复杂性就决定了配音员在处理稿件过程中应适时调整、恰当运用合适的语气进行感情抒发和信息表达。至于微观处理,配音员主要是在情感重音和逻辑停连上下工夫,为整个配音的高水平完成奠定了扎实的基础、提供了有力的保障。

二、《故宫》节选片段分析

【纪录片介绍】

故宫,既是一座皇家宫殿,也是一座博物馆。它凝聚着近600年的宫廷变迁和人世沧桑,积淀了几千年的文化诉说和生命智慧,以其厚重的内涵,成为中华民族文化、艺术和社会、历史的里程碑。12集大型纪录片《故宫》将从故宫的建筑艺术、使用功能、馆藏文物和从皇宫到博物院之过程的历史沿革等方面,全面展示故宫辉煌瑰丽、神秘沧桑的宫殿建筑和丰富多彩、充满传奇的珍贵文物,细致讲述了不为人知、真实鲜活的人物命运、历史事件和宫廷生活。触摸历史跳动的强劲脉搏,传承源远流长的中华文明,将是纪录片《故宫》努力追求的目标。

【电视文本】

惊心动魄的战争已见分晓。改朝换代正在进行。

公元1644年农历8月,在浩浩荡荡的随从队伍陪同下,一个六岁的男孩和他的母亲一起,从盛京老家向北京进发。男孩名叫福临,是大清王朝的顺治皇帝,此行的目的地是他们在北京的新家:紫禁城。

对于六岁的顺治皇帝来说,这座他前所未见的高大城门,一定给他留下了新奇而深刻的印象。

这是紫禁城最大的门,有37.95米高。

按照中国的阴阳学说,正北叫子,正南叫午,所以位于紫禁城中轴线南端的这座城门,叫作"午门"。

穿过午门,紫禁城的真容出现在顺治皇帝的眼前。

这里就是他们的新家,而对这座宫殿的占有,也将是他们成为中国新的统治者的象征。

深红色的宫墙和金黄色的琉璃瓦是这座宫殿最引人注目的特征,而这绵延一片的红色和金色也使紫禁城与周边的建筑完全区分开来。

紫禁城的建筑分为前后两个部分，前半部分是处理朝政和举行重大礼仪活动的场所，称为前朝。后半部分是皇帝处理日常政务和帝后嫔妃的生活场所，称为内廷。

故宫博物院副院长　晋宏逵：

紫禁城的总体部署就是这样，用若干条纵深的轴线来安排这么多的建筑，那么这些建筑都是用院落的形式来展开的。每个院落当中都有成组的建筑。每栋建筑相互之间都是有主有从，有正有配，它就是这样用建筑的手段，来表达封建社会、封建礼制所表达的那种等级和秩序。

传说中玉皇大帝的紫微宫一共是一万间，而人间的紫禁城一直流传着宫殿有九千九百九十九间半的说法。事实上，在长达五百多年的时间里，紫禁城一直在变化着。根据1973年故宫专家的调查，紫禁城现有的宫殿是八千七百零四间。

有人认为，当年顺治帝初次见到的紫禁城也许并不完整，因为比他早几个月进京的摄政王多尔衮，在给顺治皇帝的奏报中写道：李自成烧毁宫殿后逃走。

故宫博物院副研究馆员　李燮平：

李自成确实放火了，那整个紫禁城受到什么损坏了，这实际上清代人自己有一个定位。乾隆朝修订的《日下旧闻考》就明确说过紫禁城宫殿是因胜朝之旧而斟酌损益之。意思是什么呢，就是说我对紫禁城的修缮都是在明代建筑的基础上来进行的。这就反过来说明一个什么问题呢，就是说紫禁城宫殿没像传说的那样因为李自成而受到那么大规模的破坏。

据《清实录》记载，六岁的顺治皇帝是在皇极门也就是现在的太和门登的基。

顺治二年，中轴线上的宫殿被一一修复，重新命名。这是改朝换代在建筑上最直接的体现。皇极殿改名为太和殿，中极殿改名为中和殿，建极殿改名为保和殿，对于当时尚不稳固的新政权来说，一个和字，包含了他们对天下和平、君民和谐的未来，最迫切的期盼。

从此，紫禁城的匾额上出现了满文。

顺治皇帝没能等到他所盼望的和平盛世的到来，就在二十四岁时离开了人世。这一年是公元1661年。

十八年之后，一个寒冷的冬夜。太和殿西侧的御膳房突然燃起了火光，大火一路蔓延，两小时后烧着了太和殿。几天后，引起这次火灾的六名太监被处以绞刑。此后太和殿在长达十八年的时间里却始终是废墟一片。

在这段时间里，年轻的康熙皇帝，在残缺的紫禁城中忙于指挥各地征战、稳定统治。十六年间，他相继平定了以吴三桂为首的三藩叛乱，收复了台湾，还打败了入侵的沙俄，签订了清王朝对外的唯一一个平等条约《中俄尼布楚条约》。

直到康熙三十四年，天下太平。此时的康熙皇帝终于可以腾出手来重建太和殿了。

但是这次修复却遇到了最大的难题。太和殿上一次重建是在明朝天启年间，此时已经过去六十九年,人们不知道太和殿确切的建筑比例与数据。当时,爱读书的康熙皇帝亲自查遍书籍,结果令他非常失望。

一位叫梁九的人令这件事情有了重大转机。当时已年逾古稀的梁九,从明朝崇祯年间进入工部,已经在工部工作了四十多年。

根据《梁九传》记载,当时梁九按照十比一的比例,做了一个太和殿的木模型,就靠对这座模型组件的放大制作,完成了太和殿的结构搭建。令人称奇的是放大出来的每一个木件安装上去都能严丝合缝,分毫不差。

让后人感到幸运的是,康熙三十四年这次重建太和殿的所有材料以及尺寸被详细记载在《太和殿纪事》这本书当中,这是关于太和殿修建的唯一一份详细纪录。对于今天即将进行的太和殿大修,这本书仍然具有重要的参考价值。

康熙三十六年,太和殿落成,盛大的落成仪式正在进行。这不仅是一座宫殿的庆典,更昭示着一个新的盛世的开端。

这就是今天我们看到的太和殿。

坐落在八米多高的汉白玉三台上的太和殿是紫禁城的核心,也是紫禁城整体建筑乐章的高潮部分。它的一切设计,都为着一个目的,就是把至高无上的皇权烘托到极致。

太和殿曾经是北京城最高的建筑,从庭院到正脊高36.57米,相当于12层楼房的高度。

太和殿也是紫禁城中最大的建筑。面积达2381平方米,相当于半个足球场那么大。它的长宽比例正好是九比五,代表着九五之尊。

太和殿与身后的中和殿、保和殿一起构成前朝的主体,人们习惯称之为三大殿。

紫禁城的建筑很多地方都与九这个数字有关,九为最大,体现至尊的含义。像大门上的九排九路门钉,房檐上的九个走兽等等。

然而,对于太和殿来说,连最大数字九都不足以表达它的尊贵,因此,在它的屋顶上出现了十个走兽。多出来的这一个叫行什,在中国所有古建筑中仅此一例。

太和殿是目前世界上最大的木质结构建筑。

在这个号称世界之最的大殿里,布置却相当简单。

在基台的烘托下,皇帝的宝座是唯一的主角。目光所及之处,皇权的威严辐射到每一个角落。

太和殿一共有七十二根大柱子,围绕着宝座的六根被贴上黄金,每根柱子上都有一条巨龙,这是皇权的象征。

从这六根金柱当中向上望去,藻井上有一条蟠龙,蟠龙嘴里倒垂下来的宝珠又叫做"轩辕镜"。

康熙皇帝对太和殿的这次重新修建,改变了它原有的九开间形制,变成了十一开间。可

故宫博物院古建部副主任　周苏琴：

康熙三十四年重建太和殿的时候，考虑到防火的因素，所以就把木构的斜廊改成砖墙了，同时把太和殿两边的游廊改成了夹室，就形成了我们现在看到的这个面阔十一间的格局。实际上还是没有改变原来这个面阔九间周围廊的格局。

2004年6月，故宫大修前的勘查进入到了太和殿的屋顶内部，我们也跟随他们进行了拍摄。

这是世界上最大的木质建筑的梁架。

而脊檩的彩画是康熙三十四年重建时绘制的，它是彩画中最高等级的和玺彩画，距今已经三百多年。

我们的摄像机镜头在这里还拍到了一个神秘的物品。

它在太和殿顶部最中心的位置，位于藻井的正上方。

这就是雍正皇帝命人安放在这里的符板。

我们在收藏于第一历史档案馆的皇宫档案中发现了这样一段内容：雍正九年，八月十二日，雍正皇帝命人把三份符板分别安放在养心殿、太和殿和乾清宫。

第一历史档案馆编研部主任　李国荣：

安放符板呢，本来是古代建筑中，风水学中很讲究的一个内容，为的是镇宅、避邪、保佑平安。雍正（皇帝）的这几块符板呢，除了传统的道教八卦图外还增加了藏传佛教的咒语，这反映了他是诸教为我所用，来保佑他的平安。

雍正皇帝放置符板的举动，无疑明确了太和殿、乾清宫和养心殿这三处宫殿，是紫禁城中最重要的地方，而除太和殿外，其余两个宫殿都在皇宫的内廷。

和前朝相对，紫禁城后半部分统称内廷，它包括皇帝皇后居住的后三宫，妃子们居住的东西六宫和皇子们生活的乾东西五所。至此，紫禁城建筑的乐章从阳刚的高潮乐段进入阴柔的慢板。

乾清宫与坤宁宫和交泰殿合称为后三宫。

乾清宫，在雍正皇帝以前一直是皇帝的寝宫。同为皇帝使用的宫殿，它比前朝的太和殿低十一米，面积小一千多平方米，置身其中，人的感觉会松弛许多。

明代时乾清宫有后暖阁九间，分上下两层，类似今天的复式建筑，上下共布置了二十七张床，皇帝可以任意选择。清朝时，东西暖阁改成了书房。

在明代，坤宁宫是皇后的寝宫。到了清朝，这座宫殿的室内装修有了很大改变，成为中轴线上最具有满族特色的宫殿。

它室内贯通，西、北、南三面都有火炕。西大炕供朝祭神位，北炕供夕祭神位，东北角是祭祀时煮肉用的厨房。这种布局来源于满族民间"口袋房"、"万字炕"的居住习俗。

从坤宁宫东暖阁悬挂的这则坤宁宫铭上可以看出,坤宁宫的布置是依据入关前沈阳故宫中皇后居住的清宁宫照搬而来的。

除了皇后,在后宫中,还有很多当朝皇帝的嫔妃,她们就住在后三宫两旁的宫殿里,这些宫殿总称为东西六宫。

故宫博物院副研究馆员　王子林:

东西六宫它取自于《周礼》的六寝六宫制度,但是它更多的是融入了自汉代以来所形成的《周易》阴阳哲学思想,它的建筑布局从平面上看是一个坤卦的卦象,象征阴,也就是说这个地方居住的是妃子。其功能呢可以从宫殿的命名上反映出来。比如说承乾宫,为什么叫承乾宫呢?就是说居住在这个地方的妃子要顺承皇帝,所以说东西六宫的建筑它体现的是三纲五常,特别是夫为妻纲的伦理道德思想。

东西六宫的建筑形制比后三宫低很多,体现了居住在这里的嫔妃的从属地位。

这是雍正皇帝命人绘制的美人图。每一个皇帝都希望龙脉延续,子孙繁盛,从而使王朝兴旺,江山永固。

公元1856年,随着一声婴儿的啼哭,一个女人一生的命运被改变了。她就是后来统治中国四十八年的慈禧太后。

储秀宫是她刚入宫时的居所,但我们现在看到的内部装饰,已经是在她五十大寿时,花费六十三万两白银重新修缮布置过的了。

兰花,中国古人认为它有王者之香,又有生育男孩的象征,它与寿石组合的图案寓意为宜男宜寿,所以储秀宫的隔扇大量采用了这种绘画。

也许是巧合,慈禧太后刚入宫时被封为兰贵人,不久就生下后来的同治皇帝。母以子贵,随着地位逐渐显赫,她的寝宫装饰也奢华起来,在储秀宫的庭院陈设中还出现了龙,这也是东西六宫中唯一的例子。

内廷中的养心殿在雍正皇帝之前,原本是一座普通的宫殿。

雍正皇帝即位之后并没有按惯例住进乾清宫,他表示:父亲康熙皇帝在乾清宫居住了六十多年,自己实在不忍心再住进去,决定移居月华门外的养心殿,并要求将殿内略微修缮,一定要朴素。

雍正皇帝的这个决定,使紫禁城内廷的格局出现了变化。从此,养心殿在紫禁城里越来越重要。

养心殿地位骤然上升之后,并没能一直朴素下去,配套装修很快跟了上来。在紫禁城中,采光好坏是衡量宫殿地位的重要标志之一。为了改善养心殿的采光,它成为紫禁城中第一个装上玻璃的宫殿。雍正元年,清宫内务府造办处《活计档·木作》记载"十月初一日,有谕旨，养心殿后寝宫，穿堂北边东西窗安玻璃二块"。

当时，玻璃是非常稀罕的物件，全部依靠海外进口。

养心殿的位置靠近前朝，它将皇帝的休息和办公场所合二为一。这座宫殿的后半部分是卧室，皇帝在这里休息，若要处理政务时，只要穿过这条甬道，不到一分钟就可以来到前殿办公，大大提高了办事效率。

从雍正皇帝开始，到清王朝灭亡，清朝有八个皇帝把养心殿作为生活起居和处理政务的地方。在这里，留下了他们各自不同的生活印记。

一座小小的宫殿见证了一个王朝从盛到衰的历史。

在等级森严、庄严肃穆的紫禁城中，有一片风格迥异的建筑透露出一份灵动和浪漫的气息。这就是宁寿宫花园，人们俗称乾隆花园，它是生性潇洒、喜好游历的乾隆皇帝的得意之作。

这个花园建在紫禁城的东北角。狭隘细长，曲径通幽，四个院落相连，风景各不相同，乾隆皇帝六下江南时最为欣赏的江南美景尽收园内。

花园中还处处显示出汉族传统文化对乾隆皇帝的深刻影响。

中国古代有一种祈福的祭祀活动叫禊赏，后来演化为人们暮春郊游的风俗。文人墨客此时也要相邀聚会，最著名的一次被记录在王羲之的《兰亭序》中。

九曲蜿蜒的水渠中清水流淌，随波逐流的酒杯停在谁的座前谁就要吟诗作赋，否则就罚酒认输，这就是"曲水流觞，修禊赏乐"乾隆皇帝以此为根据，给这个亭子起名"禊赏亭"。

花园中还有一个建筑叫"三友轩"，室内以松，竹，梅装饰，松木刚劲而挺拔，腊梅凌寒而开放，翠竹杆直而心虚，三者皆处严寒而不谢，所以被称为岁寒三友，古代文人以这三种植物比拟人品的刚直、高洁。乾隆皇帝不仅借三友轩表现自己的儒雅，更重要的是传达出清朝皇帝与汉族知识分子思想融合的一种态度。

乾隆花园的修建只是一个庞大的建设工程中的一小部分。

自康熙朝以来，经过七十多年的治理，到乾隆时期，中国农业经济、综合国力达到巅峰。

乾隆皇帝开始对紫禁城进行了自1420年建成以来最大规模的改造。其中，有两个重要的工程是和政治体制的改变紧密相连的。

第一个就是对乾西二所及周围区域的改造。

乾西二所是乾隆皇帝做皇子时候的居所。为什么他要对这里进行大规模的改造呢？这还要从皇帝的立储制度说起。

雍正皇帝之前，皇太子的确立往往伴随着激烈而血腥的宫廷斗争，所以雍正皇帝便改用了秘密建储的方式，他亲笔写下两份确定皇位继承人的诏书，一份藏在乾清宫正大光明匾的背后，另一封由他随身携带。皇帝在世时秘而不宣，等皇帝死后，两相对照无误，才能对外公布，迎立新君。

乾隆皇帝作为秘密建储制上台的第一个皇帝，没有享受过一天太子的待遇，因此他要把自己的故居乾西二所地位升格，由所改为宫，不再让其他人居住，以此强调他继承皇位的正统。

重新整修后，这个三进小院的主体建筑被重新命名，分别叫做崇敬殿、重华宫和翠云馆，习惯上统称重华宫，重华宫的名字来自汉族大臣张庭玉的提议。重华是指远古时期圣明君主"舜"，对汉文化颇为精通的乾隆皇帝非常高兴地采纳了这个建议。

乾西二所改造完成以后，周围的几座宫室也随之进行了改造，成为重华宫的附属配套设施：东边的乾西一所改为漱芳斋，室内建造了一个小戏台，取名"风雅存"，供皇帝观赏一些小戏时使用，在院内还添加了一座大戏台。它们是紫禁城中最早出现的戏台。

即位之后的乾隆皇帝虽然已经移居养心殿，但他一直把舒适的重华宫当做与家人、密臣欢聚的场所。

信奉藏传佛教的乾隆皇帝，还在重华宫的西南部修建了紫禁城里最重要的藏传佛教建筑雨花阁。藏传佛教从元代进入皇宫，到清代发展到顶峰。雨花阁的修建，除了满足皇帝个人礼佛的需要，更重要的作用是以宗教信仰联络中国边疆地区的蒙藏各部，加强民族融合，以巩固国家的统一。

紫禁城改造中和政治改革密切相关的第二个重要工程是修建宁寿宫。

乾隆皇帝即位不久就宣布：为了不超过在位六十一年的祖父康熙皇帝，他将在执政六十年的时候将皇位禅让给儿子，皇位交接方式的这一改变，意味着紫禁城中将首次出现退休的皇帝。

宁寿宫，就是为乾隆皇帝退休准备的养老之所。作为太上皇的宫殿，宁寿宫的级别不亚于皇帝的居所。它也分为前朝和内廷，各种配套设施样样俱全。这几乎就是一个微缩的紫禁城。宁寿宫的造价达到一百三十多万两白银。仅宁寿门前的这对镀金铜狮，就用了黄金三百三十四两。

为当朝的皇上建造退休的宫殿，无疑是最受重视的工程，工部集中了全国顶尖的能工巧匠。这其中有一个雷姓建筑设计世家。

这是他们绘制的长达五米多的紫禁城中轴线大清门到坤宁宫的全部建筑的外观图样，上面清楚地标注着各个建筑的名称和它们之间的距离，数据精确到了寸。

从康熙年间开始，这个家族前后延续二百多年，一直从事皇家建筑的设计工作。

他们主持修缮设计的作品中光是列为世界文化遗产的就有故宫、颐和园、天坛等等。

这个祖孙七代的设计世家又被称做"样式雷"家族。

中国古代的建筑设计，采用文字说明、图纸和烫样三者结合的方式。所谓烫样，就是立体的设计模型。它是中国古建筑设计中特有的产物。现在，故宫依旧保留着当年雷氏家族制作的烫样。

烫样用硬纸板、秫秸和木头等粘贴制作而成。模型制成之后，需要用小烙铁将细节部分烫平，故名烫样。

这是清朝晚期雷氏家族为紫禁城长春宫设计的烫样，在夏季长春宫院内建有一个巨大的凉棚。在烫样的相关部位，都有具体的文字说明和建筑尺寸。经过一层层展示，我们能清晰地看到建筑的内部结构。当时的烫样主要是为给皇上御览而制作的。皇帝的意志是决定宫殿建造最终的依据。

豪华、气派号称小紫禁城的宁寿宫完工之后，乾隆皇帝一天也没有住过，他在退位后，依然住在养心殿内控制着朝政，直到公元1799年，他八十九岁时去世。

从明朝永乐年间到清朝乾隆年间，紫禁城历经三百多年的修建、改建和修缮，终于成就了今天展现在世人眼前的模样。而在紫禁城中演绎的历史，还将波澜壮阔地延续下去。

【创作分析】

紫禁城作为中国社会发展的历史见证，她不仅承载着建筑审美的独特价值，更是蕴涵着中国历史发展的厚重积淀，她已经成为具有典型意义的历史符号。这集纪录片通过对几代帝王三百多年修建、改建、修缮故事的历时性梳理，试图向观众全景式展现紫禁城的沧桑巨变。配音员在进行创作时，合理把握住了解说词大气恢宏、深邃质朴的整体风格，同时也关注到中国古代历史曾经的辉煌与骄傲，更演绎出对中国未来社会发展的信心与期待。可以说，配音员已经对文字的内涵情感有了非常到位的理解和把握。而后，配音员运用中年男性宽厚的声音表现形式娓娓道来，语气平和而不起大的波澜，给人以沉稳、刚性的听觉享受。同时，在微观细节的处理上，配音员也是狠下工夫。比如说，在一些具有历史意义的数字处理上，配音员运用节奏、语速、语气的变化进行诠释，这对纪录片整体效果的提升也起到了画龙点睛的作用。配音初学者应该仔细品味，并加以认真思考和借鉴。

三、《再说长江》节选片段分析

【纪录片介绍】

2004年8月1日，中央电视台《再说长江》摄制组从长江第一镇沱沱河镇出发，向着峰峰相连的雪山深处走去，在海拔5800米的姜根迪如冰川，第一次用高清摄像机录下长江源头的最新影像。20年前的《话说长江》是中国电视史上载入史册的收视奇迹，如今的《再说长江》则是中国电视史上规模最大的一次记录长江行动，并且用高清摄像机记录了当年《话说长江》限于技术问题而没能拍摄到的长江源。20年后的长江代表了中国的变化,《再说长江》中有很多《话说长江》的镜头重现,当年的片中的很多人物也重又走进新片中。总制片人刘文说:"《再说长江》策划时明确的主旨就是以长江沿岸风光地貌、风土人情的变化来反映中国20年的经济建设所带来的巨变。20年前的《话说长江》是部风光片,散文化的解说,让没走出过家门的老百姓看到了祖国各地人们的生活状态,20年长江沿途很多地方都是旅游胜地了,早已不再神秘,所以这次我们以人为本、以纯纪实手法讲故事,用对比来展现长江的变化,中国的变化。然而更重要的是,让观众看到变化的背后其实是不变,20年巨变的根源在于中华文化血脉相承的不变。"

【电视文本】

　　相接却不相融的两条河流肩并肩地流淌着,一路相伴在400公里外的一条大江中,它们交汇了。这两条支流在阿坝藏族羌族自治州汇入远自陕西来的嘉陵江,然后再一同流进长江。如果溯着这条支流向着它清纯的来源走去,那便是名闻遐迩的九寨沟与黄龙沟。海子,是传说中仙女打破的镜子,也就是那条清澈的水的来处。他们说,仙女的镜子打碎了108块,成了108个海子,散落在这九寨沟周遭的深山翠谷之中。仙女的镜子,有人说是打碎成108片,有人说是114片,也有人说是118片,总之它们有大有小、有长有短、有着各种的形状,流动着模样不同的水,映照着各种的颜色。群山幽静而深邃,也把这些仙女镜子的碎片隐藏得幽静而深邃。大约在1000多年前,为避战乱,九寨沟的先民从青藏高原迁移到了这里,他们在峡谷间建起了树正、荷叶、扎如等九个村寨。这条山沟于是被叫做九寨沟。那是1984年,九寨沟被确认为国家级风景名胜区,正式向外界开放。一夕之间,它就仿佛从神话里走了出来,惊艳了全世界。

　　深藏在青藏高原的东南缘岷山山脉之间,大约50公里长,720平方公里的九寨沟实际上是由树正、日则和则查洼三条山沟谷地组成。错落着无数的湖泊、瀑布和溪流,其中52%都被茂密的原始森林覆盖,正因为如此,它深藏不露。直到它被寻山而来的伐木工人发现。时间是1966年,有两名勘查森林资源的林业工作者一路披荆斩棘到这岷山深处,就在不经意间走进了仙女传说的禁地,跨越了幽深的界线,打破了它的沉寂。与世隔绝的九寨沟这才被意外地揭开了面纱。在那之前,九寨沟这里一直都只是奇花异草、珍禽异兽的乐园。山明水秀之间隐藏着2000多种植物、300多种动物,其中不乏古老的珍稀物种。它们始终就在这里默默地繁衍生息。充沛的流水,滋养着从海拔2000米上下到3100米之间大约300平方公里的原始森林。因海拔的不同,分布着不同的林相,随着季节的来去而变化万千。每年到了一月,接近零下20度的气温,各个海子都被冰封。连平常气势磅礴的诺日朗瀑布也在这片凛冽的空气中凝结。

冰天雪地里，唯独五花海依旧碧波荡漾，它是九寨沟上神奇的不冻湖。这或许是海拔2472米的五花海有史以来第一次水下探测。在水下摄影的镜头里，散布在水深20米清澈透明的湖底不断涌出热泉的泉眼，使得占地将近8万平方米的五花海在严冬季节仍能保持6摄氏度的水温，它们就是五花海抗寒的奥秘。不过，相对于五花海丰沛的水量，地下水的补给还不到总水量的30%。那么，除了雨水的补给，五花海大量的水流究竟从何而来呢？海拔约3100米、面积93万平方米的长海，是九寨沟最高也是最大的海子。雪山融化的冰雪源源不断地注入到这里。乍看长海的水并没有出口，然而隐藏在山体之间的断层间隙却如同一条通道，源源不断地把水送到地势较低的湖泊，长海便这么默默地成全了九寨沟众多的水流。水上水下，处处都是碳酸钙的沉积物和附着物，这就是典型的喀斯特地质。就是这些无处不在的碳酸钙和沟里无处不在的流水，勾画出了九寨沟奇妙的美景。它们都是大约300万年前地球第四纪冰川期的遗留物。当时，它们只是顺水漂流。大约12000年前，地球气流回暖，这些碳酸钙开始活跃，顺着流水就在这山沟里随处堆积随处附着。直到半个世纪前，它才以艳丽的姿态在众人惊异的眼神中慢慢浮现出婀娜的身影。但在地质学上可没有任何浪漫的形容，这些因为碳酸钙堆积蓄水而成的海子，就称为"堰塞湖"。堰塞的是海子，高低落差的是瀑布。瀑布又形成了海子之间的联系，水就在这些碳酸钙的地层、地形当中忽隐忽现川流不息，造化了这一片惊世的杰作。九寨沟居住的人都是藏族人，他们的祖先把迁徙的脚步停留在了这片神山圣水之中。或许因为这里水多的缘故，无论耕作、放牧，还是用溪水磨磨，当地人的生活总是与水有着千丝万缕的联系。20年前，九寨沟人的生活情态第一次留在了电视影像之中。20年后，九寨沟人没有想到，他们家乡的美景会引来这么多客人。他们也没有料到，家园竟可以带给世界这么多的惊奇，这些惊奇最终却给他们的生活带来了那么多未曾想过的改变。1992年，九寨沟成为世界自然遗产。1998年，更因为这群深居简出的藏族人，连同这里众多的珍稀动、植物种，而被联合国教科文组织纳入世界人与生物圈保护区。成为举世第一个，也是唯一的一个取得这双认证的地方。

紧邻岷山山脉与九寨沟相隔大约140公里便是另一处赫赫有名的黄龙沟，紧紧地依偎在黄龙沟里海拔5000多米的玉翠峰脚下，一处泉水积成的小水潭是当地藏族人心目中的圣泉。他们经常都带着鲜花来到这里祈福，而如果花朵在水中旋转，便意味着神灵已经接受了他们的祝愿。人们因此都称这里为"转花池"。黄龙沟海拔3000多米，长不到4公里，却簇拥着3400多个彩池。但这其中最令人感到意外的是这整条黄龙沟的水，竟然都是来自那小小的人们许愿的转花池。浅黄色的钙化地表堆积，让3000多个彩池在阳光下恰似金光闪闪的鳞甲，层层叠叠地蜿蜒在山谷之中。从高处往下看，犹如金龙盘踞。就因为这居高临下的一眼，它被称作"黄龙"。多少年来，黄龙沟一直是当地藏族人信仰的圣地，很少有外人的足迹，黄龙沟因此保有了它的原始。豪格尔·帕奈博士，一位来自德国科学院的生态学家，2001年，他选择了这个宛如金龙盘踞的黄龙沟，开始了他在中国的植物生态考察之旅。他曾经是德、俄、美合作项目的负责人，主持过西伯利亚和北美温带地球生态环境的研究。这几年，他徜徉在黄龙的山山水水之中，他在这里娶妻，成了两个孩子的父亲。而随着研究的深入，黄龙沟也渐渐地在他眼前变得清晰起来。3亿年前，整座岷山山脉连同九寨、黄龙被深埋在一片汪洋之下，剧烈的造山运动将青藏高原抬高，岷山山脉从海底升起，拔高成主峰5588米的大山。高山上的冰雪融水渗入了石灰岩的山体，携带出大量的碳酸钙顺势在斜坡上沉积，遇上石头就包住石头，遇上树根就包住树根。有的沉淀，有的则堆高形成了一个个的水潭，再形成一道道、一片片的滩流。岷山山谷之间如此的钙化牲畏被学者称为"钙化的岷山式喀斯特地貌"。如此的喀斯特放眼全世界唯岷山最独特。中国于是有了令人叹为观止的黄龙和九寨。探测者在九寨沟的水下还发现，水从长海流到五花海，碳酸钙的浓度就提高了20倍。长久以来，它们在这里年复一年地沉淀、堆积和包裹，就在人们无从察觉的变化中改变着九寨沟的样貌。仿佛是调色盘693个水潭、693层色彩连成一片。面积超过20000平方米的五彩池是黄龙沟里规模最大的彩池群。经由帕奈博士的试验，五彩池的增长速度大约每年3毫米，岷山式的喀斯特地貌就这么积沙成塔一样地形成了。彩池当中一座石塔建于明代，据说是某位功臣后代的陵墓，前后不过500多年，现在几乎成了碳酸钙的雕塑。亦真亦幻，原来的景物已不见了踪影，处处都让人惊奇。这里到底还在进行着多快、多大的改变，大自然就在这里极尽造化之能事，以不尽的流水冲击着岷山喀斯特的地貌，最后赋予它们更缤纷的色彩，为人类彩绘出了这两处珍贵的自然遗产——九寨沟、黄龙沟。大自然的神来一笔在水潭、彩池或海子，处处抹上了色彩。这色彩来自水中大量的负离子，以及那些自始至终漂流在水中的比如水绵、轮藻、水蕨，以及各色各样的细微漂流物。融合了水边同样多变、善变的山川草木的倒影。在阳光的照耀下，完成了举世为之目眩神迷的艳丽景致。水不仅映照色彩，还深藏意境。由于九寨沟的水远比黄龙来得深，九寨沟的海子因此更显得如梦似幻，仿佛天外。

黄龙自然保护区位于四川阿坝州松潘县境内，这里也是长江的主要支流岷江、涪江的源头地区。有着几千年历史的松潘古城是连接黄龙与九寨沟两大景区的中继站。松潘古城这座茶马古道上的历史小镇，曾经是外来者路过集散的驿站。从小生长在这里的郭常，现在已是古城马帮旅行社的经理。每年旅游旺季，100多个导游、200多匹马，依然是应接不暇。因为经常被国外媒体报道，郭常每年都要接待大约8000名的外国游客。虽然距离相当，但郭常的马队却从来都不往黄龙、九寨沟走，而是取道另一处人们比较陌生的峡谷叫牟尼沟。牟尼沟也在黄龙自然保护区范围内，虽然比黄龙沟小了许多，但人迹稀少，似乎更具原始的味道。

就在牟尼沟这片体积庞大的石灰岩化石上，帕奈博士和他的同事们发现，在剥蚀的残面上，还可以清晰地看到水波流动的痕迹。这些厚薄不均的层次显示着某一个时期形成的年轮，足以推算出钙化堆积的速度和过程。只可惜，钙化表层已被破坏。他们考察证实了牟尼沟的钙化已经衰老，却无法确定它衰退的年代。距离钙化衰老的湖泊不过十几米，考察队找到了一处地下洞穴不断从岩层渗透下来的水，形成了钟乳石。也在洞穴里积聚成大量的地下水。考察队不禁产生怀疑。莫非这面积不大的地下洞穴就是牟尼沟钙化衰老的重要线索？莫非这也就是地面上那些喀斯特美景衰退的重要证据？时光倒流回5000年前，牟尼沟就像今天的黄龙沟一样，正处于钙化形成的旺盛期，不料一场强烈的地震坍塌了湖泊，撕裂出地下洞穴，改变了水的流向，部分湖泊便从此断流逐渐地干涸。钙化的表层经过长期的曝露，不断地被风化、氧化，无可奈何地变黑、变老了，最终它化作了泥土，以它的养分孕育着成片的森林。

置身于浓妆淡抹的图画里，帕奈博士经常情不自禁地赞叹，举世也只有九寨、黄龙的水有如此巨大而神奇的力量，而它眷恋着人间独钟着中国，就在这中国西南的深处角落渲染出一片彩墨山水。尽管众多旅游者纷至沓来，但生活在这里的藏族人依旧潜心守护着心灵的宁静。九寨和黄龙成了自然保护区之后，他们也成了被保护的一部分，而同时也担起了一份保护的责任。他们悉心呵护着海子和森林，呵护着这里的每一寸土地。在阿坝藏族居民的心里，这里始终都是他们信仰的净土。水在当地人眼中是护佑着五谷丰登与安康幸福的神灵。每年，九寨、黄龙的藏族居民都要举行隆重的仪式，向这片神山圣水祈祷。在他们看来，眼前的寸山寸水无一不是大自然的恩赐。对于九寨沟和黄龙，水是美丽的缔造者，也是它们生命的源泉。水，在这里幻化了神奇之后，也将从这里走出深山，流向几百公里外的长江。

【创作分析】

本集纪录片在《再说长江》宏观叙事背景下，着力描述九寨沟与黄龙的具体风貌，包括其形成、发展，也包括其人文、历史，既有对大自然的本真描述，也有对人与自然和谐相容以及人们不断加深对自然认知和探究的热情。这集纪录片重点纪录了景中的水，以"水"的流动贯穿始终。因此，配音员在主观叙事情感的把握上抓住了"流畅、亲和、稳健、朴质"的整体特征，其在前期备稿过程中已经准确把握了文字的主旨。此外，在语气的运用上配音员以客观、大气为基调，节奏舒缓，并着力在情感重音上有所侧重，但又没有让过多的重音影响整集纪录片行云流水的效果，没有任何顿挫之感，让观众在一种相对轻松的听觉环境下完成了整个收视过程。初学者应该反复揣度并加以针对性训练。

第三节

电视纪录片配音能力拓展训练材料

一、《再说长江》第二十三集　生生不息

20年，对长江只是一个瞬间，对中国却是一个时代，一个创造奇迹的时代：世界上最长的高原铁路、世界上最大的水利枢纽工程、重庆直辖、浦东开发。从20年前开始的转折改变了城市、改变了乡村、改变了生活、改变了观念。

在一段20年前的影像中，我们看到在波峰浪谷间，一群年轻人用一种前所未有的方式释放着对母亲河长江的情感。在经历了江源800千米无人区的艰苦磨难，金沙江急流险滩的击水搏浪，虎跳峡的生死抉择后，他们用热血和生命为长江留下了一段荡气回肠的记忆。这一年是1986年，《话说长江》播出后的第三年。

漂流者的激情来自那个年代，浪漫、火热的20世纪80年代。这个处在巨变之初的年代，成为无数中国人光荣与梦想的起点。从那时开始，中国用20年的时间走完了近百年的发展历程。

那是一群来自各行各业的年轻人，他们没有漂流经验、没有专业设备。他们要去完成的是万里长江上的第一次漂流。

杨欣，来自金沙江畔的漂流队员。当他被选中进入密封舱突破虎跳峡时，已经有8名队友在这里牺牲。

在几分钟里，杨欣用生命对话亿万年的长江。这位23岁的年轻人第一次真正感悟了这条他原本十分熟悉的大江。

1986年9月19日下午3点，杨欣和另一名队友钻出了密封舱。2个多月后，漂流队抵达长江入海口。以10条生命为代价，人类完成了历史上第一次长江漂流活动。

漂流结束后，杨欣重新回到了长江源头，在中华民族母亲河起步的地方，面对着生生不息的大江源流，杨欣内心深处的使命感被激发。从此，他留在了这里，成了保护长江源的第一批志愿者。

这一待，就是20年。

在那一张张充满时尚和活力的面孔的背后是长江 20 年巨变孕育的新的生活。

20 年，对长江只是一个瞬间，对中国却是一个时代，一个创造奇迹的时代：世界上最长的高原铁路、世界上最大的水利枢纽工程、重庆直辖、浦东开发。从 20 年前开始的转折改变了城市、改变了乡村、改变了生活、改变了观念。

每一个中国人都成为这场社会变迁的亲历者。

200 万年前，人类出现在长江流域。从那时起，先民们依偎着这条大河生生不息。仿佛是一份厚重的礼物，流淌在天地间的长江泽披万里。土地、粮食，滔滔江水年复一年地为人们带来了生活的各种需要。

在《话说长江》的影像里，一个个火热的场景被记录下来，它们是 20 年来中国发展、变迁的时代印记：

茂密的森林是建设者眼中的栋梁；

林立的烟囱是高速发展的标志；

鱼跃歌飞的场景是丰收的喜悦；

大片的湿地更是成了耕种最好的选择。

这是母亲河 20 年的给予，长江流域以不到中国 1/5 的面积养育了中国 1/3 的人口，生产了中国 1/3 的粮食，创造了中国 1/3 的财富。长江三角洲成为世界上正在形成的第六大城市群，长江经济带更是中国最宽广、最有发展潜力的经济带。

1998 年，一场洪水席卷了长江流域，突如其来的灾害冲破了大部分堤防设施，造成了有史以来最大的经济损失。水覆盖下的土地曾经是湖泊和湿地，它们都是天然的泄洪区。

"98"洪水退去后的第 6 年，"江湖连通"工程在长江中游的武汉动工了。对长江来说，这是一个起点。从这里开始，人们要把一部分土地还给湖泊，还给长江。

东湖，中国最大的城市湖，它和大大小小一百多个湖泊让武汉有了"百湖之市"的美称。这些湖泊原来大多与长江、汉江相通，它们就像江河的肺叶一样调蓄水位，吸收洪水或者补充水量。

慢慢地，越来越多的人在这里生活，湖泊变成了鱼塘、耕地、房屋和城市。"百湖之市"周围星罗棋布的湖泊今天只剩下 20 多个。东湖，也镶嵌在林立的高楼之中。

1998 年洪水来到时，失去泄洪通道的长江中游江汉平原一带，就成了受灾最严重的地区。

"江湖连通"工程在湖泊和长江之间留下一段段人工河道，这是人和自然对话的桥梁。就像分别已久的伴侣重新携手，湖泊里的水在数十年后重新流回了长江。

"上善若水"，这是水流的声音，这是天籁的声音。

苍茫天地间，水是万物的成因，一切均由水产生，最后还原于水。这种晶莹剔透的物质有着望不到边的玄机和奇妙。

长江，拥有中国40%的淡水资源，对一个民族来说，它是赖以生存的命脉。

2005年4月16日，中国所有和长江有关的专家和管理者都齐聚武汉。

这是一次以"如何在发展中保护长江"为命题的论坛。一份有关长江健康体征的指标诞生了。一个个数据明确地把什么是健康的长江揭示出来。对有亿万年生命的长江来说，这是有史以来的第一次。

长江水资源总量巨大，但时空分布不均；干流水质总体良好，但局部污染严重，整体有恶化趋势；生物多样性丰富，但局部破坏严重，鱼类生物多样性保护任务艰巨，等等，等等。这是数字背后的长江，是20年来创造了发展奇迹的长江。

大家把世界上唯一一条人工饲养成功的白鳍豚叫淇淇。淇淇的一生在中科院水生所的水池中度过。长江里，由于生存环境的不断恶化，它的同类基本灭绝。

2002年，淇淇离开这个世界，它也许是人类最后看到的白鳍豚。水生所博物馆的展厅里，淇淇成了一个标本，用这种方式，它和我们不再分离。

水生所的标本室里，陈列着长江流域已知的300多种鱼类标本。它们中的一些，已经逐渐消失在人们的视野中。

这是一条各种生命组成的大江，飞禽走兽，花鸟虫鱼。亿万年来，演变、进化、消亡，自然用自己的法则主宰着万物生灵。直到今天，人类都无法预计物种非正常消亡的后果。消失的长江生命会带来什么样的影响，无法估量。

2005年4月，洞庭湖休渔的季节。宁静的晨曦中，洞庭水殖股份公司总经理罗祖亮和员工一起把500万尾优质鱼苗投放到了洞庭湖。这样的活动每年一次，已有3年。

在儿时的记忆里，罗祖亮眼中的洞庭湖鱼虾满仓。年复一年的过度捕捞如今已经造成湖里近3%的鱼类灭绝、10%的鱼类濒危。

被投放的一尾尾鱼苗带着人们的希望和恢复种群的使命开始生命的历程。这是人类对自己行为的一种补偿。

相距1000多千米的长江下游，河豚养殖户郑金良正把自己繁殖的河豚鱼苗打包，准备投放长江。

郑金良（江阴河豚养殖户）：小时候，这种鱼不值钱，是长江里面最多的一种鱼。从2000年就几乎没有了，长江里的河豚价格最高的时候，种鱼是6.5万两条。

每年一次，郑金良都会往长江里投放160多万尾河豚鱼苗。

投放鱼苗的第四年，郑金良在长江里发现了自己过去投放的河豚，在生生不息的江水里，它们已经长大，有了自己的族群。

郑金良：开始的时候我就这样讲，一旦繁殖成功一定要放入长江，不要说给社会做贡献，保守一点说，就算为我自己的子孙后代留点东西。

在狭长水槽里游动的鱼，虽然没有舒适的生活环境，却肩负着神圣的使命。水槽位于炼钢车间的出水口，水源来自于生产排放的废水。这是江阴兴澄特钢有限公司炼钢车间内独有的一道风景。作为生活在水中的生物，鱼类对水质的变化最为敏感。代表着人类，鱼儿监督着炼钢车间水处理、排放的质量。

2000年，兴澄公司总经理俞亚朋考察了位于德国莱茵河畔的巴顿钢厂。德国同行对莱茵河的行为深深触动了他，对母亲河产生了发自内心的关爱。

俞亚朋（江阴兴澄特钢有限公司总经理）：我去看了以后他们告诉我，炼钢的循环水处理以后可以达到饮用水的标准，那我就问你有没有多余的水排放呢？他说有的时候也有。那我就问你就这样排放吗？他说不行，他说还要等温度降低了以后才能排。我问为什么？他告诉我说鱼儿受不了。就这一句话使我非常震惊。

回国后，俞亚朋关闭了每年带来巨额收益但污染严重的老厂，在长江边的新厂区里，一套世界上最先进的水处理设备日夜工作。废水经过鱼儿的检验后，才能排入长江。

莱茵河，欧洲第三大河，全流域覆盖了9个国家。20世纪50年代末期，莱茵河水质开始变坏。70年代，莱茵河被称为"欧洲最浪漫的臭水沟"，河里的鱼类几乎完全消失。这20年正是欧洲战后经济发展最快的工业时代！创造了巨大财富的莱茵河，也付出了惊人的代价。

面对渐渐失去活力的母亲河，莱茵河畔的居民开始反思自己，他们愧对这条自然和历史同样厚重的大河。从那时起，莱茵河的子民开始改变从前的习惯和观念、精心呵护着自己的母亲河。30年过去了，莱茵河水质在慢慢地恢复着，但要完全回到从前还需要更长的时间。

长江水利委员会的老楼前树立着一座雕像，他就是这里的创办者——林一山。

蔡其华，水利部长江水利委员会第五任主任。相隔20年，两代对长江有着共同情感的长江水利人，却有着不同的治江思路。人水和谐相处、保持长江的健康活力是蔡其华面对的新的课题。

这是一项巨大的挑战，时时刻刻了解长江的健康状况、测量长江的体征数据、寻找保护长江的办法，这些就是蔡其华每天重要的工作内容。

蔡其华（水利部长江水利委员会主任）：应该说是一种价值观的转变，我们提健康长江，不仅看重眼前的利益，更注重长远的利益；不仅看重人类当代的既得利益，更看重大自然长远的为人类造福的追求。

从空中鸟瞰长江源头，如发辫甩开的水系，就像贲张的血管，生机无限。在长江入海口，水流会在最新形成的土地上留下一道道沟痕。在它的两端，长江无尽相似，这是生命的足迹。

从青藏高原各拉丹冬雪山的姜根迪如冰川开始，长江经过6380千米的里程、5400多米的跌宕，一路汇集几十条大河，从西到东横贯中国，成为孕育伟大民族的生命之河。

这是亚洲最大的人工湖——丹江口水库。从这里开始，向南流淌了亿万年的汉江地理定势就此改变，这就是南水北调工程的中线所在。

当黄河渐渐失去活力的时候，一项世界上最大的水利工程就此展开。从长江的上游、中游、下游3个水源地引水，南水北调工程将让长江之水流入黄河古道、滋润着大半个中国。

长江源头第一所小学沱沱河小学的学生们每周一次的课外活动，和同龄人相比，这里的孩子们更多了一份成熟和责任。他们的脚下，就是长江的源头净土。

每年春天，崇明岛陈家镇中心小学的孩子都会到临近海边的土地上植树。长江最后一所小学的孩子们在大江入海前，为它种下了最后一抹绿色。

这是长江边常见的景象，其中的欢乐只有江边人才能体会，这份幸福是长江的恩赐。

武汉市民： 今天水温8度，气温最低是零下2度。/生活在长江边这么好的水域，是我最大的幸福。/我曾经骑自行车2002年到格尔木，走过沱沱河，在长江的最上游我也游过一次泳。/在长江里游了泳，到任何的河里游泳都不怕。/我们在长江的怀抱里感受母亲河的关怀，我们感到无比的幸福。

这是一幅完整的长江水系图。行走在大地上的江河网络宛如人体的经络，水，就是它流淌的气血。经络、血管支撑着认知和情感，长江，同样具有生命。用生命呵护生命，这，是江水孕育的中华民族对母亲河的新的情感和认知。

十几年来，卓玛每天都会到这里为长江祈福，她的脚下是长江流经的第一块湿地。卓玛希望和她共饮一江水的人们都能掬起从雪山流下的源头净水。带着长江子民的祝福，水就这样流经万里，奔向大海。

二、《故宫》第一集　肇建紫禁城

是谁创造了历史？又是谁在历史中创造了伟大的文明？

公元1403年1月23日，中国农历癸未年的元月一日。这一天，生活在这块土地上的人们，依然延续着自古以来的传统，度过他们一年中最重要的节日——农历元旦。

这一年，人们收到的类似今天的贺年卡上，不再有建文的年号了。建文帝4年的统治，在一场史称靖难之变的战争后，成为了往事。

公元1403年的大年初一，大明朝第三个皇帝朱棣，正式启用永乐作为自己的年号。这一年为永乐元年。年号的更替，随之带来的将是这个王朝的更多变化。

永乐元年，明朝的首都在今天中国南京。这座六朝古都自东汉时代起就被认为有王者之气。明太祖朱元璋将都城定在这里，并集中国两千年宫殿建筑之精华，建造了皇家宫殿。今天这座宫殿仅留下了这些遗址，但仍不失当年的气魄。

而此时的北京城在大明的版图上，还是朝廷的一个布政司，叫做北平。这里人烟稀少。朱棣11岁时被封为燕王，他和他的旧部们熟悉这里，对这个地方充满着感情。

永乐元年的农历正月十三这一天，朱棣按祖制祭祀完天地回到皇宫。当君臣们相聚一堂时，一个叫李至刚的礼部尚书，提出了一个建议。他说，我以为北平这个地方，是皇上承运龙兴之地。应该遵循太祖高皇帝，另设一个都城的制度，把北平立为京都。永乐皇帝，当即非常高兴地答应了下来。在这之后的几个小时里，将北平升为北京，成为王朝第二个京都的一道圣旨昭告了天下。

这个消息很快传遍了全国，而一座伟大宫殿将由此诞生。

刚刚登基不久的永乐皇帝，用这样一道圣旨昭示天下，表达自己治理天下的理念。

从目前看到的史料中，我们可以发现，公元1403年的朱棣正处于一种十分微妙而不安的气氛中。作为一个从侄儿手中夺取皇权，刚登大极的皇帝，他面临太多棘手的问题。对反对他的建文帝旧臣的杀戮仍在继续。

杀了很多人以后，朱棣感到十分不安。他也曾询问身边的一位大臣茹常，我这样做会不会得罪了天地祖宗？

更让他感到不安的是，攻入南京城时，他的侄儿建文帝就在一场大火中神秘失踪，生死不明。尽管他按天子礼仪，给这位侄儿举行了隆重的葬礼。但后世的很多历史学家认为，当时被下葬的并不是建文帝本人。真正的建文帝，很可能已经逃亡在外。这件事成为朱棣最大的一块心病。

之后有一天上朝时，朱棣差点被御史大夫景清刺杀。

此事之后，朱棣在南京城里经常做噩梦。他或许更加强烈地开始怀念他的故地北京。

站在南京皇宫的遗迹中，我们不难想象，曾经在北方生活多年的永乐皇帝，可能越来越不喜欢住在南京。他开始谋划将第一京都迁往北京的行动。

很快当年的5月份，在一次临朝时，他对大臣们说，北京是我旧时的封国。有国社国稷，将实施国都的礼治。然而皇上的建议，却遭到了大臣们的激烈反对。从那以后，朱棣谨慎了很多，他开始以迂回而秘密的方式，为迁都进行系统而缜密的准备。

公元1403年，由北平刚刚改称为北京的城市里，突然多了很多来自江浙等地的南方人。他们得到朝廷的应允，迁至北京，即可获得五年免缴税赋的优待条件。这些人普遍比较富有，很快便在北京做起他们以往在南方所经营的生意。同时在北京的郊区，也多了很多农民开始垦荒种地，大规模的移民工程开始了。

当浩浩荡荡的移民队伍涌向北京时，在距北京万里之遥的西北草原上，蒙古帖木儿大汗指挥的铁骑大军，已经向中原开拔。大明朝的北方又面临着威胁。

然而正当永乐皇帝准备布防迎战时，帖木儿却突然在行军途中病故。一场大战消于无形。

公元1405年6月，东南风吹起的时候，郑和受永乐皇帝的派遣率一支船队做远洋航行。带着永乐皇帝向世界展现大明国威的使命驶向茫茫的海洋。据说这次航行，也是为了寻找失踪的建文帝。

公元1406年8月，当郑和的舰队浩荡行进时，南京皇宫里发生了一件让朱棣高兴的事。我们已经无法考证，是出于永乐皇帝本人的暗中授意，还是大臣们自己揣摩上意的结果。总之在这一天的朝堂上，以丘福为首的一群大臣，建议在北京修建一座新的宫殿，永乐皇帝非常愉快地接受了这个建议。

于是一场浩大的工程拉开了序幕。

永乐皇帝开始派他的心腹亲信们奔赴全国各地，为这项巨大工程做准备。他们中有工部尚书宋礼、吏部右侍郎师逵、户部左侍郎古朴。

这些人即将去往的地方，是四川湖广等地的群山峻岭。他们这次要去开采的是楠木。珍贵的楠木，多生长在原始森林的险峻之处，那里常常有虎豹蛇蟒的出没。官员和百姓们冒着危险进山采木，很多人丢失了性命。后世有人用"入山一千，出山五百"来形容采木的代价。

这里是今天紫禁城太和殿的内景，当年那些被砍伐的楠木，就是被用来制作这些柱子的。那些永乐时期巨大的楠木，在太和殿里早已难见踪影，这些巨大的柱子，是后来清朝由松木拼凑而成的。

这是公元2004年6月，故宫大修进行的一次运木工程。这些巨大的木材，通过现代的运输工具运到故宫，也是一项庞杂而艰巨的工作。

那么500年前，比这些木材巨大数倍的楠木，又是怎么运到紫禁城里的呢？

被派往四川的工部尚书宋礼，这样向皇帝描述了一次大木出山的传奇情景。有一天山洪暴发，一株大木顺流而下。遇有巨石拦路，大木发出像雷鸣一样的巨响，撞击巨石。巨石裂开大木完好无缺。后来永乐皇帝将发生这一故事的那座大山封为神木山。

这只是一个特殊的例子。更多的木材，从川贵湖北的崇山峻岭中依靠天然的河流和修好的运河，输送到北京。

永乐时期为建造新的宫殿，而进行的采木工作，据说持续了整整13年。然而开采修建宫殿的石料，同样也很艰辛。我们在保和殿后，看到了这块故宫中最大的丹陛石。它是在明代，由一块完整的石头雕刻而成。而这样巨大的石头，是如何被运到这里来的呢？

据历史记载，这些石头都来自于北京西南郊房山的大石窝和门头沟的青白口。这里从明清两代跨越600年，直到现在还在生产汉白玉石头。我们终于在明朝史料中，发现了保和殿后那块石料的开采和运输过程。这块石料开采就动用了一万多名民工和六千多名士兵，而运往京城则更为艰巨。数万名民工，在运送石料的道路两旁，修路填坑。每隔一里左右掘一口井,在隆冬严寒滴水成冰的日子,从井里汲水泼成冰道。二万民工一千多头骡子,用了整整28天的时间,才运到京城。那些同样被费尽心力,运到紫禁城的巨石,大部分都被安放在故宫中轴线的御道上。

据现在的专家学者研究,这次宫殿建设的备料过程长达近十年。

在这十年中,北京逐渐成了大明王朝疆域内,最热闹最庞大的建筑工地。这是今天我们用三维动画再现的当年营建紫禁城时北京工地的景象。那些由此而生的著名工地名称一直保存至今。

在这样一个浩大的工程中,能被历史记载下来的人,只有极少的几个。那些当年为这座宫殿付出辛劳的工匠,据说超过百万之多。他们中也不乏幸运者,有两个来自山西的工匠王顺、胡良。永乐皇帝视察工地的一天,看到他们的彩绘。皇帝扶着王顺的肩膀,对他称赞不已。

泰宁侯陈珪,公元1406年被任命为改造建设北京城及宫殿的总指挥。永乐皇帝在写给陈珪的一封诏书里说:"要善待工地上的军人和民工,饮食和作息要有规律,不要过于劳累。你们要体谅我爱惜百姓的想法。"陈珪一直在北京监工,直到公元1419年去世,他没有等到紫禁城落成的那一天。

据历史记载,在参与这项工程的能工巧匠中,以老木匠金珩为首的二十多人被同时提升为营缮所丞。而其他一些著名人物,像负责石料制作的陆祥、负责工艺的蔡信,也都被历史记载了下来。

这里是现在北京的中南海。在600多年前,紫禁城尚未建成之时,朱棣的燕王府和紫禁城完工前的临时宫殿,就在这一区域的西北。

公元1409年,朱棣以巡狩的名义住在这里。从公元1409年至宫殿建成后的公元1421年,他在北京度过了5年又8个月。这使得大明朝的决策、军事和行政系统逐渐北移。跟随朱棣来到北京的一个叫王绂的画家,在这一时期创作了《燕京八景图》,用细腻的笔法描绘了那个时候北京的美景和风情。那个时期,北京逐渐呈现出一派欣欣向荣的景象。移民军户对郊区的屯田垦荒,使北京农业生产水平得到迅速提高。

北京对于这个王朝开始显得越来越重要。

从公元1410年到公元1414年,朱棣以北京为根据地,两次跨过长城御驾亲征,击败了多年来威胁北京的蒙古部落。在一次胜利后,他检阅了所带领的庞大军队。

就在朱棣谋划迁都北京刚刚开始的时候,他最亲密的一个人去世了。这就是徐皇后,他们的婚事是朱元璋亲自给说合的。怎样安葬这个结发妻子呢?陵墓理应建在南京,但是朱棣却悄悄派一个大臣和一个风水先生前往北京寻找吉壤建陵。两年后,在昌平以北20多里的地方,被朱棣降旨圈为陵区禁地。

这就是今天的明十三陵。借徐皇后之死而建陵，大臣们都意识到这是皇上向他们释放的一个迁都信号。

这之后南京城里的一些大臣开始上书，直截了当反对永乐皇帝暗藏的迁都用意。很快河南布政使周文褒、王文振及参议陈祚被朱棣谪贬到农村去当普通的农民，而其余的人只好选择了沉默。

公元1416年十一月的一天，朱棣突然诏集文武群臣，和颜悦色地与大家谈论起一个关于北京的敏感话题。皇上对北京宫殿的修建表现出异乎寻常的民主，而这一次群臣没有再提出反对意见。不仅一致通过紫禁城尽快动工修建，还赞美起北京优越的地理位置，纷纷强烈要求将明王朝的第一首都定在北京。他们说："北京北枕居庸关，西靠太行山，东连山海关，南俯中原，沃野千里，山川壮丽，足以控制四方，统治天下，确实是可以绵延万世的帝王之都。"朱棣多年处心积虑的迁都欲望，瞬间变成了君臣的合意。后世的历史学家认为，这次决定意味着中国政治中心开始北移，中国地缘政治从此发生改变。这种改变影响了中国数百年的政治格局直到今天。

这是公元2005年4月10日的清晨，在故宫博物院的宫墙内出现了这样一群工人。他们来到这里，是为了完成一项工程，就是对这座宫殿进行一次大规模的修缮，这次大修将持续19年。

在将近600年前，同样在这块地方，曾经一次性地汇集了十万名工匠，开始修建这座宫殿。他们大多来自于河南、山东、山西、安徽等地。

今天我们无法知道，他们是怎样建造这座宫殿的。也无法知道他们曾经历了哪些不为人知的故事。

关于这座宫殿建设的正式记载在《明实录》上有这样的几句话，"癸亥，初营建北京，凡庙社、宫殿、门阙，规制悉如南京，而高敞壮丽过之，至是成。"在公元1419年，关于这座宫殿的建设只能用文字记录。

而今天，我们却有幸能用摄像机记录这些影像。从这些大修的场景中，我们隐约可以捕捉到，当年修建这座宫殿的一些印记。

我们的故事讲到这里，不得不对历史的记载产生一些疑惑。我们同样在《明实录》上看到这样的记载："自永乐十五年六月兴工"在今天一些研究者以此为据认为，紫禁城是自永乐十五年，用了三年半的时间建成。而另外一些学者则认为，如此浩大的工程8000多座房子，即使是在今天，也是不可能用三年半的时间建成的。但是无论有怎样的争论，千百年来中国古典建筑的工程方法，却一直未有大的变化。虽然距紫禁城建成已经将近六百年，但是今天工匠们使用的建筑方法依然延续着那时的工艺。这些传统的工艺，在清代被人们概括为八大作。即木作、瓦作、石作、扎材作、土作、油漆作、彩画作、糊裱作。我们今天在镜头中所展示的工艺是在这次大修中所运用的。它和约六百年前明朝工匠所运用的手法，几乎是一样的。

在公元1420年，这座宫殿终于建成了。它是在元大都皇宫旧址上诞生的。那个元大都曾十分著名的延春阁被景山所取代，而整个宫殿建筑群由北往南延伸坐落在整个北京的中心地带，成为这个王朝新的神圣之地。

这里的砖瓦木石，这里的色彩，这里的空间布局，都昭示着中国人曾经的文明意志和理念。从此这里开始历经24位皇帝和众多嫔妃皇子们的悲喜人生。开始上演中国历史中许多精彩的瞬间。

公元1421年，在宫殿刚刚建成之后，百姓迎来了那一年的农历元旦。这一天，朱棣在新落成的宫殿里，举行了规模宏大的朝贺仪式。他登上了高敞壮阔的奉天殿，接受大臣们的跪拜。朱棣和大臣们都为这座辉煌无比的宫殿所振奋与鼓舞。

不久春天到来了。那些曾经终年在北京服役的工匠民夫和军人们，甚至还有那些大牢中的犯人们，皇帝减赋免役大赦天下的诏书改变了他们的命运。

据说宫殿盖好之后，意得志满的永乐皇帝把一位会推算未来的姓胡的官员找来，让他算一下以后会发生什么事。胡回答说："明年四月初八宫殿会发生火灾"。永乐帝大怒，把他关进监狱，并表示到时候若不着火就杀你人头。谁都没把这个人的话放在心上，大家都沉浸在新宫殿建成后的喜悦之中。也就是在这时，永乐帝派郑和第六次率领船队出使西洋。

公元1421年5月9日这一天，天气骤变雷鸣电闪，三大殿大火突然升起，真的被雷火击中了。朱棣到底有没有找官员测算新宫殿的未来，在历史上无法考证。那个胡姓官员预测的故事，基本可确立为是一种传说。而在《明史》上关于这次火灾的正确记载是这样的："自永乐十五年六月兴工"，言简意赅无更多笔墨。

永乐皇帝用近二十年大量人力物力财力投入而建成的三大殿，只存在了三个月，就毁于天火。这对朱棣是一个致命的打击。在痛惜宫殿的被毁之外，更令他痛苦的是对自身的怀疑。朱棣敕谕文武群臣说："奉天等三殿灾，我心惶惧，莫知所措。如果我的作为果真有不当之处，大家应该开诚布公地提出来，好让我有改过的机会，以回天意。"下诏求言引发了官员们的激烈反应。一部分人都抓住这个机会指责朱棣好大喜功，指陈他迁都北京是错误决策。接着，处于惊恐与愤怒矛盾中的永乐皇帝，让大臣们跪在午门前相互辩论，还处死了一位指责他的官员。

不久之后，朱棣致力消除边患，发动第六次北征蒙古的行动。但是他的健康每况愈下，戎马一生的他居然从马上摔了下来，终于在北征蒙古的途中他在榆木川走向生命的尽头。

毁于天火的大明宫殿三大殿，在永乐时代没有再进行重修工作。之后的二十年中，曾经辉煌如梦境一般的紫禁城中央地带，是一片焦黑的废墟。

转眼间十多年过去了,正统元年也就是1436年,明英宗朱祁镇即位。这位实际年龄只有7岁的孩子十分崇拜他的曾祖父朱棣,他一登上皇位就做了一件他的父亲和祖父都没有做成的事情——重修紫禁城。

这一年的秋天,朱祁镇下诏"命太监阮安、都督同知沈清、少保工部尚书吴中率军夫数万人修建京师九门城楼。"又过了五年,他正式下诏重修三大殿和乾清、坤宁二宫。下诏当日工程就正式动工。

一年半之后,拖延了十几年的重建工作完成了。

一切尘埃落定。紫禁城又完好如初,一道圣旨又昭告了天下。

北京紫禁城,最终成为中国明清两代统治天下的最高政治中心;一座世界建筑艺术史上独一无二的经典之作,从此傲然于世;成为我们人类历史上迄今能看到的最大的宫殿建筑群;最终成为我们全人类共同的历史文化遗产。

然而紫禁城在重新建好后,又将面对数百年中的一次又一次灾难和重建,它的故事或许才刚刚开始。

三、《敦煌》第四集 无名的大师

中国历史上曾经出现过许多出名的绘画大师,但他们的作品却很少流传到今天。战乱、毁灭、流失和野蛮的破坏,将他们绝大多数伟大的创作永远埋葬在了历史的深处。直到我们发现了敦煌莫高窟,这个隐身在大漠里的美术馆。

从公元4世纪到14世纪,一千多年间,四万五千平方米的壁画,在这里保存了下来。这是历代无名大师们为我们留下的艺术珍宝。然而,历史上关于他们的记载却几乎是空白。现在我们只能从零星的壁画题记和敦煌遗书,去追寻这些大师的踪影了。

这是正在前往敦煌的画匠叫史小玉,他的生活和经历是我们根据学者的研究,用真实的历史片断拼接出来的。他的名字出现在莫高窟第3窟的西壁上,那幅名扬四海的千手观音就画在这个洞窟里。有人断定第3窟的壁画就是史小玉所画,但还有一些人认为他只是元代的一名游客。在接下来的故事里,我们将追随这个曾在莫高窟驻足或生活过的真实人物,借助他来解读那些辉煌灿烂的敦煌壁画。

让我们回到公元1351年,这一年,史小玉从甘州来到了敦煌。

此时这座交通西域的重镇正由元代宗室速来蛮镇守,速来蛮崇信佛教,在他的倡导下,佛教依然是这一时期敦煌各民族最主要的信仰。汉文、西夏文、八思巴文、会鹘文、梵文、藏文,这些都是敦煌当时最常见的文字。现藏于敦煌研究院的六字真言碑,就是用这六种文字分别刻成。碑文是观世音菩萨的心咒。

公元1348年，速来蛮出资在莫高窟刻立了这块石碑。三年后在他的筹划下，位于莫高窟壁前的皇庆寺也迎来了第一次重修。

那是一个面向东方的峭壁，用木制栈道和阶梯连接的数百个洞窟像蜂巢般挤满了黄色的壁岩，那里就是敦煌的千佛洞。在同行工匠的描绘下，史小玉对即将前往工作的地方充满了期待。

徜徉在这些古老的洞窟之间，当年僧侣们打坐修行的情景仿佛就在眼前。史小玉看到的这些画像，是莫高窟留存至今最早的壁画。

莫高窟的创建始于禅僧们的开窟活动，修禅需先观像，观像如同见佛。这些形象的出现正是为了满足僧侣们修行时观想禅定的需要。而这些壁画描绘的是佛陀在前世发生的各种故事。依照佛经的记载，佛教创始人释迦牟尼因为经过累世的修行，做了种种牺牲，才最终得道成佛。

史小玉看到的这幅壁画，是佛陀的一个前世萨埵太子的故事。

在一次出游中，萨埵太子见到几只老虎即将饿死，于是他决定用自己的身体喂食它们。不料，老虎连撕咬的力气都没有，萨埵太子便用竹尖刺破喉咙，从山崖跳下，饿虎舔食他的血液恢复体力后，才吃光了他全身的肉。

不知不觉，刚到莫高窟不久的史小玉已经看遍了这里较早期的一批壁画。它们都是创作于中国历史上今天称作南北朝的时代。

那时，中国的北方动荡不安，战火纷飞。中国的思想文化也面临着一次巨大的裂变。饱受苦难的人们在因果轮回和苦修超度的佛教信仰中找到心灵的慰藉。佛教就在这个时候兴盛起来了。

从单纯作为修行的一般洞窟逐渐发展成寺院式的佛教活动场所，莫高窟成了丝绸之路上的佛教圣地。

而洞窟中除了描写佛陀前世修行的各种壁画外，还大量绘制了释迦牟尼今世成佛，以及他成佛后度化众生的故事。这是释迦牟尼从投胎入世到成佛说法的生平传记。

这是为恶作乱的五百个强盗在佛陀的度化下放下屠刀立地成佛的故事。这些通俗易懂的连环画，说法的佛陀，瑞光相接的千佛，无疑是信徒们了解佛教最好的入门教材。

不过，真正吸引史小玉的，并不是那些曾经感动过他的佛教故事，而是先辈们用笔用色的技巧。史小玉发现，这些壁画的人物形象多半是半裸体，他们不但动作夸张，而且面容、神情充满了沉静和神秘的色彩。这种鲜明的外来印记，他在中原的绘画中是从未见到过的。从一位年长的画师那里得知，这是一种用强调明暗来表现人物立体感的晕染法，画史上也称"凹凸法"，它曾经在敦煌流行了数百年。

这是我们拍摄的壁画画面，由于颜料历经千年的蜕变，现在晕染的过渡层次已经变得模糊，他们变成了粗黑的线条而给人粗犷的印象。

这种绘画技巧，最初来自印度。佛教传到中国之前，中国人肯定不知道什么是佛像啊，什么佛教壁画那一类的。那么随着这个佛教传过来之后呢，佛教艺术这一套体系它也传过来了。所以在早期的佛教壁画当中呢我们可以看到一些印度的风格、中亚的风格，中亚呢就相当于现在的阿富汗、巴基斯坦这一带地区。外来的佛教艺术为中国的传统绘画注入了新的活力。随着洞窟营造的兴盛，来自中原的画风，也融合了进来。

公元6世纪，一批洛阳来的画匠，为莫高窟的壁画换上了新的面貌。面对这些新面孔的菩萨，史小玉感受得到，他们与印度、中亚的距离一点一点远了，而与中原的距离一点一点拉近了。他们都换成了当时中原流行的"秀骨清像"，瘦体宽衣、细眼薄唇这种潇洒秀丽的正是南朝大画家陆探微的绘画风格。中原的衣冠文明，南朝的名士风流，逐渐成了当时莫高窟的时尚。

在史小玉生活的元代，敦煌已不再繁华。但在丝路贸易繁盛的年代，不绝的商旅，行脚的僧徒，都来往于这个重要的枢纽城市。来自中原、印度、希腊、波斯的艺术和文明，在这里历经了千百年的汇聚和交融。如今，这些高低错落的石窟，就像是一部壮丽无比的佛学图典，一座风格绚丽多变的艺术宝库，让史小玉，也让每一个后来者震撼不已。

皇庆寺的积沙清理结束后，史小玉开始加入殿内壁画的绘制工作。

从学者的研究了解到，壁画的绘制在当时已是流水作业，这些被伯希和劫掠到法国的画稿就是唐代敦煌画匠绘制壁画时参考的模本。而壁画在起稿填色和题写榜书时也有详细的分工。尽管如此，敦煌这些巨幅壁画仍要花费几个月甚至几年的时间才能绘成。

壁画和文人的画作不同，很少有署题姓名的，这致使画匠的名字至今鲜为人知。在藏经洞出土的数万遗书中，我们仅找到了一段对五代画师董保德的记述。作为公元10世纪的一代画行领袖，董保德不仅画技高超，而且家资丰足，生活优裕。事实上，大多数画匠过的是一种完全不同的生活，他们吃不饱穿不暖，然后是疾病。

"这个普通情况下，一般就是两顿饭，一顿早饭，一顿晚饭，早上是它有一种食品叫做傅饦，这个晚饭是指给两枚胡饼，这个胡就是说用西域人的做法做的。现在有一种饼我们叫大饼，新疆叫馕，那个馕可能原来就是说的胡饼。"

在莫高窟的生活是寂寞而清苦的。虽然他们中很多人足可跻身伟大的艺术家，但这并不能改变他们卑微的命运。"工匠莫学巧，巧即他人使，身是自来奴，妻是官家婢"。敦煌遗书中的这首诗，正是他们境遇真实的写照。

这是莫高窟重要的礼佛场所，也是莫高窟最大的洞窟之一。在皇庆寺主持的介绍下，史小玉注意到洞窟主要的墙面不再是南北朝流行的那些故事画，而是他正参与绘制的经变画。

经变画就是用画像来解释某部佛经的思想内容。

这幅唐朝的西方净土便描绘的是阿弥陀佛居住的佛国净土，也就是人们常说的西方极乐世界。佛经说，极乐国土，天乐常鸣，花雨漫天，那里用黄金铺地，用七种宝物装饰楼阁。那里没有痛苦只有欢乐。于是，画匠们借用人间最美好的景象构筑出了这个美妙其余的天国图景。

"为什么要这样呢，因为这佛国世界大家都生活得很幸福，每天都听听音乐，看看舞蹈，那样美好的世界，所以普通人都很向往啊，我们都想去啊，想去好啊，你就得跟着我们念佛啊，你就来修行啊，那么最后你就可以到佛国世界了。所以当时佛教是这样来宣传它的那些教义。它很形象。"

经变画纯粹是社会安定、生活富足的时代由中国人自己创造出来的。当隋王朝统一天下后，南北朝分裂割据的局面得以结束，中华文明在唐帝国的开拓下进入了一个辉煌的盛世，人们对佛教的信仰达到前所未有的鼎盛。

为了加快推广各种深奥的佛教理论，经变画应运而生。透过这些和大唐风采一样大气磅礴的壁画作品，史小玉感受到了曾经盛世的繁华。先辈们绘制的这一个个人间的天国，正是虔诚的信徒对来世美好的祈望。

自唐朝开始佛教净土信仰便已深入人心。今天，在莫高窟留存下来的一千零五十五铺经变画中，描绘净土的经变画就有近半数之多。

或许因为观音菩萨可以帮助人们解脱现实世界的苦难，观音信仰在唐朝也非常盛行。当时，民间一度出现了家家阿弥陀，户户观世音的信仰盛况。无论是山林中遇盗的胡商，还是行刑前将死的犯人，或是波涛中行驶的海船，三十三种危难中，只要口念观世音菩萨名号，观音便会化做各种身份前往救助。

这是根据《妙法莲华经》部分内容绘制成的观音经变。由于经变画没有固定模式，无从借鉴，画匠的想象力在创造中得到了最大的发挥。人们熟悉的世俗生活景象被大量绘制到壁画里。甚至本来是男性特征的观音菩萨也被改造成了女性形象。这是莫高窟最美的观音菩萨，娇柔妩媚，宛若一位唐代的贵妇。她所在的洞窟因此被称为美人窟。

公元713年，唐玄宗改年号为开元，唐朝进入了辉煌的"开元盛世"。史小玉最为仰慕的画圣吴道子，便生活在这个时代。吴道子高超的人物描法，有"吴带当风"的美誉。粗细变化的笔墨之间，人物"天衣飞扬、满壁风动"。莫高窟第103窟的这幅维摩诘像，就颇有吴道子的画风。

维摩诘是古印度一位在家修行的居士，虽身在世俗，却精通佛法。

这幅经变画说的是他和智慧第一的文殊菩萨激烈辩论的故事。维摩诘深受中国士人阶层的喜爱，他的形象也因此被换成了中国的士大夫。在中国文化精神的改造融合下，来自印度的佛教不断接受着中国新的阐释。

这些种类繁多的经变画让史小玉的内心一直无法平静，它们在展示着佛教发展轨迹的同时也为后人留下了一个疑团，是谁创作了这些流传千古的壁画作品。

千百年来，莫高窟一直是当地佛教信徒重要的精神寄托。但对史小玉来说，这里更像是一座规模宏大的艺术殿堂，一幅绘制了千年的画卷。在这些流光溢彩的画洞中，到处都能捕捉到大师的身影。李思训是盛唐时期的大画家，他创作的青绿山水画曾经风靡天下。在他的影响下莫高窟的壁画也呈现出了一派金碧辉映的大唐气象。

中国画的透视方法被公认是一种散点透视法，但这些唐代壁画却让人看到了焦点透视法，它讲究中心对称式两侧的景物形成的斜线与中轴线相连，形成一定的透视感。而西方直到文艺复兴时期才出现了这种科学的透视法，比唐朝晚了六百多年。

以线造型是中国绘画的主要手段。一直以来，史小玉也在努力追求用线条直接表现生命的神采。洞窟中历代壁画的杰作，正是临摹学习最好的范本。

这些脱壁欲出的野牛和猪群出自于西魏画工的如花妙笔，这幅隋代的维摩诘像可谓线描造型的典范之作。"笔才一二，像已应焉"这是画史所说的疏体画。

在历代先辈精确入微的描摹中，史小玉熟知的各种线描技法都得到了纯熟的展示。画技之精妙非凡不由得让他产生疑惑，它们完全出自敦煌画工之手还是也有中原名家到此作画呢？据画史记载，隋唐时代画坛名流画工名匠无不从事壁画创作。当时洛阳、长安两地的寺观到处可见名家的手笔，壁画成了他们展示画技的舞台。

这里是陕西省西安市，这座千年前的古都如今依旧繁华，但那些名师的真迹早已消逝在战火的尘烟中了。

"南北朝到隋唐时期敦煌和长安之间的关系来往非常密切，所以很多敦煌的绘画上呈现的水平和中原可以说是一个样。现在中原地区的绘画没有保存下来这么早的，但是在敦煌南北朝一直到隋唐那都保存得完好。所以你要了解宋以前的绘画的发展，你非得看敦煌壁画。"

这位敦煌研究院的工作人员正在临摹一幅一千五百多年前的壁画，画中佛像的衣纹犹如出水的薄纱，这就是画史著名的"曹衣出水"，笔法刚劲稠叠。这些曾经只见于文字记载的伟大创造，竟在默默无闻的画匠们手中奇迹般地保存下来。

先辈们的智慧，博大深厚的佛教文化，以这种独特的方式流传至今。千余年的绘画精粹在这里一览无遗，这大大出乎了史小玉的意料。原本只是到敦煌谋求生计的史小玉决定住下来，他希望有一天自己也能为千佛洞绘制一窟让后人膜拜的杰作。

一千多年来莫高窟兴旺的香火吸引了大批民间画匠迁来敦煌经营生计。依靠师徒相授，他们绘制壁画的手艺在这里代代相传。

在墙壁上作画手腕悬空无处依靠，同时肩部还需要很强的持久力才能使手臂保持平稳。在昏暗的洞窟中他们就这样画出了极其流畅的线条和精美的壁画。但是，这些经历了千百年的壁画为何还能如此光彩鲜艳呢？

这是唐代敦煌画匠磨制颜料的用具，现藏于敦煌博物馆。在石杵的顶端我们还可以看到当时使用的红色颜料。经过科学研究发现，这是一种无机矿物质。

长久以来，敦煌壁画的颜料大多是取自天然矿石，像朱砂、孔雀石、云母等等，不仅如此，一些外国宝石也会被加工成颜料。这些是五代画匠们使用的调色碟和用青金石加工成的蓝色颜料。青金石是一种出产于今天阿富汗一带的宝石，具有美丽的天蓝色。这些矿物颜料都是经得起日光照射和湿气侵蚀的稳定颜料。正是它们的大量使用，莫高窟才为后人留下了一个绚丽夺目、色彩缤纷的佛国世界。

不过，和唐朝富丽堂皇的敷色风格相比，史小玉更推崇神气兼得、轻淡雅致的作画境界。赵孟頫、黄公望、倪瓒等等，这些都是当时中原最著名的大画家，他们主张作画要"简古"、"澹泊"、"清新"、"萧散"，以至后世也都把"平淡"、"柔润"作为艺术的最高格调和正宗。而这种重意境、重情趣的中原文人画风，也正是史小玉一直所倾心的。

这是敦煌的榆林窟，俗称万佛峡。窟中这幅普贤便堪称古代山水画的杰作，画中壁立的群峰突兀的奇石，院落和楼宇在云烟之中若隐若现。无论是布局设计、人物造型，还是笔墨的运用，一派超凡脱俗的雅逸风度。和中原大画家们相比，敦煌画工的绘画技艺并不逊色。

但自宋代以来，这样的艺术交融在敦煌壁画中便越来越少了。元代时期，当雄心勃勃的统治者把权力的版图扩张到东南亚乃至地中海的同时，也将贸易的重心转移到了海上，河西走廊变得不再那么重要。莫高窟的营造走向了停滞。在敦煌默默守候了六年的史小玉，一直没有机会在千佛洞画上一窟壁画。

直到公元1357年，由于元王朝的腐败，中原地区的农民起义前赴后继，战火的硝烟渐渐弥漫到敦煌。也许是为了祈求安宁与和平，就在这一年的春天，一个新窟即将在莫高窟开凿。史小玉如愿成为了新窟的画师。依照捐资者的意愿，史小玉要绘制的最重要的内容——两幅千手千眼观音的画像。

这是莫高窟南区的最北端，曲折的小道是古代敦煌通往莫高窟的必经之路，位于入口的第3窟就是史小玉即将工作的地方。

每天，当莫高窟迎来第一缕阳光的时候，史小玉就来到洞窟中勾绘他心中的图画。为了能有接近纸上作画的效果，史小玉趁泥底没干就开始描线着色，随后，他用表现衣服转折有致的折芦描，表现丝绸光滑细软的行云流水描，表现头发飞举飘扬的高古游丝描等等不同的描法，将各种形体质感和人物的神情动态表达得淋漓尽致。

如今，在这些笔墨的背后，我们依然能感受到史小玉那份激情和沉浸，这千手千眼观音慈悲容颜的深处，似乎还描绘着一幅美丽的愿景。

公元1368年，朱元璋率军攻破了元大都，元朝灭亡。四年后，明朝大将冯胜在河西设置了嘉峪关,敦煌被抛置关外。昔日繁华的敦煌逐渐变成了游牧之地。在慢慢的流沙中,史小玉的名字,还有莫高窟的壁画渐渐被人遗忘。

这是莫高窟的北区,1945年考古学家在这里意外发掘出一具尸体,据说,那是一位积劳成疾病死在洞里的画师。他叫什么,又画了些什么?没有人能知道。

这就是莫高窟的第3窟,小小的洞窟常年锁闭,不对游人开放,很少有人知道这里有莫高窟极为珍贵的壁画精品。不过,它们是否是由史小玉所画学术界尚未定论。

20世纪80年代,西壁上依稀可见的题字"甘州史小玉笔",现在已经默默消失了。但史小玉的另一处题记,仍为他真实的身份留下了各种猜想:"救苦救难观世音菩萨上报四恩下资三愿息……"

21世纪的今天,莫高窟这座由无名大师们缔造的石窟画廊,已经成为艺术家们的朝圣之地,成为了全人类共同的历史文化遗产。而敦煌古远的世俗生活,丝绸商旅,舞乐文明,都将因为它们重新呈现在历史的舞台。

四、《大国崛起》第六集　帝国春秋(德国)

德意志联邦共和国,欧洲中部最大的国家,这片土地饱受古典音乐的浸润滋养,散发着古典哲学的理性光芒。这里曾经是第二次工业革命的发祥地,以现代大学和科技发明闻名于世,也曾经是两次世界大战的策源地,以惊人的破坏力,伤害了世界,也伤害了自己。而这一切,都源于这个民族对长期分裂和战乱的集体记忆。统一和强大,成为德意志发展的最大动力。在近两百年来追求国家统一的曲折历程中,在这片一再让世人惊叹的土地上,曾经上演了怎样的悲喜剧?

2005年10月3日,德国国庆日。柏林市没有举行大型的庆典,市民们自发地聚拢在勃兰登堡门前,用自己的方式来庆祝国家的生日。

勃兰登堡门,德国的国门,它见证了德国跌宕起伏的坎坷命运。

守护着这扇国家命运之门的女神,德国人称她为和平女神。

但是,两百年前,攻陷勃兰登堡门的征服者却从这里抢走了和平女神。

1806年的10月27日,以征服者的身份进入勃兰登堡门的,是法兰西帝国的皇帝拿破仑·波拿巴。

拿破仑率领强大的法国军队飓风般地席卷了欧洲,轻而易举地征服了这片位于欧洲中部的土地。

和平女神被当作战利品从勃兰登堡门上拆下,运回了法国。

屈辱再一次降临,它唤醒了深藏在德意志人心灵中的沉痛记忆。

第七章 电视纪录片配音

在过去的几百年间,这块被称为欧洲走廊的土地,一直就是整个欧洲的战场。德意志人经常成为环伺在周围的欧洲列强的雇佣军,在自己的土地上自相残杀。

1648年,在进行了争夺霸权的"三十年战争"之后,欧洲各国签署了《威斯特伐利亚和约》,最终以法律的形式确定了德意志的分裂局面。这一年,这片土地分裂为314个大大小小的邦国,虽然它们还共同拥有"德意志神圣罗马帝国"这样一个名称,但邦国各自为政,中央权力几乎不存在。

当拿破仑的军队在1806年悍然入侵时,这个所谓的帝国根本无力抵挡,帝国中两个最大的邦国:普鲁士和奥地利遭遇惨败,普鲁士还被迫割让了一半的国土,支付1.5亿法郎战争赔款。德意志神圣罗马帝国轰然解体。

当这片土地上连一个名义上的国家都不复存在时,人们想起了德意志诗人席勒的一声感叹:"德意志?它在哪里?我找不到那块地方。"席勒的朋友歌德则干脆地说道,没有一个城市,甚至没有一块地方,使我们坚定地指出,这就是德国。如果我们在维也纳这样问,答案是,这里是奥地利;如果我们在柏林提出这个问题,答案是,这里是普鲁士。德意志在哪里?这个历史性的问题,拷问着每一颗德意志的心灵。

德意志的诗人们用诗句探寻民族的未来;德意志的音乐家们用音符抒发抗争的激情;德意志的哲学家们,用理念激发至高无上的国家崇拜。

采访:德国柏林洪堡大学现代史教授　奥古斯特·温克勒

德国19世纪历史的主要题目就是统一和自由,那时,德国还不是像法国和英国那样统一的民族国家。19世纪德意志统一的运动始终在追求建立一个民族国家和立宪国家。

1814年,拿破仑被欧洲各国组成的反法同盟击败。在英国和俄国主导下,由38个邦国组成的"德意志邦联"成立了,但各邦依然拥有着独立的主权。因为,欧洲列强们始终不愿意看到一个统一的德意志在欧洲的中部崛起。

战败后的法国交还了和平女神,但是,回到了勃兰登堡门的和平女神面对的依然是一个分裂的德意志。

历史之所以耐人寻味,也许就在于它的复杂和微妙。征服者拿破仑虽然加重了这片土地的屈辱,但是拿破仑却成为德意志统一的推动者。他用武力扫荡了这片土地上存在了几百年的封建秩序,并在所到之处广泛传播法国大革命所倡导的自由和平等的原则。

德意志人在法国大革命思想的引导下,开始寻求建立一个统一与自由的国家。

罗伊特林根是德国南部一座美丽安静的小城,两百多年来,小城一直享受着弗里德里希·李斯特带来的荣耀。在德国实现统一的过程中,李斯特被认为是最活跃和最具影响力的人物。

采访:德国罗伊特林根大学教授　奥伊根·文德勒

李斯特认为德国只有实现政治上的统一才能够与英国和法国相抗衡。这种统一不能靠革命来实现,而应该通过和平的方法来实现,而且李斯特非常清楚,这种统一不是一蹴而就的,应该通过渐进的方式来实现,也就是说,他认为应该先实现德国经济上的联盟。

在人们还习惯于用战争来解决国家问题的19世纪,李斯特的想法显然有些超前。从经济统一走向政治统一,这既是一个经济学家的独到眼光,更是一个大胆的设想。提出这个设想的现实原因是：德意志的经济发展受阻于分裂。

在汉堡的关税博物馆中,陈列着当年德意志各邦国使用的一些货币。最多的时候,这片土地上使用的货币种类达到过6000种。

除了混乱的货币,邦国之间还设立了重重关卡,收取繁重的关税。从柏林到瑞士,现在不过几个小时的车程,但在19世纪初,却要经过10个邦国,办10次手续,换10次货币,交10次关税,沿途缴纳的关税,甚至超过了所运货物的价值。

采访：德国罗伊特林根大学教授　奥伊根·文德勒

这些关税一方面严重地阻碍了内部贸易,另外一方面也阻碍着德国经济的发展和德国产品的竞争力。正是出于这一原因,李斯特认为如果当时落后的德国要发展,要达到当时发达工业国家的水平,就必须消除这些内部关税,为德国经济的发展和提高国际竞争力创造可能。

李斯特呼吁各邦国建立全德关税同盟,为此,他四处游说。但是很多小邦国都将他驱逐出境,德意志邦联的第二大邦国奥地利,称他为"最危险的煽动者"。因为,各个邦国都不想取消关税这一最重要的收入来源。

李斯特身体虚弱,在很长的时间里,他没有固定的职业和收入,也没有一个正式的助手。但这一切都没有阻止他的脚步。十多年的时间,李斯特几乎跑遍了所有邦国,最终,德意志邦联中最大的邦国普鲁士接受了李斯特的建议。

经济融合仿佛坚冰下的细流,缓缓汇聚。破冰的一天不可阻挡地到来了。

1834年1月1日零点,在德意志18个邦国的边界上,满载着货物的四轮马车,像潮水一般汹涌而过,几百年来第一次,无须在边界停下来交纳过境税。德意志关税同盟建立了。它的主导者是普鲁士。

采访：原中国驻德国大使　梅兆荣

建立关税同盟是生产力发展要求,它使商品、资本、劳动力得以自由流通,从而有利于统一的民族市场的建成。从长远来看,它也是为德国的统一创造了前提。普鲁士接受了李斯特的建议,成了建立关税同盟的主导者,实际上也就成了未来的德国统一的领导者,历史证明了这一点。

关税同盟建立了,李斯特依然贫困。1846年,在儿子病故的打击下,贫病交加的李斯特选择用自杀的方式,离开了他寄托着无限憧憬的德意志。李斯特带着遗憾离开,历史却没有给德意志留下遗憾。经过半个多世纪的努力,一个统一的德意志呼之欲出。

各个邦国已经陆续加入关税同盟，以普鲁士为中心的铁路网逐渐成为连通这片土地的强劲有力的动脉。到 19 世纪中期，关税同盟地区工业总产量已是欧洲第三，仅次于英国和法国。德意志经济统一的目标已经实现，政治统一的道路上也曙光初现。

1848 年，在李斯特去世两年后，德意志的多个邦国爆发了推翻君主专制，建立君主立宪制的革命，革命在短时间内几乎全部取得成功。从政治上解决德意志的统一，是这场以资产阶级为主体的革命运动的首要任务。于是，各邦国派出代表，在法兰克福组成了全德意志议会，试图通过协商的方式，建立一个像美利坚合众国一样统一而自由的联邦国家。

但是，当议会还在无休止地辩论和争吵时，旧政权迅速集结反击，德意志各邦很快恢复了各自的君主专制，全德意志议会的议员们纷纷被各邦国招回。

采访：原中国驻德国大使　梅兆荣

1848 年资产阶级民主革命的失败，造成了两个严重的后果：第一个后果就是德国的统一没有能够实现；第二个后果，专制制度依然保留着。所以说，德国失去了通过和平、民主的方式来实现德国统一的机会。

通过议会民主实现和平统一的方式失败了，德意志统一的道路将如何继续？谁将承担起这个历史的重任？

德国北部城市汉堡，坐落着奥托·冯·俾斯麦纪念馆。

纪念馆内，一幅珍贵的油画已经悬挂了 120 多年，它记载了一个国家历史性的时刻，也记载了一个人的历史性时刻。

采访：德国汉堡俾斯麦纪念馆馆长　安德莉娅·霍普

这幅画是德皇送给俾斯麦的生日礼物，这幅画所展现的场景，是 1871 年 1 月 18 日，在巴黎凡尔赛宫镜厅所举行的德国皇帝登基仪式。皇帝希望能够在这幅画中突出他的个人形象，所以画师就给俾斯麦画上了白色的制服。

身着白色军服的俾斯麦不仅仅是油画中的第一主角，在德国统一的历史中，他的演出更是有声有色，以至于成为后发国家的首相们纷纷效仿的榜样。

被称为"东方俾斯麦"的大清帝国重臣李鸿章，曾经跋涉万里前来德国拜访他；日本明治维新时期的第一任内务卿大久保利通也曾自比为"东洋俾斯麦"。

受到如此推崇的俾斯麦，究竟是以什么样的方式，主导了德意志的统一。

1862 年 9 月 30 日，刚刚被任命为普鲁士首相的俾斯麦走进议会，发表了一段强硬的讲演，他说："当代的重大问题不是通过演说以及多数人的决议所能解决，而是不可避免地将通过一场严重斗争，一场只有通过铁与血才能解决的斗争来达到目的"，从此俾斯麦被世人称为"铁血宰相"。

采访：德国俾斯麦基金会主席　米夏埃尔·埃肯汉斯

当时，俾斯麦在他的讲话里强调：我们只有这样做才能够实现统一，就是通过增强军队的力量这一政策，利用军队的帮助而不是简单地通过议会当中的多数表决。

利用军队的帮助，是普鲁士长期以来形成的传统。历史上，普鲁士就曾因军队数量众多而被称为"和平时期的兵营"。俾斯麦认为，像1848年那样的议会民主方式无法实现国家统一。在他的主导下，普鲁士采取了近乎独裁的统治方式。议会多次被解散，国王成为普鲁士军队的最高统帅。但是，铁血宰相俾斯麦并不鲁莽，他清醒地知道，一个新生的德国必将对原有的大国形成冲击。欧洲政治地图正如一个棋局，俾斯麦要将列强当成一个个棋子，小心翼翼地反复掂量，在夹缝中寻找机会。

采访：国际历史学会会长　于尔根·科卡

俾斯麦是一个非常聪明的人，具有眼光，他不是游戏者，不是赌徒，而是一个有知识的人，有历史感的人。

在要求力量平衡的欧洲各国中，俾斯麦进行了一场场淋漓尽致的外交表演。他通过各种方式保证英国的袖手旁观；他支持俄国镇压波兰起义，以换取俄国的沉默；他口头同意把卢森堡、比利时等土地并入法国，以换取法国的中立。

在俾斯麦看来，历史从来没有什么不变的原则，没有任何国家不可以结盟，也没有任何国家不会成为本国的敌人。

采访：德国俾斯麦基金会主席　米夏埃尔·埃肯汉斯

俾斯麦始终把普鲁士视作一个强大的国家，另外，他也一直在努力试探，这点非常重要，把政治理解为"可操作的艺术"。在此基础之上去获知欧洲其他大国会如何看待德国的统一。

在外交上用足了政治智慧之后，俾斯麦终于可以实践他的铁血誓言了。

1866年，普鲁士的枪口对准了奥地利，仅仅两年前他们还共同打败了北方强敌丹麦。对于这场战争，俾斯麦并没有必胜的把握，他带着毒药走向战场。最终，普鲁士取得巨大胜利，奥地利从此脱离德意志邦联。俾斯麦拍着桌子大叫，我把他们全都打败了，全部！

四年后，普法战争爆发。德军长驱直入，直抵巴黎郊外，法国皇帝兵败被俘。德国统一的最后一个障碍被扫除。

1871年1月18日，法国巴黎炮声隆隆，20公里外的凡尔赛宫镜厅却一片庄严肃穆。在这些为炫耀法国君主的风采而设置的镜子里，出现了众多普鲁士人的身影。

这一天，德意志帝国在法国的王宫里宣告了自己的诞生。这一年，距离拿破仑进入勃兰登堡门整整65年。

一个崭新的、统一的德意志民族国家出现了。经过近七十年的艰苦追求，德意志人建立起来的是怎样的一个国家？这个欧洲列强始终不愿意看到的国家将会给欧洲带来什么？

采访：中国武汉大学历史学院教授　李工真

德国姗姗来迟，结果刚一亮相就令全世界大吃一惊。因为它在人口总量、国民生产总值、钢铁产量、煤产量以及铁路线里程等等方面，都远远超过了法国，在欧洲仅次于称霸了一个世纪之久的英国。德意志从濒临亡国的绝境发展成一个令人瞩目的强国，采取了种种措施，这些措施当中，其中最为重要的一条，就是它高度地重视对国民素质的培养，并以此作为它国家振兴的基础。战胜法国并俘虏法国皇帝的元帅毛奇就曾经说过："普鲁士的胜利早就在小学教师的讲台上决定了。"

才特尔镇位于德国最北部，临近丹麦。180年前，这里是普鲁士王国最偏远最落后的乡村。

今天的才特尔小学依然是小镇孩子们读书的地方，同时，它也是全德国最完整地保留了普鲁士时期原貌的小学博物馆。

这是一张1820年讲授自然课时所使用的挂图，当时的孩子们已经了解到，距离他们上万公里之遥的中国长城是什么样子。

孩子们也可以了解到在五大洲居住的不同人种和不同的生活环境；在小学实验室里，他们可以接触到最新的自然科学知识。这张课程表记录了当时给小学生们开设的课程：世界地理、自然、算术以及德语、书法、宗教和体操。

学生们上学几乎是免费的，主要是以实物的形式来支付，不上学却要受到处罚，学校里还保存着当年的罚款登记簿。

采访：德国才特尔小学博物馆原馆长　安特·桑德尔

我们这里看到的是1845年6月份登记的才特尔镇学校，学生上个月缺课登记情况，比如第16号学生，名字叫做弗里德里希·旺肯，这个学生在5月份里面缺了13天的课，为此他父亲要付39个银币的罚款。

在普鲁士，受教育和服兵役一样被视为公民必须的义务，而国家则必须为它的公民提供受教育的机会。免费教育从19世纪中期就已开始，德意志统一前夕，适龄儿童入学率已经达到97.5%。

采访：德国巴伐利亚科学院副教授　艾里希·福克斯

年轻一代从一开始就要学会不仅仅只为自己活着，而是为整个民族。

早在拿破仑的军队入侵的时候，普鲁士国王威廉三世就指出了德意志的出路。他说："这个国家必须以精神的力量来弥补躯体的损失。正是由于穷困，所以要办教育。我从未听过一个国家办教育办穷了，办亡国了。"在普及全民教育的同时，普鲁士建立起教学与科研并重的现代大学。

当普鲁士还在向拿破仑支付巨额的战争赔款时，柏林洪堡大学诞生了。国王拿出了最后一点家底，并把豪华的王子宫捐献出来作为大学校舍。与此同时，他还接受了大学提出的一个要求，那就是：国家必须对教学和科研活动给予物质支持，但是不得干涉教育和学术活动。

同时拥有国家的保障和充分的自由，成就了德意志的科学家。在柏林洪堡大学主楼的长廊里，挂着许多黑白照片，他们都是在各个领域里取得了重要成就的本校教授，其中的29位拥有一个共同的身份：诺贝尔奖得主。

采访：德国柏林洪堡大学教授　吕德格·冯·布鲁赫

这些德国大学的科学家，都把自己视作"德意志科学家"。这一概念的意义，正如著名作曲家瓦格纳所说：科学家出于自我意志，献身于科学研究工作，参与这一工作，把自己所有的个人利益都置之度外。这一献身精神是德国崛起为世界大国的非常关键的一个原因。

采访：国际历史学会会长　于尔根·科卡

在德国，教育、哲学和科学发挥着重要的作用。欧洲具有现代意义的大学出现在德国，成为许多其他欧洲国家的榜样，例如由洪堡创立的柏林大学。德国的现代化过程中，教育、科学、大学发挥了重要的作用，不同于美国、英国和法国的现代化进程。

德国的工业化进程落后于英国，但它以自己独特的方式走上了现代化道路。全民教育为德国培养了高素质的国民，大学给德国带来了创造和发明，智力成为这个国家最重要的资源。凭借这一资源，19世纪的德国引领了第二次工业革命，站在了世界科学技术发展的前沿。

电气时代的一批重要发明在德国诞生。从1851年到1900年，在重大科技革新和发明创造方面，德国取得的成果达到202项，超过英法两国的总和，居世界第二位。直到今天，德国依然是世界上最重要的科技大国之一。

在1871年统一后的四十多年时间里，德国经济出现了跨越式的发展。德国的煤炭和钢铁产量跃居欧洲第一；化工产品总产量跃居世界首位；到1910年，德国的工业总量超越了所有欧洲国家。

在科学和教育的基石之上，俾斯麦找到了后发国家赶超先进国家的发展模式：把国家视为推动经济发展的强大力量，由国家制定政策和法律引导经济运行的方向，用国家的力量建立起全世界最早的社会福利制度。这些举措，在某种程度上，克服了英国开创的自由市场经济的弊端，由此给一些后发国家在发展道路上，提供了一种新的选择。

当世人以惊羡的眼光审视急速崛起的德意志时，往往忽略了一点，那就是：支撑起所有这一切的，是德国统一后相对和平的发展环境。创造这一和平环境的，正是帝国的领航员俾斯麦。他为这个曾经被欧洲列强不断遏制的国家，争取了宝贵的发展机遇。

采访：德国俾斯麦基金会主席　米夏埃尔·埃肯汉斯

俾斯麦不同于其他同时代的政治家。虽然他当时同意建立一支强大的军队，但是却不同意把军队用来扩张国家的领土。也就是说，虽然俾斯麦希望德国成为一个位于欧洲中部的强国，但是它应该负责保证整个欧洲的和平，避免出现拿破仑时代的动荡，结果只是毁灭了各个国家，毒化了各国之间的关系。

但是，这位力主保持欧洲各国平衡的领航员渐渐老了。

作于1890年的这幅漫画，表现的是俾斯麦被迫辞职，威廉二世皇帝全面执掌德意志帝国的一幕。漫画记录的正是德国国家战略的转折点。

此刻，一个统一而强大的德意志，一个始终令欧洲大国担心的德意志，已经开始散发出令人不安的气息，担心正在成为现实。

采访：中国德国研究会会长　顾俊礼

威廉二世上台执政之后，他在很大程度上改变了俾斯麦的对内、对外政策。因为，德国在经济高速发展的过程当中，德国的容克地主和垄断资产阶级，相互渗透、融为一体，当时的德国不可能，或者说，不存在走向民主、议会道路的可能。还有一个局面呢，就是当时德国的工业发展、经济发展很快，它先进的工业和先进的科学技术，与普鲁士的军国主义非常紧密地结合起来，所以，这两个东西的紧密结合，就使得当时的德意志帝国很快发展成为一个十分具有侵略性的帝国。所以，德皇威廉二世当时非常嚣张地叫嚷，所谓上帝就是安排我们来支配和统治所有的民族的。

年轻的皇帝威廉二世即位后所发的第一个圣谕就是《致我的军队》，他宣称："我和军队是一体，我们天生互相帮助，不管上帝的意志是要给我们和平还是风暴，我们都将站在一起"，普鲁士传统中固有的、在德国统一过程中被强化的军国主义，被威廉二世再次召了回来。德国开始了争霸世界的征程。

1913年，当德国全面超越英国，成为仅次于美国的世界第二经济强国时，德意志战车启动了。1914年，第一次世界大战爆发；1939年，第二次世界大战爆发。德国成为人类历史上两次世界大战的策源地。

在今天柏林市最繁华的商业中心，保留着一座被战火轰炸得遍体鳞伤的老教堂。

教堂前方矗立着一座钢铁雕塑，雕塑名为柏林。分裂与统一，德国历史中一再上演的剧情，无声地凝固在这座静默的雕塑中。

"二战"之后，德国被一分为二。历史仿佛回到了起点，那个沉重的命题再次摆在德国人面前：德意志，它在哪里？德国人必须再次做出回答。

由德国发起的两次世界大战，在人类文明史上写下了最黑暗、最惨痛的一页，无数生命和家园在战火的劫难中消亡，这是全世界都不会遗忘也不能遗忘的历史。而如何对待自己不堪回首的过去，是这个曾经失去理性的民族必须面对的一次考验。"二战"中被杀害的600万犹太民族的冤魂在等待，受到伤害的欧洲和世界在等待。

1970年的一个萧瑟冬日，刚刚上任的联邦德国总理勃兰特，来到了波兰华沙犹太人纪念碑前，"二战"中，波兰有250万犹太人在集中营里饱经痛苦、绝望的折磨，最终无助地死去。在冰凉的风中，勃兰特一步步走到死难者的墓碑前，在全世界的注视下，这位二战中反纳粹的英勇斗士，做出了一个令所有人震惊不已的动作：他跪倒在地。

一位记者写道："不必这样做的他，替所有必须跪而没有跪的人跪下了。"

采访：国际历史学会会长　于尔根·科卡

德国人诚恳地接受了自己历史上沉重的一面。他们讨论但是没有激烈争论，没有否定自己发动了第二次世界大战，没有推卸自己应该对犹太人大屠杀所负的责任，没有否认自己经受了12年的纳粹独裁统治。诚恳地回忆自己的错误，帮助德国人大大地减轻了民族复兴的困难。

跪下去的是勃兰特，站起来的是德意志。"二战"后，联邦德国开始陆续向遭受德国法西斯迫害的受害者及其遗属支付巨额赔款，教育部门则将法西斯暴行列为历史教科书的中心内容，强调"关键的任务是教育下一代"，要"将防止历史悲剧重演的职责视为己任"。

勇于承担历史责任的德国回到了欧洲的怀抱，也回到了世界舞台。

1990年10月3日，勃兰登堡门上的和平女神又一次见证了国家命运，分裂了41年的德国再次统一。这一天，被确定为德国的国庆日。

德国再次统一了，凭借的不再是铁与血，而与120年前相同的是，在和平的环境中，德国人再次创造了经济奇迹。经过一代人的努力，这个历经两次世界大战重创的国家，发展成为仅次于美国和日本的世界第三大经济强国。而作为欧盟的重要成员国，它也找到了通过振兴欧洲来壮大自己的强国之路。德意志，它在哪里？也许，近两个世纪执著的寻找已经有了答案。在这一漫长的寻找中，所经历的大悲大喜，不仅已成为德意志民族的集体记忆，而且也为已经崛起和正在崛起的大国，书写了一段不可忘记的历史。

第八章 电视广告配音

随着电视媒介商业化运作模式的进一步深入，电视广告已经因其对电视媒体的巨大经济推动力而成为电视屏幕上的"主角"之一，电视广告也从最初的原始形态逐渐成为制作精良、创意新锐、独具风格的特殊节目形态。随着电视广告制作水准和质量要求的渐趋提高，对电视广告配音的要求也日益增加。有了良好外部环境的有利促进，电视广告配音员没有盲目地被动接受，而是主动地积极拓展配音的品味、技巧、风格等，使得当今的电视广告配音作品呈现出个性张扬、风格迥异的大好形势。本章内容以电视广告的四大特征为切入点，为初学电视广告配音的广大同学和爱好者详细解读电视广告的创作原则和在创作中容易出现的问题，并辅以典型个案分析，以推进大家更好地掌握电视广告的配音技巧和创作理念。

第一节

电视广告概说

电视广告是随着20世纪40年代电视媒介的出现应运而生的，并在随后几十年时间里迅猛发展，从单一走向复合、从单薄走向丰厚、从质朴走向艺术、从幼稚走向成熟。在电视媒介快速更新、变革与发展的宏观氛围下，电视广告也发生着巨大的变化。在媒介信息化时代，当今的电视广告主要呈现出四大特征，认识电视广告的这些本质特征可以辅助配音员从更为宏观的角度来看待电视广告配音工作的重要性和必要性，从而更好地完成电视广告配音艺术创作与实践工作。

一、电视广告覆盖面广、收视率高

电视广告由于具有视听兼备的特点，只要具备电视或者网络视频接收设备且具有视听能力的受众均能接受电视广告信息，而且不受年龄、职业、文化程度的诸多限制。只要打开电视机，无论是在电视栏目开播之前还是电视据播出过程中，电视广告几乎是"无孔不入"，总是借机闯入人们的视线，有些电视广告在播出过程中还在屏幕边缘处注有"广告也精彩"的字样，力求让广大电视观众尽量避免产生因电视广告的闯入性和强迫性而给受众带来的不愉悦的收视心情和感受。目前，我国电视机和网络接收设备数量的不断增加和日益普及，以及视频接收信号质量和视频画面质量的不断提升，有越来越多的人加入到电视（视频）广告的接收大军中来。因此，随着受众的不断增加，电视广告的传播范围越来越广也就在情理之中了。近年来，中央电视台及一些省级电视媒体采用卫星传播技术，使得电视广告的传播范围进一步增大，那么接受电视广告的受众人数也就相应变得更多了。

二、电视广告具有强烈的艺术感染力

电视广告表现形式比其他媒介的表现形式更能带给观众亲临其境的感觉。目前，电视广告的表现形式主要有名人式、引证式、音乐舞蹈式、现场表现式、新闻式、故事式等，这些电视广告形式再综合运用音乐、文字、画面以及特效等手段而最终制作完成。此外，电视广告还借鉴影视艺术的专业表现手法展现在观众眼前，给电视广告受众以审美愉悦的享受，最终实现了在短短几十秒甚至更短的时间内给人以强烈印象的传播效果。有观点认为，每一则广告都有它的特定情节、构思和艺术内涵，可以将电视广告称之为微缩的小电影。如万宝路广告就是一种构思独特，以美国牛仔粗犷豪迈的形象，配以壮丽山河、骏马奔腾的画面和美妙音乐，雄浑之美和阳刚之气使人百看不厌，这种本色信息与多元艺术的交叉融合，使人在接受电视广告宣传理念的同时，还深深地被电视广告中的艺术表现力所打动，一举两得。因此，电视广告强烈的艺术吸引力和影响力值得我们去关注。

三、电视广告具有丰富多元的新鲜创意

电视广告日益丰富的今天，无论是不同类型的产品广告还是同一类型不同品牌的广告，无论是年龄层次诉求差异较大的广告还是以消费理念与能力为划分依据的多种广告，都十分充分地在电视（视频）媒介中得到了展现机会，那么怎么样才能让自己的电视广告与众不同、卓尔不群呢？关键就在于对电视广告制作的新鲜创意。创意是电视广告的助推力和原动力，现在的电视观众对于接受电视广告感官刺激的"门槛"提高了，一般的电视广告自然不会让电视观众在众多广告中记住并留下深刻印象。正因为如此，电视广告的策划设计人员才更应下大力气投入到电视广告的创意中来。电视广告的成功创意是由以下三点决定的：一是电视广告的创意既在意料之外又在情理之中，二是电视广告创意要符合目标受众的审美习惯，三是对所宣传的产品销售产生了正向推动作用。只有符合这三点基本要求，才能被称为名副其实的电视广告新鲜创意。

四、电视广告具有一定频度的重复传播

由于电视广告的传播载体是接受面极为广泛的电视媒介，对于这一点广告商和产品生产企业有明确的认识，因此其在电视媒介中的广告投入就相对集中，所以电视广告播出费用较之其他媒体广告而言相对较高，通常电视广告的播出时间是以秒计算和收费的。而且电视广告因其制作成本较高，所以电视广告成品在电视媒介中的播出频率也随之增加，往往是在不同时段和相对较长的一个时期内重复播出，以吸引电视观众的密切关注。因此，对于观众而言电视广告不能内容过于繁琐，否则观众不愿接受从而导致其失去了预设的传播效果。但是我们欣喜地发现，已有相当数量的电视广告的确具备了多次重复播放的实力，并赢得了电视媒体、广告商以及产品企业的一致好评。电视广告只有多次重复播放才能引起电视观众的广泛关注并促成消费者的购买行为，所以只有高质量的电视广告才能让受众产生一定程度的视

觉吸引抑或是审美享受而不是一味地排斥和逆反。

第二节 电视广告配音的创作要求

一、清晰准确的对象感

　　电视广告配音是电视广告传播符号中的重要组成部分，它为电视广告的整体播出效果起到了至关重要的作用。众所周知，电视广告是针对某一特定人群的有创意的宣传推介形式，因此电视广告中明确的传播对象定位也就对电视广告配音的对象感提出了本质要求。换言之，配音员头脑一定要清晰，自己所承担配音任务的电视广告的明确受众是哪些人？从年龄层次划分，是老年人、中年人、还是青年人？从性别划分，是男性还是女性？从消费群体划分，是高端白领还是普通大众？但是随着传播效果的更加深入化，越来越多的广告对于受众的针对性日益增强和细化，不再是过去较为笼统的诉求模式，比如有的广告就只针对消费能力较为高端的青年女性白领人群等等，所有这些都要求配音员准确把握。当然，配音员对广告配音有清晰对象感的最主要目的还是要因对象的不同调整自己的有声语言表达。配音员要能还原出生活中与特定人群或者个人对话交流的情感状态和语言状态，中国播音学中的"对象感"和"情景再现"的功用在电视广告配音过程中也会得以充分映现。笔者在一次高端汽车广告的配音实践中就深有体会。这则汽车广告是对白式的广告形式，笔者与另外一位女配音员扮演一对年轻情侣，通过轻松愉快的有声语言表达来模拟青年男女的对话场景，从而展现汽车的独特魅力，并达到影响同一年龄阶段的年轻人产生购买此款汽车的欲望或行为。因此，清晰准确的对象感不仅是产品生产企业和电视广告商适销对路的营销策略，也应该成为电视广告配音员的创作原则，只有把握住了不同人群的"听觉诉求"，才能让自己的声音深入人心。

二、提升品质的语言表达

　　在从事广告配音工作之前，配音员不妨试想这样几个问题：为什么短短几十秒甚至十几秒的电视广告还要用配音这种形式来完成呢？在电视广告中，除了电视画面的影像传播效用外，配音的作用体现在什么地方呢？那么，笔者在此作以回答，因为高水准的配音可以提升电视广告的整体品质，并进而提升产品的品牌价值。如果大家关注电视广告并有一定积累的话，不难发现越是高端品牌、越是具有国际影响力的品牌对于广告配音的选择就越讲究。通过调研，我们发现目前活跃在业界的知名配音员几乎承担了所有知名品牌在国内的电视广告的配音任务；而从另外一个角度讲，这些具有高水平配音水准的配音员也的确运用自身的有声语言表达提升了广告乃至产品的外在品质。所以，初学配音者应该多思考自己应该怎样挖掘自身的有声语言表达优势来提升产品整体品质呢？比如知名品牌汽车广告，就要求用大气扎实的声音来凸现其尊贵高端的品牌形象；知名化妆品品牌广告，就要求用时尚律动的声音来凸现其引领生活、装扮人生的品牌形象；知名体育品牌广告，就要求用动感激扬的声音来凸现其运动时尚的品牌形象；知名食品品牌广告，就要求用亲切温暖的声音来凸现其贴近生活、提升生活的品牌形象等等。需要说明的是，笔者在这里提及的提升品质的语言表达，不是指任何电视广告配音都要一味地追求高端塑造、都要按照国际化知名品牌的高度去打造，而是因广告和产品的客观差异来找准定位，在保证真实感和公信力的基础上，能将产品预想表达的宣传效果尽善尽美地展现出来就可以了。总而言之，配音员必须从内心深处理解配音对于提升电视广告乃至产品品质有着不可忽视的重要作用。

三、赋予变化的语言创作

大家应该都明白这样一个道理，生活中的喜怒哀乐之所以谓之为幸福，原因在于生活在变化中有了多种体验；自然中的春夏秋冬之所以谓之为丰富，原因在于自然在变化中有了多种景致。这一深入浅出的生活哲理在电视广告配音实践中同样适用。也就是说，正因为电视广告中的有声语言表达赋予变化才使得电视观众乐于接受丰富多彩的电视广告。那么，对于电视广告配音员而言，更应该坚持多元的创作风格，结合电视广告的传播效果、产品独特功用、自身声音特质三要素来适时调整自己在电视广告配音实践中的有声语言创作，使得自己的声音变化自如、得当。仔细想来，电视广告因为其涉及产品类型多、受众范围广、创意策略新、广告文案丰等特点，因而其对电视广告配音提供了肥沃的土壤和广阔的空间，关键是电视广告配音员要积极主动地去应对。电视广告配音员在实践过程中，要合理运用对不同广告的理解和把握；及时地调整自己的用声状态、发声位置、气息强弱、节奏快慢、语气使用、情感收放等内在元素，万不可沉浸在一种自己认为较为舒适并能体现自我优势的语言表达模式当中。只有坚持正确而又赋予变化的创作路线，配音员才能赢得更广阔的创作市场和份额，并在竞争日益激烈的配音生态环境下占据自己的一席之地。

四、保持恒久的创作热情

最后要说明的创作原则就是要在电视广告配音实践过程中保持持久的创作热情。电视广告配音因为广告文本篇幅大多不长，所以看似配音员的创作成本不高，但恰恰与其相反的是，也正因为不长的广告文本是"浓缩的精华"，往往被电视广告商和产品生产企业寄予了更高的希望，他们希望配音员能够充分发挥水平并将他们产品多维度立体呈现出来，所以一条电视广告配音可能要重复几遍甚至十几遍才能最终完成，因此能否保持持久的创作热情对于电视广告配音员而言显得格外可贵。有经验的配音员面对电视广告商和产品生产企业的多次修改意见和要求，能够保持良好心态和对创作方式的及时调整，圆满完成创作任务。创作热情因工作的延续并未递减，这才是正确的创作心态。在此强调这一点，就是希望电视广告配音初学者能够在创作实践过程中亦保持正确的工作情绪和创作热情，只有这样才能顺利完成所承担的配音实践任务。

第三节 容易出现的问题和配音的误区

一、惯于模仿、忽视原创

在电视广告配音实践过程中，一些经验丰富、基本功扎实、艺术表现力强的配音大师的声音造型是经过其自身多年实践逐渐形成的经典，得到业界普遍认可的同时，也得到了广告商和产品企业的一致好评。为了起到事半功倍的效果，有不少配音员尤其是配音初学者试图去模仿著名配音大师的声音来进行艺术创作，应该说，模仿是一种比较好的学习和借鉴方式，但是要掌握好模仿的尺度和分寸。有的配音员只注重去刻意模仿配音大师的声音形式，不注重借鉴其在处理广告文案时的内心感受，更有甚者，有的配音员竟要追求一个词一个字的尾音的发声位置也要与配音名家的处理方式相同。还有的配音员不顾自己的声音条件或者放弃自身的声音优势，而去刻意模仿配音大师的声音，声音的发声位置根本没有处在一个适合自身音质音色的舒适区间范围内，原有的自然生理发声方式转变为通过"挤、压、捏"等不正确方式处理声音的错误行为，往往事与愿违，原本想达到的有声语言传播效果根本没有实现。其实，正确的模仿应该是有所选择的借鉴和吸收，绝非全盘接受。配音员应该充分认知自身的创作特征、深挖自身的创作潜力、结合名家的创作优长，并在自身可承受的创作能力范围之内进行自我声音的完美塑造，这才是一个良性的模仿过程。否则只能是永远只知道跟在他人后面，不仅没有突破，自然也形成不了自己独具魅力的带有原创特质的电视广告配音作品。正所谓原创的声音才是有个性的声音，有个性的电视广告配音才是最有价值的配音，配音员尤其是电视广告配音初学者对此应该有根本性认识和理解。其实，回过头来看，很多配音大师之所以能在业务上有所成就，就是因为他们能够较好地区分机械模仿与能动学习二者之间的本质差异，经过用心实践，最终才形成了自己的电视广告配音风格。

二、忽略备稿、感受不深

在指导学生进行电视广告配音和观察一些配音员在进行电视广告配音实践过程中，笔者发现他们对备稿环节不够重视，总是认为电视广告篇幅一般较短，只要大概找找感觉就可以了，最终造成其配音作品因为感受肤浅而没有表现力和感染力，自然也达不到良好的传播效果。那么，电视广告配音员应该对其备稿环节具备怎样的认识水准呢？那就是要求配音员认识到，对于电视广告配音而言，其广告文案虽然短小，但却"精悍"，它是所有产品试图宣传的"品质结晶"，是高度概括和总结之后的"升华"。因此，配音员仍需要调动起自己的所有感受来深刻体会广告文案的内涵，并要将狭义备稿与广义备稿相结合，不仅要细致掌握文案字符、词语、句子本身的表述，还要调动自己的知识积累和感受体验，真正做到深入备稿、全面把握。只有这样的备稿过程，才能让配音员充分理解电视广告的表达理念，而一次认真的备稿过程又为下一次创作实践增加了真实感受和体验，长此以往，配音的备稿会越来越自然、顺畅、有效，自然也对配音作品最终效果的实现起到不可忽视的作用。

三、只重形式、不重内容

在中国播音学的基础理论中，有"以情带声"的说法，这一点不容置疑。它告诉我们，在从事有声语言创作的过程中，要从内容出发，因内容来决定用什么样的用声技巧，从而形成与之相对应的声音形式，这是正确的创作方法。但是在很多配音员的实践过程中，往往只图形式、不重视内容，只追求声音形式表面的相似，而不追求对电视广告配音文案的深刻把握。比如说，一则电视广告是以一位中年父亲的声音造型来表现的，但是承担这则广告配音的却是一名三十岁左右、声音浑厚的青年配音员，如果这位配音员只是主观想象并试图模拟中年父亲的声音样式，恐怕难以实现，就算接近中年男性的音色，也只是"形似"而已。如若换一种创作手法，青年配音员先是从文案内容着手，体会中年父亲在表达电视广告文案中语句的情感和语气，那么其创作出来的作品应该就不仅仅是只模仿了其声音形态，而更为重要的是青年配音员掌握了中年父亲的表达状态，这样显得更加"神似"、更加真实。即便是在音质音色上没有完全达到中年男人的声线特质，也可以通过音频编辑软件辅以适度加工。因此，在技术条件日益高科技的今天，广大电视广告配音员的配音作品有了更多的"物质保障"，在此基础上，大家一定要坚持从内容出发，最终实现内容与形式的高度统一。

四、本色出演、缺乏突破

关于电视广告配音实践中的本色出演问题，经常表现在一些配音初学者的业务实践过程中。具体问题表现在有些配音员在自身声音形式的表现路径上过于单一，声音的适应面较窄，只能完成某一特定类型或者人物特征的电视广告配音，这在电视广告配音类型日益丰富、电视广告配音市场竞争日益白热化的现实环境中显然是不能顺应发展的。面对这样的现实需要，配音员还是应该适当地拓宽自身的业务能力、拓展自身的语言表现技能。实践证明，在电视广告配音中所需要的诸如气息控制、唇舌力度、口腔开度等基本技巧是可以得到一定程度的修饰和扩展的，也只有这样，配音员才能担负起更为丰富的电视广告配音任务、不被业界所淘汰。但是，需要强调的是突破本色是有一定限度和一定科学方法指导的，配音员需要在自身的最大能力范围内进行拓展，也就是说要量力而行。

第四节 电视广告配音的典型案例分析

一、《999 皮炎平》

【广告文案】

痒！快用它！999皮炎平牌复方醋酸地塞米松乳膏。超细微粒，吸收更快，清凉止痒，止痒快，更清凉，999皮炎平牌。

【广告描述】

一场竞争激烈的比赛即将上演，在人们的欢呼中，众多比赛者冲出了起跑线，领跑的男青年充满了信心与把握。

然而突如其来的瘙痒，使得他不得不分神、难受，眼看着本来领先的自己被竞争对手们甩在了后面，只有无奈地叹道："痒！"失去了夺冠的机会，精神上的无奈与失落再加上使人倍加难受的瘙痒，难倒了一个本来十分自信的他。

此时999皮炎平的出现解决了男子生理上的瘙痒，也舒缓了他内心的遗憾。广告此时进入了产品宣传阶段，介绍出了产品的特点和功效以及使用后的疗效，并在最后着重强调了产品品牌的名称——999皮炎平牌。

【技巧分析】

这个广告难度最大地方就在于第一个"痒"字，广告的第一句本身就具有一定的创作难度，再加上第一句只有一个字组成，配音员很难第一时间找到合适的感觉并拿捏准确到位。此时，可以将自己整体感觉带入一个画面或者一个场景，联想一下如果自己在生活中感到皮肤十分瘙痒的时候会有怎样的动作、发出怎样的声音。也就是说，此时的声音技巧已经是其次了，重要是对于情境的揣摩与设定。作为初学者而言，如果遇到这种无法一下子找到合适感觉或者拿捏较困难的时候，可以把它还原成生活，找到日常生活中的某种感觉，再将其运用到配音实践中。此外还要注意的是，文本后半部分广告词的处理应有别于第一个字，因为其侧重于对产品的品牌宣传，要找到其宣传的重点并加以适度强调。

二、《零点啤酒》

【广告文案】

男：零点啤酒，欢享第一运动！
现在开始畅饮零点啤酒，
即可参与实况足球PK大战，
还有"运动音响、时尚挂表"等好礼相送，
快与零点啤酒一起开始激情欧洲杯之旅吧！
零点啤酒！

【广告描述】

南美异域风情的乐曲，点燃无比欢快的激情与活力，广告语则在这种背景音乐中砰然而出。

这则广告主要是对于零点啤酒的一次畅饮活动的宣传。短短的广告词却告知了我们零点啤酒这次活动的主要内容和优惠特点。

整则广告基调欢快，充满了激情，配音员的声音更是跃动有活力，让人听了不得不被气氛带动，吸引着大家关注广告的内容。

【技巧分析】

这则广告最难的就在于时间的把握。既要将广告中的信息充分地传达给人们，又要在有限的时间内完成得和谐、自然。

这就需要配音者提前将文案多看几遍，熟悉整体内容，并根据音乐的大背景，相应控制自己的节奏，将人声与音乐协调在一起。在声音技巧方面，保证鼻腔、口腔的控制力度，广告配音工作争取一气呵成。在这个过程中要注意"吧"这个语气叹词，可以根据对广告的理解对其进行特殊处理，例如改变声调，要体现出其感召力和年轻活力。并以对话的方式处理这个字，这样就显得更加自然、更加贴近生活。

这则广告最大的特点就在于欢快、充满激情，非常适合年轻、有活力的青年人来进行创作。建议年轻的初学者们，在模仿深沉、浑厚的声音之外，也可以抓住自己特有的年轻音质进行创作。

三、《中国死海》

【广告文案】

女：想要安心过节日，就来中国死海吧，

男：两万平米的室外漂浮区，任你自在徜徉；

帐篷、房车，住得舒心又宽敞！

女/男：中国死海，我们在一起。

【广告描述】

轻松动感的音乐，让人无限地放松，在感受轻松愉快的同时，接收到中国死海的广告信息。

受众可以从广告的音乐以及文字体会到中国死海旅游度假区是一个集健康性、时尚性、趣味性为一体的旅游度假胜地。短短的几句广告语告诉了我们大量的信息，到中国死海旅游，既安心又舒心，既现代又充满浪漫色彩。

此外，整条广告极具感召力和凝聚力，这一点不能忽视。

【技巧分析】

本则广告的基调是轻松、愉悦的，其主要受众为年轻、现代感强、时尚小资的群体。在这种基调下，我们要进行较为细致入微的处理，前面可以以一种非常直白、带有一点感召力的语气,召唤人们来这里度假,并且陈述性地告诉人们这里都有什么特色。

最后一句可作为处理的重点,要适度带入感情——一种温馨而又愉悦的现代都市情感。需要强调的是,此条广告是男女对白式广告,这就要求配音员在进行创作时要在语气、节奏的处理上尽可能和谐一致,并模拟现代年轻情侣的语境,最大限度地调动想象力。尤其在最后一句,作为男女和声,更应该在音调、节奏的和谐处理上下工夫。

四、《比亚迪汽车》

【广告文案】

精醇、致美,比亚迪F3

锐意、进取,比亚迪F6

精彩人生总有比亚迪一路随行

比亚迪汽车新翔升4S店

地址:赛博特汽车城D-3座,咨询电话:6697 1111

【广告描述】

动感的音乐,紧凑的节奏,提升了整个广告的感觉;

排比句式的广告词突显了两款车型的特点:精醇、至美,锐意、进取;

比亚迪汽车与精彩的人生随之而行。

最后更是强调了比亚迪汽车在新翔升4S店出售的具体联系方式,包括地址和电话。

【技巧分析】

我们在拿到文案的时候,要对其形成一个整体的印象,了解其产品的情况。可以说比亚迪汽车在中低级轿车中含金量是比较高的,有较强的科技感和现代感。这两款不同的车型,它们的功能不同,特点不同,我们在进行处理的时候,可以对其进行个性化的细致创作。

本则广告的难点在于外部技巧的把握,保证科学的用声状态,中音区控制的沉稳男声配合着音乐,恰到好处,更勾勒出汽车的高贵特质;配音员要有较强的口腔控制力,争取让每个字的发音都恰切无误,同时还要进行一些细微的创新。比如,可以将"F6"用舌头滑动的感觉进行创作,区别于"F3"的发音方式。这就提醒配音者,在对配音文案中的字母和数字进行处理时,均可以进行较为合理的设计,以给受众留下深刻印象。

五、《民扬航空》

【广告文案】

男：众志成城，共渡难关

在8级地震中我们始终坚守

24小时维持畅通服务

我们的队伍深入一线

用爱心和勇气与灾区人民同舟共济

信赖灾区人民的坚强意志

信赖民扬坚如磐石的品质

民扬航空

您的真心朋友 96535 96535

【广告描述】

这则广告是民扬航空关于此次四川汶川地震的公益广告。在悠扬温馨的音乐中，我们可以听到，"众志成城，共渡难关"是他们的口号；"在8级地震中我们始终坚守"，这是他们付出的努力；"24小时维持畅通服务"这是他们服务的一种方式；"我们的队伍深入一线"这是他们的行动；然后"用爱心……"，这就体现出了他们的感情在里边。"信赖人民的坚强意志，信赖民扬坚如磐石的品质"，就是诠释民扬航空的特点的，其实是借助人民的这种东西来体现它的品质；最后，强调民扬航空是人民的真心朋友，列出了联系电话。与其他公益广告相比它比较硬朗，更有一份鼓舞的力量在其中，真像广告语中说的那样坚如磐石、同舟共济。

【技巧分析】

这则广告整体基调是大气、浑厚、有感染力，这就要求配音员在创作时要情感投入，只有这样才能体现出广告宣传的分量和鼓舞人心。配音员在进行创作时还要有这样清醒的认识，就是要摒弃一味地鼓动和机械的煽情，并要将企业形象与社会公益紧密结合在一起。

初学者要注意的是，前面公益性质部分是为了宣传企业形象做铺垫，在兼顾人文情怀的同时，更要强调民扬航空的品牌魅力和价值，两者应该兼顾。对于声音的控制，要掌握好气势和力度，并具有一定的感召力。

还有一点需要强调的是，如果太过张扬地去表现，反而会削弱力量；但如果从心底从容淡定地发出声音，又不让它突兀地冒出去，这样的力量才能够真正的撼动人心。

六、《雀巢咖啡》

【广告文案】

男：发现真正的咖啡享受

雀巢咖啡，专业低温萃取工艺

凝聚咖啡精华，融于每杯中，味道好极了

咖啡原香，醇厚口感，顺滑体验，悠然余味

雀巢咖啡纯品，全新咖啡，享受瞬间

【广告描述】

优美的音乐，高品质香滑咖啡的广告，让观众在听觉和视觉上十分享受、舒心。广告突出了雀巢咖啡出自专业工艺制成，让消费者放心饮用。

而后更是从人的各种感官来体现出咖啡带来的享受，包括口感、味觉、嗅觉，比如味道好，纯正咖啡原香，口感醇厚、顺滑等等。丰富的品质形容和介绍怎能让消费者不心动，怎能让人不禁想尝试一下呢？

而最后一句的出现更是呼应了第一句，着重强调了"享受"二字，告诉所有消费者雀巢咖啡能够带给广大消费者真正的生活享受。

【技巧分析】

在雀巢咖啡这则广告的文案中，我们可以体会到一种现代都市浪漫的小资情调，其整体品味和感觉应是一种享受之美。在进行配音创作时，配音者采用的是以虚声为主的声音运用，用这种声音创作来烘托咖啡醇厚、顺滑、有余味飘香的特点，并给人一种更加生活化的浪漫与温馨。

作为初学者需要注意的是，这种虚声的应用需要有非常扎实的基本功，不是那种虚情假意的声音。需要的是在强大气息支撑下的虚中见实的声音，这种虚是可以体会出实实在在品质的，甚至是可以触摸到的。这就要求初学者要加强自身气息训练以及声带控制，再辅以相应的发声状态，虚实结合地进行创作。

七、《三元牛奶》

【广告文案】

好牛奶要和家人分享，三元大礼包喜迎新年，全家喝三元，送礼送三元。三元有人缘。三元牛奶。

【广告描述】

整个广告画面是红色为基调，突出了喜庆的气氛；

广告的主要人物就是当年的生肖属相"小金猪"，画面一开始就是生肖猪将"三元"所要推出的大礼包隆重推出，着重将画面镜头定格在"三元"品牌标志；

最后的画面是由著名演员葛优叙述的"三元"品牌的标志性广告语"三元有人缘"。

【技巧分析】

这是"三元"品牌宣传在春节时段推出的形象广告，所以整则广告的基调应该是沉浸在欢欢喜喜过大年的喜庆氛围之中，既温馨贴近生活又年轻充满活力。在声音的处理上应给人的感觉应是甜美、有亲和力、欢快的，因此年轻女性的声音表现应该是与这则广告的整体气质相契合的。在重音的处理和把握上，要着力突出"三元"，这对于突出品牌形象起到了至关重要的作用。

八、《大宝雪肤活力霜、活力蜜》

【广告文案】

女：保湿、营养、美白，三效合一，你也得用。

男：对。

旁白：大宝雪肤活力霜、活力蜜。

【广告描述】

女士微笑着、皮肤展示出焕然美白的光彩，旁边配合"保湿、营养、美白"三种功效的文字说明；随后是这对夫妻的一个交流和对话，都要使用大宝雪肤活力霜、活力蜜。

【技巧分析】

这则广告主要是针对大众家庭日常生活的，特别是夫妻间的对话要表现得特别亲切、自然，而且要突出夫妻间那种温馨的关爱。所以声音上要比较柔和，也要有亲和力，不能让人感觉很拘束、很刻意。这就要求配音员将广告对白中的人物角色关系分析到位，包括人物的性格。比如，从画面上看这位女士很年轻，所以配音员也要进行相应的声音设计，声音运用要稍微亮一些。此外，这位女士在说话的同时还带有肢体语言——用手点了一下老公的脸，所以配音员在进行配音创作时可以略带一些俏皮的感觉。

九、《松山湖》

【广告文案】

湖是什么？此时此刻湖是一种态度。我就是湖，松山湖的湖。松山湖。

【广告描述】

电视画面中,一位女性在幽静的湖面上优雅、惬意地侧卧。

【技巧分析】

此则广告是一则旅游形象宣传广告,旨在品味高端意境。湖与态度看似没有任何联系的两个词却组成了"湖是一种态度"的表述,这就需要配音员深刻地理解和把握,要细心体味湖与态度之间的内涵与联系。整则广告的配音创作基调应定位在大气、深沉、稳健的层面。男声处理应运用浑厚的中音区,显得优雅而成熟。如果换为是女声处理,在保持深沉的同时,还应该体现出女性的魅力,给人以安静平和之感,符合画面的整体氛围定位,突出一种别样的心境。

十、《华润啤酒》

【广告文案】

(男)世界上最广阔的是大海,比大海更广阔的是天空,比天空更广阔的是人的胸怀,胸怀决定未来,华润啤酒(中国)有限公司。

【广告描述】

蓝天白云、碧海白帆,近景配以一强壮手臂手举华润金黄的啤酒置于整个画面的中心,这个中心正好是天与海的交界处。整个广告一开始的画面给人以平静、清爽的感觉。紧接着画面急转直下,翻腾的海浪冲击船板,一群年轻的小伙子在分工合作,与四溅的海浪奋勇搏击,这翻腾的海浪就像啤酒溅起的酒花,年轻人经过努力最终将印有华润 logo 的白帆升起,他们相互击掌来庆祝胜利,一只友好的海豚也在跟随着他们在海中跳跃,仿佛分享他们的胜利。整个广告画面过程中体现的是力量与激情的迸发,更是一种精神的升华,那就是坚定、团结的表现,在战胜磨难后举杯共饮共同分享胜利的喜悦,共同迎接新的挑战。这可能正是啤酒厂商所要表现出的一种对品质和精神的追求。

【技巧分析】

这则广告是典型的男声广告,充满了大气、力量、宽广的男性声音特质,在配音过程中要注意体会画面与广告词的内在含义,初期是结合画面体现出与惊涛骇浪搏击的强大力量,在这之后应体现男性成功的自豪感以及内心的坚忍,这是需要细心体会和揣摩的;在声音的外在表现形式上应该是以稳重浑厚的中音、实声来处理,塑造具有说服力和信赖感的声音,这个声音不能模棱两可,因为广告词本身要说明的是一个事实和道理——胸怀决定你最终的发展,一个企业的发展和一个品牌的塑造也源于此。

第五节

电视广告配音训练材料

CCTV-1 中央电视台综合频道

1. 让宝宝学得更多，头脑和健康一样重要。安尔宝A+有原配方四倍以上DNA，还有健护配方。宝宝健康机灵，学得更非凡——美赞臣。

2. 好沙发左右坐，坐得更健康——左右沙发。

3. 游黄河口，品大闸蟹；贯中故里，水浒东亭；牛郎织女，情定沂源。游湿地，逛古城，枣庄二日游。中国好运角——城山头，极地胜境，好运荣成，欢迎您。好客山东，欢迎您！

4. 多少年来我们一起走过，一力咳特灵，关爱每一人。咳咳（歌声）——咳特胶囊咳特牌，专业镇咳大品牌——做足益佰！

5. 水秀山灵，古蕴今辉，美好江苏，欢迎您！

6. 格兰仕科技，全球共享——格兰仕电器。

7. 买四季牧歌全自动太阳能，送洗衣机，抽电脑。

8. 纳爱斯柠檬绿茶新浪潮，绿茶的清润加上柠檬劲爽，加倍清新。嗨——嗨——倍儿爽倍儿清新，纳爱斯柠檬绿茶牙膏。

9. 衣至净，心至纯，衣诺滚筒纯真系列。全心全意小天鹅。

10. 耶——经常用脑，多喝六个核桃；经常用脑（歌声）——多喝六个核桃；经常用脑，多喝六个核桃——养元饮品。

11. 西班牙皇室用油，中国上市，贝蒂斯橄榄油，来自橄榄油王国西班牙。贝蒂斯橄榄油。

12. 脑白金，脑白金助奶奶睡得香，精神好！脑白金助爷爷肠道好，年轻态！脑白金，年轻态，健康品！

13. 现在开始敞开厨房，西门子燃气灶，精控火候；西门子油烟机，均衡吸油烟。宫保鸡丁来了！西门子家电。

14. 爱，要和家人分享。啊嚏！感冒可不能分享。有999牌感冒灵颗粒。感冒远了，家人近了，暖暖的，很贴心！999牌感冒灵颗粒。

15. 有家，有爱，有欧派。欧派中国整体厨房标准的奠定者。

中央电视台 财经频道 CCTV-2

1. 中国昆明螺蛳湾国际商贸城——

2. 相信自己，世界相信你——柒牌男装！

3. 美大首创，下排油烟系统，360°净吸，美好生活，来自美大！美大集成环保灶。

4. 出色在欧洲，出众在亚洲，出彩在美洲。品质无国界，大宝漆！

5. 伟星地暖，家更温暖！

6. 为家，为爱，为生活，伊利兰家具——

7. 美巢易刮平，一刮就平的好腻子——美巢生活！

8. 卫浴，选恒洁。恒洁卫浴，中国卫浴的大品牌。

9. 中国长寿之乡，滨海养生之都——山东文登！

10. 活力激昂，动感世博。莲花L3，莲花汽车。

11. 今天的事情今天说，事事都是新闻，解构头头是道。每天深入事件核心，用事实诠释新闻。今日观察，经济事件，知其所以然——敬请关注！

12. 是谁播撒了现代金融的种子，是谁缔造了世界的金融格局，是谁创造和毁灭财富，是谁左右全球经济。中国中央电视台招商证券，历经两年探寻两百年金融历史，十集电视纪录片《华尔街》——财经频道，正在播出。

13. 成功，来自背后的力量！（苏宁电器）

14. 谁在说？谁在做？从新闻事件最中心探寻当事人。中央电视台财经频道《环球财经连线》——《环球人物》——知名运，观天下！

15. 我家的AO史密斯热水器，是父亲五十多年前买的，过了半个多世纪还在用它洗。你也要洗半个世纪——AO史密斯

中央电视台音乐频道

1. 感受阳光，给予希望！（希望工程）

2. 有酸有甜，有"自"有味！（优酸乳）

3. 幸福女人，钻石人生——（钻石）

4. 畅饮杯中往事。（酒企业）

5. 相同的选择，不同的期待。（超市）

6. 营养做主，我行我素。（绿色蔬菜）

7. 咀嚼老歌，回味经典。（音乐）

8. 把握人生，沟通世界。（手机）

9. 时刻准备着，美丽不打折。（女性专用品）

10. 魅力空间,创意无限。(时尚创意节目)

11. 低碳、无氟,海尔无氟变频空调。

12. 没有买卖就没有杀害,请不要食用鱼翅!

13. 佳能,感动长在!

14. 海澜之家,男人的衣柜——

15. 新歌速递,快乐知己。(音乐)

CCTV-3 中央电视台综艺频道

1. 发现一盏好灯,体验舒适生活,中国人的好照明,文统照明——

2. 茅台集团白金酒,呦,升级了!科学配伍,更调养。闻着香,喝着更香,送礼送佳人,今年流行白金酒。送白金酒才有面子——

3. 世博来了,用伊利款待。伊利款待世博来宾,造中国骄傲。一起快乐无比——

4. 凝聚自然之源,创造艺术家纺,富安娜艺术家纺——

5. 实力派的去屑选择是什么?去屑实力派,海飞丝。试一次就能看到它的去屑实力,有实力就是不一样,去屑实力派就是海飞丝!

6. 巅峰成就,一挥而就,与世界对话,同巅峰对决,精英荟萃,与您相约2010美的中国精英赛——

7. 劲酒,80年代浸泡技术,90年代渗滤技术,今天数字提取技术,劲酒虽好,可不要贪杯哦——

8. 中药世家的霸王凉茶提醒您收看精彩综艺节目——

9. 很多美容编辑发现,读者们多一种岁月问题就多用一瓶,瓶瓶罐罐要用这么多,一瓶抵多瓶的玉兰油多效修护霜,同步对抗细纹、干燥、毛孔等多重岁月问题,焕发年轻光彩!为年轻肌肤定制的清爽型清新上市,快来各大专柜体验——OLAY。

10. 果粒奶优,牛奶果汁和椰果粒的美妙融合,丰富滋养。让心情开个小差,美之源果粒奶草莓口味滋养新上市——

11. 极致经典,睿智之选——三元食品!

12. 多少年来我们一起走过,一力咳特灵关爱每一人!

13. 太太乐鸡精升级啦,啊,是乐乐——啊,有个圈,新鲜、优鲜、倍鲜。健康品质,全面升级,哇——我喜欢。健康美味圈起来——

14. 美国有硅谷,中国有太阳谷——皇明太阳谷。

15. 香飘飘,一年卖出7亿多杯,杯子连起来可绕地球两圈。好味道当然更受欢迎,香飘飘连续6年全国销量领先!

BTV 北京卫视

1. 为幸福加速，宝来2.0型汽车，向上人生路——

2. KFC超级小食品，每盒10元省4.5元。

3. 时间会偷偷带走年轻的肌肤，别人看不清，自己却感觉得到，巴黎欧莱雅创世新肌源，使你肌肤更加饱满，焕然一新——

4. 如果全年有三分之一的人用自行车代替汽车出行，我们就会节约1280万吨石油，相当于节约了一个超大型的炼油厂。

5. OLAY全新夜间焕肤肤精华，全天肌肤深层紧致。

6. 月满、杯满、心满、祝福满，越满月牛。（二锅头酒）

7. 佳洁士牙膏全优绩双，让她笑对所有挑战！

8. 东风日产汽车，200万辉煌从零开始，东风日产零距离购车季火热进行中，全国震动——

9. 心情波动，我的世界也会跟着起伏。还好有脉动，富含多种维生素，帮我恢复理想状态，享受生活的脉动。

10. 伊卡露，打开我音乐的灵感，使我爱上洗发，爱上伊卡露——

11. 海尔无霜三门冰箱，全新三门科技，无霜保鲜。海尔冰箱，天下无霜！

12. 告诉你玉兰油换新装了，白里透红，使你的肌肤越来越白——

13. 扭一扭、泡一泡，只有奥利奥！

14. 全新荷氏薄荷糖，劲爽冲击，全面来袭！

15. 众多健康专业人士信赖舒肤佳。洗掉五大细菌，给家人健康保护！

CCTV-4 中文国际

1. 传承中华文明，服务全球华人，中国中央电视台中文国际频道！

2. 每天都是一次全新的探索，每天都有一个全新的发现，《走遍中国》栏目广告由中视国际金桥传播有限公司独家赞助播出——

3. 中国网络电视台少儿台正式上映啦！不同年龄的小朋友们，欢迎你们进入我们的绿色新校园——少儿栏目，动画片，少儿影视，戏剧游戏，亲子视频，学习天地，登陆Shaoer.tv.cn，随时点击收看你喜欢的热播动画片，还有更有趣的活动等你参加！快来加入我们吧，让我们成为好朋友！

4. 从有形到无形，从有界到无疆，CCTV——我的品牌，我们的世界！

5. 江北水城，运河聊城；兵家胜地，越安广饶；山水沂蒙，商城临沂。航空运动之城——莱芜；感悟孔子，行走济宁，葡萄酒城——仙境烟台，好客山东欢迎您！

6. 天坑，地缝，天桥，感受地球心跳——地心之旅，重庆武隆。

7. 问道武当山，养生太极湖。

8. 大美西藏，心灵之旅！

9. 海上花园，中国厦门。

10. 兰，兰生空谷，清艳含娇，寂寞吐芬芳，不以色香自炫，不因无人不芳，岁岁生空谷，留得世人香。君当如兰，默默奉献显精神——

11. 有一种力量，让我们前行；有一种力量，让我们起飞；有一种力量，让我们辉煌；有一种力量，成就我们的梦想。超越梦想不是梦。相信品牌的力量！

12. 时尚之都，服装名城——福建石狮。

13. 黄河从这里入海，石油之城，生态之城，中国东营！

14. 中国重汽，走遍中国！

15. 掌握核心科技，创造超薄新纪元。好空调，格力造！

BTV-2 北京文艺

1. 头发自然、柔韧、有弹性，我的发型 t 台秀，要多有型有多有型！

2. 大腕明星天天有，精彩电影日日映，看电影，就看明星影院。

3. 运动时尚，我要卡帕！

4. 美丽是对细节的百分百自信，支持发梢的最后一厘米，完美力士！

5. 玩酷，一起来，东风时尚！

6. 这里感受尊荣，这里荣享奢华，纯高端生活方式——北京金宝街！

7. 添加快乐，精彩生活——北京卫视文艺频道！

8. 全家健康喝果蔬，营养美味齐搭配——牵手果蔬汁！

9. 有深度，更生动，天天影视圈！

10. 任意，任性，风情，才情，不一样的风流，不一样的《光荣绽放》！

11. 吃了吗您哪（方言语气词，读 nèi），老北京纯正酸奶，地道北京味儿——

12. 从时光的第一缕冲射开始，法国娇兰以无比的修复能力孕育而成，修复岁月痕迹，重现肌肤巅峰生命力——法国娇兰！

13. 新多芬与牛奶，谁更滋润？使用全新多芬，哇哦，多芬比牛奶更滑——多芬沐浴露。

14. 快乐一周从星期一开始——百姓秀场。

15. 这是一场全明星夫妻演出，这是一场风雨爱情的颁奖，喜莱坞第二季——明星夫妻榜样！

CCTV-5 体育频道

1. 重要的不是再多一个头衔，不是拿过大满贯，不是史册留名。因为我们只有一个名字：中国！这一刻为中国！安踏，永不止步！

2. 全球瞩目，大师活力出击，三重功效激发大师能量，巴黎欧莱雅全能大师之选。

3. 你看到的是美轮美奂，对我来说，是一遍又一遍的精雕细琢。奔腾 B70 驱动梦的实现——

4. 飞科剃须刀，全方位活动剃须，三环活面刀王，全身水洗——飞科剃须刀。

5. 超越他，超越我，超越梦，超越无止境——喜得龙。

6. 央视数字电视体育频道合作伙伴——LG。

7. Why not？谁说不可以。与狼共舞休闲服饰。

8. 想不到我可以更加自由，想不到我可以飞；想不到我可以跑到天边，想不到我可以看得更广；想不到幸福可以加速，想不到满足就是这么简单。威志 V2，为你而来。

9. 太阳升起的地方，就有朝阳轮胎。行世界路，朝阳轮胎——杭州中策橡胶。

10. 鸿星尔克，ice cool，冷酷升级。鸿星尔克冰爽系列，赢的动力。鸿星尔克，to be number one！

11. 这不仅仅是一项顶级的国际网球赛事，更是一场属于你的黄金周假日休闲盛会。2010 年世界网球周，中国网球公开赛。心动中网，为你绽放，2010 年金秋 10 月。

BTV－科教频道

1. 极致是一种坚持，极致是一种智慧，极致是一种创造。全新三元，极致高品质牛奶。极致经典，睿智之选——三元食品。

2. 几百万人跟我的博客去了很多地方。年轻就要阳光，肌肤也爱阳光。美宝莲奇妙新颜霜，八种矿物，八重功效。就一下，修颜、润色，更不怕阳光。美丽肌肤尽享阳光，全世界跟我去吧——我是阳光型女生。八效合一——美宝莲奇妙新颜霜。

3. 全新迪奥，活肤驻颜。One in Centrol 开创抗老护肤计划第一步。清肌赋活，加上护肤功效，肌肤更显年轻——全新迪奥密集修护精华液。

4. 京都窖藏，享富贵人生。京都，皇家窖藏！

5. 我们的生活或许不算很精彩，只为让你畅享 2011 款福克斯的精彩。无需抵押，无需担保。

6. 蜂蜜、蜂胶、蜂王浆，都买百花牌。中华老字号，信得过！

7. 咳嗽、痰多，达仁堂牌清肺消炎丸，轻松治疗，止咳平喘。中西药业。

8. 品质好吸收，吸收好品质。三元，品质牛奶。

9. 必胜客新菜单，云集多国大厨，带来 22 款全新美味。22 款全新美味，必胜客隆重登场！

10. 买熟食，选恒慧，无淀粉，营养又美味。恒慧肉食。

CCTV-6 电影频道

1. 超级福满多，年轻就要对味！

2. 打开电视看电影，欢迎收看电影频道！

3. 玉兰油，换新装，含玫瑰营养，由内而外，解决干燥等五大营养问题，养出白里透红的健康嫩白。新装玉兰油！

4. 去屑，实力派，当然海飞丝！

5. 揭盖百分百，畅赢网络奖品。畅饮可口可乐，畅想腾讯在线生活！

6. 立邦净味，幸福原味——

7. 奥妙的非凡洁净，结合金纺的非凡呵护，为您呈现，奥妙含金纺精华洗衣液，还不赶快试试！

8. 益达无糖口香糖，关爱牙齿，更关心你！

9. 妩媚，狂野，优雅，哪一个是真的我，哪一个都是我。尚会，至上至美——

10. 我是百丽，百变，所以美丽——

CCTV-7 军事农业频道

1. 智慧人生，品味舍得！

2. 老尖庄酒，历史造就辉煌！

3. 营养健康，黄金E五！

4. 亿家能，热水舞起来，生活更精彩！亿家能，让一亿家庭享受太阳能！

5. 稻花香，珍品一号。人生丰收时刻，稻花香！

6. 风驰天下，大运摩托！风驰天下，大运汽车！

7. 中国驰名商标，龙玉管业！

8. 倡导绿色生活，家富康大自然漆！

9. 中秋喝汇源，健康庆团圆！庆佳节，共分享！

10. 农机选合盛，安全耐用有保障！重庆合盛！

深圳卫视

1. 资讯新时代，娱乐新风采。（频道广告）

2. 每天70分钟，用港澳台视角观察世界，了解中国。敬请关注——《直通港澳台》。

3. 《潜伏》升级，步步为营。机关算尽却敌友难辨，《黎明之前》——深圳卫视，明晚播出。

4. 尘封的战争记忆，鲜为人知的英雄故事。伦敦危机，莫斯科被围，斯大林格勒背水一战，中国远征军境外告急——穿越历史，还原真相。破解战争背后的秘密。深圳卫视《解密》，让历史告诉我们真相——

5. 深圳每天都在变,好的习惯不会变;品味会变,老金威的味道始终不会变。真醇香,好啤酒,老金威。老金威,深圳味道——深圳情怀——

6. 创业中很多挫折,但梦想中从来没有放弃。喝了老金威,你就是深圳人啦——梦想还在继续,老金威的味道始终没变!

7. 有胃病,别扛着,好胃药,斯达舒。

8. 易迅传媒,华语天下。中国易迅。

9. 全新黑人亮白牙膏,兼顾牙釉质,犹如逆转时光,两白加闪亮,我有我要求!

10. 一路随行,达派箱包。达派——箱包专家!

CCTV-8 电视剧频道

1. 孩子感冒发烧,补钙,补锌,补维生素,我们都选好娃娃!

2. 婕妤毛巾,呵护你的肌肤,绿色品质,健康生活,好柔柔啊!

3. 保护嗓子,请用金嗓子喉宝。广西金嗓子!

4. 兰花美白,女人之爱,漂亮秘方,来自汉方。

5. 您现在收看的是,中央电视台电视剧频道——

6. CCTV-8 年度合作品牌——西门子3D洗衣机。

7. 雅士利20年用心,不断为中国宝宝做最好的奶粉。我相信有心就有爱。爱心雅士利,健康添活力——

8. 22分贝的宁静,多20%的水分,买电频,选美的!

9. 哇!好丽友派!为他人着想,好丽友,好朋友!

10. 山高人为峰,红塔集团!

东方卫视

1. 伊利营养舒化奶,营养好吸收。把营养细化,使吸收更高效,随时绽放你的精彩活力!世博会专用乳制品。

2. 中国银行欢聚2010,每天9点至12点,带您畅游世博。中国之美,世界看见!中国银行。

3. NIVEA盈润丝柔保湿乳,从早到晚,长效滋润,肌肤时刻柔滑,从白天到夜晚,感受长效滋润,感受亲近——NIVEA盈润丝柔保湿乳。

4. 小时候,最期待美味在妈妈手中诞生。结婚时妈说,厨电选老板吧,陪伴我们家这么多年,我家的第一台吸油烟机——老板厨房电器。

5. 感冒引发咽喉炎,得吃草;烟酒诱发咽喉炎,还得吃草。草珊瑚含片,管用!咽喉炎,用江中牌草珊瑚含片。

6. 阿嚏……快,有人感冒了!泰诺酚麻美敏片,快速缓解各种感冒症状,及时保卫家人健康！泰诺出手，感冒快走。强生泰诺。

7. 脚气随时来捣乱怎能安心，金达克宁酮康唑乳膏升级装，一天一次，杀菌更持久，升级装金达克宁牌——西安杨森。

8. 圆梦，圆家，圆幸福。中国名牌，全友家私。

9. 想躲油烟，何不用苏泊尔火红点炒锅？温度看得见，从下才开始防油烟，有巧思，无难事——苏泊尔。

想要精确掌控火候，何不用苏泊尔智感电压力锅？特有顶部智能探头，轻松做出好美味。有巧思，无难事——苏泊尔。

湖南卫视

1. 谁是下一个大师？鸿星尔克携手上海网球大师赛！
2. 赢在巅峰状态，OLAY 男士清爽！
3. 家的感觉，盛宇家纺。
4. 不可错失的周末饕餮，值得回味的新生原创，我们目击的事实往往只是浮出水面的冰凌。冰山下面的巨大事实更排山倒海、穿透视听。我们直面的人生舞台也许只是化蝶幻，层层垂帘般幕后的故事更震撼世道人心！（《背后的故事》）
5. 润洁眼部清洁液，为了养眼，我只选润洁！
6. 牛人第一步，雀氏纸尿裤！
7. 妈妈不再需要担忧我的学习，so easy！步步高点读机！
8. 快乐中国，湖南卫视！
9. 源自喜马拉雅五千米的滋润力量，女人就要活得滋润，自然堂——
10. 飘柔，就是这么自信！

附 录

近距离感受赵忠祥的配音艺术
——《动物世界》配音纪实

吴 郁

今年 5 月下旬,与赵忠祥老师同赴河南参加"金鹰奖"优秀主持人的评选工作。途中闲聊,得知赵老师还在担负《动物世界》的配音解说工作,我提出能否进录音间观摩他的配音,赵老师欣然同意。没承想,回京后第一个工作日,赵老师就打来电话约我次日去台里,他有配音任务。确认了时间后,他立即为我办好了入台证。我与赵忠祥接触不是很多,更没有深入交谈过,不过对他堪称一绝的《动物世界》的配音神往已久。真没想到,赵老师如此不动声色地把我的请求放在心上,这么快就能满足我的愿望。

5 月 25 日上午,在央视海外中心 K206 录音室,我静静地坐在赵老师左侧,近距离地感受他的配音艺术。

录音员小何把当天要录的稿子《世界末日》递给赵老师,此时来了位编辑,请赵老师先插播一个世界杯期间特别节目《非洲时光》的节目预告,编辑急等着用。赵老师打开话筒试读两句,录音员旋即调好音,赵老师情绪饱满、一气呵成,用时 27″,可是该预告要求控制在 15″内,显然文字太多。赵老师与编辑商议,自己动笔删改,很快完成了这临时"加塞儿"的任务。

这天的正活儿终于开始了。播音桌很宽大,中间是 45 度角的斜面,这是一个适合坐姿使用稿件的专业播音台,桌上备有《新华字典》,对面监视器屏幕上播放着要配音的画面。话筒是电容的,前面有个黑色圆形的网子,估计可避免过强的气流扑话筒,收音更温润柔和。稿子上左端是解说进入的时间,以秒为单位,如"00.03"、"00.09",业内称"入点";时间点后面空一格就是解说词的文字。赵忠祥戴上耳机,向录音员示意,屏幕上的画面开始滚动,配音开始了。

在电视机前听惯了的、十分熟悉、淳厚而富于磁性的声音在耳边响起,我被带入不为人知而又妙不可言的动物世界，一幕幕奇特的景象、一个个无从解释的动物行为，在赵老师出神入化、娓娓道来的解说中揭开神秘的面纱。惊险、奇异、兴奋、好奇、疑惑、感叹、担心、赞美、吃惊、惶惑，眼花缭乱，目不暇接……这部命名为《世界末日》的片子，记录了杀人蜂、蝗虫、家鼠、蜉蝣、鸟群、蝉、陆蟹、行军蚁、湖蝇、红嘴奎利亚雀、鲢鱼、蜜蜂等 12 种动物，各自组成超级大军齐心合力作出某种举动入侵人类生活的情景，有的令人恐惧和困扰、有的看上去壮观而美丽、有的大肆吞吃田里的稻米，有的却成为人们的美餐，这些悲喜剧惊心动魄地轮番上演，高密度、高频率地冲击你的眼球和大脑。

解说配音是专题片不可或缺的构件，编辑撰稿的解说词，把记者排除千难万险拍摄捕捉到的画面连缀起来，并作出生动科学的说明。然而，躺在纸面上的文字，如果不转化为直接通向理解与情感的有声语言，电视机前的观众是无从全息地接受精彩的专题片的。这是个常识，不信你就按下"静音"试试，顿时如坠五里云雾之中。高水平的配音，与画面、音乐、同期声无缝链接，融为一个精心制作的节目整体，奉献给观众。

拿这期《动物世界》的解说词来说，有情景的讲述、细节的描绘、科学道理的解释，外语同期声的汉化，结尾还有议论和抒发。赵忠祥都播得准确细腻，引人入胜，其间风格的把握，感情的起伏，声音的扬抑，句子的连断，语流的疏密，节奏的变化，信手拈来，恰如其分，真可谓炉火纯青，绝非一日之功！

赵忠祥的配音艺术，我以为有五大突出特点不能不说：扎实精深、青春常在的基本功；行云流水、讲究分寸的语句处理；韵味十足、寓意丰富的"赵氏停顿"；举重若轻、着意细致的重音点送；专注神往、全情投入的创作状态。

扎实精深的基本功

先说声音气息及吐字的基本功。只见赵老师稳坐椅子的前端，腰板自然挺直，后颈立住，下颌稍内收，稍含胸，稿子立起一点儿。这样的坐姿，自然松弛而又保证了气息的有力支撑。他的气息十分通畅，除了个别处情感的需要，其余全然听不出换气的声息。再长的句子乃至关系紧密的句群，他都处理得从容潇洒，快而不乱，颇有章法，如这样的句群：

但在这里，希斯罗机场那么大的区域内往往聚集着 10 亿只蝗虫。⌒要不是蝗虫们彼此保持着固定的距离，⌒这里肯定会成为空中交通管制员们的、噩梦。（注："⌒"表示连接，"、"表示停顿，下同）

他在"区域内"这里有个气口，后面的句号几乎听不出停顿，接下来的逗号显然是舍弃了，一直说到"管制员们的"才稍做顿挫，而后稳稳地点送出"噩梦"二字结束了这个句群，显得十分大气。

赵忠祥的用声音量不大，但声音结实、宽厚，是为"小实声"，而且高低转降变化自如：

低音通、松，不压喉，恰到好处的胸腔共鸣传导出声音的磁性；高音轻松，不求明亮，特别巧于"高而轻"的拿捏，演化出轻灵高妙的境界；中音则淳厚清爽，加之字字珠玑，轻巧弹出的吐字功夫，即使不大的音量、快捷的语速也都能听得清清楚楚，明明白白。这样的用声吐字非常适合"以画面为主，从旁解说"的配音要求，不会"抢画面"，不会"两张皮"，却能水乳交融，浑然一体。

赵老师今年六十有八，踏入电视领域已整整五十年，可是他的声音却依然年轻，听不出半点步入这个年龄段常有的苍老痕迹。后来他在接受《中国电视报》记者采访时，不无自豪地说："从声音条件方面看，我对自己信心满满。我的声音保持得很好，就算把20年前的片子拿出来，重新补上一两句话，也听不出哪一句是现在录的。我想，这就是声音的'用进废退'；就像老人家打太极拳，一直练就会行云流水。"

炉火纯青的表达功力

赵忠祥的配音与画面情境及运动节奏配合得十分紧密，疏密有致，转换自如，行云流水，如同不费思索、不经雕琢就从心底里流淌出来一般。他不受标点符号的局限，让你的视觉与听觉几乎同步反应，立刻将你带入特定情境。比如说杀人蜂的一句：

杀人蜂通常集体行动，⌒它们的反击不仅迅速，⌒而且、致命。

这里的两个逗号，赵老师都没有停顿，一口气说到"而且"，一个果断的停顿之后，不容置疑地吐出"致命"二字，令你心中一紧。

再看讲述行军蚁杀死蝎子的过程，从33.43—34.20共有4个解说词入点：

33.43 在这支战无不胜的队伍面前，蝎子的毒针也失去了往日的威风。工蚁和兵蚁联合作战，⌒根据体型、分工合作。⌒

33.58 一些行军蚁在蝎子腿上寻找缝隙，其他的像开罐器一样**掀**开它肚皮上的铠甲。（注：黑体字为重音，下同）

34.10 蝎子的毒针完全动弹不得，寡不敌众的它最终放弃反抗。

34.20 行军蚁迅速将蝎子的残骸分解，⌒拖回巢穴，⌒喂给其他同伴。

在短短的37″里，文字中既有行军蚁的战术——"联合作战"，又有其杀敌细节——"掀开肚皮"，还有话分两处的结果——蝎子"动弹不得"、行军蚁分享战果；画面上既有类似全景的运动镜头，也有推到细部的特写，而字数又很满。赵老师读来没有丝毫仓促勉力之感，反倒是急徐相间，张弛有度，一气呵成，游刃有余。他起句并不急，至"工蚁和兵蚁联合作战，根据体型"则语气紧凑，有些许神秘感，稍做顿挫再说出"分工合作"，然而这里的句号并不停顿，紧连下句迅速推进，着力描述行军蚁的绝招——"像开罐器一样掀开肚皮上的铠甲"，尤其是那个动词"掀开"，赵老师只拎起一个"掀"字，就极有动感地传递出行军蚁的致命一击。蝎子的下场这句稍缓，轻声点出"放弃"二字，准确地表露某种无奈。最后一句，又是接连抛却两个逗号的桎梏，将"分解残骸"、"拖回巢穴"和"喂给同伴"的3个动作紧紧粘连，至句尾才渐渐放缓语速结束这个行军蚁群战毒蝎的精彩情节。这复杂而又精细的连环动作，这生动真切的画面，经由赵老师的解说恰似锦上添花，异常抓人，声画结合十分到位。

为专题片配音还有一个特点，感情的运用要求分寸得当，配音不是有声语言的"独唱"，而是画面、音乐、同期声、解说等多个声部的"合唱"，至于配音，其艺术就在于"度"的把握。赵忠祥的配音，难能可贵的正是感情运用的自然和精准，分寸拿捏相当恰当。如讲到家鼠带来的噩梦，有一句感慨：

09.18　这是每位农夫的噩梦。
09.37　一位不幸的农夫拍摄下了大祸临头的瞬间。

他在讲述中有铺垫，不突兀，略着色，但并不渲染，而是递给画面去展现。此时，观众就有了相应情绪的感染和准备，能全神贯注、身临其境地接受屏幕上的全息信息，这样的"略着色，不渲染"的情感传递，颇具"四两拨千斤"之妙。

接着是有同期声的一段画面：

09.55　鼠灾无法控制……
　　　　"哦，它们在我家的猪身上，哦"
　　　　为了救猪，她将自身的安全抛到了脑后。
　　　　"哦，好了"

其间叙述与现场人物的同期声交错，既要把握好二者的区别，又要传神地模拟同期声的语气，准确表现人物的心理状态。

这部片子里的同期声，还有一段家庭电影胶片拍摄的与蝗虫群正面遭遇时记录下的真实一幕：

"为什么是现在"
"哦妈妈"
"这太疯狂了"
"哦我的天，它们起码有几百万只，到处乱飞，直朝这里飞来，哎呀，它们黑压压一片，把公路和汽车两边都遮住了。"

显然有两个人的声音：妈妈和孩子，赵忠祥秉承"神似而不追求声似"的原则，只是略微渗入"轻偏高"的虚声成分，并在咬字的前后位置上做细微调节以示人物区别，他重在捕捉现场人物的真实感受，同时也凭借外语原音的语气色彩，生动形象地还原了彼时彼地彼人的内心惊恐及他们脱口而出、活灵活现的描述。赵忠祥的语气模拟，包括话语的时长，都十分准确。要知道，他没有备稿，完全是跟着画面和稿子走，一切处理都是一触即发、一次到位的。不言而喻，赵忠祥对文字的理解力、感受力，有声语言的表现力、感染力及分寸感的把握，正可谓"工夫在诗外"，工夫在平时。

意蕴丰富的"赵氏停顿"

所以要称之为"赵氏停顿"，是因为纵观全片，虽然赵老师的停顿并不多，呈现出"多连少停"、"停顿少而短促"，语句抱团、语意完整、行云流水、疏卷自由的从容和老到，但是，他会有一些被人质疑的"不规范"的停顿。这次我得以静下心来，在画面与声音之间、在他的创作状态当中，细细体味这些特殊的停顿，终于有所悟、有所得，核心便是对表达成规的突破，以及创造性地技巧运用，称得上是"随心所欲，不逾矩"。权且说说其中的3点独到之处：

1. 独到的停顿连用。"多连少停"本是语流表达顺畅，屏弃"念稿"，增强"说讲"味道的重要法宝，不过，为了突出强调某些感受，赵老师又绝不吝惜停顿的使用，在同仁一般不去顿挫之处却刻意加以停顿。像讲述蝉的故事时如下的句子：

> 它们在地下度过相对于人类青少年的时间，变成成虫后、却只存活了、短短、三周。

此处接连3个停顿，是因为这种蝉在地下蛰伏17年，爬出地面蜕变成蝉，继而完成交配与产卵，它们的生命即走向尽头。为突出蝉的生命之艰难漫长与绚烂短暂的强烈对比，并将此深深刻入观众的脑海，赵忠祥采用了"先连，后断、再断、三断"的突破常规的方法，此时的停顿不是气息的生理需求，不是句子结构的逻辑需要，完全是感情与理智的认知，是与观众沟通交流的心理到表达的必然。当然，这"必然"只是言其合理性，并非人人或处处都能如此处理，它是有丰富的内心依据的。此情此境这个性化的、创造性的技巧运用，赋予有声语言以生命的活力。

2. 停顿处的音节延长。有的播音员总喜欢于介词（如：从、自、在、当、把、以、跟、被、叫等）处习惯性地拖长音停顿，这样做往往并非出于表达思想感情的需要，而是借此瞬间飞速扫描后面的文字，以减少不必要的停顿或错误，故此业内贬之为"保险调"。赵忠祥有时也出现此类延长音节的停顿，严格讲也许不能排除"保险"的可能，然而不同的是，他不是逢介词必停，更没有成为"固定腔调"。请看下面两例：

在~头四周，它们还是一只地面部队，但随后便会开始空中作业。

盘旋了一个小时之后~，鸟儿们纷纷向地面俯冲，朝着、今晚的栖息地飞去。

（注："~"表示该音节的延长处理）

他的处理妙在停顿后的衔接，一是语气贯通，气断意未断，继续饶有兴味地讲述；二是他赋予延长音以揭密的神秘感，在听觉上给人一种绘声绘色旁白的韵味，与"保险调"跳出语境的阻隔感绝不是一回事。因此，这个符合语境、平添韵味的停顿处理，可以说是"赵氏停顿"化腐朽为神奇的妙处。

3. 短促、有力的停顿处理。播音中重音前的停顿，无疑是突出重音的主要方法之一。赵忠祥在解说词的关键情节前或重音前，当然也以停顿来引起观众的注意，只是他用得大胆，甚至是一个字之后就停顿，而且短促、有力，在晓畅的语流中顿生一种"铿锵"的动感，明显不同于一般的停顿处理。如以下两句：

体积较大的兵蚁排在队伍两侧，将、<u>小一点的工蚁保护在中间</u>。

若虫们一直靠、<u>吮吸树根里的树液为生</u>。

停顿的意蕴与后面的衔接关系密切，如若只关注停顿的位置，没有停顿前后衔接变化的语气神韵，停顿就失去了灵魂。赵忠祥的这种"铿锵顿挫"，俨然展现了在动物王国里"观察、发现"的心理过程：停顿是屏气凝神地观察，接着是发现奥秘的释然，以及相应的认知反应。

举重若轻的重音点送

语流中的重音"少而精"与"多连少停"一起，是当代有声语言传播摆脱"说教"刻板印象的重要方法。赵忠祥对重音的运用不仅少而且精准，强调方法也因"地"（文字与画面）制宜多种多样，其中一个方法十分巧妙，即只拎出重音词语的一个音节，以音高、音强、音长及音色的虚实、明暗等听觉上多层面的差异，轻巧形象地凸现重音音节，实际上与音乐中的符点音有异曲同工之妙。这举重若轻、源于生活又高于生活的重音处理深沉、老到、浪漫、奇妙，为观众带来鲜明清晰的印象。如以下两句：

一旦我们深入动物大军的<u>内部</u>，就能解开他们与人类相遇的经历。

如~此完美的飞行系统令蝗虫成为一支不容小觑的力量，几乎<u>无法控制</u>。

"内部"、"无法控制"是理性分析上的重音，转换为有声语言时，赵忠祥就只抓一个音节"内"、"无"，以贴切感性的语气引领，着以比生活略为夸张的力度或长度点送出来，就传递出能引起观众共鸣的情感态度。"内"字带来探秘的兴趣和信心；"无"字活化出"不可小觑"的内心感受，旋即与画面完美对接，完全不必突出"不可小觑"四个字，这正反映了配音重在语言与画面的契合，而不是在"字面上雕琢"的特点。

赵老师还有一个习惯：有意无意地突出量词后面的单位，如：

它们（蜉蝣）的数量的确惊人，仅仅一个晚上就大约有18万**亿**只，是全世界人口的3000（**千**）倍。

在一场短短一个月的突然袭击中，有3500**万**只老鼠丢掉了性命。

听得出来，他都刻意强调了"亿"、"千"、"万"这些数量词的单位，想来也是基于真实感受其"多"，于是细致地予以突出，以期引起观众的注意，也真是用心良苦呢。

专注投入的创作状态

这次配音，不算临时插入的节目预告，有两个片子：《动物世界·世界末日》、《国饮禅茶》。第一篇赵忠祥根本没有备稿，对此他特别叮嘱我"不要跟学生说"，怕学生误解，影响不好。但我想，既然是纪实，还是如实纪录为好。当时他的解释是，自己播了近30年的《动物世界》，节目内容、文字、编排及总体的抒情风格都没有大的改变。其中的奥秘，就在于赵忠祥为《动物世界》配音的丰富创作实践，以及经年累月极高的专业悟性之积淀，已然让赵忠祥与《动物世界》之间有如相知甚深的老友一样——"心有灵犀一点通"——工作效率极高。

《国饮禅茶》是一篇"干播稿"，没有视频素材，也无配乐等音频素材。赵忠祥立刻看稿件，个别字还查了字典。这篇稿与《动物世界》解说词那种形象口语、生动风趣的风格相去甚远，书面语味道浓，还有几段诗词，又是茶，又是禅，一派中华传统文化的意蕴。赵老师把个别拗口的地方小声念了念，便开始了录音。

不管是哪个片子，一旦话筒打开，赵忠祥立即进入创作状态，积极专注，全情投入，感受敏锐细腻。只见他戴着老花镜，食指轻轻点住句尾（以提示音画关系），声情并茂地讲述着。有时兴之所至，头部、肩膀自然而潇洒地随之晃动，笑声、手势也顺势融入语流。《国饮禅茶》那篇，说到"无忧无虑，亲和平等的生活方式"，他竟有些陶醉地摇头晃脑，偶尔还挥动手臂，恰似唱戏般，对呀，在屏幕上见过他唱京剧的。总之，赵忠祥配音进入佳境时，心驰神往，气韵相合，物我两忘，如入无人之境，直把自己的感悟说与观众朋友分享。录音结束，我问他："你是否觉得很享受配音的过程？"赵忠祥十分认可，他说："外边的一切都忘了，除了眼前的动物世界，别的似乎都不存在似的。每次配音，我总有一种兴奋感，感到一种愉悦和幸福。"

赵忠祥工作效率很高，中间除了素材带的技术原因数次打断录音，他自己只有两次口误停机，45分钟的节目，55分就顺利完成。赵忠祥还特别提到与录音员的长期磨合，用声状态、技术调节，找到最佳声音效果，十分默契。他们之间没有老少、资历、职级等差别，只有一个共同的目标，即让每一次配音都成为可以长久传播的艺术精品。这次也是一样，到最后，年轻的录音员提出两个字音有疑惑，复听后，赵老师立即痛快地改正了。文章结束前说一个小细节：整个录音过程，赵老师基本不喝水，开始喝一两口润喉，录完一集，喝了两口，又开始录下一篇了。

参 考 文 献

1. 《中国播音学（修订版）》，张颂著，北京广播学院出版社，2003年1月。
2. 《影视配音教程》，王明军、阎亮著，中国传媒大学出版社，2007年10月。
3. 《广告配音教程》，曾志华著，北京大学出版社，2007年8月。
4. 《当代广播电视播音主持（第二版）》，吴郁著，复旦大学出版社，2008年12月。
5. 《播音创作基础（修订版）》，张颂著，中国传媒大学出版社，2004年1月。
6. 《纪录片概论》，聂欣如著，复旦大学出版社，2010年5月。
7. 《中外纪录片比较》，张雅欣著，北京师范大学出版社，1999年9月。
8. 《纪录片概论》，欧阳宏生主编，四川大学出版社，2004年6月。
9. 《中国电视纪录片史论》，何苏六著，中国传媒大学出版社，2005年6月。
10. 《电视节目类型学》，徐舫舟、徐帆编著，浙江大学出版社，2006年4月。
11. 《广告学原理》，陈培爱编著，复旦大学，2008年1月。
12. 《体育播音艺术——如何建立成功的职业生涯》，[美]汤姆·海德里克著，任悦、王群、金北平、徐力译，中国传媒大学出版社，2008年1月。
13. 《美学原理》，叶朗著，北京大学出版社，2009年4月。
14. 《实用播音教程》，付程主编，中国传媒大学出版社，2002年1月。
15. 《中国新闻采访写作教程》刘海贵著，复旦大学出版社，2009年6月。
16. 《电视专题片声画语言结构》，李佐丰著，北京广播学院出版社，1999年12月。

后　记

　　初与电视节目配音结缘是在 2008 年暑假，我有幸在工作之余来到北京名座制作公司进行相关业务实践，在那里我结识了我国著名配音艺术家李易老师以及众多实践经验丰富的一线配音员。在中国传媒大学读书的时候，只是远观李易老师在台上讲座，而今却有了近距离接触的机会，我自然不能"错失良机"。李易老师精湛的业务能力以及对电视节目配音的独到见解都对我完成这本书的编著工作起到了至关重要的作用，在此由衷地表达谢意。

　　今年五月，我的硕士研究生导师——中国传媒大学吴郁教授打来电话，告知我有一本关于电视节目配音的教材，她觉得由我来主编比较合适。说实在的，导师的好意我自然感动不已，但是当我接下这本书的写作任务后心里还是没底，觉得压力不小。我和同门好友邹加倪在吴郁老师的启发下，先是从写作大纲入手，逐渐理清思路、开展调研、整理语料，直至落笔写作。其间，我们定期与吴郁老师交流，导师不厌其烦地为我们提出修改意见和建议，她还经常鼓励我们，让我们树立信心。值得一提的是，吴老师还将自己的论文《近距离感受赵忠祥的配音艺术》无私贡献出来作为本教材的附录，这无疑是增加了这本书的分量。我想这本教材的最终完成应该是我们向老师表达谢意的最好礼物——谢谢您，我们可亲可敬的吴老师。

　　此外，我们还要感谢在本书写作过程中给予我们帮助和支持的朋友们，他们是中央电视台《中国新闻》主播王洲，《我的奥林匹克》栏目主编邱柯，《今日说法》主编沙龙、孙震博，北京电视台《健康生活》主持人赵鑫，青年配音员盛锡友、陈鑫、陈怡，北京名座制作公司制片人王乐以及我们可爱的樊华伟师姐。同时，还要感谢中国广播电视出版社的编辑王天盈女士，她的热情周到、细致入微、态度严谨，为本书的顺利完成提供了有力保障。还有诸多好友在本书写作过程中提供了力所能及的帮助，由于篇幅所限，只能在此一并表示感谢了。

后 记

应该说,本书的写作过程是一个自我学习、自我提升、自我历练和自我超越的过程,真心希望广大读者感受到我们写作的用心与专注,更希望大家有所受益。当然仍需说明的是,这本书虽然我们已认真对待,但毕竟是"不成熟的第一次",难免会有疏漏或不足之处,欢迎并期待大家进行业务上的进一步探讨。

卜晨光　邹加倪

2010 年 12 月